KB219473

곽선희 목사 설교집

49

한 알의 밀의 신비

곽선희 지음

계몽문화사

머 리 말

'복음은 들음에서'—이는 진리이며 우리의 경험입니다. 하나님께서 우리에게 주신 복 가운데 가장 큰 복은 말씀을 주신 것입니다. '말씀이 육신을 입어서 오신 것'입니다. 말씀을 주셨고 들을 수 있게 하셨고 마음문을 열고 받아 믿게 하신 것, 참 놀라운 은혜입니다.

말씀은 단순한 지식이 아닙니다. 추상적인 이론이 아닙니다. 말씀은 선포되는 하나님의 계시적 능력인 것입니다. 말씀의 권능, 그 능력을 알고 체험하면서 비로소 '말씀 안에서 태어나는 생명적 기적'이 나타나게 됩니다. 오늘도 그 말씀이 증거되고 새롭게 선포되고 있습니다. 설교가 곧 말씀입니다. 성령의 역사와 함께 끊임없이 이루어지는 생명의 역사입니다. 이 선포되는 말씀, 증거되는 진리를 통하여 구원의 능력은 항상 새로워집니다. 말씀 안에서 새 생명이 탄생하고 말씀 안에서 영혼이 소생하며, 그 큰 능력 안에서 우리는 강건해집니다. 우상을 이기는 능력의 사람으로 성장해가는 신비롭고 놀라운 사건을 강단에서 늘 경험하고 있습니다.

여기에 또다시 설교말씀을 모아 책자로 내어놓습니다. 예수소망교회 강단을 통하여 하나님께서 우리에게 주신 말씀입니다. 이제 그 말씀을 책자로 엮어 내어놓음으로써 우리가 시간과 공간을 월하여 개별적으로 하나님을 만나게 되는 '말씀의 역사'에 귀중한 방편이 되고자 합니다. 책자라는 그릇에 담긴 이 말씀들은 읽는 자의 마음 안에서 또다른 '말씀의 신비한 기적'을 낳게 되리라 확신합니다.

한 시간 한 시간의 설교를 위하여 간절히 기도해주신 모든 성도들과 이 책자를 출간하기까지 수고해주신 여러분께 진심으로 감사를 드립니다. 그리고 또다시 영광을 오직 하나님께 돌리면서……

곽 선희

곽선희 목사

장로회 신학대학 졸업
프린스턴 신학석사
풀러신학 선교신학박사
인천제일교회 목사
장로회 신학대학 교수 역임
숭의여자전문대학 학장 역임
서울장로회신학교 교장 역임
소망교회 원로목사

곽선희 목사 설교집 제49권

한 알의 밀의 신비

인쇄 · 2013년 7월 25일
발행 · 2013년 7월 30일
지은이 · 곽선희
펴낸이 · 김종호
펴낸곳 · 계몽문화사
등록일 · 1993년 10월 11일
등록번호 · 제16—765호
전화 · (02)917-0656
　　　　 010-3239-5618
정가 · 21,000원
총판 · 비전북 / (031)907-3927
ISBN 978-89-89628-32-3　 03230

한 알의 밀의 신비

네 믿음이 너를 구원하였다

저희가 여리고에 이르렀더니 예수께서 제자들과 허다한 무리와 함께 여리고에서 나가실 때에 디매오의 아들인 소경 거지 바디매오가 길가에 앉았다가 나사렛 예수시란 말을 듣고 소리질러 가로되 다윗의 자손 예수여 나를 불쌍히 여기소서 하거늘 많은 사람이 꾸짖어 잠잠하라 하되 그가 더욱 심히 소리 질러 가로되 다윗의 자손이여 나를 불쌍히 여기소서 하는지라 예수께서 머물러 서서 저를 부르라 하시니 저희가 그 소경을 부르며 이르되 안심하고 일어나라 너를 부르신다 하매 소경이 겉옷을 내어버리고 뛰어 일어나 예수께 나아오거늘 예수께서 일러 가라사대 네게 무엇을 하여주기를 원하느냐 소경이 가로되 선생님이여 보기를 원하나이다 예수께서 이르시되 가라 네 믿음이 너를 구원하였느니라 하시니 저가 곧 보게 되어 예수를 길에서 좇으니라

(마가복음 10 : 46 - 52)

네 믿음이 너를 구원하였다

일본의 오사카 유흥가 중심지에 한 남자가 조그마한 오꼬노미야끼 가게를 개업했습니다. 그러나 손님은 없었습니다. 며칠을 지나도 몇 주일을 지나도 손님이 오지를 않았습니다. '이거 어떻게 해야지? 어떻게 해야 손님이 찾아오게 할 수 있을까?' 고민하던 중에 이 남자는 문득 하나의 생각을 냈습니다. 자전거에 음식 배달통을 싣고 주변을 바쁘게 돌아다녔습니다. 하루종일 돌아다녔습니다. 몇며칠을 그렇게 돌아다녔습니다. 그랬더니 사람들이 '야, 저 가게는 배달이 끊어지지 않는구나' 하고 그때부터 이 가게로 모여들었습니다. 물론 이 사람은 정성을 다해서 손님들을 모셨습니다. 그 후 삼십 년, 이 가게는 종업원이 600명이나 되는 제일 큰 오꼬노미야끼 가게가 되었습니다. 사실입니다. 여러분, 이 사람의 지혜를 생각해보세요. 놀랍지 않습니까? 이 남자의 이름은 나가이 마사쯔꾸입니다.

미국의 존스 홉킨스 병원 소아신경외과 과장인 벤 카슨이라는 분은 세계 최초로 세 쌍둥이를 분리수술 해서 성공하고 소아과 의사로서 세계적으로 유명하게 되었으며 그의 저서「크게 생각하라」로 더더욱 온세계에 알려진 분입니다. "당신은 어떻게 해서 이렇게 큰 성공을 하게 되었습니까? 당신을 만들어준 분은 누구입니까?"라고 물을 때 그는 간단하게 대답했습니다. "나의 어머니 쇼나 카슨은 내가 학교 다니면서 늘 꼴찌를 하고 흑인이라고 왕따당하고 있을 때 '벤 너는 잘할 수 있어. 이 믿음만 가지고 믿는 마음만 있으면 무엇이든 할 수 있다. 나는 하나님을 믿고 너를 믿는다. 너도 하나님을 믿고 너 자신을 믿어라' 하셨습니다. 어머니의 이 믿음이 나의 믿음이 되었고, 어머니의 격려가 바로 나의 용기가 되어서 학교에서 꼴찌를 하고 왕따당하던 내가 세계적인 의사가 되었습니다"라고 겸손하게 고백하고 있습니다. 여러분, 인생의 존재가치는 그의 소유나 지식이나 경험이나 기술, 이런 현실이 아니라 그가 가진 믿음이라는 사실을 바로 알아야 합니다.

믿음을 버리지 말 것이며 믿음 안에 있는 깨끗한 불멸의 소망, 바로 그 소원이 있어야 합니다. 믿음입니다. 문제는 무엇을 믿느냐, 누구를 믿느냐에 있습니다. 오늘본문에는 한 시각장애인 이야기가 나옵니다. 저는 이 본문을 사랑합니다. 이 바디매오의 이야기를 종종 묵상하며 다시 한 번 용기를 가다듬곤 합니다. 여러분도 여러 번 들어서 아시겠지만 저와 오래 같이하신 분들은 아실 것입니다. 제가 이 본문으로 설교를 많이 했거든요. 바로 몇년 전에도 이 본문으로 설교를 했습니다. 그래도 왠지 또 이 말씀을 드리고 싶습니다. 꼭 다시 들어야 하기 때문입니다. 이 시각장애자는 훌륭한 믿음을 가졌습니다. 특별한 믿음. 아주 특별한 믿음을 가졌습니다. 오늘본문에서 그는 간증합니다. "다윗의 자손이여 나를 불쌍히 여기소서." 긴 해석은 하지 않겠습니다. 다윗의 자손이여 — 이 말은 메시야를 지칭하는 말입니다. 메시야여 — 우리가 쓰는 말로 말하면 그리스도여, 하는 말입니다. '그리스도여, 나를 불쌍히 여기소서.' 그의 신앙은 인간 예수가 아닙니다. 바로 메시야 예수, 그리스도 예수입니다. 그리스도 대망사상, 여기에 확실히 근거한 그런 믿음입니다. 그의 의지나 결심이나 결단, 이런 얘기가 아닙니다. 이건 훌륭한 성서적 예언적 신앙고백입니다.

"다윗의 자손이여 나를 불쌍히 여기소서." 여기에 문제가 있습니다. 이 소중한 믿음이 어디서 온 것입니까? 여러분의 믿음은 어디서 온 것입니까? 그 출처가 어디입니까? 어디로부터 이 귀중한 믿음을 가지게 됐습니까? 죄송하지만 이 사람이 회당에 들어가서 성경공부 한 거 아닙니다. 성경을 읽고 서기관들로부터 성경을 배워서여기에 도달한 것이 아닙니다. 놀라운 것은 이 사람이 소문을 들었다는 것입니다. 모름지기 들어야 합니다. 들음이 복음입니다. 들음이 복의 근원입니다. 잘 들어야 됩니다. 내게 들려주는 말씀을 잘들어야 합니다. 사실입니다. 하나님 말씀도 설교말씀도 들어야 합니다. 또 있습니다. 잘 듣되, 들려지지 않는 음성도 들어야 합니다. 복이 다른 형태로 나타나는 사건 속에 있는 말씀도 들어야 됩니다. 집중적으로 듣고 바로 듣는 것, 바로 여기에 믿음의 뿌리가 있는 것입니다.

정말 그렇습니다. 어떻게 듣고 살았느냐가 문제입니다. 어떻게듣고 살았느냐? 말조심해야 됩니다. 제가 어렸을 때 들은 얘기입니다. 이건 나와 동년배인 분들만 알아들을 얘기이니 그렇게 알고 들으세요. 옛날엔 지금처럼 옷장이 있고 그런 게 아니었거든요. 뒤주를 놓고 뒤주 위에 이불보따리를 쭉 쌓아놓았다가 잘 때마다 내려서폈다 다시 올려놓곤 했습니다. 밤에 자기 위해서 그 이불을 내려 방에다 펼 때, 뒤주 위는 높은 자리가 되거든요. 어느 집 아들 하나는그때마다 올라앉아서 "에헴!" 한단 말입니다. 어른들이 그걸 보고뭐라고 했느냐? 도둑고양이같다고 했어요. 그 아이는 정말 도둑놈이 됐어요. 또 한 집에서는 똑같은 현상인데 꼬마가 올라가서 "에헴!" 하니까 어른들이 정승같다 그랬대요. 이 아이는 나중에 정승이

12

됐대요. 그렇다면 그런 줄 알라니까요.

　여러분, 어떻게 듣고 자라느냐가 중요해요. 너는 바보다, 바보다, 해보세요. 진짜 바보 됩니다. 미쳤다, 미쳤다, 하면 미쳐나가요. 듣는 것, 참 중요합니다. 그런데 바디매오는 참 귀가 밝아요. 시각장애자는 보통사람의 20배나 청각이 밝습니다. 잘 들어요. 먼뎃소리도 들어요. 들어서, 들어서 메시야 신앙을 가진 것입니다. 들어서, 들어서 예수 그리스도를 믿게 된 것입니다. 그리고 기다렸습니다. 마침내 기회를 포착했어요. 예수께서 여리고로 지나가신다는 소문을 듣고 그 길목에 딱 서 있다가 자, 보세요. "다윗의 자손이여 나를 불쌍히 여기소서" 하고 소리지릅니다. 기회를 포착한 것입니다. 기도입니다, 이것은. 그대로가 간절한 외마디 기도입니다. '나를 불쌍히 여기소서, 다윗의 자손이여.' 기도합니다. 그런데 여기 방해가 있었어요. 사람들은 이 사람을 업신여겼습니다. 시원치 않은 사람이 예수님의 행차를 방해한다고 생각해서 모든 사람들이 꾸짖었다고 되어 있습니다. 사실이 그렇습니다. 사람들이 이 거지를 업신여겼어요. 꾸짖었어요. 멸시했어요. 그러나 이 사람은 절대로 물러서지 않았어요. 그리고 소리를 질렀습니다. 마침내 예수님께서 발을 멈추시고 이 사람을 부르십니다. 예수님께서 부르신다 할 때, 그 말을 듣는 순간…… 나는 그 장면이 너무나 아름다워요. "겉옷을 내어버리고 뛰어일어나 예수께로 나아오거늘……" 아니, 장님이 뛰면 어떡합니까? 넘어지지 않겠습니까? 장님이 뛰다니 무슨 소리입니까, 이게? 이 사람은 들리는 쪽으로, 예수님의 음성이 들리는 쪽으로 뛰어간 것입니다. 장님이 뛰어간다— 이 얼마나 아름다운 말씀입니까?

　그런가하면 우리가 미처 생각하지 못하는 것이 있어요. 겉옷을 내던지고, 겉옷을 벗어 버리고— 이 겉옷이라는 것은, 여러분도 가끔 그림이나 영화에서 보지 않아요? 이스라엘 사람들이 옛날 옷 길게 핀으로 감은 것, 그것이 겉옷인데 이 겉옷은 이부자리도 되고 옷도 되는 것이었습니다. 일어나면 옷이고 누우면 이부자리입니다. 아주 소중한 것이지요. 그래서 옛말에 '아관이 겉옷을 감춰냈다' 했습니다. 가보였습니다. 이렇게 중요했습니다. 몇 대를 내려가면서 입는 것이니까요. 이것을 버려두고, 내던지고 달려갔어요.

여기서 하나 생각나는 것이 있습니다. 제가 인천에서 목회할 때, 홍인문이라 하는 조그마한 문이 있었는데, 그 가까이에 시각장애자가 앉아서 늘 구걸을 했어요. 내가 교회에서 나오게 되면 꼭 거길 지나가야 되거든요. 지나갈 때마다 안돼서 있는대로 다 쏟아 거기다 적선을 하고 갔어요. 그냥 가면 마음이 찜찜해요. 가다가 꼭 내놓고, 어떤 날은 아예 집에서 가지고 떠나요. 구걸하는 장님 앞을 그냥 지나간다는 게 말이 안되거든요. 그래서 조금씩이라도 늘 그렇게 했는데, 이거 보세요. 한번은 어딘가 심방을 가는 길에 먼 곳이라 버스를 탔는데 보니 거기에 그 사람이 있었어요. 구걸하는 장님이 아니라 멀쩡한 신사인 것입니다. 그도 날 보더니 겸연쩍어합니다. 어이가 없는 채로 서로 악수를 하면서 "여보세요. 이렇게 멀쩡한 신사가 왜 그렇게 남루한 옷을 입고 거기에 눈감고 앉아 있었소?" 그랬더니 "목사님! 그 남루한 옷이 제 유니폼입니다. 그 옷을 입지 않으면 손을 내밀 수가 없어요."

여러분, 이거 아세요? 거지에게는 거지옷이 있어요. 그런 옷을 버려두고 가면 어떡해요? 다시 돌아와서 이 자리에서 거지생활 안할 것이라고 생각한 것입니다. 그걸 버려두고 장님이 예수님을 향해서 뛰어갔다는 것입니다. 굉장한 사건 아닙니까? 다시 돌아올 생각 안했어요. 앞으로, 예수님 앞으로 달려갔어요. 굉장한 믿음입니다. 아주 특별한 믿음입니다.

하나 더 있어요. '내가 네게 어떻게 해주길 바라느냐?' 예수님께서 물으십니다. 이 사람이 뭐라고 대답합니까? 모든 사람에게 구하는 것이 하나밖에 없습니다. 돈 주세요, 돈을 주세요, 앉으나 서나 항상 사람들에게 구하는 것은 오직 하나 돈. 돈만 구하고 살았는데 예수님께만은 아니었습니다. "보기를 원하나이다." 얼마나 엄청난 신앙고백이 여기에 있습니까? 여러분도 한번 스스로 반성해봅시다. 이 세상에서 우리가 가지는 소원이 있어요. 다른 사람에게 구하는 것이 있어요. 남에게 구하는 것이 있고, 부모에게 구하는 것도 있고 형제에게 구하는 것도 있고…… 많은 소원이 있을 것입니다. 그 소원과 하나님 앞에 나와 기도하는 소원과 같습니까, 다릅니까?

예수님께서 말씀하십니다. 마태복음 5장입니다. '이방사람들은 무엇을 먹을까 무엇을 마실까 무엇을 입을까, 이런 것을 걱정하고 이런 것을 구하고 있다마는 너희는 아니야. 그의 나라와 그 의를 구하라.' 얼마나 중요한 말씀입니까? 우리는 지금 경제 걱정을 합니다. 정치 걱정을 합니다. 경제가 어떻고 정치가 어떻고…… 세상사람 다 그러합니다. 마는 우리는 아닙니다. '하나님이여 정직하게 살게 해주세요. 바르게 살게 해주세요. 비록 가난하나 이제는 바르고 그리고 참으로 사랑하는 그런 마음으로 살게 해주세요'라고 기도해야 될 것이 아니겠습니까? 세상사람들이 구하는 것과 똑같은 맥락에서 하나님 앞에 기도한다면 이 기도가 무슨 의미가 있습니까? 하나님께서는 무엇인가 우리에게 말씀하고 계시는데 오늘 이 사람은 아주 특별한 소원을 가지고 나옵니다. 모든 사람에게는 돈을 구했으나 예수님께만은 보게 해주시기를 구하고 있습니다.

하버드대학 성인발달연구소에서 200여 명을 상대로 중년의 삶에 대하여 깊은 연구를 했더랍니다. 그 주제는 이것입니다. third ages, 세 번째 나이입니다. 이것은 40세를 기준해서 그 이후의 성공을 말합니다. third ages, 이 40세 이후의 성공을 여섯 가지로 말하는데, 그 얘기를 다 하지는 않겠습니다. 가장 중요한 것은 낡은 고정관념을 버리라는 것입니다. 지난날에 하던대로 오늘도 되리라고 생각하지 마라, 고정관념을 버려라, 집착에서 벗어나라는 것입니다. 적어도 20대의 소원이 있고 40대의 소원이 있어요. 오늘은 아닙니다. 여러분, 죄송하지만 50세 넘었으면 소원도 고상해야 합니다. 좀 달라야 되는 것 아니겠어요? 집착으로부터 벗어나고 깊은 내면에서 자기 정체를 발견해야 한다, 그리고 목표 수정을 해야 한다고 말합니다. 젊은 사람들의 목표가 아닙니다. 이제는 성숙한 다른 목표를 세우고 다른 목적을 정해야 한다는 것입니다. 그래야 바른 생을, 제3의 생을 살 수 있다고 말합니다.

미국에서 들은 얘기입니다. 한 삼층 정도 되는 집인데 낮에 어린아이가 아래층에서 낮잠을 자다가 요란한 소리에 눈을 떴습니다. 그 집에 불이 난 것입니다. 아이가 겁이 나서 그냥 옥상으로 뛰어 올라갔어요. 뛰어 올라가는데 연기가 자욱합니다. 소방대원들이 와서 불을 끄느라 애씁니다. 그런데 아이가 옥상에 서서 우는 것을 보고 안되겠다고 생각해서 커다란 담요 같은 것을 가져와 네 귀를 붙잡고 펴들었습니다. 아이를 보고 "얘야, 여기 뛰어내려라" 그랬어요. "We Will Catch You, 우리가 너를 붙잡아줄 테니 뛰어내려라. 뛰어내려라." 그런데 아무리 소리질러도 아이는 거기로 뛰어내리지 않았어요. 멀리서 돌아온 어머니가 이 광경을 보고 그 아이 이름을 부르면서 소리쳤습니다. "쟌! 뛰어내려라. 엄마가 여기 있다!" 그 순간 이 아이는 "엄마!" 하고 뛰어내리더랍니다. 3층에서 다이빙을 한 것입니다. 이것이 믿음입니다. 오로지 믿음이 용기를 낸 것입니다.

구약성경을 보면 하나님께서 크게 기뻐하시는 장면이 한번 있습니다. 솔로몬이 21살 때 왕이 되어서 하나님 앞에 일천 번제를 드리고 기도합니다. 그때 하나님 말씀하십니다. '너는 내게 고하라. 내가 네게 무엇을 줄까?' 이에 솔로몬은 '지혜로운 마음을 주세요' 합니다. 그럴 때에 하나님께서 얼마나 기뻐하시는지, 저는 성경을 읽으면서 이런 생각을 해요. 어린아이처럼 기뻐하시는 것같아요. '부귀영화도 있고, 장수도 있고, 명예도 있고, 권세도 있고, 구할 것이 많은데 어쩌면 그걸 구하느냐?' 지혜 ― 듣는 마음입니다. '하나님의 음성을 듣는 마음을 주세요.' 그랬거든요. 하나님께서 너무나도 기뻐하십니다. 너무도 기뻐하신 나머지 하나님께서 지혜를 주시는데, '전무후무하게' 주셨어요. 그건 조금 마음에 안들어요. 전무는 마음에 드는데 후무가 마음에 안들어요. 전무후무하게 지혜를 주셨다― 다시 생각해봅시다. 솔로몬의 소원이 올발랐던 것입니다. 그 소원이 하나님의 마음에 들었던 것입니다.

오늘 이 바디매오는 소원이 옳았고 소원 속에 신앙간증이 있었습니다. 바디매오의 그 믿음, 그 소원이 그리스도의 마음에 맞았고 그리스도의 마음을 움직입니다. 예수님께서 마침내 귀한 말씀을 하십니다. '네 믿음이 너를 구원했다.' 여러분, 믿음이란 마르틴 루터가 말한대로 은사를 받는 그릇입니다. 하나님께서는 우리에게 많은

축복을 은사로 주시지만 받을 수 있는 그릇이 내 손에 있어야 됩니
다. 그것은 바로 믿음입니다. 깨끗한 믿음입니다. '네 믿음이 너를
구원하였다.' 여러분, 만일에 말입니다. 어디까지나 만일에, 바디매
오에게 그 믿음이 없었다면 어떻게 되었겠습니까? 깊이 생각해보십
시오. 믿는대로 될 것입니다. 믿는 만큼 받을 것입니다. 믿는 만큼
오늘도 성공할 것입니다.   △

하나님이 구하시는 것

내가 무엇을 가지고 여호와 앞에 나아가며 높으신 하나님께 경배할까 내가 번제물 일 년 된 송아지를 가지고 그 앞에 나아갈까 여호와께서 천천의 수양이나 만만의 강수 같은 기름을 기뻐하실까 내 허물을 위하여 내 맏아들을, 내 영혼의 죄를 인하여 내 몸의 열매를 드릴까 사람아 주께서 선한 것이 무엇임을 네게 보이셨나니 여호와께서 네게 구하시는 것이 오직 공의를 행하며 인자를 사랑하며 겸손히 네 하나님과 함께 행하는 것이 아니냐

(미가 6 : 6 - 8)

하나님이 구하시는 것

성도 여러분, 오늘은 3·1절 기념예배를 드리는데, 특별히 날짜도 3월1일입니다. 왜 교회에서 3·1절을 이토록 중요하게 여기는지 우리가 잘 모를 때도 있고, 저도 가끔 그에 관해 질문을 받기도 합니다. 선교에 있어서 가장 무서운 걸림돌은 바로 민족주의입니다. 어느 나라에 가서 선교를 하든지 가장 크게 부딪히는 것이 무엇이냐 하면 바로 "이것은 서양종교요 우린 우리 종교가 있다. 당신네는 당신네 종교가 있고 우린 우리의 종교가 있다"고 하는 협소한 민족주의적 의식이나 자기문화에 대한 우월감, 혹은 극단적 민족주의적인 편견들입니다. 이것들을 극복하지 못하면 선교는 실패합니다. 어떤 나라에 가서 선교를 하려고 할 때, 사람들이 자기들의 정체성, 문화의식, 특별히 종래에 가졌던 종교를 버리고 기독교를 영접해야 합니다. 그런데 만약 사람들이 자기문화에, 특별히 자기종교문화에 집착하고 있는 경우라면 선교가 절대로 쉬운 일이 아닙니다. 옛날 우리 조상 때에도 그랬습니다. 옛날 우리 조상들은 다 상투를 틀었습니다. 제 할아버지는, 본인 말씀에, 장사하러 다니시다가 선교사를 만나서 예수를 믿었답니다. 그런데 예수믿고 처음으로 한 일이 무엇이냐면 상투를 자른 것입니다. 그토록 소중하게, 생명처럼 여기는 상투를 자르고 집에 들어갔다가 할아버지의 할아버지로부터 얼마나 매를 맞았는지 모른답니다. 제 할아버지가 삼대독자이신데 그만 도망을 쳐서 한 달 동안이나 집으로 못들어가셨답니다. 이에 대해 할아버지께 묻고 싶은 말이 있을지도 모릅니다. 아니, 왜 상투를 자르

20

셨는가, 대체 예수믿는 것과 상투하고 무슨 상관이 있는가 하는 것입니다.

그러나 사실은 그게 아닙니다. 옛날 우리 어른들의 생각에는 상투가 유교사상의 상징물입니다. 상투는 유교사상의 상징이었던 것입니다. 종전에 믿던 종교를 버리고 새로운 종교를 영접한다는 것도 큰 문제이지만 그보다 더 엄청난 일은 이미 수천 년 동안 내려왔던 자기문화와 자기종교를 버려야 한다는 것입니다. 이게 엄청나게 어려운 일입니다. 그래서 저는 미국에서 선교학을 연구하는 중에 단어 하나를 새롭게 만들었습니다. '은총적 계기'라는 단어입니다. 다시 말해, 하나님께서 은총적 계기를 만들어 주시지 아니하면 선교는 불가능하다는 뜻입니다. 우리가 나가서 전도하고 봉사하고 교육하고 애써서 학교 세우고 고아원 세우고…… 별일을 다 해도 안됩니다. 그것만 가지고는 절대 안됩니다. 선교는 하나님께서 친히 은총적 계기를 만들어 주셔야 합니다. 이게 무슨 말이냐 하면, 종래 자신들이 가졌던 종교를 스스로 버리는 계기를 만들어놓고 문을 열어야 새 종교를 받아들이게 되고 그래서 새로운 신앙의 세계를 받아들이게 된다는 뜻입니다. 은총적 계기. 우리 민족에게 이 은총적 계기가 마련되는 결정적 사건이 바로 3·1운동이었던 것입니다.

3·1운동이 우리 민족적으로도 중요하고 국가적으로도 중요하지만, 교회적으로나 신앙적으로는 더 엄청나게 중요한 의미가 있는 것입니다. 예컨대, 일본을 한번 생각해봅시다. 일본에는 기독교가 우리보다 100년 먼저 전해졌습니다. 무려 200년 이상의 기독교 역사를 가지고 있습니다. 그러나 일본은 지금도 기독교인구가 1%밖에 안됩니다. 일본에 가면 교회가 있는지 없는지 알기가 어렵습니다. 일본

에 가서 주일날이 되어 교회를 좀 가야겠다 하고 나서 보세요. 교회를 찾을 수가 없습니다. 도대체 십자가 탑조차 없으니 어디에 교회가 있는지 찾기 어렵습니다. 그게 일본입니다. 왜 그럴까요? 바로 기독교가 전해질 때 하나님에 의한 은총적 계기가 마련되지 않았기 때문입니다. 일본에서는 지금도 걸핏하면 우리 종교, 우리 종교 하면서 우상을 섬깁니다. 가미다나(神棚)라는 걸 섬기고 있습니다. 일본사람들은 어떤 면에서 섬기는 것도 좀 일본같아요. 아주 자그마한 촛불 (어디서 또 그런 걸 만들었는지), 아주 가느다란 촛불을 켠 제단을, 식당, 집, 심지어 호텔에도, 구석마다 만들어놓고 비는 것을 보면 도대체 어쩌다가 이 모양이 됐나 싶을 때가 있습니다. 왜 그럴까요? 우리것이라는 강한 의식, 우리 조상 때부터 내려오는 우리것이라는 생각 때문에 못버리는 것입니다. 그 무엇도 이런 의식을 버리게 할 재주가 없습니다. 오직 하나님께서만 하실 수 있는 것입니다.

그래서 3년 동안 일본 기독교 선교에 관해 연구를 했던 닥터 리라는 분이 그 연구의 결과로 책을 썼습니다. 이 책으로 인해 일본의 교단에서 그에게 상을 주기도 했을 만큼 유명한 책입니다. 책 제목이 인상적입니다. 「Stranger In the Land(일본의 이방인)」 즉 기독교는 일본에서는 여전히 이방인, 낯선 사람이라는 뜻입니다. 다시말하면 일본에서 기독교는 여전히 '우리 종교'가 안된다, 여전히 '남의 종교'라는 것입니다. 그래서 일본에선 기독교 선교가 제대로 안되는 것입니다.

그렇다면 우리 한국은 어떻습니까? 일본사람들이 일본의 침략으로 한국이 점령되어 있을 때, 한국사람들은 그 원인을 생각했습니다. 왜 우리가 일본한테 먹혔나? 생각해보니, 일본은 메이지유신을 통해서 서구문화를 일찍 받아들인 데 반해 우리는 쇄국정책을 썼다는 것이 원인이었습니다. 독립을 위해서 세계를 향해 문을 여는 길 밖에 없다, 세계를 향해 문을 활짝 열어서 개화문명을 받아들여야 이 민족이 다시 독립을 할 수 있겠다고 생각을 한 것입니다. 그도 그럴 것이, 전쟁할 때 일본사람들은 총을 쏘고 우리는 활을 쏘았으니 이게 상대나 되었겠습니까? 그러니 우리도 서양 문명을 받아들여야 되겠다는 생각을 하고 개화를 하게 됩니다. 이런 점에서 백낙준 박사의 「교회사」에 보면 그런 말이 나옵니다. 한국의 초기선교에 있어서 한국교회 교인들에는 개화교인과 예수교인 두 부류가 있었다고 합니다. 개화교인은 꼭 예수를 믿자는 것은 아니었습니다. 다만 개화하는 것이 중요하니까 서양 문명을 가지고 온 선교사를 받아들인 것이었습니다. 그런 점에서 기독교를 받아들인 것입니다. 이들은 교회에 대한 관심은 없고 단지 개화문명을 받아들여서 이 나라의 장래를 인도해 보겠다는 생각이었습니다. 이게 개화교인이고, 이렇게 해서 교회에 들어와서 신앙을 갖게 되었습니다. 이들이 진짜 신앙을 얻고 믿음의 사람이 될 때 진정한 그리스도인이 되는 것입니다. 그러다가 소위 105인 사건을 통해서 한국 기독교가 한번 뒤흔들어지게 되고 그로 인해 결국 진짜 기독교인만 남고 개화교인들은 교회를 떠나게 되었습니다. 이것이 백낙준 박사의 초기 기독교 선교 상황 분석입니다.

　이런 점에서 결국 3·1운동을 통해 기독교는 진정 우리 종교가 된 것입니다. 그때부터 한국 기독교인들에게는 하나님 사랑이 나라 사랑이고, 신앙이 애국이고, 애국자가 신앙인이었던 것입니다. 놀라운 것은 심지어 순국과 순교를 하나의 개념으로 이해했다는 사실입니다. 그래서 독립만세를 부르다 죽은 사람을 순교자라고 했습니다.
이건 엄청난 얘기입니다. 나라의 독립을 위해 죽은 것이 어떻게 순
교입니까? 그러나 아닙니다. 우리 민족 속에, 초대교인들의 마음속
에는, 신앙과 애국이 하나였기 때문에 독립만세를 부르다가 죽으면
이건 순국인 동시에 순교였던 것입니다. 그래서 독립운동은 수많은,
각계각층의 사람이 했습니다만, 마지막에 죽은 사람들, 즉 희생자의
95%가 기독교인이었습니다. 사실 기독교인 외에는 자기 목숨까지
걸 수가 없었던 것입니다. 기독교인은 애국심을 신앙으로 승화했기
때문에 거침없이 죽을 수가 있었습니다. 바로 이것이 3·1운동입니
다. 그래서, 여러분 아시는 대로, 3·1운동 당시는 오늘날 찬송가의
이름이 찬송가가 아니고 찬미가였는데, 그 찬미가 14장이 다름 아닌
애국가였습니다. 그래서 우리는 그 전통을 따라 지금도 3·1절마다
애국가를 부르는 것입니다. 이런 역사를 모르는 어떤 분들은 이해를
못해서 "왜 교회에서 애국가를 부르나?" 합니다. 그러나 애국가를
부를 수밖에 없지 않습니까? 옛날 선교 초기부터 우리는 그 전통을
이어나온 것입니다.

애국과 신앙을 하나로 이해했다는 것, 참으로 놀라운 일이 아닙
니까? 일본사람들한테 침략당했을 때 한국 민족들의 생각이 딱 둘
로 나누어졌습니다. 하나는 어떻게 해서든 빨리 독립을 해야겠다,
그러니 일본과 싸워서 이겨야겠다고 생각하는 것입니다. 그래서 폭
력을 통해서 나라를 회복하려고 하는 젊은이들이 많이 있었습니다.
그들은 곳곳에서 일본사람들의 파출소를 불태워버렸습니다. 일본사
람을 죽였습니다. 그런 일들이 국내에도 많이 있었지만 특히 만주
지방에서는 비일비재한 사건이었습니다. 문제는 일본사람의 파출소

를 습격하고 불태워버린 후 어떤 결과가 빚어졌느냐는 것입니다. 일
본사람들이 일본인 한 사람당 한국사람 백 명을 죽였습니다. 그야말
로 무차별적으로 백 명을 죽였습니다. 애국운동 한다고 다니면서 일
본사람을 죽이고 일본사람 파출소를 불태우고 봤더니 그 결과에는
엄청난 희생이 뒤따르게 된 것입니다. 또한 그렇게 파출소를 불태우
고, 일본사람을 죽였다고 해서 독립이 된 것도 아니었습니다. 오히
려 폭력이 다시 폭력을 불러일으킨 것입니다. 그래서 상당히 어려웠
습니다. 그러다보니 애국을 위해서 수많은 젊은 사람들이 애썼지만
실패했고, 그러자 무기력해지고 절망하게 되고, 그래서 (미안한 얘깁
니다만) 애국을 빙자한 타락이 이루어졌습니다. 술을 마시며 비탄에
잠겨 "에라 모르겠다…… 이 풍진 세상을 만났으니 나의 희망이 무
엇이냐…… 부어라 마셔라……" 했습니다.

어쩌면 그때부터 마시던 술버릇이 지금까지 내려오는 것같아
요. 술도 음식인데 적당히 먹어야지 죽자살자 먹으면 됩니까? 이것
도 사실 어떤 면에서 보면 더 비참한 것입니다. 이미 우리가 정신적
으로 침략을 당하고 있었던 것입니다. 그러나 그런 상황에서도 신앙
인들은 그렇지 않았습니다. 그것을 하나님께서 주신 시련으로 받아
들이고, 그런 상황을 은총적 계기로 승화하게 됩니다. 그에 관한 결
정적인 이야기를 하나 말씀드리겠습니다. 1919년 4월15일 일본군은
제암리교회에다 그 마을 남자 21명을 몰아넣고 불을 질렀습니다. 통
곡하는 여자들을 무차별로 죽였습니다. 이것이 그 유명한 제암리 사
건입니다. 그해 7월 이분들의 장례를 치르면서 묘비에 이렇게 썼습
니다. 잘 들으셔야 됩니다. '신앙의 절개를 지키다 숨진 자랑스러운
하나님의 자녀들. (애국이 아닙니다.) 신앙의 절개를 지킨 자랑스러

운 하나님의 자녀들. (그리고 이어서) 그리스도의 사랑으로 일본을 용서하되, 결코 잊지는 말자!” 이것이 시련을 은총적 계기로 승화시킨 대표적인 경우입니다.

기독교 신앙인들은 모든 시련을 하나님께서 주시는 사건으로 수용했고 그래서 그 시련을 계기로 해서 근본으로 돌아가 다시 삶을 세우게 되었습니다. 그 첫째가 교육열이었습니다. ‘아는 것이 힘이다. 배워야 산다.’ 저는 어렸을 때부터 이 노래를 무척 많이 불렀습니다. ‘아는 것이 힘이다. 배워야 산다.’ 이처럼 신앙을 통해 애국심을 교육열로 승화시켰습니다. 그래서 유명한 선각자 안창호 선생님은 이렇게 말씀했습니다. “개인은 제 민족을 위해서 일하므로 인류와 하늘에 대한 의무를 다한다. 밥을 먹어도 독립을 위해, 잠을 자도 독립을 위해……” 그리고 애국심을 구체화합니다. 그것이 바로 정직, 성실, 근면(부지런함)입니다. “자기 일을 열심히 해라. 농사꾼은 농사를 열심히 하는 것이 애국이고, 장사치는 정직하게 장사하는 것이 애국이다. 학생은 공부하는 것이 애국이다”고 외쳤습니다. 안창호 선생님의 정직에 대한 말씀을 들어볼까요? “죽더라도 거짓이 없어야 한다. 농담이라도 거짓말을 하지 말라. 꿈에라도 성실을 잃었거든 무릎을 꿇고 통회하라.” 여러분 생각해 보세요. “꿈에라도 거짓말을 했거든 통회하라.” 이것이 그의 정직이었습니다. 진실과 정의와 의를 위해서 사는 것, 바로 그것이 애국이고 신앙이었던 것입니다.

호세아 4장 6절에 보면 우리의 마음을 찌르는 귀한 말씀이 있습니다. ‘내 백성이 지식이 없으므로 망하는도다. 네가 지식을 버렸으니 나도 너를 버려 내 제사장이 되지 못하게 할 것이라.’ 또한 6장 3절에 보면 ‘여호와를 알자, 힘써 여호와를 알자.’ 여러분, ‘여호와를 알자'고 하면 생각나는 것이 있지 않습니까? 바로 예수님께서 십자가에 돌아가실 때 맨먼저 하신 기도제목 아닙니까? '하나님이시여 저들의 죄를 사하소서. 저들이 하는 것을 모르기 때문입니다.' 여러분, 무지가 죄입니다. 모르기 때문에 죄를 짓는 것입니다. 모르기 때문에 망하는 것입니다. 그런 점에서 선교란 무엇입니까? 바로 알리는 것입니다. 심판은 무엇입니까? 모르게 되는 것입니다. 은총은 알게 하시는 것입니다. 성령의 역사는 알게 하시고 말씀을 알게 하시는 것입니다. 이런 점에서 생각해봅시다. 우스운 얘기입니다만, 제가 한번은 여전도사님들의 수양회에 가서 '어떻게 해야 여전도사 일을 잘 감당하나?' 하는 주제로 2시간을 강연한 적이 있습니다. 강의를 마치고 나서 질문시간을 드렸습니다. 그랬더니 여전도사님 한 분이 손을 들더니 "어떻게 하면 전도사일 잘하나요?"하는 것이 아닙니까? 아니, 제가 이미 2시간 동안 얘기했는데 대체 뭘 들었는지, 어떻게 하면 전도사일 잘하는지를 질문하다니…… 그렇지만 제가 다 이해하고, 아주 비사를 들어서 쉽게 한 말씀으로 설명을 했습니다. "자, 제가 한수 가르쳐 드릴께요. 성령의 은사를 받기 전에 눈치 은사를 받으세요!"라고 했습니다. 눈치가 있어야 합니다. 안그렇습니까? 우리 예수믿는 사람들은 무엇보다 첫째, 하나님의 눈치를 알아야 됩니다. 하나님이 뭘 원하시는지 알아야 합니다. 또한 교인들의 눈치를 알아야 합니다. 교인들이 뭘 원하는지 알아야 합니다.

　제가 옛날에 인천에서 심방을 하고 다닐 때, 한번 이런 일을 겪은 적이 있습니다. 정말 어려운 성도의 집을 심방했는데, 안으로 들어가니 연탄냄새가 났습니다. 그런데 함께 심방을 간 전도사님이 먼저 집안으로 들어가더니 한겨울인데 그 조그마한 방의 창문을 활짝 열면서 "연탄냄새 난다. 문 열어라!" 하는 것 아닙니까? 그래서 제가 "문 닫아! 남의 집에 와서 추운 방에 문 열면 되겠나? 남은 이 집에 사는데 잠깐 다녀가면서 말이 많아……" 했습니다. 여러분 그렇게 어렵게 사는 상황에서 연탄냄새 난다고 문을 열라고 하면 그 사람이 마음에 상처를 안받겠습니까? 그러면 교회에 나오겠습니까? 이런 게 눈치 은사를 갖는다는 것입니다. 제가 눈치없는 사람에 대해 또하나 예를 들어볼까요? 이렇게 주일예배를 마치고 나갈 때 문 앞에서 인사를 나누지 않습니까? 그런데 눈치 없는 교인이 가끔 있습니다. 저를 딱 보면서 하는 말이 "목사님 폭삭 늙으셨네요." 그러는 것입니다. 그러면서 주를 달아요. "목사님은 안늙을 줄 알았는데……" 그런데 제가 자세히 보니까 그 쪽은 아예 갔더라고요. 당연히 저를 몇년 만에 찾아서 만났으니 그렇게 보일 수밖에요. 그런데 그렇게 말하는 것, 이게 눈치 은사가 없어서입니다.

하나님의 눈치, 이게 뭡니까? 이것이 바로 오늘본문의 말씀입니다. 하나님께서 원하시는 것이 무엇일까를 묻습니다. 그것은 바로 공의를 행하며, 인자를 사랑하며, 겸손히 행하는 것이다, 라고 합니다. 공의와 인자와 겸손, 이것이 하나님께서 원하시는 것입니다. 이렇게 우리는 하나님의 눈치를 봐야 합니다. 많은 사건을 통해서 하나님께서는 공의를 말씀하고 계십니다. 우리에게 공의가 무엇인지를 가르쳐 주십니다. 공의가 먼저라고 말씀하십니다.

아주 유명한 얘기가 있습니다. 인도의 사상가 간디라는 분을 아실 것입니다. 그는 한평생 나라를 위해서 살았습니다. 1934년에 그는 이렇게 말합니다. 이것이 그 유명한 간디의 망국론입니다. 그가 말한 나라를 망치는 죄, 이렇게 되면 나라가 망하게 된다는 것은 이렇습니다. 첫째, '원칙 없는 정치'입니다. 그렇습니다. 원칙을 떠나면 안되는 것입니다. 흔히 타협, 화해, 하나, 일치에 힘을 쏟습니다. 그러나 사실 일치가 문제입니까? 오히려 정의가 문제이지 일치하다가 망하는 것입니다. 타협하다 끝나는 것입니다. 잘 아시는 대로 회의를 할 때 원칙이 없이 무조건 타협을 하려고 해보세요. 며칠을 두고 회의를 해도 단 한 건도 처리하지 못하는 경우가 허다합니다. 중요한 것은 원칙을 갖는 것입니다. 원칙대로 가면 다 따라오게 되어 있습니다. 그런데 원칙을 버리고 정치적 타협만을 추구하기 때문에 나라가 망하는 것입니다.

둘째로, '도덕 없는 상업'입니다. 돈을 버는 것에 대해 누가 뭐라고 하겠습니까? 그러나 도덕성을 잃어버리면 안되지요. 나만 벌어서는 안됩니다. 언젠가 미국에 갔을 때 경기가 요즘처럼 어려워졌을 때 그 이유를 이렇게 말하는 분이 있었습니다. 그가 잡지에다 아예 욕을 하듯 강하게 말했습니다. '나라의 경제를 망친 게 뭐냐? 바로 MBA다.' 이 세계는 MBA 한 사람들이 망친다고 단호하게 외치더라고요. 왜 그렇습니까? MBA가 뭡니까? 경영학 석사거든요. 한 때 유명했습니다. MBA를 마치고 한국에 나오면 직장이 훤히 열렸습니다. MBA 하면 산다고, 돈번다고 너도나도 전부 MBA를 했습니다. 사실 MBA하는 사람들, 머리는 좋습니다. 아주 잘 돌아갑니다. 그러나 도덕성이 없는 MBA가 세계를 망친 것입니다. 오늘날도 마찬가지입니다. 오늘날 금융위기라는 것이 사실 MBA들의 머리에서 나온 것입니다. 도덕성 없는 상업, 이것이 바로 오늘날의 문제입니다.

셋째로, '노동 없는 부'입니다. 땀을 흘리지 않고 부자로 살겠다는 생각이 문제입니다. 땀을 흘리지 않고 부자로 산다면 한쪽에는 땀을 흘리면서 못사는 사람이 있게 마련입니다. 노동을 해야, 땀을 흘려 살아야 되는데 그렇지 않고 쉽게 부를 쌓는 사람들이 많은 나라는 망하는 것입니다.

네 번째는 '인격 없는 교육'인데, 현재 우리나라의 교육문제, 조기유학 현상과 그로 인한 '기러기아빠' 문제를 포함한 여러 가지 문제들과 그 해결책과 관련해서 깊이 생각해봐야 할 점입니다.

다섯 번째는 '인간성 없는 과학'입니다. 과학은 좋지만, 과학주의가 문제입니다. 과학을 만능으로 생각하는 데에 문제가 있는 것입니다. 휴머니즘을 포기한 과학, 인간성 없는 과학이 문제입니다.

여섯 번째는 '양심 없는 쾌락'입니다. 내가 내 돈 가지고 먹고 노는데 누가 뭐라 하겠어요? 그러나 양심은 있어야지요. 사실 그동안 우리 국민들 너무 잘 지내지 않았습니까? 툭하면 해외로 놀러간다고들 하는데 이게 되겠습니까? 결혼한다고 신혼부부가 너나할것없이 웬만하면 신혼여행을 해외로 간다고 난리를 치더니 이게 뭡니까? 이제 그만해야 합니다. 그런데 이 모든 게 다 뭘 말하는 겁니까? 바로 간디가 말한 '양심 없는 쾌락'입니다. 한쪽에서는 굶어죽어가는데 다른 한쪽에서는 이런 향락을 취하고 있으니 과연 양심이 있는 것입니까?

저는 며칠 전에 라디오에서 흘러나오는 소식을 들으며 차를 타고 가다가 한참을 울었습니다. 아프리카에 아이티라는 나라가 있습니다. 그 나라 아이들은 너무 먹을 게 없어서 진흙에다가 버터와 설탕을 조금 넣고 이걸 말렸다가 구워 진흙 빵으로 만들어 먹는다고 합니다. 아이들이 그 흙빵을 먹는 것입니다. 그게 너무 기가 막혀서 여행자 한 사람이 자기 빵을 하나 주었더니 아이가 그 빵을 받으면서 자기가 먹던 진흙 빵을 주더랍니다. 그런데 그걸 주면서 어린아이가 빙그레 웃더래요. 그 사실을 전하는 기자가 이렇게 말합니다. "야 이놈아! 울어야지 왜 웃냐? 울어도 시원찮을 네가 왜 웃어가지고 나의 마음을 아프게 하느냐?" 그러면서 덧붙이기를, 자기가 먹던 진흙빵을 내주고 기자가 준 빵을 손에 받으며 빙그레 웃는 아이의 얼굴을 잊을 수가 없다고 합니다. 여러분, '양심 없는 쾌락'에 대해 깊이 생각해야 합니다.

일곱 번째는 '희생 없는 신앙'입니다. 신앙이란 희생이 따르게 마련입니다. 희생해야 사랑입니다. 희생은 조금도 없고, 하나님 앞에 달라고만 구하는 것, 이건 신앙이 아닙니다.

지금까지 말씀드린 이것이 바로 그 유명한 간디의 망국론입니다. 하나님께서는 공의를 구하고 인자를 사랑하기를 원하십니다. 그리고 겸손하기를 원하십니다. 많은 사건을 통해, 때로는 전쟁과 같은 사건 등 크고 작은 사건을 통해서 하나님께서는 우리가 계속 공의를 나타내기를 원하십니다. 계속 사랑을 나타내고 사랑을 알기를 원하십니다. 또 사랑을 전하기를 원하십니다. 사랑을 실천하기를 원하십니다. 그런가 하면 또한 겸손하게 행하기를 원하십니다. 여러분, 하나님의 뜻은 반드시 이루어질 것입니다.

성도 여러분, 우리 모두 하나님의 눈치 좀 봅시다. 하나님께서는 반드시 우리를 당신의 길로 인도하실 것입니다. 공의와 인자와 겸손, 이것이 우리를 향한 하나님의 뜻입니다. 이는 반드시 이루어질 것입니다. 하나님께서 원하시는 것, 그 뜻을 다시 한 번 생각하며 우리는 이렇게 다짐하고 살아야 합니다. '뜻이 하늘에서 이루어진 것같이 땅에서도 이루어지이다.' △

가진 자에게 더 주어라

그 주인이 이르되 잘 하였도다 착하고 충성된 종아 네가 작은 일에 충성하였으매 내가 많은 것으로 네게 맡기리니 네 주인의 즐거움에 참예할지어다 하고 한 달란트 받았던 자도 와서 가로되 주여 당신은 굳은 사람이라 심지 않은 데서 거두고 헤치지 않은 데서 모으는 줄을 내가 알았으므로 두려워하여 나가서 당신의 달란트를 땅에 감추어 두었었나이다 보소서 당신의 것을 받으셨나이다 그 주인이 대답하여 가로되 악하고 게으른 종아 나는 심지 않은 데서 거두고 헤치지 않은 데서 모으는 줄로 네가 알았느냐 그러면 네가 마땅히 내 돈을 취리하는 자들에게나 두었다가 나로 돌아와서 내 본전과 변리를 받게 할 것이니라 하고 그에게서 그 한 달란트를 빼앗아 열 달란트 가진 자에게 주어라 무릇 있는 자는 받아 풍족하게 되고 없는 자는 그 있는 것까지 빼앗기리라 이 무익한 종을 바깥 어두운 데로 내어 쫓으라 거기서 슬피 울며 이를 갊이 있으리라 하니라

(마태복음 25 : 23 - 30)

가진 자에게 더 주어라

고대 헬라의 한 왕이 40여 년 동안을 전쟁 없는 태평성대를 누리게 되었습니다. 온백성은 평안했고 당연히 왕권도 든든했습니다. 그런데 그는 자기 치세의 마지막에 이상한 욕심을 가지게 되었습니다. 그것은 역사에 남는 인물이 되고 싶다, 역사에 남는 성군이 되고 싶다는 것이었습니다. 그래서 그는 생각했습니다. '어떻게 정치를 하면 남은 생애에 온백성에게 칭송을 받는 위대한 그런 왕이 될 수 있을까?' 왕은 주변의 박사들을 다 불러모았습니다. 지혜 있는 사람들을 불러서 '내가 인류에 남을 위대한 왕이 되고 싶은데 모쪼록 연구를 많이 해서 그 지혜를 책으로 써오라'고 했습니다. 그들에게 일 년의 시간을 주었고, 결국 박사들은 12권의 책을 써왔습니다. 그러나 막상 책들을 보자 왕은 "이걸 언제 내가 다 읽나? 바쁜데 이거 골치아프다. 그러니 이걸 다 줄여서 한 권으로 만들어다오"라고 다시 명령을 내렸습니다. 그러자 박사들은 다시 애를 써서 12권의 내용을 한 권으로 만들었습니다. 그 책을 왕에게 갖다바치자 왕이 또 하는 말이 "아이고 머리 아프다. 이걸 내가 언제 다 보겠느냐? 한 장으로 만들어라. 딱 한 장으로" 하는 게 아닙니까? 그래서 그들은 책 한 권의 내용을 한 장으로 줄여 만들었습니다. 그 진리를 한 장의 종이에 요약해 갖다바쳤으나 왕은 딱 보더니 "이것도 너무 복잡하다. 한마디로 요약해라, 한마디로. 어떻게 하면 나라가 평안하고 어떻게 하면 내가 성군이 되겠느냐?"라고 다시 요구했습니다. 그러자 지혜로운 한 사람이 대답했습니다. "할 수 있습니다. 한마디면 됩니다"라고 합니다. 자, 여러분, 그 한마디의 진리를 잘 들으세요. 아주 쉬운 말입니다. 그 지혜자는 말했습니다. "공짜는 없다."

여러분, 이 한마디가 얼마나 중요한지 아십니까? 지난 200년 동안 이 한마디에 세계가 나누어지고 좌우되었습니다. 공짜는 없다, 이것이 자본주의요, 공짜는 있다, 이것이 사회주의, 공산주의입니다. 거기에 문제가 있었던 것입니다. 따지고 보면 세상의 문제는 크게 두 가지입니다. 하나는 생산의 문제요, 하나는 분배의 문제입니다. 오늘날에도, 분배냐 생산이냐? 생산이냐 분배냐? 어느것이 먼저냐? 어느것이 근본이냐? 바로 이것 가지고 싸우는 것입니다. 지금 우리가 당면하고 있는 세계적인 금융의 문제도 다 생산과 분배에 걸려 있는 것입니다. 그런 점에서 공짜는 없다는 말이 참 의미심장한 지혜가 아닐 수 없습니다.

조선시대에 시장 한가운데에 박상길이라는 나이지긋한 백정 한 사람이 있었습니다. 그는 장터에 푸줏간을 냈습니다. 어느날 양반 두 사람이 고기를 사러 왔습니다. 한 양반이 그 백정에게 반말로 고기를 주문했습니다. "애, 상길아, 고기 한 근 다오." 그러자 그는 "그러시지요" 하더니 칼로 고깃살을 떼어 한 근을 주었습니다. 그 뒤에 있던 다른 양반이 가만히 보아하니 주인이 백정이긴 하지만 나이가 지긋한 것을 생각해서 이렇게 말합니다. "박 서방, 여기 고기 한 근 주게나." 그러자 백정이 "예, 고맙습니다" 하더니 고기를 썰어 주었습니다. 그런데 먼저 고기를 산 양반이 보니까 자기것보다 두 배나 더 많은 고기를 주는 게 아닙니까? 그래서 그가 항의를 했습니다. "아니, 같은 한 근인데 어째서 저 사람에게는 저렇게 많이 주고 나는 적게 주느냐?" 그 백정이 대답을 합니다. "예, 손님의 고기는 상길이가 주었고, 이 어른에게 준 것은 박서방이 자른 것입니다." 여러분, 말 한마디로 천냥빚을 갚는다고 하지 않습니까? 그게 꼭 물리적으로만 통하는 게 아닙니다. 말 한마디, 이것이야말로 마음과 마음 사이의 일을 좌우하는 것입니다. 이것이 문제입니다. 이런 점에서 요즘 현대경제의 문제를 심리학적 문제라고 하는 것입니다. 자본의 문제가 아닙니다. 심리학적 문제입니다. 이에 대해 우리가 깊이 생각해볼 필요가 있습니다.

일본에 경영컨설턴트로 유명한 혼다 켄이라는 분이 있습니다. 그분이 재미있는 책을 썼습니다. 「부자에게 점심을 사라」라는 책입니다. 우리나라에도 많이 알려진 책입니다. 그 책은 이 저자가 백만장자를 많이 만나 인터뷰를 하면서 공통적으로 발견한 특징을 연구한 것입니다. 한번 생각해볼만한 중요한 얘기들이 많습니다. 그에 의하면, 백만장자의 공통적 특징이 딱 두 가지가 있습니다. 하나는, 부자들은 모두 자기가 하고 싶은 일을 했다는 점입니다. 남이 시켜서 한 일이 아니고, 돈을 벌려고 한 일도 아니라는 것입니다. 단지 하고 싶어서, 그 일 자체가 하고 싶어서 한 것이라는 것입니다. 두 번째 특징은, 다른 사람을 기쁘게 하는 일을 했다는 점입니다. 다른 사람의 마음을 아프게 하면서 내것을 만들려 하지 않았습니다. 다른 사람에게 손해를 입히면서 내가 이득을 보려는 일은 하지 않았다는 것입니다. 그가 만난 부자들은 적어도 그 정도의 도덕성은 가지고 있었다는 것입니다. 자기가 하고 싶은 일을 하면서 그 일로 다른 사람을 기쁘게 하니 백만장자가 되더라는 얘기입니다.

오늘본문에는 '평등의 문제'가 나옵니다. 공평과 평등, 그 기준이 어디에 있는 것입니까? 물리적인 것입니까? 아니면 인격적인 것입니까? 같다는 것, 혹은 평등, 공평…… 이거 참 어려운 말입니다. 우리는 가끔 이 문제에 부딪힙니다. 제가 신학대학에서 40년 동안 강의를 했는데 강의를 할 때마다 사실 제일 어려운 때가 시험볼 때입니다. 시험으로 점수를 매겨야 하는데 그게 문제입니다. 평가에는 크게 절대평가가 있고 상대평가가 있습니다. 그런데 교무처에서 내려오는 행정지시에 의하면, 전체 학생 중에 A는 5%만 주라고 합니다. 단 5%만. 그리고 학생 중의 5%는 낙제를 주라는 것입니다. 거기에 평가의 기준을 맞추라고 합니다. 이게 바로 상대평가입니다. 그러나 절대평가를 기준으로 삼으면 수강한 학생들 모두 A를 줄 수도 있는데 학교에서는 그건 안된다는 것입니다. 모두 A를 줘도 안되고, 모두 빵점을 줘도 안되고, 어떻게든 균형을 잡아서 5%의 A, 5%의 낙제점수를 주라는 것입니다. 나머지는 중간 정도에서 균형을 맞추어 채점을 하라는 것입니다. 어떤 점에서는 그 기준도 그럴만한 것이, 사실 다 A를 맞으면 그게 A가 아니지요. 그래서 저는 가르치는 것보다 점수를 매길 때가 더 어려웠습니다.

그런데 여러분, 어떤 점에서 성도로서 우리는 절대평가적인 기준을 가지고 평가하고 살아야 되는데 이 세상은 그렇지 않다는 게 문제입니다. 사실 이 세상이 상대평가를 중요시하는 데서부터 문제가 생기는 것입니다. 하지만 때로는 기능적이고 유기적인 평등이 있습니다. 생각해보십시오. 사람의 몸에는 지체가 있습니다. 손이 있고 발이 있고 머리가 있습니다. 그런데 과연 손과 발이 동등합니까, 평등하지 않습니까? 발은 밑에 있고 손은 위에 있는데 그 발이 보통 불평을 하겠습니까? 하지만 그렇다고 해도 우리가 다 아는대로 손이나 발이나 다 내 몸에 있는 것이거든요. 발이 중요하고 발가락도 중요하고 손가락도 중요합니다. 바로 그런 의미에서 모든 지체들이 유기적으로 평등한 것입니다.

오늘본문에는, 어떻게 생각하면 말도 안되는 말씀이 있습니다. 저는 이 설교제목을 정하면서도 또 생각했습니다. '이건 말도 안된다.' 왜요? '가진 자에게 더 주라. 없는 자는 그 있는 것까지 빼앗으라' 하니 이게 대체 말이 됩니까? 요새 거리에서 사회정의를 외치며 데모하는 사람들이 이런 말씀을 들으면 화를 낼 것입니다. 그렇지 않습니까? 오히려, '있는 자의 것을 빼앗아서 없는 자에게 주라'는 것이 사회주의의 교리 아닙니까? 가진 자, 부자의 것, 남는 것을 빼앗아서 가난한 자에게 주자는 것이 혁명 아닙니까? 이것이 사회주의 혁명의 요지입니다.

그런데 이 이상한 말씀을 이해하려면 어디서부터 생각해야 되는지 아십니까? 바로 '하나님의 공의'에 대한 바른 수용적 자세가 필요합니다. 여러분에게 하나님 하시는 일에 대한 불평이 있습니까? 하나님이 여러분에게 하신 일에 대해서 만족하십니까? 여러분은 거울을 바라보면서 만족하십니까? 혹 '왜 나를 요렇게 만들었나? 우리 부모님은 왜 나를 요렇게 낳아놓았나?' 하십니까? 아니면 "아, 참 잘생겼다. 하나님은 확실히 예술가다!" 하십니까? 하지만 여러분, 하나님께서 하시는 일에 토를 달면 안됩니다. 하나님께서는 결국 우리 모두가 하나님께로부터 받은 바에 대해서 만족하기를 원하고 계십니다. 제가 학생들을 가르쳐보기도 하고 또 제 자신도 공부를 해보니까요, 사람마다 머리도 같지 않더군요. 정말 기억력이 좋은 사람들이 있더라고요. 정말 어떤 사람은 (그걸 포토그래픽 메모리(Photographic Memory)라고 하는데) 한번 딱 들은 걸 그렇게도 기막히게 외울 만큼 기억력이 좋을 수가 없습니다. 제가 잘 아는 친구 목사님이 한 분 있는데 그는 전화번호를 300개나 외웁니다. 척하면 우리집 전화번호, 척하면 사무실 전화번호…… 뭐 다 압니다. 마치 머리가 무슨 컴퓨터나 되는 것처럼 자기는 한번 들은 것은 절대 안잊어버린답니다. 세상에 그렇게 머리가 좋습니다. 그런데 그렇게 머리좋은 목사님이 설교는 잘 못해요. 한마디로 기억력은 아주 좋은데 창의력은 부족한 것, 그게 흠입니다. 그런가하면 어떤 사람은 창의력은 좋은데 기억력이 나쁘기도 합니다. 죄송합니다만 제가 미국에서 공부할 때, 제가 하도 기억력이 좋지 않아서 오죽하면 "너 그 머리 가지고 뭣 하러 공부하러 왔냐?"라는 말도 들어봤겠습니까. 그런데도 저는 시험만 봤다하면 A + 를 받았습니다. 그게 다른 점입니다. 공부를 잘하는 것이 반드시 기억력하고 연결되는 게 아니거든요. 머리가 좋다는 말도 사실은 다양합니다. 어떤 사람은 우뇌가 발달하고, 어떤 사람은 좌뇌가 발달합니다. 사람마다 다 다릅니다. 그러나 어떤 뇌가 발달했든 모두 다 소중한 것입니다.

중국 명나라 시대에 유학자이자 정치가였던 왕양명이라는 분이 있습니다. 그는 인생의 고생을 네 가지로 말합니다. 첫째가 배고프고 추울 때, 먹을 것이 없고 입을 것이 없을 때, 어렵다는 것입니다. 두 번째가 남에게 인정을 받지 못하는 것이 고생이라는 것입니다. 사실 '인정받는다는 것' 이거 참 중요한 것입니다. "행복이 뭐냐?" 하는 질문에 어느 수필가가 이렇게 썼습니다. '내가 존경하는 사람으로부터 한마디 칭찬을 받는 것. 내가 사랑하는 사람으로부터 칭찬을 받는 것, 이보다 더 행복한 일은 없다.' 참으로 맞는 말입니다. 왕양명이 말하는 인생의 고생 중 세번째는, 번민과 고민의 갈림길에서 앞이 보이지 않을 때, 소망이 보이지 않을 때입니다.

그런데 앞서 말한 이 세 가지보다 더 참기 어려운 것이 있다고 합니다. 인생의 네 번째 고생은 바로 '할일이 없을 때'입니다. 여러분, 이 말의 의미를 깊이 생각해봐야 합니다. 왜 할일이 없을까? 이 점에 대해 다시 생각해봅시다. 오늘본문에 나오는 '한 달란트 받았던 사람' 그는 왜 자기가 받은 것을 빼앗겼을까요? 그나마 받은 그 한 달란트마저 왜 빼앗겨야 했던가요? 바로 거기에 우리가 생각해 보아야 할 문제가 있는 것입니다.

무엇보다 먼저는 하나님께서 하시는 일에 감사하는 것이 중요합니다. '하나님이 옳습니다.' 인정하는 것이 필요합니다. 여러분, 우리가 쉽게 말하는 한마디가 있습니다. '하나님께 영광'이라는 것입니다. 하나님께 영광, 하나님께 영광을 돌린다고 합니다. 문제는 그런 말은 잘하는데 영광이 무언지는 모릅니다. 생각해보십시오. 말을 좀 바꿔서 '부모님께 영광'이라는 말을 생각해봅시다. 우리가 '부모님께 영광을 돌린다'고 할 때 그 말의 뜻은 '부모님께 칭송을 돌린다'는 것입니다. 즉, "부모님, 잘하셨습니다. 이렇게 낳아 주신 것도 잘했고요, 또 내게 주신 것도 잘했고요, 내게 해주신 것 잘했습니다. 가만히 세월이 갈수록 생각해보니 부모님께서 내게 참 잘하셨습니다." 이렇게 말하는 것이 바로 우리가 부모님께 영광돌리는 것입니다. 그러면 그 반대는 무엇이겠습니까? "왜 나를 낳았어? 부모님이 내게 한 모든 게 못마땅해요"라고 말하는 것입니다. 그것은 부모님께 무서운 욕을 돌리는 것입니다.

그런 점에서 하나님께서 우리에게 하신 것을 다시 생각해야 합니다. 하나님께서 우리를 이리로 인도하시고 저리로 인도하시고, 이런 고통도 있고 저런 시련이 있습니다. 그러나 이 모든것은, 사도 바울의 말씀대로, 합력하여 유익을 이루는 것입니다. 바로 그걸 알고, 믿고, '하나님, 잘 하셨습니다' 하고 인정하는 것입니다. 사도 바울 식으로 말하면 '감옥에 보내신 것도 잘하셨습니다. 억울하게 매맞은 것도 잘하셨습니다. 오늘 이렇게 지내는 것 모두 다 하나님께서 참 잘하셨습니다. 하나님께서 하시는 것이 옳습니다'라고 인정하고 감사하는 것, 이것이 하나님께 영광을 돌리는 것입니다. 바로 그런 마음을 가져야 합니다. 그러니 "하나님은 공의로우시다" 할 때 그것과 함께 한 가지를 더 생각해야 합니다. 하나님의 공의, 그걸 넘어서 '하나님께서는 긍휼이 있으시고 하나님께는 선택적인 은사가 있으시다, 인간적인 공평과 평등 그 이상으로 하나님께서는 나를 특별히 대하셨다'는 것을 인정해야 합니다. 이에 관한 아우구스티누스의 유명한 고백이 있습니다. '하나님은 나만을 사랑하시는 분인 것처럼 우리 모두를 사랑하신다.' 여러분은 그런 생각이 들지 않습니까? 하나님께서는 나를 너무나도 사랑하신다, 아니, 하나님께서는 다른 사람은 돌보지도 않고 나만을 사랑하신 것같다고 말입니다. 바로 이것이 하나님께 영광 돌리는 것입니다. 이것이 바로 감사라는 것입니다.

그렇다고 하면 여기에 기본 문제가 있습니다. 오늘본문을 자세히 보면, 이 달란트 비유의 핵심은 충성입니다. 두 달란트를 받았던 사람과 다섯 달란트를 받은 사람에게 주인이 말합니다. '착하고 충성된 종아, 네가 작은 일에 충성했으니 큰일을 맡기겠다.' 바로 이 충성이 중요한 문제입니다. 여기서 충성은 헬라어 '피스티스'라는 말인데, 이것은 다름아닌 '믿음'이란 말입니다. 즉, 주인이 주인의 뜻대로, 달란트를 맡겨주실 만큼 나를 믿어 준 것입니다. 그래서 한 사람에게는 다섯 달란트를, 한 사람에게는 두 달란트를, 또 한 사람에게는 한 달란트를 주신 것입니다. 한 사람에게는 한 달란트 만큼의 능력이 있다고 주인은 믿었습니다. 그래서 한 달란트를 준 것입니다. 그가 감당하기 좋을 만큼을 맡겨준 것입니다. 맡은 것, 즉 자본이 많다고 반드시 좋은 게 아닙니다. 맡는 것보다 중요한 것은 감당할 능력입니다. 지위가 높다고 좋은 것이 아닙니다. 감당할 수 있어야 좋은 것입니다. 건강하다고 무조건 좋은 것이 아닙니다. 감당할 정도의 건강이 더 중요하고 좋은 것입니다. '하나님께서 내게 꼭 필요한 만큼, 내가 감당할 수 있는 만큼 적당하게 내게 주셨다'는 것을 믿고 "감사합니다" 하는 것, 이것이 바로 충성, 즉 주인에 대한 믿음입니다.

그런데 한 달란트를 받았던 그 사람에게는 바로 그 충성이 없었습니다. 왜 없었느냐고 우리 같이 물어봅시다. 이 점을 깊이 생각해야 됩니다. 그것은 바로 '질투' 때문입니다. 예일대학의 교수인 피터 솔로비(Peter Solovey)라는 분이 「Clinics of Jealousy(클리닉스 오브 젤러시)」라고 하는 유명한 책을 썼습니다. 우리말로는 「질투 임상학」입니다. 이 책에 의하면, 많은 사람에게 문제가 되고, 정신병자가 되고, 심지어는 자살을 하거나 이혼을 하고, 강도질을 하는 모든 것을 연구해보니, 그 원인들 중의 30%가 바로 질투에서 온다고 합니다. 그러니 여러분, 우리가 마음속에서 질투를 싹 빼버리고 산다면 참으로 태평하게 살 수 있습니다. 만약 길을 가다가 누가 좋은 차를 타고 가거든 '아! 참 좋다.' 이렇게만 하면 됩니다. "가다가 펑크나 나버려라!" 하지 말아야 합니다. 그거 못된 거거든요. 만약 남이 좋은 집에

살거든 '참 좋다'— 거기까지만 하면 됩니다. '경치도 좋고, 분위기도
좋다'고 말하면 됩니다. 그런데 그걸 질투심에서 나오는 부정적인
말로 "에이……"하면 안됩니다. 사람은 대부분 질투 때문에 망합니
다. 질투 때문에 우울증에 빠지기도 합니다. 간단합니다. 질투, 바로
이 점을 생각해야 합니다.

　이런 점에서 이 본문을 보면 이런 생각이 듭니다. 한 사람에겐
다섯 달란트, 한 사람에겐 두 달란트를 주었는데, 나에게는 겨우 한
달란트를 주었다는 사실, 그는 바로 이게 맘에 안든 것입니다. 그런
질투가 생긴 것입니다. 질투가 지나쳐서 자기가 가진 한 달란트의
소중함을 잊어버렸고, 그래서 일할 마음이 없었던 것입니다. '주인
도 나를 무시하는데 까짓거' 하며 그는 그 달란트를 땅에 묻어둔 것
입니다. 얼마나 못됐습니까? 이런 태도를 가진 사람이 바로 축복을
받을 수 없는 사람입니다. 그런 사람은 하나님을 원망합니다. '왜 나
는 고작 한 달란트만 주었는가? 다른 사람과 같이 주지 않고……' 항
변합니다. 그러나 주인의 입장에서는 '네 능력이 그것이고, 그것이
네게 딱 맞는다'는 것입니다. 사랑과 지혜의 하나님께서 그렇게 생
각하신 것입니다. 그러면 우리는 감사하면 됩니다. 한 달란트 받은
그 사람이 바로 그렇게 했어야 되는데 그렇게 하지 못했습니다. 그
는 대신에 더 많이 받은 다른 사람을 보면서 마음속에서 질투심이
나왔던 것입니다. 하나님께 대한 원망이 나왔던 것입니다. 사람이
질투와 원망에 빠지면 어떻게 됩니까? 바로 자기상실이 옵니다. 간
단하게 정신병자가 됩니다. 우울증환자가 됩니다. 그렇게 해서 자기
가 가진 소중한 것을 잃어버리게 됩니다.

　한 달란트 받았으면 적어도 한 달란트 만큼의 능력은 있다는 것

아닙니까? 그걸 인정해야 됩니다. 그런데 그 사람은 그것을 인정하지 않았습니다. 그리고 그 능력을 포기했습니다. 그래서 그게 문제가 된 것입니다. 여러분, 하나님께서 내게 얼마를 주셨든지 감사하게 생각하고, 내게 주어진 이 환경, 내게 주어진 경제, 내게 주어진 건강에 대해 '감사합니다' 하고 받아들이면 그게 곧 충성입니다. 그런데 '왜 누구에게는 저렇게 많이 주고 누구에게는 이렇게 많이 주면서 내게는 안주시는 겁니까? 하나님 나를 무시하는 겁니까?' 하는 불만에 빠집니다. 하지만 생각하면 한 달란트 주신 것이 바로 사랑이고 이것이 곧 축복이 아닙니까?

제가 또 저의 경험을 얘기해보겠습니다. 제가 풀러신학대학원에 처음 갔을 때, 교수님이 저에게 말하더군요. 저보다 먼저 공부했던 선배 가운데서 8명이 공부하다가 실패하고 갔다면서 이름을 줄줄이 말하는 것이 아닙니까? 누구누구…… 여기서 공부하다 성적이 부족해서 쫓겨났다면서 저더러 하는 말이, "자네 이거 감당할 수 있겠나? 한 학기에 네 과목씩 공부할 게 아니라 두 과목씩만 하는 게 어떻겠나?"합니다. 그런데 그게 굉장히 기분이 나쁘더군요. '아니, 어디서 나를…… 어떻게 그 사람들이랑 비교하나?' 생각하니 참 기분이 나쁘더라고요. 하지만 사실 생각하면 그분이 내게 잘못 말한 것이 아닙니다. 오히려 제가 처음 유학와서 어려울 터이니 학점을 덜 신청해서 공부를 충실히 하는 게 좋지 않겠느냐는 고마운 충고였던 것이지요. 뜻은 참 고마웠지만 제가 그렇게 말했습니다. "Why don't you trust me?(나를 한번 믿어보라.)" 내가 한 학기 동안 공부해볼 테니 그 결과를 보고 그 다음에 다시 얘기해보자고 했습니다. 그렇게 한 학기를 무사히 해내니까 "괜찮다, 계속하라"고 해서 제가 계속 공부를 했습니다.

　사실 저도 처음 그런 말을 들었을 때 참 기분이 묘한 것은 사실이었습니다. "이거 감당하기 어려운데 과목을 줄여서 하는 것 어떠냐?" 그러나 여러분, 이걸 생각해야 합니다. 하나님께서는 우리에게 필요한 만큼 주셨다는 것입니다. 감당할 만큼 주셨습니다. 하나님께서 할 수 있다 하시면 할 수 있는 것입니다. 하나님께서 주셨다면 주신 만큼의 은사가 내게 있는 것입니다. 이걸 믿어야 합니다. 하나님을 믿고 또 나를 믿어야 됩니다. 그게 충성입니다. 그런데 한 달란트 받았던 그 사람은 질투와 원망 때문에 그만 자기에게 주신 은사를 다 잃어버렸습니다. 그래서 포기했습니다. 그 달란트를 땅에 묻어버렸던 것입니다. 그래서 결국 그는 받은 것조차 빼앗겼습니다.

　오늘말씀은 참으로 엄청난 말씀입니다. '가진 자에게 더 주라. 없는 사람이 가진 저거 하나도 빼앗으라.' 이게 천국 복음입니다. 깊이 생각해야 합니다. 저는 간혹 이런 쓸데없는 생각도 해봅니다. 만약 이 사람이 그 한 달란트를 땅에 묻어두지 않고 그냥 가지고 나가서 나름대로 장사하다가 손해를 봤으면 어떻게 되었을까? 받은 달란트를 모두 날리고 와서 주인 앞에 엎드려 이렇게 말했다면 어땠을까? "주인이여, 다른 사람에게 다섯 달란트 줄 때 나한테 한 달란트 준 것 보면 내가 시원치 않은 것을 주인이 알지 않았습니까? 그런데 제가 나름대로 하다하다 그만 홀랑 날렸습니다. 주인이여 불쌍히 여기소서." 그랬다면 주인은 그에게 뭐라고 했을까? 그런 생각을 해볼 때마다 제 마음에 확실히 믿는 것이 있습니다. 주인은 그에게 이렇게 말했을 것입니다. "Try again!(다시 해봐!)" 그에게 다시 한 달란트를 주시면서 '다시 해봐!'라고 주인이신 하나님께서 말씀하셨을 것이라고 믿습니다. 그렇습니다. 가진 것대로 충성을 다해야 합니다. 하나님께서 우리를 믿고 계십니다. 내가 하나님을 믿을 때 구원에 이르고, 하나님께서 나를 믿으실 때 복을 받는 것입니다. △

욥의 인내를 배우라

그러므로 형제들아 주의 강림하시기까지 길이 참으라 보라 농부가 땅에서 나는 귀한 열매를 바라고 길이 참아 이른 비와 늦은 비를 기다리나니 너희도 길이 참고 마음을 굳게 하라 주의 강림이 가까우니라 형제들아 서로 원망하지 말라 그리하여야 심판을 면하리라 보라 심판자가 문 밖에 서 계시니라 형제들아 주의 이름으로 말한 선지자들로 고난과 오래 참음의 본을 삼으라 보라 인내하는 자를 우리가 복되다 하나니 너희가 욥의 인내를 들었고 주께서 주신 결말을 보았거니와 주는 가장 자비하시고 긍휼히 여기는 자시니라

(야고보서 5 : 7 - 11)

욥의 인내를 배우라

제가 잘 아는 어느 장로님 한분은 자기 친구의 소개로 지금의 부인을 만나 결혼을 했다고 합니다. 처음 만난 후 꼭 세 번 데이트를 하고 결혼을 하기로 결심을 했답니다. 그렇게 해서 결혼을 했는데 그 과정의 이야기는 이렇습니다. 친구의 소개로 처음 한 번 만났고, 두 번째 만났고, 세 번째 만나는 날에는 시간과 장소를 정한 후 장로님이 일부러 약속장소에 한 시간 늦게 갔답니다. 사실은 약속장소에 시간에 맞춰 갔지만 아가씨에게 가까이 가지 않고 멀리서 지켜보면서 아가씨가 어떻게 하나 살펴보았답니다. 아가씨가 기다리지 못하고 가버리면 인연이 아닌가보다 하고, 만약 한 시간을 기다려내면 하나님의 뜻으로 받아들인다는 '도박'을 한 것입니다. 그런데 그렇게 기다리다가 한 시간 뒤에 짐짓 헐레벌떡 들어가면서 "늦어서 죄송합니다" 했더니 그 아가씨가 "아, 그럴 수 있지요. 교통도 그렇고 늘 바쁘시니 충분히 그럴 수 있지요" 하며 아주 편하게 맞이하더랍니다. 그런 반응을 보자 '이 사람이 내 여자다' 생각하고 결혼을 결심했다고 합니다.

현대인의 정신적인 병 중에 Anticipatory Anxiety라는 병이 있습니다. 우리말로 '예기 불안증'입니다. 현재는 아무 일도 없습니다. 살만합니다. 그런데도 앞으로 어떤 일이 일어날지 모르겠다는 불안을 갖고 있는 것입니다. 여러분, 사실 우리 인생에서 지난날이 꼭 반복되는 것도 아니거든요. 우리가 살면서 알듯이 어디 우리 뜻대로 되는 일이 있습니까? 또한 인생사가 우리가 예측했던 대로만 되는 것은 아니지 않습니까? 그런데도 '예기 불안증'이 있는 사람들은 '지난날에 이랬으니까 앞으로도 꼭 이럴 것이다'라고 생각을 합니다. 그렇게 나름대로 예측을 하는 이 예기지식 때문에 얻는 병을 말하는 것입니다. 이렇게 볼 때 이런 결론이 나옵니다. 자살은 머리좋은 사람이 한다는 것입니다. 아이큐 90 이하이면 자살을 안합니다. 그런 점에서 동물도 자살을 안합니다. 사람만이 자살을 하고, 그중에서도 똑똑한 사람이 자살을 합니다.

육체적인 건강은 면역성 지수로 평가할 수 있습니다. 한 사람이 얼마나 건강한가는 '몸무게가 얼마고 힘이 얼마고' 큰소리쳐도 그것으로 알 수 있는 게 아닙니다. 오히려 그 사람이 얼마간의 면역성 수준을 갖고 있느냐로 건강도를 파악할 수 있습니다. 면역성이 높은 사람은 건강하기 때문에 추우나 더우나 큰 상관 없이 지내는 것입니다. 신문, 방송에 늘 "오늘 날이 좀 추울 것이니 옷을 따뜻하게 입고 나가십시오"라고 알려줍니다만 그건 사실 면역성을 키우는 데 있어서는 좋은 게 아닙니다. 추우면 추운대로 시원하다, 하면 되는 거지 그걸 춥다고 바로 덥게 하고, 또 덥다고 춥게 하면 건강에 좋지 않습니다.

어디서 병이 오는지 아십니까? 겨울은 겨울답게 살고 여름은 여름답게 살아야 하는데, 겨울을 여름처럼 살고 여름은 겨울처럼 사는데서 옵니다. 그렇게 사는 사람이 일찍 죽을 확률이 높습니다. 왜 그럴까요? 면역성이 없기 때문입니다. 그러니 더울 때는 좀 더운대로 지내고 겨울은 겨울대로 좀 추운대로 지내십시오. 춥다고 자꾸 옷을 끼어 입습니다만 사실은 끼어 입지 않고 살다보면 그런대로 살 수 있습니다. 원래 사람은 옷을 입으면서부터 병이 늘었다고 합니다.

어쩌면 사람이 옷을 만들어 입지 않았더라면 몸에서 털이 나왔을 것입니다. 다시말해서 사람은 어떤 환경이든 충분히 이길 수 있는 힘이 있는 존재입니다.

　제가 예전에 힐링 미니스트리(Healing Ministry)라는 과목을 신학대학에서 가르치느라고 정신건강과 육체건강, 예방의학과 같은 책을 많이 읽어 보았습니다. 그 내용들 중에 마음에 딱 드는 게 하나 있었습니다. 그것은, '창조주 하나님께서는 태초에 사람이 충분히 건강하도록 창조하셨다. 추우면 추운 것을 이기도록, 더우면 더운 것을 이기도록 충분히 건강하도록 창조하셨다'는 것입니다. 문제는 면역성에 있습니다. 면역지수가 높아야 건강하게 되는 것입니다. 이걸 먹어도 되고 저걸 먹어도 되고, 추운 데서 자도 되고 더운 데서 자도 되고…… 뭐 이래야 건강한 사람 아닙니까? 조금만 추워지면 벌써 감기걸려서 병원에 가는 정도 가지고야 어떻게 건강하다고 하겠습니까? 그러니 건강은 바로 이 면역성에 있는 것입니다. 제가 요즘도 그렇고, 평생을 늘 아침 저녁에 찬물로 목욕을 합니다. 그러니 가끔 제 아내가 말합니다. "여보, 나이도 들었는데 이제 그만 더운 물로 하면 안되겠어요?" 그러면 나는 이렇게 대답합니다. "그건 당신이 몰라서 그래요. 이 찬물로 할 때 얼마나 기분이 좋은지 알아요?" 여러분, 찬물로 목욕을 하고나면 아주 몸이 시원할 뿐만 아니라 전혀 춥지가 않습니다. 하지만 더운물로 목욕을 하고나면 추워서 벌벌 떨어야 됩니다. 이게 다 면역성에 연유한 것입니다. 그런 점에서 육체적 건강은 한마디로 면역성이 핵심입니다.

　그렇다면 정신적 건강은 무엇으로 평가해야 할까요? 그것은 인내성입니다. 사랑도 진실도 의도 충성도 결국은 인내와 관련된 문제입니다. 순발력의 문제가 아닙니다. 정신건강은 인내하는 힘에 의해서 평가할 수 있습니다. 오늘본문에 귀한 말씀이 있습니다. 길이 참으라, 오래오래 참으라고 합니다. 일 년도 이 년도 십 년도 아닙니다. 언제까지 참으라는 것입니까? 나는 그 날이 언제인지를 알고 그 엄청남에 깜짝놀랐습니다. 바로 "주 강림하실 때까지"입니다. 겨우 한 며칠 참아보고, 몇 년 참아보고, 혹 어떤 사람은 자기는 십 년을 참았느니 어쩌니 합니다만 성경이 우리에게 요구하는 인내에 비하면 모두 가당찮은 소리입니다. '주 강림하실 때까지, 주님 재림하실 때까지 참으라'는 것입니다.

그렇게까지 오래 참을 수 있는 인내의 뿌리는 믿음에 있습니다. 믿으면 참는 것이 그리 어렵지 않습니다. 어느 군인이 약혼을 하고 군대에 갔습니다. 복무를 마치고 삼 년 후에 돌아왔는데 약혼녀가 아직도 아무하고도 결혼을 하지 않고 기다리고 있었습니다. 반갑게 만나서 결혼을 합니다. 그러면서 대체 어떻게 삼년을 기다렸느냐고 물었더니 아내가 다 낡아빠진 편지 한 장을 내놓았습니다. 사연인즉 이렇습니다. 그 편지는 그가 군대에 가서 처음으로 보낸 편지였습니다. '내가 꼭 돌아갈 테니 기다려라' 하는 내용이었습니다. 그녀는 그 편지 한 장을 손에 들고 삼년을 잘 기다려주었던 것입니다. 왜요? 돌아온다, 기다리라는 말을 믿었기 때문입니다. 소망이 있으면 인내는 조금도 어려운 게 아닙니다. 사랑하면 기다릴 수 있습니다. 기다림이 무료함도 지루함도 아닙니다. 사랑하면 기다릴 수 있습니다.

인내의 차원을 분석해보면 인내는 세 가지 차원에서 이루어집니다. 하나는 생각 안에 있는 인내입니다. 다시말하면 어떻게 생각하느냐 하는 것입니다. 생각의 초점을 어디다 맞추느냐 하는 것입니다. 생각 안에서 인내가 형성됩니다. 이 점을 이해하는 것은 그리 어렵지 않습니다. 사람은 하나님의 뜻이 확실하지 않기 때문에 판단을 유보합니다. 자기판단을 100% 믿는 사람처럼 어리석은 사람 없습니다. 자기가 아무리 공부를 많이 하고 머리가 좋아도 자신의 판단이 모두 옳은 것은 아닙니다. 그런 점에서 자기자신에 대해서는 물론이고 세상에 대해서나 모든 일에 대해서 너무 자신의 판단을 믿지 말아야 합니다. 그저 자신이 할 수 있는 정도까지만 판단하고 나머지 부족한 부분은 그대로 유보하는 여유를 둘 수 있어야 합니다.

철학자 이마누엘 칸트의 유명한 말이 있습니다. '하나님의 영광을 위해서 네 이성을 제한하라.' 우리의 이성이 똑똑한 것같아도 별거 아닙니다. 그러니 제한을 두어야 합니다. 그리고 하나님의 뜻에, 그 분이 하시는 일에 맡기는 여유를 가져야 합니다. 우리의 판단의식을 하나님께 반납해야 됩니다. 고린도전서 4장 5절에 보면 "주께서 오시기까지 아무것도 판단치 말라" 합니다. 옳다 그르다, 망했다 흥했다, 누가 정확히 이걸 알 수 있겠습니까? 어떤 일에 대해서 "다 끝났다"고 감히 누가 말할 수 있습니까? "주께서 오시기까지 아무것도 판단치 말라." 너무 판단을 예민하게 하지도 말고, 서두르지도 말고, 판단을 결정적으로 내리지도 마십시오.

생각해보십시오. 이스라엘 백성이 출애굽을 한 후 광야길로 행합니다. 그러다가 바로 앞에서 큰 홍해를 만나게 됩니다. 홍해를 만나자 그들의 원망이 터져나옵니다. 왜 자기들을 이런 길로 인도했느냐는 것입니다. 기껏 애굽을 탈출해서 광야를 건너 만나게 된 것이 홍해였습니다. 앞에는 홍해가 있습니다. 뒤에는 애굽군대가 추격해 옵니다. 어디로 가야 합니까? 어디로 갈 수 있습니까? 그야말로 독

안에 든 쥐 꼴 아닙니까? 모두가 '이제는 망했다 죽었다'고 원망하는데 어떻게 보면 그런 와중에도 유머감각이 엿보입니다. 그들이 말합니다. '애굽에 공동묘지가 모자라더냐? 그래서 우리를 여기까지 데려다가 죽이려고 하느냐?'고 원망하며 모세를 죽이겠다고 난리를 쳤습니다. 그러나 여러분이 아시는대로, 결국 하나님께서 큰 은혜를 베푸셔서 홍해를 갈라지게 하심으로 육지같이 건너가게 됩니다. 자, 어떻습니까? 지나놓고나서는 이렇게 말했을 것입니다. '이렇게 될 줄 알았으면 원망하지 말 걸……' 생각해보십시오. 우리가 인생을 사는 동안에 이런 사건이 얼마나 많았습니까? '아, 이럴 줄 알았으면 원망하지 말 걸!' 하고 생각하게 된 일들이 우리에게도 비일비재하게 계속 진행되고 있지 않습니까? 모름지기 우리의 생각과 판단에 있어서 인내해야 됩니다.

두 번째는 말에 있어서 인내해야 합니다. 설령 생각은 있더라도 그것을 말로 해버려서는 안됩니다. 우리의 일생을 통해서 '아차! 그 말을 하지 말았어야 되는데……' 하는 일들이 얼마나 많았습니까? 그 한마디만 안했으면 운명이 달라졌을 텐데…… 안그렇습니까? 더구나 말의 인내는 우리 자녀교육에 있어서 매우 중요합니다. 한마디 딱 잘못하면 아이들은 가출합니다. 우리는 그 말 한마디를 너무 잘못한 것입니다. 그러니 말에 있어서 인내가 필요합니다. 내가 말을 쉽게 해버리는 바로 그것에 큰 실수가 있고 불신앙이 있는 것입니다. 그래서 성경은 말씀합니다. "원망하지 말라!" 원망은 말로 하는 것입니다. 그러니 설령 마음속에 불만이 있더라도 그것을 말로 원망하지는 말아야 합니다. '원망하지 말라. 원망은 하나님의 뜻을 이루지 못하게 한다'고 성경은 말씀합니다. 원망은 인내가 아닙니다.

말로써 인생에 가장 결정적인 실수를 저지른 사람이 있습니다. 바로 하나님의 사람 모세입니다. 이스라엘 백성이 가데스 바네아에 이르렀을 때 마침 마실 물이 없어서 하나님을 원망했습니다. 온백성이 원망을 하며 당장 모세를 죽이겠다고 난리입니다. 그 소용돌이 속에서 모세가 원망하는 백성에게 시달리다 못해 자기도 원망을 하게 됩니다. 원망하는 백성을 원망한 것입니다. 그가 원망하며 말했습니다. '이 패역한 놈들아……' 이 망할 자식들아, 하면서 반석을 두번 치는 큰 실수를 저질렀습니다. 그래서 시편 106편 33절에서 말씀합니다. "모세가 그 입술로 망령되이 말하였음이로다." 그리고 바로 그 때문에 결국 가나안땅에 못들어가게 되었습니다. 말로 원망 했기 때문입니다. 원망하는 백성과 함께 원망했기 때문입니다. 모든 사람이 다 원망해도 우리는 원망해서는 안됩니다. 설령 원망을 들어도 나는 원망하지 않아야 됩니다. 말로 원망하지 말아야 합니다.

또한, 행동에 있어서 인내해야 합니다. 조급하게 행동하고나면 뒷수습을 할 수가 없습니다. 일단 행동으로 저지른 후에는 다시 되돌아갈 수도 없습니다. 생각해보면 우리에게 인내가 부족한 행동이 얼마나 많았습니까? 지금 생각해보면 인내 없이 조급하게 행동한 것은 다 잘못된 것이었습니다.

오늘본문에는 인내를 세 가지 경우를 예로 들어 말씀합니다. 첫째는 욥의 인내를 배우라고 합니다. 욥이 누구입니까? 욥기의 주제가 무엇입니까? 욥은 많은 고난을 당합니다. 억울한 고난을 당합니다. 인간으로 감당할 수 없는 고난을 많이 당합니다. 그렇게 고난을 당하지만 그보다 더 중요한 것이 하나 있습니다. 바로 고난의 원인을 알 수가 없다는 사실입니다. 왜 내가 이 고난을 당해야 되는지,

왜 나만 이런 고난을 당해야 되는지, 내가 왜 이런 엄청난 고난을 겪어야 하는지, 나딴에는 하나님 앞에 성실하게 살려고 애를 썼는데 왜 내게 이런 고통이 있어야 하는지, 하나님 앞에서 그 이유를 알 수가 없습니다. 바로 그 '알 수 없음'에 대한 해답이 욥기입니다.

이유를 알 수 없는 고통, 이유를 알 수 없는 시련 속에서도 욥은 하나님을 원망하지 않습니다. 왜요? '나는 (이 시련과 고통의 이유를) 모릅니다만 주께서 아십니다.' 참 중요한 말씀입니다. 나는 지금 모르고 살고 있습니다. 모르고 살아왔고 또 앞으로도 모를 것입니다. 그러나 주께서 아십니다. 욥기 23장 10절에서 말씀합니다. '주님만이 아십니다.' 그래서 욥은 모든 판단, 모든 원망을 버리고, 원망하지 않고, 원망을 하나님께 반납한 채 하나님을 믿고 참습니다. 이유를 알 수 없는 고난 속에서 하나님을 원망하지 않았습니다. 길이길이 참았습니다. 그게 욥의 인내의 특징입니다. 오직 믿음이었습니다. 하나님의 지식과 하나님의 지혜와 하나님의 능력과 하나님의 섭리와 하나님의 큰 위대한 사랑을 믿었습니다. 그래서 그는 길이길이 참을 수 있었던 것입니다.

두 번째는, 선지자들로 본을 삼으라고 합니다. 성경에 나타난 많은 선지자들이 다 그렇습니다. 하나님께서는 그들이 겪는 많은 고난 속에서 일을 하십니다. 그러니 성경을 읽으면서 성경 속에서 패러다임을 찾으라는 것입니다. 기준 틀(frame of reference)을 찾으라, 거기에서 본을 찾으라, 인내가 부족할 때에, 내 인내가 무너지려고 할 때에 성경을 읽으라, 이유를 알 수 없는 고난에 시달릴 때 성경을 읽으라, 성경을 묵상하면서 거기서 힘을 얻어서 인내하라는 말씀입니다. 히브리서 12장 2절에 유명한 말씀이 있지 않습니까? '그리스도께서 십자가를 참으사……' 여러분, 아무리 억울하고, 아무리 고통스럽고, 아무리 모순된다 하더라도 십자가 만큼 모순된 사건이 어디 있습니까? 그 재판이 무엇이며, 그 고난이 무엇인지 생각해보십시오. 그 십자가야말로 말로 설명할 수 없는 모순덩어리 아닙니까? 그러나 '예수 그리스도께서는 십자가를 참으사 하나님 우편에 앉으셨느니라. 그런고로 너희도 참으라'는 것입니다. 십자가의 인내를 본보기로 삼을 때, 깊이 묵상할 때, 못참을 일이 어디에 있단 말입니까? 십자가를 참았는데 못참을 일이 또 어디 있겠습니까?

세 번째로, 농부의 인내를 배우라고 합니다. 농부의 인내가 무엇입니까? 씨를 뿌리고 가을을 기다립니다. 농부는 이른 비와 늦은 비를 기다립니다. 내가 할 일은 해놓고 처분은 하나님께 맡깁니다. 이게 농부의 인내입니다. 그런 점에서 농부는 겸손합니다. 내가 아무리 수고해도 수고한대로 되는 것 아니라는 걸 알고 있습니다. 비가 안오면 안되는 거고 비바람치면 안되는 거고 홍수가 나도 안되는 것이지만, 그럼에도 그 모든것을 고스란히 하나님께 맡기고 기다리는 것이 농부의 인내입니다. 수고하면서 기다립니다. 땀을 흘리면서 기다립니다. 그래서 농부의 인내를 배우라고, 그 기다림을 배우라고 말씀합니다.

여러분, 자기자신에 대해서 인내하십시다. 결정적인 말은 하지도 말고, 살았다고도 하지 말고 죽는다고도 하지 마세요. 자기자신에 대해서 인내하고, 이웃에 대해서 인내하고, 절망하지 마세요. 하나님께 대해서 인내하고, 세상에 대해서 인내해야 됩니다. 맥도날드 창업자인 레이 크록이 아끼는 글이 있습니다. 그는 켈빈 쿨리지가 쓴 이 글을 액자에 넣어서 자기 사무실은 물론 모든 임원들의 사무실에까지 갖다붙이게 했다고 합니다. 그리고 그 글을 아침저녁으로 읽었습니다. 한번 같이 들어봅시다. '세상에 인내 없이 이룰 수 있는 일은 아무것도 없다. 재능으로도 안된다. 위대한 재능을 가지고 성공하지 못한 사람은 얼마든지 많다. 천재성으로도 안된다. 성공하지 못한 천재는 웃음거리만 될 뿐이다. 교육으로도 안된다. 세상은 교육받은 낙오자로 넘치고 있다. 오직 인내와 결단만이 무엇이든 이룰 수 있는 것이다.'

　여러분, 똑똑한 척하지도 말고, 천재성을 말하지도 말고, 조용히 인내를 배워야 하겠습니다. 그리고 오늘말씀의 마지막 절을 봅니다. '주께서 주신 결말을 보았느니라.' 결말은 주님께서 주시는 것입니다. 인내의 결말은 주님께서 주장하십니다. 인내하는 자에게 주께서 주시는 상이 있습니다. 하나님께서는 자비로우시고 긍휼히 여기시는 분입니다. '길이 참으라! 욥의 인내를 배우라! 그 결말을 보라!' △

한 알의 밀의 신비

명절에 예배하러 올라온 사람 중에 헬라인 몇이 있
는데 저희가 갈릴리 벳새다 사람 빌립에게 가서 청하
여 가로되 선생이여 우리가 예수를 뵈옵고자 하나이
다 하니 빌립이 안드레에게 가서 말하고 안드레와 빌
립이 예수께 가서 여짜온대 예수께서 대답하여 가라
사대 인자의 영광을 얻을 때가 왔도다 내가 진실로
진실로 너희에게 이르노니 한 알의 밀이 땅에 떨어져
죽지 아니하면 한 알 그대로 있고 죽으면 많은 열매
를 맺느니라 자기 생명을 사랑하는 자는 잃어버릴 것
이요 이 세상에서 자기 생명을 미워하는 자는 영생하
도록 보존하리라 사람이 나를 섬기려면 나를 따르라
나 있는 곳에 나를 섬기는 자도 거기 있으리니 사람
이 나를 섬기면 내 아버지께서 저를 귀히 여기시리라
(요한복음 12 : 20 - 26)

한 알의 밀의 신비

인도의 성자라고 불리는 선다 싱의 유명한 일화가 있습니다. 하루는 그가 눈덮인 히말라야 산맥을 오르고 있었습니다. 눈보라가 몹시 몰아쳐서 한치 앞도 보이지 않는 아주 험악한 일기 상황에서 히말라야 산맥을 올라가고 있는 것이었습니다. 그런데 갑자기 발밑에 뭔가 밟히는 것이 있어 자세히 보니 한 사람이 얼어 죽어가고 있었습니다. 선다 싱은 그를 그대로 두면 죽을 것같아서 도와주고 싶었습니다. 그러나 같이 가던 동행자가 그런 선다 싱의 행동을 막았습니다. 이미 다 죽어가는 사람이라서 우리가 도와줘도 어차피 죽을 것같은데 괜히 이 사람을 도와주려다가 멀쩡하게 살아 있는 우리까지도 죽게 될 것같으니 그냥 내버려두고 가자는 것이었습니다. 그러나 선다 싱은 아직 목숨이 붙어 있는 사람에게 어찌 그럴 수 있느냐, 산 사람을 이 눈 속에 내팽개치고 갈 수 없지 않겠느냐고 했습니다. 그러나 같이 가던 동행자는 그냥 혼자 떠나버리고 말았습니다.

선다 싱은 하는수없이 혼자서 그 사람을 등에 업고 산을 오를 수밖에 없었습니다. 힘을 다해서 땀을 뻘뻘 흘리며 산을 올랐습니다. 가다보니 또 다른 한사람이 눈 위에 쓰러져 있는 게 아닙니까? 가까이 가서 보니 조금전에 혼자 살겠다고 먼저 떠난 그 사람이 혼자 가다 얼어 죽었던 것입니다. 천신만고 끝에 선다 싱은 그 사람을 업고 히말라야 산을 넘었고 마침내 한 오두막집에 이르렀습니다. 업고 있던 사람을 내려놓으며 그 사람을 보고 선다 싱이 이렇게 말했다고 합니다. "고맙습니다. 당신 때문에 내가 얼어죽지 않고 히말라야 산을 넘을 수 있었습니다." 여러분, 이 선다 싱의 일화가 얼마나 많은 것을 우리에게 들려주고 있습니까? 혼자 살겠다던 사람은 죽었습니다. 죽어가는 사람을 살리겠다고 한 사람은 자기도 살고 죽어가는 사람도 살릴 수가 있었습니다.

오늘성경말씀은 예수님께서 주신 귀한 잠언의 말씀입니다. "한 알의 밀이 땅에 떨어져 죽지 아니하면 한 알 그대로 있고 죽으면 많은 열매를 맺느니라." 이것은 어떤 면에서 예수님의 신조요, 생활철학입니다. 예수님께서는 이대로 살았고 이대로 죽으셨고 이대로 부활하셨습니다. 우리는 예수님께서 친히 하신 말씀을 기억합니다. '나는 길이요, 진리요, 생명이다.' 우리는 보통 진리요 생명이라는 말은 궁극적으로 이해합니다마는, 길이라는 말씀에 대해서는 종종 지나칠 때가 많습니다. 여기서 길이란 주님께서 가신 길, '정도'(正道)라는 것입니다. 그가 살았던 생이 사는 길이라는 뜻입니다. 이건 단지 그분처럼 살아서 영생을 얻는다는 얘기만이 아니고, 더 나아가 사람이 사람답게 살려면, 아니, 사람이 살려면 예수님처럼 살아야 진짜로 사는 것이라는 말씀입니다. 주님께서는 '그 길(the Way)'이시기 때문입니다.

그런 주님께서 우리에게 길을 보여주십니다. 그중의 하나가 '한 알의 밀'의 비유입니다. "한 알의 밀이 땅에 떨어져 죽으면 많은 열매를 맺느니라" 하시고 말씀하신 그대로 당신께서는 십자가를 지십니다. 여러분, 한 알의 밀을 한번 상상해보십시오. 이것은 생명체입니다. 이 말씀의 의미는 바로 이 생명체라는 것에서부터 생각해야 됩니다. 죽은 것이 아닙니다. 살아 있는 것입니다. 살아 있는 생명체라는 것입니다.

생명의 신비는 참 놀라운 것입니다. 아마 농사를 지어보시지 않은 분은 생명의 신비에 대해 한참 생각해야 될 것입니다. 실감이 나지 않을 것이기 때문입니다. 놀라운 생명의 신비 중에서 특별히 '씨감자'라는 것이 있습니다. 제가 한번은 씨감자를 중국에서 신촌운동, 우리 식으로 새마을운동 하는 분들에게 선물로 갖다드렸더니 얼마나 고마워하는지 모릅니다. 그 덕에 저희들도 대접을 참 잘 받았을 정도로 고마워합니다. 왜냐하면 이 씨감자 하나를 만들기 위해서 보통 7년이 걸리기 때문입니다. 그런 것을 선물로 가져다주었으니 감사할 수밖에요. 아시는대로 사과에는 사과씨가 있고, 복숭아에는 복숭아씨가 있습니다. 그러나 감자에는 씨가 없습니다. 그러니 감자 하나를 땅에 묻어야 감자순이 나오고 거기에서 감자가 열리는 것입니다. 씨가 없이 그 자체로 심는 식물 중에 마늘이 있는데, 사실 이 마늘은 굉장히 비생산적이라고 할 수 있습니다. 왜냐하면 마늘이 여섯 쪽 혹은 여덟 쪽 마늘이 있는데, 그거 한쪽을 심어야 마늘 한 개가 생기기 때문입니다. 마늘도 종자가 없기 때문에 마늘을 심어야 마늘이 나옵니다.

그러니 감자도 감자를 심어야 감자를 수확할 것인데 멀쩡한 감자 큰 것을 다 심자니 아깝지 않습니까? 봄이 되면 보관한 감자에서 싹이 나옵니다. 감자 하나에 싹이 여러 곳에서 나는데 대개 서너 개가 나옵니다. 그러면 사람들이 재주가 좋아서 그 싹이 난 부분만을 칼로 도려내 잘라서 그걸 재에다 묻혀서 심습니다. 싹이 난 조각 한 부분만을 갖다가 심으면 거기서 감자순이 나오는 것입니다. 그러니 감자 하나로 싹을 낼 수 있는 조각은 불과 3, 4개밖에 만들 수가 없습니다. 그리고 나머지 감자는 버리게 되는 것입니다. 감자는 모종을 하기가 이렇게 어렵습니다. 그런데 씨감자라는 것이 바로 이런 비생산적인 문제를 해결해줍니다. 씨감자란 다시 말하면 감자의 생명력이 보통 감자의 싹이 나는 곳만 있는 게 아니라 감자 전체에 있는 감자입니다. 그러니 감자 전체를 작은 콩알만하게 썰어서 싹이 나올 수 있는 좋은 여건을 과학적으로 만들어주면 싹이 없어도 감자 조각마다에서 전부 싹이 나오는 것입니다. 한마디로, 씨감자란 감자의 특정한 부분만이 아니라, 감자의 모든 부분이 생명이 있는 특별한 감자입니다.

요즘에 문제와 논란거리가 되고 있는 복제양이니 복제동물이니 하는 것이 바로 이와 비슷한 원리에서 나오는 것입니다. 정자세포도 아니고 그저 몸 전체의 아무 곳, 가령 귀 쪽에 있는 세포 한 조각을 떼어다가 이걸 난자세포와 결합시켜 살리면 거기에서 그 동물 전체가 나온단 말입니다. 그런 복제기술의 논란 여부를 떠나서 생각해보면 생명체라는 것이 얼마나 놀라운 것입니까? 조그마한 입자 하나, 가령 발가락이라도 떼어다가 집어넣어 이걸 살리면 전체가 똑같은 모습이 나온다니 정말 생명의 신비는 무궁무진한 것입니다.

어떻게 이런 일이 일어납니까? 이것이 생명이기 때문입니다. 생명체, 즉 살아 있는 것이기 때문에 이렇게 신비로운 것이고 이런 놀라운 생명력을 지니고 있는 것입니다. 그런데 바로 한 알의 밀이 이런 생명체입니다. 이것이 생명력을 발휘하려면 어떻게 해야 될까요? 생명이 다시 싹을 내고 성장하고 꽃피고 그렇게 해서 많은 열매를 맺는데, 생명은 열매를 위해서는 이런 성장과정을 거쳐야만 합니다. 생명이 성장해서 결실하고 더 많은 30배 60배 100배 열매를 맺게 되는데, 여기에서 우리가 잊어서는 안될 중요한 과정이 하나 있습니다. 생명이 생명력을 나타내려면, 생명이 또다른 생명력을 발휘해서 많은 열매를 맺으려면 어떻게 해야 될까요? 바로 이 생명이 죽어야 됩니다. 한 생명이 땅에 떨어져 죽어야 합니다. 그게 아주 중요한 사실입니다.

오래전에 책에서 읽었던 내용인데 근래에 우리나라에서도 실험을 했다는 기록을 봤습니다. 제가 흥미가 있어서 3,000년 된 미이라를 박물관에 가서 봤습니다. 저도 미이라를 해부해놓은 것을 많이 봤는데, 고고학자들이 미이라를 해부해놓고 봤더니 수천 년 전에 죽은 시체인 미이라의 손에 밀알들이 있더라는 것입니다. 손에 밀알을 몇 개 쥐여주고 미이라로 만들어 묻었던 것입니다. 그래서 학자들이 그 밀알들을 꺼내어 정성껏 땅에 묻어놨더니 글쎄 거기에서 싹이 났다는 것입니다. 그래서 그것이 큰 연구의 대상이 되고 있습니다. 얼마 전 한국의 한 연구소에서도 수천 년 된 씨앗을 배양시켜 화제가 되지 않았습니까?

생명의 신비에 대해 한번 깊이 생각해 볼 수 있는 사건입니다. 3,000년 된 밀알이지만 살아 있는 생명체이기 때문입니다. 그런데 땅에 떨어졌으면 30배 60배 100배 1000배의 열매를 맺을 수 있는 밀알이 죽은 시체인 미이라의 손에 들려 있으니 3,000년이란 긴 세월이 가도 한 알 그대로 있었던 것입니다. 아무런 생명적인 역사가 나타나지 않은 것입니다. 이 얼마나 신비롭고 귀중한 교훈입니까? 열매를 맺기 위해서 한 생명은 죽어야 됩니다.

그런데 여기서 한 가지 더 깊이 생각해야 합니다. 죽는 것과 썩는 것은 다르다는 사실입니다. 생명이 없는 것, 이미 죽은 것은 땅에 묻으면 그냥 썩어버립니다. 그러나 살아 있는 씨앗은 땅에 묻으면 싹이 납니다. 이처럼 살아 있는 생명은 살아 있기에 고난 중에서 진리도 깨닫고, 용기도 얻고, 소망도 얻고, 믿음도 얻는 것입니다. 고난 중에서도 그렇게 생명의 길로 솟아오르는 것을 볼 수 있습니다. 그러나 영이 죽은 사람, 죽은 영혼은 환난을 당하고 어려운 일을 당하면 그대로 썩어버리고 맙니다.

가끔 드라마를 볼 때마다 어떨 땐 작가에게 전화를 걸어 꼭 한마디 해주고 싶은 말이 있습니다. 우리가 살다보면 사업에 실패했든지, 병이 들었든지, 시련을 당했든지 갑자기 어려운 일을 당하는 경우가 있지 않습니까? 그런데 드라마에서 그런 일을 당하는 장면이 나올 때 어떻게 반응을 하나 주의해서 보면 그 사람이 그냥 바로 백이면 백 다 포장마차로 갑니다. 어려움을 겪으면 그냥 술을 마시는 장면으로 이어집니다. 그러나 저는 그런 장면을 볼 때마다 도대체 인간이 정말 그것밖에 안되느냐고 작가들에게 물어보고 싶습니다. 왜요? 어려운 일 당할 때 술 마시는 사람도 있지만 분명 교회로 가는 사람도 있잖습니까? 교회당에 와서 엎드려 기도하며 그 문제를 넘어서는 사람도 있는데 꼭 모든 사람이 술로 해결하는 것처럼 보이는 것은 바르지 않다는 것이지요.

제가 며칠 전에 크리스티마하의 책을 보는데 참 좋은 얘기를 했습니다. 교회에 와서 많은 성도들을 만나는 것도 좋고 예배하는 것도 좋지만 아무도 없을 때 텅빈 교회에 혼자 나와서 강대상 앞에 조용하게 엎드린다고 합니다. 아무 말씀도 아무 기도를 안해도, 이처럼 좋은 기도, 이처럼 좋은 응답이 없다는 얘기를 합니다. 참 공감이 가는 얘기입니다. 여러분은 그렇게 해보았습니까? 꼭 한번 해보시길 바랍니다. 아무도 없을 때, 밤중이라도 좋고 새벽이라도 좋고 낮이라도 좋습니다. 교회 강대상 앞에 와서 조용하게 하나님 앞에 앉아 있는 것입니다. 꼭 무슨 긴 얘기를 해야 되는 것 아닙니다. 그저 "하나님 아버지" 하고 기다려보십시오. 그렇게 인생의 어려움들을 하나님의 도우심으로 넘어서는 것입니다. 이렇게 문제를 해결하는 사람이 살아 있는 사람이지, 조금만 건드리면 술집으로 가는 사람이 진정한 인간의 아름다움을 갖고 있다고 할 수 있을까요? 이 세상엔 문제가 있다고 다 술집으로 달려가는 사람들만 있는 게 아닙니다. 술집으로 달려가고 그러다가 마지막엔 자살까지 하고…… 이게 대체 뭐하는 것이냐입니다. 드라마 작가들은 왜 이렇게 세상을 그려야 하는지 저는 마음속에 유감이 있습니다.

여러분 다시 한 번 생각해보십시오. 분명히 썩는 것과 죽는 것은 다릅니다. 살아 있는 생명이 죽으면 생명력을 발휘하지만, 이미 죽은 생명은 땅에 떨어지면 그냥 썩어버립니다. 그래서 예수님의 말씀이 "땅에 떨어져 죽어야 많은 열매를 맺느니라"고 하신 것입니다. 생명이 그대로 있으면 아무것도 없습니다. 희생이 없으면 아무것도 없습니다. 자기사랑에 빠지면 아무 일도 없습니다.

또한, 깊이 생각해야 될 부분이 하나 더 있습니다. 그것은 자원성(自願性)입니다. 예수님 요한복음 10장 18절에서 선한 목자에 관해 말씀하시며 이렇게 말씀하십니다. "내가 스스로 버리노라." 즉, 스스로 버릴 때만이 죽음이 의미가 있는 것입니다. 자발적이어야 합니다. 불가피하게 해야 하는 것도 아니고, 약해서 끌려가는 것도 아니고, 무지해서 그대로 당하는 것도 아닙니다. 왜냐하면 무지하고, 약해서, 불가피하게 당하게 되면, 그것은 썩는 것이지 죽는 것이 아니기 때문입니다. 자원해서 자발적으로, 스스로 버리는 것이어야 합니다.

　이 진리를 다른 면에서 좀더 깊게 생각해봅시다. 사람들이 흔히 사랑한다고 할 때 "사랑하면 함께한다. 함께 간다. 동참한다. 동정한다……" 이렇게 말합니다. 사랑하면 함께한다, 혹은 어떨 때는 사랑하기에 함께 죽는다고 합니다. 그러나 아닙니다. 그건 사랑이 아닙니다. 함께 죽는 게 아니라, 대신 죽어야 진정한 사랑입니다. 우리는 종종 뭔가 사랑의 이름으로 한다고 할 때 '함께 가고, 같이하고, 동참하고, 죽은 사람 따라 같이 죽을 걸……' 그렇게 말합니다. 하지만 같이 죽는다고 살아납니까? 그런데도 그걸 사랑이라고 하지 않습니까? 여러분, 동참하고 함께하고 함께 죽어도 사랑이 아닙니다. 살리기 위해서 내가 죽어야 진짜사랑입니다. 그걸 알아야 합니다.

　그런 점에서 사랑의 이름으로 동참하고 동반희생 하는 것 이건 낭만적인 것일 뿐입니다. 정말 중요한 것은 대신 죽는 데 있는 것입니다. 대속적인 것, 그것도 자원적으로 하는 것이 진정한 사랑입니다. 사랑은, 내가 굳이 그렇게 할 이유가 없는데도 그렇게 하는 것입니다. 죽어야 할 이유가 없는데 대신 죽는 것입니다. 내가 양보할 이유 없는데 양보하는 것이 사랑입니다. 나는 설령 나의 희생을 알고 있다 해도 모르는 척하는 것입니다. 살았으나 저를 위해서, 저를 살리기 위해서, 저를 의롭다 하기 위해서 내가 죽는 것이 예수님께서 말씀하시고, 보여주신 사랑입니다.

　그것은 또한 믿음으로 행하는 것입니다. 그 희생 속에는 믿음이 있습니다. 신앙적 희생인 것입니다. 하나님의 약속을 믿는 믿음, '죽으면 열매를 맺는다'는 확실한 약속을 믿고 행동하는 것, 이것만이 진정한 사랑입니다. 그래서 예수 그리스도께서는 한 알의 밀알처럼 죽으십니다. 많은 생명을 구원하기 위하여, 확실한 목적을 지니고 스스로 생명을 버리십니다. 왜냐하면 죽어야 살기 때문이요 버려야 얻는다는 것을 확신하시기 때문이요, 십자가를 져야 부활이 있다는 것을 확실히 믿고 계시기 때문입니다. 여기에 생명의 신비가 있습니다. '살기 위하여 죽노라. 살리기 위하여 죽노라. 부활을 위하여 십자가를 지노라.' 이것이 예수님의 마음입니다. 예수님께서는 이 모든 진리를 담아서 비유로 말씀하십니다. "한 알의 밀이 땅에 떨어져 죽으면 많은 열매를 맺느니라." △

지금 십자가에서 내려오라

이 때에 예수와 함께 강도 둘이 십자가에 못박히니 하나는 우편에, 하나는 좌편에 있더라 지나가는 자들은 자기 머리를 흔들며 예수를 모욕하여 가로되 성전을 헐고 사흘에 짓는 자여 네가 만일 하나님의 아들이어든 자기를 구원하고 십자가에서 내려오라 하며 그와 같이 대제사장들도 서기관들과 장로들과 함께 희롱하여 가로되 저가 남은 구원하였으되 자기는 구원할 수 없도다 저가 이스라엘의 왕이로다 지금 십자가에서 내려올지어다 그러면 우리가 믿겠노라 저가 하나님을 신뢰하니 하나님이 저를 기뻐하시면 이제 구원하실지라 제 말이 나는 하나님의 아들이라 하였도다 하며 함께 십자가에 못박힌 강도들도 이와 같이 욕하더라

(마태복음 27 : 38 - 44)

지금 십자가에서 내려오라

　유명한 저술가인 잭 캔필드라고 하는 분을 아마 여러분도 잘 아실 것입니다. 그에게 유명한 저서가 있습니다. 「영혼을 위한 닭고기 수프」라고 하는 제목 자체가 이상해서 저도 읽어본 적이 있습니다. 그 책에 나오는 아름다운 이야기입니다. 독일의 유명한 작곡가 멘델스존을 아실 것입니다. 그의 할아버지는 그 이름이 모세였는데 체구가 작은데다가 기이한 모양의 꼽추였습니다. 어느날 그가 함부르크에 있는 한 작은 상인의 집을 방문하게 되어 아름다운 그 집의 딸 프롬체를 발견합니다. 발견하는 순간 눈이 번쩍 뜨이고 마음이 뜨거워지는 것을 느꼈습니다. 깊은 사랑을 순간적으로 체험했습니다. 정신이 확 돌아가는 것같은 그런 순간을 체험하고 '아, 이렇게 아름다운 여자가 있는가? 이렇게 아름다운 순간이 어찌 있을 수 있을까?' 하고 그는 그 자리를 뜰 수가 없었습니다.

　그는 기회를 만들어서 조심스럽게 여자의 방에 들어섰습니다. 물론 여자는 냉담했습니다. 조심스럽게 모세 멘델스존은 이렇게 말을 붙였습니다. "당신은 배우자를 하나님께서 정하신다고 믿습니까?" 여자는 대답했습니다. 아니, 대답 대신에 물었습니다. "그래요? 그러는 당신은 그렇게 믿습니까?" "물론이지요." 모세 멘델스존은 대답을 하고 말을 이어갔습니다. "한 남자가 태어나는 순간 신은 그의 신부가 될 여자를 정해주시지요. 내가 세상에 태어날 때도 내게 미래의 신부가 정해졌습니다. 그런데 신은 이렇게 말을 덧붙였습니다. '내가 네게 신부를 정해줬지만 그 신부는 곱사등이일 것이다.'

나는 화들짝 놀라서 신에게 말씀을 드렸지요. '안됩니다. 신부가 꼽
추여서는 안됩니다. 그건 안되지요. 정 그리하시겠다면 차라리 제가
꼽추가 되겠습니다. 차라리 내가 꼽추가 되고 나의 신부에게는 아름
다움, 오로지 아름다움만 주십시오.' 그 결과 내가 꼽추가 되어서 세
상에 태어났답니다." 이 말을 듣고 여자는 고개를 들어 모세를 봅니
다. 그 눈빛이 반짝입니다. 그리고 서로 사랑하게 됐고 헌신적인 아
내가 되어 일생을 살았다고 하는 아주 유명한 이야기가 전해지고 있
습니다.

여러분, 사랑이 무엇입니까? 여러분이 가질 수 있는 사랑의 지
식을 통틀어서 한번 재정비해보시기 바랍니다. 흔히들 말하기를 사
랑이란 주는 것이다 합니다. 그래 얼마를 주면 사랑입니까? 그래 받
으면 안되고 주면 사랑입니까? 아니지요. 때로는 받는 것이 사랑이
지요. 왜요? 물질은 받고 마음은 주니까요. 도대체 무엇이 사랑입니
까? 어떤 때는 이해(Understanding)가 사랑이다, 그저 이러나저러나
상대방을 깊이 이해하는 것이다, 생각합니다. 또 어떤 때는 믿어주
는 것이다 합니다. 사랑, 별거 아니지, 오래오래 참는 것이다, 아주
아름답게 보는 것이다, 아니, 그와 함께 있으면 무한히 행복한 것이
다 하는 낭만적인 이야기도 합니다마는 간단히 줄여 말하면 함께하
는 것이다, 끝까지 함께하는 것이다, 기쁠 때나 슬플 때나, 좋은 일
에나 나쁜 일에나, 말을 하거나 안하거나, 침묵 속에 있는 생각까지
공유하는 것이다, 함께하는 것이다, 그것이 사랑이다, 가능하면 함
께 죽는 것이다, 함께하는 것이 사랑이다, 라고 말합니다.

그럴까요? 그건 수준 이하입니다. 참사랑은 살리는 것입니다.
상대방에게 용기를 주고 명예를 주고 자존심을 주고 확신을 주고 생

명을 줍니다. 상대방에게 큰 힘을 줍니다. 상대방을 의롭게 만듭니다. 영광스럽게 만듭니다. 문제는 그러기 위해서 내가 죽는 것입니다. 저를 살리기 위하여 내가 죽습니다. 저를 높이기 위하여 내가 낮아집니다. 저를 의인 만들기 위해서 내가 영원히 죄인이 됩니다. 말한마디 없이 죄인이 됩니다. 그로써 저가 삽니다. 살리기 위해서 죽는다, 죽어야 산다— 이것이 성경적 진리입니다. 우리는 그저 너무 쉽게 감상적인 기적을 생각합니다. 아닙니다. 사랑은 엄청난 대가를 요구합니다. 의인이 죄인처럼 죽어야 죄인이 의인처럼 삽니다. 여러분, 할 수 있는 일을 할 수 없는 것처럼 접어버려야 할 수 없는 자가 할 수 있는 자처럼 살아갈 수 있습니다. 이것이 사랑의 원리입니다.

오늘본문을 보십시오. 본문은 어느 때에 읽어봐도 뜨거운 가슴이 아니고는, 아니, 눈물 없이는 읽을 수 없는 말씀입니다. 어찌 이런 일이 세상에 있습니까? 심지어 어떤 사람들은 성경을 읽다가도 이 대목에 와서는 읽고 싶지 않다고 말합니다. 그냥 넘어간다고 합니다. 어떤 사람이 이런 얘기 하는 것도 들어봤습니다. '부름받아 나선 이 몸……' 찬송가에 있지요. 그 찬송가의 가사 중에 이런 것이 있지요. '이름도 없이 빛도 없이……' 그 어느 목사님인데도 그는 이거 안부른다고 합니다. "희생도 좋고 수고도 다 좋지만 '이름도 없이 빛도 없이'는 안돼." 그런 말입니다. 그런 건 아니지요. 그럼 충성도 아니지요. 사랑도 아니지요.

오늘말씀은 아무리 읽어봐도 정말 난해합니다. 이건 그냥 받아야 하는 것이지 해설을 붙여서는 안됩니다. 이게 웬말입니까? 예수님 십자가를 지십니다. 바다를 향해서 "고요하라!" 하고 외치시던 그 당당한 예수님께서는 어디 가셨습니까? 무덤을 찾아가서 죽고 썩어서 냄새가 나는 나사로를 향해서 "나오라" 하고 외치시던 그 예수님 그 위상은 다 어디 갔습니까? 예루살렘 성전에 많은 사람들이 모여서 어쩌다가 서로 이권에 매이고 장사하고 뭘 하고 하다보니 이 제물 장사가 그만 성전을 상가로 만들어버리고 요란하게 됐습니다. 성전마당이 완전히 시장바닥이 됩니다. 예수님께서 채찍을 드시고 '나가라! 만민의 기도하는 집을 어찌 강도의 굴혈로 만드느냐?' 꾸짖으시며 몰아내실 때 어느 누구도 대항을 하지 못했어요. 옳은 말씀이니 양심에 가책을 느끼고 다 나가버렸다는 것이 아닙니까?

그 당당한 예수님께서 바로 며칠 전에는 계셨는데 오늘은 어디 가셨습니까? 그렇게 재판을 받으시고 이렇게 십자가에 매달리시다니요. 죽어가고 계십니다. 이 사건에 앞서 신비로운 역사가 또하나 있습니다. 이건 신비로운 문제입니다. 겟세마네 동산에서 기도하실 때입니다. 아, 거기에 예수님의 휴머니즘이 잘 나타납니다. '내 마음이 심히 고민하여 죽게 되었다.' 어찌 예수님께 이럴 때가 있단 말입니까? 십자가 지시기로 다 결심하시고 성찬식까지 다 하셨는데, 그런데 이제와서 '내 마음이 심히 고민하여 죽게 되었다' 하십니다. 이런 인간모습이 저는 너무나 아름다워보입니다. 절절합니다. 그는 기도하십니다. '하나님이여, 할 수만 있으면 이 잔을 내게서 지나가게 해주십시오. 할 수만 있으면 이 십자가를 지나가게 해주십시오. 아니, 십자가 아니면 안되겠습니까? 아니, 이 순간이 아니면 안되겠습니까? 이 방법이 아니면 안됩니까? 내일 아침이 아니면 안됩니까?' 이렇게 기도하신 것같습니다. 이것은 하나님과 예수님과의 대화였기에 그 이상을 생각할 수가 없습니다. 들은 바 없고 성경에 기록이 없습니다. 그러나 성경이 말씀하는대로는 그렇습니다.

하나님께서는 대답이 없으십니다. 하나님께서는 십자가를 명령 하시지 않았습니다. 우리 생각 같아서는 뇌성이 나면서 지진이 나면 서 뻥하면서 하늘로부터 음성이 들려옵니다. '네가 십자가를 겨라.' 뭐 그래야 되는 게 아닙니까? 그런데 조용합니다. 밤새 기도해도 대 답은 없으십니다. 예수님 스스로 대답을 들으십니다. 말없는 중에 말을 들으십니다. 침묵 속에서, 하나님의 침묵 속에서 하나님의 음 성을 들으십니다. '십자가, 네가 결정해라. 십자가는 반드시 겨야 되 는데 결정은 너 스스로 하라.' 그런 뜻입니다. 예수님께서 이제 대답 을 하십니다. "나의 원대로 마옵시고 아버지의 원대로 하옵소서." 아버지의 뜻에, 목적과 방법과 운명을 다 하나님께 위탁해버립니다. 그리고 내려오시면서 "아버지께서 주신 잔을 내가 마시지 아니하겠 느냐(요 18 : 11)" 하십니다. 아버지께서 내게 요구하시는 십자가를 내가 지지 않겠느냐— 스스로 선택하시고 십자가의 길을 가십니다.

여러분, 십자가 그것은 뭘 의미하는 것입니까? 능력을 포기하 는 것입니다. 마태복음 4장 1절 이하에 보면 예수님 시험당하실 때 사단이 말합니다. '하나님의 아들이어든 이 돌로 떡을 만들어 먹으 라.' 하나님의 아들이라면 돌로 떡 만들어야 되지 않습니까? 아닙니 다. 예수님께서는 사람이 떡으로만 사는 것이 아니라며 거절하십니 다. '하나님의 아들이어든 뛰어내리라. 그러면 천사가 와서 지켜줄 것이다.' 아닙니다. 예수님께서는 안뛰어내리십니다. 그러면 하나님 의 아들이라는 말을 부정하는 것처럼 되지 않습니까? 하나님의 아 들이어든, 했는데 이걸 거절했으니 말입니다. 그럼 하나님의 아들이 아니라는 말까지 되거든요.

그래도 예수님께서는 아닙니다. '무능자'로 나타나십니다. 불명예자로 나타나십니다. 많은 업적이 다 공중분해 되듯 헛되게 돌아가는 것같기도 합니다. 그 높은 명성도 다 사라지는 것같은 시간입니다. 그 많은 이적도 다 물거품이 되는 것같은 시간입니다. 제자들까지도 실망을 해서 이리저리 흩어지고 맙니다. 이제 다시 클라이맥스에 이릅니다. "하나님의 아들이어든……" 정말로 하나님의 아들이라면 뛰어내리라ー 어쩌겠습니까? 껑충 뛰어내려야 되겠습니까? 그러면 굉장한 사건이 생기겠지요. 그러나 예수님께서는 그쪽을 택하지 않으십니다. 마치 뛰어내릴 수 없는 자처럼, 능력이 없는 것처럼, 어떤 일도 할 수 없는 것처럼 바로 그 자리에서 십자가에 돌아가시면서 "아버지여 저희를 사하여주옵소서 자기의 하는 것을 알지 못함이니이다"하시고 그대로 운명하시게 됩니다. 이것이 사랑입니다. 이것이 기적입니다. 뛰어내리는 기적이 있다면 세속적 욕망과 합류하는 것입니다. 그건 물거품처럼 또다시 사라지고 맙니다. 그러나 뛰어내리지 않으시면 만백성을 구원하는 기적이 되는 것입니다. 그걸 잊지 마십시오.

살리기 위해서 죽습니다. 상대방이 알건 모르건 알아주건 몰라주건 상관할 것 없습니다. 살리기 위해서, 사랑하기 때문에 내가 죽습니다. 내가 무능한 자가 됩니다. 아무것도 할 수 없는 자가 됩니다. 그리고 죄인이 됩니다. 저를 의롭다 하기 위해서 내가 죄인이 됩니다. 여러분은 정말 사랑을 위해서 얼마나 바보가 되어보았습니까? 모르는 척해보면 진짜 모르는 줄 알지요. 업신여김받지요. 또 없는 척 겸손하게 해보면 아주 짓밟아버려요. 그렇지 않습니까? 꿈틀거릴 것 없어요. 그냥 죽어요. 그냥 바보가 돼버려요. 그리고 기다리세요. 여기서는 하나님의 능력 가운데 현재적 기적을 체험할 수 있습니다.

여러분, 풋사랑을 사랑이라고 생각하지 마세요. 눈물 몇방울 흘렸다고 사랑 아닙니다. 사랑은 썩어지는 밀알이 되는 것입니다. 말 없이, 능력도 없는 것처럼, 알지만 모르는 것처럼, 할 수 있으나 할 수 없는 것처럼, 사랑하기 때문에, 오로지 사랑하기 때문에, 저를 위하여 아무런 일도 할 수가 없어 그냥 죽는 것입니다. 그냥 죽어가는 것입니다. 거기에 엄청난 기적이 나타나는 것입니다. 무능자로 나타나시고 죄인으로 가십니다. 저주받은 자로 십자가를 지십니다. 그리고 오히려 "하나님이여 저들의 죄를 사하소서" 하고 외치십니다. "다 이루었다"하고 외치십니다. 이것이 아가페적 사랑입니다. 여러분, 세상에 가장 슬픈 일은 그 소중한 사랑이 변질된다는 것이고요, 사랑이 타락됐다는 것이고요, 사랑 아닌 것을 사랑인 것처럼 착각한다는 데 있습니다. 참사랑은 오로지 십자가 안에서 그 참된 의미를 찾습니다. 여러분은 지난날에 어떻게 살아왔습니까? 할말 다 하고 살았습니까? 하고 싶은 일을 전부 다 해가면서 살아봤습니까? 여러분, 후회되지 않습니까? '그 한마디까지도 안했으면 좋았을 걸. 섭섭하다는 말도 안했으면 좋았을 걸.' 자식을 키웠어요. 줬으면 그냥 줘버려요. 이제와서 뭘 섭섭하다느니 잘못 키웠다느니 헛일 했다느니…… 그러면 사랑 부도난 것입니다. 사랑이 아니기에 그 사랑에는 능력이 없는 것입니다. 사람을 변화시키는 기적이 없는 것입니다. 세상을 바꿀 기적이 나타나지를 않아요.

십자가를 통해서 우리는 많은 것을 배우지만 특별히 사랑이 뭔가? 아가페가 뭔가? 아니, 사랑의 능력이 무언가를 배우게 됩니다. 하나님께서 세상을 이처럼 사랑하사 독생자를 주셨습니다. 이 십자가의 사랑을 보십시오. 그것을 바로 아는 순간 우리가 변화되고 우리 또한 그 사랑의 사람이 되고 그 사랑 안에 사는 사람이 되는 것입니다. "십자가에서 내려오라." 많은 사람이 외칩니다. 아니, 우리의 이성도 그렇습니다. 이제 거절하십시오. 그냥 갑시다. 말없이 갑시다. 사랑하기 시작했으면 끝까지 사랑으로 끝냅시다. 여기에 하나님의 뜻이 있는 것입니다. △

일어나 함께 가자

이에 예수께서 제자들과 함께 겟세마네라 하는 곳에 이르러 제자들에게 이르시되 내가 저기 가서 기도할 동안에 너희는 여기 앉아 있으라 하시고 베드로와 세베대의 두 아들을 데리고 가실새 고민하고 슬퍼하사 이에 말씀하시되 내 마음이 심히 고민하여 죽게 되었으니 너희는 여기 머물러 나와 함께 깨어 있으라 하시고 조금 나아가사 얼굴을 땅에 대시고 엎드려 기도하여 가라사대 내 아버지여 만일 할 만하시거든 이 잔을 내게서 지나가게 하옵소서 그러나 나의 원대로 마옵시고 아버지의 원대로 하옵소서 하시고 제자들에게 오사 그 자는 것을 보시고 베드로에게 말씀하시되 너희가 나와 함께 한 시 동안도 이렇게 깨어 있을 수 없더냐 시험에 들지 않게 깨어 있어 기도하라 마음에는 원이로되 육신이 약하도다 하시고 다시 두번째 나아가 기도하여 가라사대 내 아버지여 만일 내가 마시지 않고는 이 잔이 내게서 지나갈 수 없거든 아버지의 원대로 되기를 원하나이다 하시고 다시 오사 보신즉 저희가 자니 이는 저희 눈이 피곤함일러라 또 저희를 두시고 나아가 세번째 동일한 말씀으로 기도하신 후 이에 제자들에게 오사 이르시되 이제는 자고 쉬라 보라 때가 가까왔으니 인자가 죄인의 손에 팔리우느니라 일어나라 함께 가자 보라 나를 파는 자가 가까이 왔느니라

(마태복음 26 : 36 - 46)

일어나 함께 가자

　여러 해 전에 우리 모두에게 큰 감동을 주었던 「타이타닉」이라고 하는 유명한 영화가 있었습니다. 역사에 기록된 그 실제 사건은 규모로나 내용으로 보아 대단히 중요한 것이고, 그것을 소재로 만든 영화 또한 대단하였습니다. 그 중 한 장면에 있는 이야기입니다. 스트라우스(Straus) 부부도 그 운명의 배에 타고 있었습니다. 배가 침몰되기 시작합니다. 그때 안내방송이 나옵니다. "여성과 어린이들은 구명선으로 옮겨 타세요." 배 안에 있던 많은 여성과 어린이들이 구명선으로 옮겨 탑니다. 스트라우스씨가 아내에게 말합니다. "여보, 어서 구명선으로 옮겨 타요." 그녀는 구명선으로 옮겨 탔습니다. 잠시 후 구명선과 침몰되는 배가 서서히 멀어지려는 바로 그 순간, 남편의 깊은 눈을 바라보고 있던 아내가 남편의 손을 끌어당기며 구명선에서 빠져나와 남편이 타고 있던 침몰해가는 타이타닉에 승선을 합니다. 그리고 유명한 말을 합니다. "당신이 가는 곳에 나도 함께 가겠습니다."

　여러분, 사랑이 뭡니까? 예수 그리스도께서 제자들에게 말씀하십니다. '나를 따르라. 내게 배우라.' 요한복음 12장에 보면 "한 알의 밀이 땅에 떨어져…… 죽으면 많은 열매를 맺느니라" 하시고는 이렇게 결론을 지으십니다. "사람이 나를 섬기려면 나를 따르라 나 있는 곳에 나를 섬기는 자도 거기 있으리니 사람이 나를 섬기면 내 아버지께서 저를 귀히 여기시리라." 이 말씀은 주님을 따르는 자, 주님을 섬기는 자, 주님과 함께 영광을 누릴 자는 고난의 길을 함께 가야 한다는 뜻입니다. 다시 말해, 몸만이 아니라 마음과 정신과 혼과 생활 전부가 그리스도와 함께 가야 합니다. 제자는 예수님을 따릅니다. 그러나 단지 생각으로만 따르는 게 아닙니다. 생각으로만 따르면 학생은 될 수 있지만 제자는 아닙니다. 제자는 몸으로 따르는 사람이기 때문입니다. 제자는 운명으로 따릅니다. 함께 가야 합니다.

우리가 너무나 잘 아는 이야기가 있지 않습니까? 베드로가 예수님을 세 번이나 모른다고 부인합니다. 전설에 의하면 그 일로 인해서 아침마다 닭이 울 때면 베드로는 벌떡 일어나서 무릎을 꿇고 참회의 기도를 드렸답니다. 베드로가 부인하기 전에 예수님께서 예언을 하셨습니다. "닭 울기 전에 네가 나를 세 번 부인하리라." 매일 닭이 우는 새벽이면 베드로는 주님의 그 말이 생각이 났고, 따라야 할 시간에 따르지 못하고 함께 죽어야 할 시간에 죽지 못한 사람의 한을 품고 울었던 것입니다.

제가 잘 아는 목사님 한 분이 계십니다. 제가 어렸을 때 그분이 저를 품에 안고 찍은 사진이 하나 있습니다. 그 사진이 벽에 걸려 있어서 어렸을 때부터 그 목사님을 늘 사진으로 봐왔기 때문에 인상적이었습니다. 그 이후 6.25 전쟁이 났습니다. 모두가 남쪽으로 피란을 왔고 저도 그때 남쪽으로 왔지 않았습니까? 저는 그 때 그 목사님이 어디 계신지 참 궁금했습니다. 그런데 찾을 수가 없었습니다. 제가 어렸을 때 사랑을 받은 그 목사님이 어디 계실까, 수십 년을 찾았습니다. 오랜 세월이 흘러 결국 알게 되었습니다. 그 분은 전라도 어느 지방에 있는 조그마한 마을, 바로 한센병 환자들이 사는 마을에서 목회하면서 한평생을 살고 계셨습니다. 제가 그분을 찾아갔습니다. 너무도 훌륭하신 그 목사님께 제가 물어봤습니다. "어떻게 여기 와서 이렇게 조용하게 한평생을 지내십니까?" 그러자 그 분은 정말 본인 말씀대로 일생 누구에게도 한 번도 말하지 못한 비밀이라고 하면서 말씀을 해주셨습니다.

사연인즉, 1944년에 신사참배 문제로 복잡해졌을 때 그 목사님은 자신은 신사참배를 거부하고 들어가서 순교를 해야 했다는 것입니다. 그런데 그러지 못하고 비겁하게 신사 앞에 절을 했다는 것입니다. 신사참배를 했다는 죄책감, 죽어야 할 시간에 죽지 못한 회한으로 해방이 되고나자 정말 스스로 부끄러워 살 수가 없었답니다. 고개를 들 수도 없고, 교인들을 만날 수도 없고, 성경을 보아도 그렇게 부끄러울 수가 없어서 숨어 지내다가 남쪽으로 내려와서 한센병 환자들이 모여 사는 시골마을에서 그들과 함께 지내고 있다는 것이 었습니다. 그분 말씀은 "이렇게라도 살아야 사람답게 사는 것같아서 이렇게 산다"는 것이었습니다.

죽어야 할 시간에 죽지 못한 사람에겐 일평생 한이 남게 됩니다. 고난을 감당해야 할 시간에 함께 못하고 요리조리 면하고나면 일평생 이렇게 부끄러워진단 말입니다. 오늘본문에서 예수님께서 말씀하십니다. "일어나 함께 가자." '일어나 함께 가자'고 하실 때 주님 앞에는 빌라도 법정이 있고, 골고다 언덕의 십자가가 있습니다. 그 길을 가시기로 결단하시면서 주님께서 말씀하십니다. "함께 가자." 깊은 뜻이 있는 말씀입니다. 여러분 '함께 가자'는 주님의 말씀을 한 번 더 생각해 주십시오. 이 말씀은 결코 휴머니즘에 속한 얘기가 아닙니다. 그 깊은 뜻을 알아야 합니다. 예수님께서 당신이 가시는 길이 외로워서 고독해서 고통스러워서 동정을 구하는 것이 아닙니다. 당신 혼자 가시기 힘드니 같이 가자는 것이 아닙니다.

우리는 이 중요한 뜻을 생각해야 합니다. 예수님께서는 이 길을 고난의 길로 생각하지 않고 생명의 길로 생각하셨습니다. 이 고난의 길을 통하여 영원한 생명의 길로 가는 것이요, 이 십자가의 길을 통하여 구원의 역사가 있음을 아셨습니다. 그래서 주님께서 제자들에게, 우리에게 "함께 가자"고 친히 말씀하시는 것입니다. 생명으로 인도하는 길은 좁습니다. 아주 좁아요. 또 어렵습니다. 그런데 주님께서는 좁은 문으로 들어가라, 좁은 길로 가라고 이미 말씀하셨습니다. 그 좁은 문, 좁은 길이 예수님께서 가신 그 길이요, 그 길이 곧 생명의 길인 것입니다. 그래서 이 생명의 길을 가시면서 "함께 가자" 하시는 것입니다.

그리고 주님께서는 부탁하셨습니다. 그 생명의 길, 십자가의 길을 가기 위해서는 "깨어 기도하라" 하셨습니다. 주님께서는 "깨어 기도하라" 하시면서 "마음에는 원이로되 육신이 약하도다" 하고 말씀하셨습니다. 저는 그 말씀을 아주 어렸을 때부터 읽으면서 왜 그런지 마음에 걸렸습니다. 마음에는 원이로되 육신이 약하도다— 정말 그럴까요? 사람이 정말 마음에 원하면서 그까짓 잠 하룻밤 못자는 것이 불가능한 것일까요? 아닙니다. 실상은 제자들에게 '마음이 없었던 것'입니다. 그런데도 주님께서는 마음에는 원이로되 육신이 약하다고 말씀하시면서 바로 그 순간까지도 제자들을 사랑하셨던 것입니다. 함께 그 길을 걸을 마음도 없고, 깨어 기도할 마음도 없는 제자들을 보면, 저같으면 싹이 노랗다고 말했을 것입니다. '너희가 정말 마음에 있으면, 내가 내일 아침 십자가를 질 것인데, 그걸 생각하고도 이렇게 잠이 오냐? 자려고 해도 못자지……' 아마 저라면 그런 무심한 제자들을 향해 있는대로 욕을 퍼부었을 것입니다. 그러나

80

예수님께서는 그렇게 하지 않으셨습니다. 바로 그 순간까지도 '제자들이 마음에는 원한다'고 생각하셨습니다. 이 얼마나 높은 긍휼이요, 귀한 사랑입니까? '마음에는 있으나 육신이 약하구나' – 이는 주님의 깊은 동정의 말씀이십니다.

그러나 그럼에도 불구하고, 정신을 차리고 깨어 있는 것, 깨어 기도하는 것은 우리의 삶에서 매우 중요합니다. 죄송한 말씀이지만, 제가 나이드니까 이런 얘기를 합니다. 지금 우리 교회는 십자가가 강대상 뒤에 있지만, 옛날 제가 자란 시골 교회에는 강대상 뒤에 십자가가 없었습니다. 대신에 아주 큰 나무판에다가 조각으로 글씨를 새겨놓은 것이 있었습니다. 거기에 큰 글자로 '깨어 기도하라'고 새겨져 있었습니다. 그것이 예배당 강대상 뒤 정면에 있으니 교인들이 매일같이 볼 수밖에요. '깨어 기도하라! 깨어 기도하라.' 그것이 예배당 정면 중앙에 있는 큰 간판의 내용이었습니다. 십자가 대신 써 있던 그 말씀, 종이에 쓴 것이 아니고 아주 나무판에 새긴 말씀이었습니다. 지금 생각하니 '깨어 기도하라'는 그 말씀이 우리의 신앙생활에 근본이 되는 말씀입니다.

왜 깨어 기도하는 것이 중요할까요? 십자가의 길을 앞에 두고 깨어 기도하신 예수님께서 십자가를 지실 수 있었고, 기도하지 않은 베드로는 예수님을 부인할 수밖에 없었습니다. 문제는 기도입니다. 왜요? 기도하는 중에 하나님의 뜻을 알게 되기 때문입니다. 당면한 이 문제가 무엇인지, 현실이 무엇인지, 운명이 무엇인지, 그 결과가 무엇인지…… 그 모든 것을 기도 중에 알 수 있습니다. 모름지기 우리는 모든 문제를 기도로 풀어야 합니다. 병중에 계십니까? 기도하십시오. 사업 때문에 시달리십니까? 기도하십시오.

　제가 한평생 존경하는 목사님이 한 분 계십니다. 제가 인천에서 목회할 때의 원로목사님이셨습니다. 제가 이 원로목사님을 11년 동안 모시고 당회장으로 사역을 했습니다. 교회 사무실이라고 해야 그야말로 콧구멍만했습니다. 의자와 테이블 하나 놓고 같이 앉아서 얘기도 하고 차도 마시고 하는 작은 사무실에 원로목사님이 앉아 계시고 저도 같이 있었습니다. 매일 아침에 신문이 배달되면 같이 신문을 봤습니다. 신문에 보면 이런 얘기 저런 얘기, 끔찍한 얘기 다 많이 있지 않습니까? 신문을 보면서 "아이고 무슨, 이런 일이 다 있나? 어찌 이런 일이⋯⋯" 이렇게 몇마디 서로 주고받으면 그 원로목사님께서는 신문을 딱 손에 들고 밖으로 나가십니다. 아무 말씀도 안하시며 그냥 밖으로 나가십니다. 그래서 어디 가시나 하고 따라가 보면, 교회 본당으로 들어가십니다. 그리고는 강대상 바로 앞자리에 무릎을 꿇고 앉아 신문을 펴놓고 "하나님, 어찌 이런 일이 있습니까?"하며 울면서 몇 시간 동안 기도를 하십니다. 저는 그렇게 기도하시던 이희영 목사님을 존경합니다.

　모든 문제는 기도로 풀어야 됩니다. 여기 가서 쑥덕거리고 저기 가서 걱정하고 그럴 것이 아닙니다. 예수님께서도 십자가라는 엄청난 문제를 가지고 겟세마네 동산에 올라가 기도하셨습니다. 기도는 하나님과의 관계요, 하나님과의 만남입니다. 그러니 하나님께 "하나님의 뜻이 어디에 있습니까? 어떻게 해야 되겠습니까?" 하며 모든 문제, 현실, 역사, 의미를 다 기도 속에서 풀어야 됩니다. 예수님께서도 기도하셨습니다. 그리고 그 속에서 해답을 얻고 "함께 가자"고 하신 것입니다. 기도를 통해 해답을 얻은 예수님께서는 당당하게 빌라도 법정을 통해서 십자가를 지실 수 있었지만, 밤새껏 잠을 잔 제자들은 비겁하게 예수님을 떠날 수밖에 없었고, 부인할 수밖에 없었던 것입니다.

　유명한 신학자 폴 틸리히의 「The Courage to be」라고 하는 명저가 있습니다. 아주 고전입니다만 그 속에서 그는 말합니다. '피조물된 인간은 숙명적으로 실존적 불안에 시달리고 있다.' 그러면 그가 말하는 실존적 불안이라는 것이 무엇입니까? 첫째는, 운명과 죽음에 대한 불안입니다. 내 운명과 죽음에 관해 해답을 얻기 전에는 누구도 사람답게 살 수 없다는 것입니다. 여러분, 사실 죽음의 문제를 해결하지 않고 어떻게 한 순간이라도 제대로 살 수 있습니까? 우리가 잘산다 못산다 해봐도 사실 죽는 날이 가까워오고 있지 않습니까? 그러니 다가오는 죽음 앞에서 어떻게 하겠습니까? 그러니 죽음에 대한 해답을 얻어야 합니다. 둘째로, 공허와 무의미에 대한 불안입니다. 누구도 거기로부터 벗어날 수 없습니다. 자기가 이루어놓은 정상을 떠날 때 사람은 허무와 무의미함을 느끼게 됩니다. 셋째로, 죄와 정죄에 대한 불안입니다. 누구도 도덕적 심판에서 자유롭지 못하다는 것입니다.

　이런 실존적 고민들은 모두 하나님과 나와의 관계에서만이 해답을 찾을 수 있습니다. 하나님 외에 누구도 이에 대한 해답을 줄 수 없습니다. 그러니 해답은 오로지 기도뿐입니다. 예수님께서도 하나님과 만나 밤새껏 기도하셨습니다. 그리고 하나님의 뜻이 어디에 있는지 해답을 얻으셨습니다. 그렇게 기도하신 후 산에서 내려오실 때 예수님께서 말씀하십니다. "아버지께서 내게 주신 잔을 내가 마시지 않겠느냐." 모든 사건이 하나님 아버지를 중심으로 이해됩니다. 하나님 아버지께서 원하시는 것이 무엇이냐에 초점을 두는 것입니다.

그래서 "내 뜻대로 마옵시고 아버지의 뜻대로 하옵소서"라고 대답하신 것입니다. 하나님과의 관계에서 문제를 다 풀고 담대하게 산을 내려와서 십자가를 지셨습니다.

성도 여러분, 제자들은 왜 이렇게 됐습니까? 달리 그리 된 게 아닙니다. 의심이 너무 많았습니다. 어떤 의심이었습니까? 그 능력이 많으신 예수님께서 왜 십자가에 죽으셔야 되나? 정말 이 길밖에 없나? 그 희한한 능력을 가지신 예수님, 죽은 나사로를 살려내시는 예수님, 엄청난 권세를 가지신 분이 왜 십자가를 지셔야 되나, 하는 의심과 문제가 많았던 것입니다. 그리고 그에 대한 해답을 얻을 수가 없었습니다. 어쩌면 제자들은 자신들의 이성을 십자가에 못박아 버려야 했는지도 모릅니다. 그런 점에서 주님께서 하나님의 뜻에 대해 더는 비판하지 않기로 선택한 것은 옳은 결정이었습니다. 주님께서 가신 길이 옳은 것이었습니다. 주님께서 생각하신 것이 옳은 것이었습니다. 제자들이 여기까지만 생각했더라도 그들도 예수님과 함께 갈 수가 있었을 것입니다. 그러니 성도 여러분, 자신의 이성으로 납득이 갈 때까지 기다리지 마십시오. 세월은 가고 있습니다. 이제는 이성적인 판단력을 반납하십시오. 이러쿵저러쿵 똑똑한 척하지 마십시오. 그런 것은 다 잘라버리고 그냥 주님을 따르십시오. 우리를 사랑하시는 주님을 믿고 따르십시오. 그냥 따르십시오. 그랬더라면 베드로가 이렇게 비겁해지지 않을 수 있었을 것입니다.

사도 바울은 빌립보서 3장 10절에서 말씀합니다. "내가 그리스도와 그 부활의 권능과 그의 고난에 참여함을 알려 하여 그의 죽으심을 본받아 어찌하든지 죽은 자 가운데서 부활에 이르려 하노니……" 사도 바울은 이걸 알고 있었습니다. 부활의 능력을 알기 위해서는 십자가를 통해야 된다는 것을, 고난의 길이 아니고는 영광의 길을 알 수 없다는 것을, 아니 거기에 갈 수도 없다는 것을 바울은 알고 있었던 것입니다.

여러분의 마음 가운데 나약함이 있습니까? 비겁함이 있습니까? 고독함이 있습니까? 허무함이 있습니까? 그 이유가 어디에 있다고 생각하십니까? 내 지식, 내 판단, 내 경험에 집착하지 말아야 합니다. 다 털어버리고 주님께서 가신 길, 그 길을 따라야 합니다. 그냥 따르는 것입니다. 무조건 따르는 것입니다. 왜요? 그 분이 가신 길이 옳은 길이기 때문입니다. 그가 가신 길이 생명의 길이었기 때문입니다. 다 버리고 그저 그리스도께서 보여주신대로 가는 것입니다.

그럴 수 있기 위해서는 딱 하나의 조건이 필요합니다. 기도하라는 말씀입니다. 기도해야 할 때 기도해야 합니다. 그래야 주님께서 "함께 가자" 하실 때 함께 갈 수 있는 것입니다. 그러나 제자들은 "기도하라" 하실 때에 기도를 안했습니다. 그래서 "함께 가자" 하실 때 함께 못간 것입니다. 여러분, 깊이 생각하십시오. 고난주간을 맞아 함께 기도하고, 그럴 때 함께 가자 하실 때 함께 갈 수 있습니다. 주님께서 가신 길의 의미가 무엇이며, 그 고난의 길이 얼마나 영광된 길인지를 우리가 안다면 주님의 고난을 선택하고 그 고난의 길을 통하여 영광을 얻는 것은 아주 쉬운 일입니다. 바로 그 진리를 사도 바울은 간파했습니다. 그래서 그는 "십자가는 하나님의 능력"이라고, 십자가는 능력이라고 선포하는 것입니다. 함께 기도하고, 함께 갈 때, 그 십자가가 얼마나 위대한 능력인지를 우리 또한 매일매일 체험하게 될 것입니다.   △

부활 생명의 실체

    형제들아 너희는 함께 나를 본받으라 또 우리로 본
을 삼은 것같이 그대로 행하는 자들을 보이라 내가
여러 번 너희에게 말하였거니와 이제도 눈물을 흘리
며 말하노니 여러 사람들이 그리스도 십자가의 원수
로 행하느니라 저희의 마침은 멸망이요 저희의 신은
배요 그 영광은 저희의 부끄러움에 있고 땅의 일을
생각하는 자라 오직 우리의 시민권은 하늘에 있는지
라 거기로서 구원하는 자 곧 예수 그리스도를 기다리
노니 그가 만물을 자기에게 복종케 하실 수 있는 자
의 역사로 우리의 낮은 몸을 자기 영광의 몸의 형체
와 같이 변케 하시리라

(빌립보서 3 : 17 - 21)

부활 생명의 실체

성도 여러분, 21그램(g)이라는 말을 들어본 적이 있습니까? 적어도 오늘 이 시대를 사는 사람이라면 21그램(g)이라는 말의 뜻을 한 번쯤 생각해 볼 필요가 있습니다. 던컨 맥두걸이라는 사람은 의사인데, 그는 의사로 살면서 늘 한 가지 의문점이 있었습니다. 우리 생각에는 의사가 병을 고치는 줄 알지만 사실 의사의 가장 큰 불행은 많은 사람의 죽음을 봐야 한다는 사실입니다. 병을 고친 사람은 그냥 가버리면 그만이지만 그래도 결국은 병원에 와서 다 끝나지 않습니까? 그래서 의사는 사람을 살리기 위해 애쓰는 시간보다 오히려 사람들이 죽는 장면을 보면서 '어떻게 죽어가나?' 아니 '어떤 모습으로 죽도록 도와드려야 되나?' 하는 것에 관심을 가지지 않을 수가 없는 것입니다. 그것은 의사이자 한 인간으로서 불가피한 사실입니다.

의사 맥두걸은 수많은 결핵환자들이 자기 앞에서 죽어가는 것을 보다가 어느날 한 결핵환자가 곧 임종을 맞게 될 것이라는 것을 의학적으로 알게 됩니다. 그 때 그에게 이상한 호기심이 발동합니다. 그래서 한 가지 실험을 하기로 생각하고 특별히 만든 저울 위에 죽어가는 환자를 올려놓습니다. 그리고 그 환자의 마지막 순간을 기다렸습니다. 마침내 그 환자가 마지막 숨을 내쉬는 순간 놀랍게도 저울의 막대가 움직이는 소리를 내며 한 눈금 아래 칸으로 뚝 떨어진 후 다시 올라오지 않는 것을 봤습니다. 사람의 죽음 직후에 체중이 줄어든다는 말입니다. 그 무게가 대략 0.75온스, 즉 21g입니다.

이것이 발표된 후에 많은 의사들이 자기들 나름대로 실험을 했습니다. 그랬더니 숨이 끊어지는 순간 21g이 시신에서 빠져나가는 것이었습니다. 도대체 이 신비스럽고 정체불명인 21g이 무엇인가에 대해 궁금해했습니다. 그리고 그것을 이름지어 '영혼의 무게'라고 명명했습니다. 물론 사람의 영혼의 무게를 저울로 잰다는 것은 말이 안되지만 어쨌든 물리적으로 그렇게 설명할 수밖에 없습니다. 21g, 이것이 생명이냐 하는 것입니다. 최근엔 「21g」이라는 영화도 나왔습니다. 한번쯤 볼만한 영화입니다. 그 속에서도 계속 질문합니다. 과연 21g 그것뿐인가? 도대체 그것이 무엇을 의미하는가에 관한 질문입니다.

미국의 시사주간지 「타임스」가 선정한 20세기 100대 사상가 중에 퀴블러라는 사람이 있습니다. 죽음과 임종에 대한 세계적 권위자입니다. 그는 1926년 스위스에서 세 쌍둥이의 첫째로 태어나 그 후 일생동안 호스피스 운동가로 활동했습니다. 퀴블러는 사람이 태어나 살다가 마지막에 인간다운 죽음을 맞도록 돕는 호스피스 운동의 선구자로 평생을 살다가 2004년에 세상을 떠났습니다. 저는 그가 1962년에 처음 발표한 책 「죽음과 죽어감에 관하여(On Death and Dying)」라는 책을 접하게 되었습니다. 그 책에 관해 「타임스」가 3, 4페이지가 넘는 긴 소개를 했는데 제가 거기서 깊은 감동을 받고 곧바로 속성으로 주문을 해서 그 책을 읽었습니다. 그리고 큰 감동을 받았습니다.

그건 책이라기보다는 일종의 연구논문이었습니다. 퀴블러 자신이 죽어가는 사람 600명을 하나하나 찾아다니면서 만나는 것입니다. 그리고 사람이 생명의 마지막 순간에 어떤 상황이고 무슨 생각을 하

며 어떤 것을 남기는가를 연구해서 쓴 책입니다. 그가 죽어가는 사
람들을 인터뷰한 내용이 그대로 나옵니다. 그 책을 읽으며 큰 충격
을 받고 종말론에 대해 관심을 가지게 되었습니다. 그 후 제가 박사
학위 논문을 쓸 때 논문 제목과 내용에 종말론을 넣게 되었던 것입
니다. 이 책은 제게 그만큼 큰 충격을 주었고 그 뒤에도 퀴블러에 대
해서 알 수 있는 데까지 알고 또 그분의 책이라면 열심히 읽었습니
다. 저는 직접 그분에게서 배우지는 못했습니다. 그래서 직접 배운
사람의 얘기를 좀 들어보았습니다. 한번은 퀴블러 박사가 박사과정
에서 공부하는 학생들을 데리고 장의사에 갔다고 합니다. 그곳에 쭉
놓여 있는 관들의 뚜껑을 열어놓고 학생들을 모두 관 속에 들어가
눕도록 한 다음 뚜껑을 닫았습니다. 그런 채로 30분 정도를 놓아두
었다고 합니다. 그리고는 그들에게 "그동안 무엇을 생각했는가?"를
묻는 식으로 실물교육을 했다고 합니다. 퀴블러는 죽음과 관련한 자
신의 교육에 대해 아주 진지했습니다. 그런 실험을 저도 한번 해보
고 싶었지만 그런 기회는 주어지지 않았습니다.

그가 발표한 책 중에 가장 대표적인 책이 「사후 생명에 관하여
(On Life After Death)」입니다. 그 책에서 그는 근사체험을 한 사람들
의 사례 2만 건을 수록해놓았습니다. 즉 2만 명의 죽음을 연구해서
그들의 근사체험을 정리하고, 그렇게 죽음과 그에 관한 현상을 정리
해놓았습니다. 도대체 죽음이란 무엇인가, 하는 질문 앞에서 그는
사람들의 근사체험의 공통점을 찾아냅니다. 즉 죽음에 가까이 이르
러 사람들이 경험하는 동일한 현상이 있음을 발견한 것입니다. 그리
고 그는 다음과 같이 결론을 짓습니다.

첫째, 죽음 후에 일종의 영혼의 육체이탈 현상을 경험한다는 것

입니다. 사람의 영혼이 육체를 이탈하는데 그게 마치 고무풍선이 터지는 것같이 펑하면서 영혼이 육체를 빠져나와 자기가 자기의 시신을 내려다본다는 것입니다. (그러니 죽은 사람 앞에서 함부로 얘기하지 마십시오. 그가 다 듣고 보고 있습니다.) 그런 식으로 얼마간 자신의 죽은 모습을 보는데, 그걸 시간으로 계산할 수는 없지만, 공통된 것은 자기 자신의 시신과 그 주변 사람들을 보게 된다는 것입니다. 죽음 이후에 곧바로 그런 식으로 육체이탈현상을 경험한다는 것입니다.

두 번째는 무언가 강렬한 빛에 이끌려 어디론가 끌려간다는 것입니다. 자신이 그냥 무언가에 확 끌려가는 것을 느끼게 됩니다. 세 번째는, 그 후에 그동안 자신이 살았던 삶이 마치 슬라이드처럼 펼쳐지는 것을 보게 됩니다. 일생 살아온 삶의 모든 순간들이 마치 영화의 필름이 돌아가듯이 한 눈에 다 보여진다는 것입니다. 그것을 보면서 사람들은 자신들의 인생의 결론을 경험합니다. 그 장면을 통해 어떤 사람은 희열을 느끼기도 하고, 감사하는 사람도 있고, 어떤 사람은 가슴을 치는 것입니다. '이렇게 살지 말았어야 하는데……'하며 말입니다. 그렇게 자신의 인생을 돌아보며 희비의 극과 극이 갈린다는 것입니다. 마지막으로 네 번째로, 그 중에는 꽃밭같이 아름답고 평안하고 향기로운 곳으로 인도되면서 행복해하는 사람도 있다고 합니다.

퀴블러는 이를 통해 죽음의 정의를 다시 내리고 죽음의 의미를 분석합니다. 죽음의 새로운 정의를 통해 그가 내린 죽음의 의미는, 죽음은 지혜를 배우는 배움의 길이라는 것입니다. 여러분, 지혜가 뭡니까? 죽음 앞에서 지혜를 논해야 합니다. 똑똑하다고요? 죽음의 문제를 모르고 산 사람은 결코 똑똑한 사람이 아닙니다. 부자이거나 가난하거나 아무런 상관이 없습니다. 오래 살고 짧게 살고, 자식이 있건 없건, 명예가 어떻고…… 이 모든것이 죽음 앞에서는 자질구레한 얘기입니다. 죽음 앞에서는 순전한 지혜를 묻습니다. 당신은 지혜로웠습니까? 지혜가 뭡니까? 지식은 과거에 대한 인식이고, 지혜는 미래에 대한 인식입니다. 지식은 현상에 관한 것입니다. 반면에 지혜는 깊은 세계를 말하고 있습니다. 지혜는 '얼마나 멀리 내다보며 인생을 통달하며 살았느냐?' '얼마나 내 마지막 종점 종착지를 향해서, 정말 푯대를 향해 살아왔느냐?'하는 그것을 묻는 것입니다. 죽음은 지혜를 배우는 배움의 길입니다.

두 번째, 죽음의 의미는 마지막 성장의 기회라는 것입니다. 여러분, 인격적 성장이 어디까지 왔습니까? 여러분의 성품은, 아니, 여러분의 믿음은 도대체 어떤 수준이라고 평가할 수 있겠습니까? 이것은 저금통장에 들어 있는 돈의 액수로 말하지 못합니다. 우리가 가진 땅문서하고도 상관이 없습니다. 한평생 여기저기에서 받은 감사장, 표창장 등도 아무 소용 없습니다. 중요한 것은 나 자신이라는 존재의 성장입니다. 중요한 것은 이 죽음이 가까워 온다는 것은 우리에게 마지막 기회를 주는 것이라는 뜻입니다. 우리에게 한 번 더 성장하도록, 한 단계 더 성장하도록, 한 번 더 성숙한 인간으로 나타나기를 재촉하는 것이 바로 죽음이라는 것입니다.

세 번째, 죽음은 마지막 완성의 길이라는 것입니다. 정말입니다. 죽음으로 딱 넘어가는 그 순간, 그때가 그의 인격이 완성되는 순간입니다. 아니, 신앙의 완성이기도 합니다. 저는 목사이기에 임종을 많이 보게 됩니다. 그런데 임종을 지켜볼 때마다 느끼는 게 있습니다. 어떤 사람은 살아 있을 때는 괜찮은 줄 알았는데 임종 때 보니

아닙니다. 어떤 사람은 도대체 예수를 믿었나 안믿었나 할 정도로
삶이 그저 그랬는데, 죽음의 순간, 그 마지막에 보니 참 훌륭했습니
다. 아주 훌륭했어요.

완성. '나'라는 존재의 완성은 바로 죽음에서 이루어지는 것이라
는 점이 퀴블러의 발견입니다. 그리고 그는 그것을 통해 의미심장한
결론을 내립니다. '변화와 이동'이라는 것입니다. 죽음은 생명의 또
다른 단계의 변화이며, 또다른 단계로 옮겨가는 이동이다, 이동현상
이라고 말하고 있습니다.

성도 여러분, 생명에 대해서 생각해보았습니까? 이건 필수입니
다. 살아 있는 한 죽을 때까지 생명에 대해서 계속 묻고 살아가야 합
니다. 생명이란 참으로 신비로운 것입니다. 무슨 말로도 표현할 수
없는 신비로운 것입니다. 생명이란 현미경으로 말할 수 있는 세계가
아닙니다. 생각해보십시오. 씨앗이 생명을 가지고 있고, 거기에서
무언가가 나오는 출생과 성장이 있는 것이 신비롭고, 그리고 끝내는
그렇게 해서 열매를 맺는 것이 신비롭지 않습니까? 요즘에도 보면
다 말라빠진 고목에서 꽃이 핍니다. 참으로 희한합니다. 모든 나무,
꽃들이 같은 시간에 꽃을 피우는 걸 볼 때 참 희한하기도 하고, 대체
누가 무슨 말로 이걸 설명할 수 있겠나 싶습니다.

생명은 이처럼 신비롭습니다. 그런데 생명의 차원은 네 가지가
있습니다. 하나는 식물적 생명입니다. 씨앗이 들어가서 자라고 꽃피
고 열매맺고 또 죽었는가 하면 또다시 살아나고 또다시 살아나
고…… 이렇게 회생하는 모습을 봅니다. 이것이 바로 식물적 생명입
니다. 생명의 또다른 차원은 동물적 생명입니다. 이건 좀더 차원이
높습니다. 그런가하면 인간적 생명이 있습니다. 인간과 동물은 다릅

니다. 무엇이 다릅니까? 바로 21g이 다릅니다. 인간에게는 영혼이 있습니다. 그것이 다릅니다. 어떤 면에서는 같은 동물입니다. 그런데도 참 사람이라는 게 묘한 존재입니다. 분명히 사람은 포유류라는 점에서 동물은 동물인데도, 사람은 동물취급받는 것을 제일 싫어합니다. 하지만 어떤 면에서 아마 동물들이 그럴 것입니다. "저놈들 우리만도 못하면서도 저희들은 동물이 아니래……" 안그러겠습니까? 여러분, 개 보고 조심하세요. 우리가 어떤 사람이 좀 마음에 안들면 '개같은 놈'이라고 하지만 개들이 뭐라고 할 것같습니까? 만약 말을 한다면 "말조심해. 개 정도만 되어봐라……" 할 것입니다.

사람이 어떤 면에서는 짐승 쪽입니다. 그 이상도 그 이하도 아닙니다. 단지 사람에게 중요한 것은 '영'이 있다는 사실입니다. 누스(nous)가 있습니다. 영이 있는 존재, 그래서 사람을 누스페어(nous-phere)라고 말합니다. 여기까지가 우리가 아는 지식입니다. 우리가 부활절을 맞는 오늘 이 시간 생각해야 됩니다. 그것은 그리스도적 생명입니다. 그리고 이것이 생명의 네 번째 차원입니다. 그리스도페어(Christ-phere), 이건 우리가 말로 설명하기 어렵습니다. 왜냐하면 그것은 딱 하나밖에 없는 사건이기 때문입니다. 무슨 비사로나 어떤 논리로도 설명할 수 없습니다.

오직 예수 그리스도의 부활 하나만이 진정한 부활입니다. 그 외의 다른 얘기를 해서는 안됩니다. 그래서 영혼불멸설과 부활은 다릅니다. 전혀 다릅니다. 우리는 부활을 믿습니다. 그래서 오늘 성경말씀에 보면 '하늘의 시민권'이라는 말이 있습니다. 우리는 '땅의 시민권을 가지고 땅에 살지만 동시에 하늘의 시민권을 가지고 땅에 살기 때문에' 우리는 이중 신분을 가지고 사는 사람들입니다. 하늘의 시민권 동시에 땅의 시민권, 이 둘을 가지고 있다는 사실이 중요합니다. 오늘 성경 본문에서 가장 요점이 되는 말씀은 '우리의 낮은 몸의 형체'라는 말입니다. 여기서 '형체'라는 말은 '소마'입니다. 이 소마라는 단어에 중요한 신학적 의미가 있습니다. 소마는 구체적인 형체를 가리킵니다. 그래서 우리 육체를 흔히 삼분설로 말할 때 프뉴마, 프쉬케, 소마로 표현합니다. 여기선 소마를 말하고 있습니다. 우리의 몸을 말합니다. 우리의 낮은 몸의 형체, 그리고 우리와 차원이 다른 그리스도의 몸은 이렇게 말합니다. 이것은 자기 영광의 몸의 형체인 소마를 말합니다. 이건 그리스도적 단계로 한 단계 더 이동된, 한 단계 더 변화된, 그런 형체를 가리킵니다.

그래서 성경은 변화라는 말과 부활이라는 말을 동의어로 사용합니다. 성경의 쓰임을 비교해보면 반반씩 사용하고 있습니다. 어떤 때는 부활, 어떤 때는 변화로 말입니다. 변화와 부활, 부활과 변화를 같이 생각하게 하는 말씀입니다. 다시 말하면 핵심은 이것입니다. '우리의 낮은 몸의 형체를 그 변화된 그리스도, 부활하신 그 형체와 같이 변화하게 하시리라'는 것입니다. 예수의 부활은 그래서 그 변화의 첫열매인 것입니다. 예수께서 첫 단계에 들어가시고 그 뒤에 우리가 따라갑니다. "그리스도의 형체와 같이 그 창조주의 생명능력으로 변화케 하시리라." 즉 우리가 그리스도적 생명으로 이동한다는 말입니다.

그렇다면 우리 믿는 사람들이 오늘을 사는 것은 무슨 의미가 있습니까? 우리가 온전히 변화되고 이동될 그날을 기다리는 겁니다. 그날에 대한 믿음이 확실한 사람은 오늘 이 세상을 사는 것은 별로 중요하지 않게 됩니다. 시시할 뿐입니다. '뭐 다 이렇게 지나갈 거고, 끝날 거니까……'하는 마음으로 사는 것입니다. 하지만 이 땅에 속한, 땅의 시민권에만 매여 사는 사람은 이 세상이 자꾸 지나가는 게 너무 아쉽습니다. 자꾸 죽음은 가까워오고 있지요, 내세는 보이지 않지요. 그러니 큰일이거든요, 그래서 불안에 떨고 있는 것입니다. 바로 여기서 두 사람이 갈라지는 것입니다. 그리스도인들은 기다림의 삶을 삽니다.

그래서 로마서 8장 23절에 "우리 몸의 구속을 기다리느니라"고 합니다. 우리의 삶은 기다리는 기간인 것입니다. 우리는 지금 앞에 있는 그날을 바라보며 기다리고 있을 뿐입니다. 과거에 밀려가는 것이 아니고, 미래에 이끌려가고 있는 것입니다. 그것이 그리스도인의 모습입니다. 그런데 여기서 생각해야 합니다. 다시 퀴블러의 말 한마디를 인용합니다. "오늘은 어제 한 일에, 내일은 오늘 한 일에 좌우된다." 여러분, 오늘은 어제의 결과입니다. 그런가하면 내일은 오늘의 결과입니다. 여기가 마지막 순간이라도 오늘 내가 어떻게 사느냐에 따라서 미래는 결정이 됩니다. 그리스도를 믿고 그리스도의 생명, 그 거룩한 생명이 연합된 생을 살면서 보장된 미래를 가는 것입니다. 하늘의 시민권을 가지고 살기 때문에 다시 하늘의 영접을 받게 됩니다. 이것을 사도 바울의 논리대로 말하면 엔 크리스토, 인 크라이스트(in Christ) 즉 '그리스도 안에서'라는 표현이 뜻하는 것입니다. 신비로운 말입니다. 그리스도 안에서, 말씀 안에서, 그의 성령의 능력 안에서, 그 영생의 능력 안에서, 영원한 생명력에 이끌리어 가게 되는 것입니다. '그리스도 안에서' 이것이 곧 영생입니다. 이 영생의 연장선 상에서 죽음이라는 단계를 거쳐 부활의 실제로 이동하는 것입니다. 이걸 잊지 말아야 합니다. 그렇기 때문에 이러한 생명으

로 사는 사람에게 순교는 영광입니다. 소망은 행복입니다. 이 믿음
은 곧 사랑으로 역사합니다.

성도 여러분, 실제(Reality)가 무엇입니까? 모든것이 관념적입니
다. 모든것이 추상적입니다. 생각해볼만한 가치도 없습니다. 가장
실제 중의 실제, 리얼리티 중의 리얼리티는 죽음입니다. 왜입니까?
다 죽기 때문입니다. 여러분, 세상에는 진실한 말 딱 한마디가 있다
고 합니다. 산다는 말은 거짓말일 수 있지만, 죽는다는 말은 진실입
니다. 이 말에는 예외가 없습니다. 실제 중의 실제를 잊지 마십시오.
믿거나 말거나 죽음은 오는 것입니다. 죽었으면 하나님의 심판대 앞
에 서야 되는 것입니다. 가까이 다가오고 있습니다.

여러분, 가끔 허리가 아프세요? 신호가 오는 것입니다. 약간 어
지러우세요? 조금 가까이 왔습니다. 병원 찾아간다고 해결될 문제
가 아닙니다. 그럭저럭 가다가 끝나는 것입니다. 그러니 제대로 준
비해야 합니다, 제대로. 주님 뵈올 때 어떤 모습으로 뵈올까? 요단
강을 건너갈 때 어떤 모습으로 갈까? 늘 생각해야 합니다. 그래서
여러분, 욥은 말씀합니다. 자신이 주님을 뵈올 때 낯선 자같이 보이
지 않을 것이라고 소망하고 있습니다. 왜요? 욥은 주님을 늘 그리워
했기 때문입니다. 늘 바라보고, 그리워하고, 사랑하던 그분을 만나
러 가는 것입니다. 그러니 결코 낯선 길이 아닙니다. 고린도전서 15
장 51절을 보십시오. "보라 내가 너희에게 비밀을 말하노니 우리가
다 잠잘 것이 아니요 마지막 나팔에 순식간에 홀연히 다 변화하리
니……" 변화는 이동입니다. 그리스도적 단계로의 이동을 말합니다.
"나팔 소리가 나매 죽은 자들이 썩지 아니할 것으로 다시 살고 우리
도 변화하리라 이 썩을 것이 반드시 썩지 아니할 것을 입겠고 이 죽

을 것이 죽지 아니함을 입으리로다. 이 썩을 것이 썩지 아니함을 입고 이 죽을 것이 죽지 아니함을 입을 때에는 사망을 삼키고 이기리라고 기록된 말씀이 이루어지리라. 사망아 너의 승리가 어디 있느냐, 사망아 네가 쏘는 것이 어디 있느냐. 사망이 쏘는 것은 죄요, 죄의 권능은 율법이라. 우리 주 예수 그리스도로 말미암아 우리에게 승리를 주시는 하나님께 감사하노니 그러므로 내 사랑하는 형제들아 견실하며 흔들리지 말고 항상 주의 일에 더욱 힘쓰는 자들이 되라. 이는 너희 수고가 주 안에서 헛되지 않은 줄 앎이라(고린도전서 15 : 52 - 58)." △

엠마오 길에서 만난 예수

　그 날에 저희 중 둘이 예루살렘에서 이십 오리 되는 엠마오라 하는 촌으로 가면서 이 모든 된 일을 서로 이야기하더라 저희가 서로 이야기하며 문의할 때에 예수께서 가까이 이르러 저희와 동행하시나 저희의 눈이 가리워져서 그인 줄 알아보지 못하거늘 예수께서 이르시되 너희가 길 가면서 서로 주고 받고 하는 이야기가 무엇이냐 하시니 두 사람이 슬픈 빛을 띠고 머물러서더라 그 한 사람인 글로바라 하는 자가 대답하여 가로되 당신이 예루살렘에 우거하면서 근일 거기서 된 일을 홀로 알지 못하느뇨 가라사대 무슨 일이뇨 가로되 나사렛 예수의 일이니 그는 하나님과 모든 백성 앞에서 말과 일에 능하신 선지자여늘 우리 대제사장들과 관원들이 사형 판결에 넘겨 주어 십자가에 못박았느니라 우리는 이 사람이 이스라엘을 구속할 자라고 바랐노라 이뿐아니라 이 일이 된지가 사흘째요 또한 우리 중에 어떤 여자들이 우리로 놀라게 하였으니 이는 저희가 새벽에 무덤에 갔다가 그의 시체는 보지 못하고 와서 그가 살으셨다 하는 천사들의 나타남을 보았다 함이라 또 우리와 함께한 자 중에 두어 사람이 무덤에 가 과연 여자들의 말한 바와 같음을 보았으나 예수는 보지 못하였느니라 하거늘 가라사대 미련하고 선지자들의 말한 모든 것을 마음에 더디 믿는 자들이여 그리스도가 이런 고난을 받고 자기의 영광에 들어가야 할 것이 아니냐 하시고 이에 모세와 및 모든 선지자의 글로 시작하여 모든 성경에 쓴 바 자기에 관한 것을 자세히 설명하시니라
　　　　　　　　　　　　　　　　　(누가복음 24 : 13 - 27)

엠마오 길에서 만난 예수

우리가 쓰는 말 중에 넌센스(nonsense)라는 말이 있습니다. 우리 말로 번역하면 '말도 안되는 말' 혹은 '무익한 말, 허튼소리, 어리석은 생각' 등을 지칭하는 말입니다. 그런데 사실 우리가 사는 이 세상에는 이 넌센스가 너무 많습니다. 따지고보면 실망할 필요가 없는데 실망하기도 하고, 의심할 것이 없는데 의심하고, 낙심할 이유가 없는데 낙심하고, 울어야 할 이유가 없는데 웁니다. 이것이 바로 넌센스입니다. 성경에 보면 대표적인 넌센스가 하나 있습니다. 두고두고 생각해볼만한 일입니다. 잘 아시는대로 구약성경에 보면 야곱의 사랑하는 아들 요셉이 있습니다. 그런데 사실 요셉은 죽지 않았습니다. 다만 형들에 의해 애굽으로 팔려가서 장차 애굽의 총리가 되기 위한 과정에 속한 여러 가지 시련을 겪고 있을 뿐입니다. 분명히 안 죽었습니다. 하나님의 뜻 안에서 보면 머지않아 애굽의 총리가 될 것입니다. 이런데도 그의 아버지 야곱은 아들 요셉이 죽은 줄 알고 13년 동안 웁니다. 그렇게도 슬피 웁니다. 그 어떤 위로도 받아들이지 못할 만큼 슬피 웁니다. 그만큼 요셉을 사랑했기 때문입니다. 그런데 이렇게 13년 동안을 울다가 요셉이 살아 있다는 소식을 듣고 어떻게 했겠습니까? 이게 바로 넌센스가 아니겠습니까?

여러분, 지난 일들을 가만히 생각해보십시오. 왜 울어야 했지요? 왜 슬퍼해야 했지요? 결국 되돌아보면 다 잘되는 일이었는데, 우리는 왜 그렇게 미련한 짓을 했던 것일까요? 왜 그렇게 많은 정력과 시간을 낭비해야 했습니까? 이유는 단 하나, 믿음이 없어서, 바른 믿음이 없었기 때문입니다.

　유명한 넌센스가 또하나 있습니다. 한번은 나폴레옹 황제가 부
관과 단 둘이 시골에 내려가 여관에 투숙하게 되었습니다. 평복을
입고 조용히 민정시찰을 하는 중에 근처의 식당에 들어가 식사를 했
습니다. 식사를 마치고 식비를 내려고 하는데 그만 공교롭게도 황제
도 부관도 깜빡 잊고 지갑을 안가져온 것을 발견했습니다. 그래서
식당 주인에게 아주 겸손한 태도로 굽신굽신 사정을 했습니다. 그만
돈지갑을 집에 두고 왔는데 정확하게 1시간 후에 다시 와서 돈을 줄
테니 좀 믿고 기다려줄 수 없겠느냐고 통사정을 한 것입니다. 그런
데 그 식당주인은 한마디로 좀 거친 사람이었습니다. 나폴레옹과 부
관을 향해 '정신나간 놈들'이라고 소리치며 당장 돈을 내든지 아니면
헌병을 부르겠노라고 고함을 지릅니다. 그래도 황제와 부관은 아주
겸손하게 한번 믿어보면 안되겠느냐며 사정을 합니다. 이 광경을 본
그 식당의 종업원이 두 사람을 가만히 보니 괜찮은 사람들 같아보이
거든요, 그래서 주인한테 얘기합니다. "이분들을 보니 믿을만한 것
같은데 한번 믿으면 안되겠습니까? 만약 주인이 정 못믿겠다면 제
가 대신 음식값을 내겠습니다." 주인은 끝내 종업원에게 황제와 부
관의 음식값을 받아낸 후에야 그들을 놓아주었습니다. 그 후 정확하
게 한 시간 후에 부관이 다시 그 식당에 들어왔습니다. 그리고는 뭐
라고 말했는지 아십니까? "이 식당 얼마짜리요?" 그러자 주인이 대
답했습니다. "3만 프랑입니다" 부관이 바로 그 자리에서 3만 프랑을
주인에게 냈습니다. 그리고는 하는 말이 "이제 이 식당은 내 것입니
다." 그리고 그 식당을 아까 자신들 대신 돈을 냈던 웨이터에게 주었
습니다. "이제부터 이 식당은 네 것이다." 어떻습니까? 이 또한 넌센

스같은 일 아닙니까? 믿을 수 있는 사람을 못믿는 것, 그거 불행한 일입니다. 못믿을 것을 믿는 것도 불행이지만, 믿을 수 있는 것을 못믿는 것, 이 또한 넌센스가 아닐 수 없습니다.

오늘본문을 보십시오. 엠마오로 가는 두 제자가 슬픈 낯으로 길을 가고 있습니다. 아주 슬픈 이야기를 나누면서 낙심하는 가운데 고향인 엠마오로 내려가고 있는 것입니다. 사실 이 두 사람이 이렇게 슬퍼하며 고향으로 돌아가야 할 이유가 없습니다. 그러니 이거야말로 대표적인 넌센스입니다. 예수님께서 이미 부활하셨는데 죽으셨다고 생각하고 슬퍼하고 있는 것입니다. 아니, 예수님께서는 지금 그들과 동행하고 있는데, 오늘 우리와 같이 동행하고 있는데, 그걸 몰라보고 낙심하고 슬퍼하며 서로 주고받는 이야기 속에서 저들은 그렇게 크게 절망하고 있었던 것입니다. 여러분, 저들이 왜 그랬을까요? 왜 예수님을 알아보지 못했을까요? 그 이유는 한마디로, 잘못된 기대심리 때문입니다. 세속적인 욕망 때문입니다. 본문 19절에서 말씀합니다. 그들은 말합니다. "하나님과 모든 백성 앞에서 말과 일에 능하신 선지자이거늘……" 그리고 21절에 말합니다. "이스라엘을 속량할 자라고 바랐노라." 그들은 예수님에 대해 기대를 가졌는데, 다름아닌 '이스라엘을 속량할 사람' 즉 유대나라의 왕이 될 사람, 이스라엘을 정치적으로 구속할 사람으로 기대했던 것입니다. 한마디로 저들은 세속적 욕망으로 예수님을 바라보았던 것입니다.

그런데 여러분, 이 사실을 기억해야 합니다. 사람이 세속적 욕망에 사로잡히면 눈이 어두워집니다. 눈이 어두워지면 제대로 보이는 게 없습니다. 그렇기 때문에 낙심할 수밖에 없는 것입니다. 사람이든 상황이든 제대로 못알아보게 됩니다. 사람도 못알아보고 상황도 못알아보고, 하나님의 뜻도 못알아봅니다. 욕심에 사로잡힌 사람은 한마디로 정신이 없습니다. 무엇을 해도 그렇습니다. 미안한 얘기지만 골프치는 사람도 욕심에 사로잡히면 그날은 망친답니다. 돈 버는 사람, 더더욱 공부하는 사람, 욕심에 사로잡히면 아무것도 안됩니다. 훨훨 날아가는 마음으로 자유로워야 되는데 그만 마음이 사로잡혀서 자기실력조차 제대로 발휘하지 못하는 것입니다.

특별히 오늘본문에 보면, "이스라엘을 속량할 자라고 바랐노라"고 한 것에 주목해야 합니다. 저는 솔직히 이 말이 마음에 안듭니다. '믿었노라' 하지 못하고 왜 '바랐노라'고 했을까요? 막연한 '바람' 가지고는 안됩니다. 기대치만 가지고는 안되는 것입니다. 믿어야 합니다. 확실하게 믿어야 하는데, 믿음은 없고 다만 마음에 막연한 소원만 있었던 것입니다. 그러나 바람 정도 가지고는 안됩니다. 요즘 우리가 잘 쓰는 말 가운데 '꿈'이라는 말이 있는데, 제 생각에는 그 말을 잘못 쓰는 것같습니다. 어떤 교회는 심지어 교회 이름까지도 '드림교회'라고 붙였습니다. 꿈이라는 게 뭡니까? 여러분, 개꿈도 꿈 아닙니까? 생각해보면 이 꿈이라는 말, 참 맹랑한 말 아닙니까? 사람들은 흔히 자조적으로 말합니다. 꿈같은 세상…… 꿈이라는 말, 그거 어떤 면에서는 허황하기 짝이 없는 것입니다. 꿈은 그래서 바람일 뿐입니다. 바람은 그저 '그랬으면……' 하는 정도입니다. 그런데 그것 가지고 어떻게 구원을 얻겠습니까? 그래서 전 꿈이라는 말 별로 좋아하지 않습니다. 어떻게 인생을 막연한 꿈으로 살 수 있겠습니까? 그 정도 가지고 어떻게 주님을 만나겠습니까? 엠마오로 가는 두 제자들은 예수님을 '이스라엘을 속량할 자라고 바랐노라'고 합니다. 단지 꿈이었을 뿐입니다. 그런데 여기에 집착을 해버렸습니다. 집착이 되고나니까 아무것도 보이질 않았고, 들리지도 않았던 것입니다. 그래서 낙심하게 된 것입니다.

또하나, 25절에 가서 보면 예수님께서 이런 말씀을 하십니다. "미련하고 선지자들이 말한 모든것을 마음에 더디 믿는 자들이여……" '더디 믿는 자'란 영어식 표현으로는 Slow Believer, 천천히 믿는 사람이라는 뜻입니다. 더디 믿는 자는 꼭 한 박자 늦습니다. 우리 주위에도 꼭 그런 사람이 있습니다. 좀 화끈하게 믿지를 못하고, 꼭 몇 박자 늦게 형광등처럼 깜빡깜빡하는 그런 사람입니다. 예수님께서 26절에서 자세하게 설명하십니다. "그리스도가 이런 고난을 받고 자기의 영광에 들어가야 할 것이 아니냐?" 다시 말해, 제자들에게 이렇게 말씀하시는 것입니다. '성경 좀 봐라. 성경 좀 똑바로 보아라. 성경을 바로 읽어라.' 왜냐하면, 제자들이 만약 성경을 똑바로 알았더라면 메시야를 바로 알았을 것이기 때문입니다. 성경을 제대로 알았더라면 부활을 믿었을 것입니다. 그런데 그들은 성경을 몰랐습니다. 물론 성경은 읽었을 것입니다. 성경 공부도 했을 것입니다. 그러니 성경의 내용도 많이 알고 있었습니다.

하지만 문제는 '고난의 메시야'를 빼놓고 성경을 봤던 것입니다. 사랑하는 여러분, 꼭, 꼭, 잊지 말아야 할 사실이 있습니다. 고난의 메시야가 있어야 영광의 메시야가 있는 것입니다. 그런데 우리는 고난의 메시야는 싫고 영광의 메시야만 생각하는 것입니다. 그건 잘못된 신앙입니다. 썩어지는 밀알이 있어야 그로 인한 약속의 미래가 있는 것입니다. 십자가가 있어야 부활이 있는 것입니다. 마태복음 16장에 보면, 베드로가 바로 이것 때문에 예수님께 큰 책망을 받습니다. 예수님께서 '내가 앞으로 십자가를 지게 될 것이다'하고 말씀

하시자 베드로가 단호하게 '절대 그런 일이 없을 겁니다'라며 예수님
을 만류합니다. 그러자 예수님께서 아주 단호하게 말씀하십니다.
"사단아 물러가라!" 예수님께서 사랑하시는 제자에게 "사단아, 물러
가라. 너는 나를 넘어지게 하는 자로다"하신 것입니다. 타협의 여지
없이 아주 단호하게 말씀하신 것입니다.

　　제가 우스운 얘기 하나 하겠습니다. 저는 언젠가부터 저녁에 집
에 들어가면 어떤 일이 있어도 뭘 먹지 않습니다. 저녁에 먹는 과일
은 사약이라고 합니다. 그래서 저는 과일도 안먹고, 무엇이라도 안
먹습니다. 오로지 물만 마실 뿐입니다. 그런데 집에 들어가면 제 아
내가 아이들과 같이 뭘 먹다가 나한테 시험을 걸어옵니다. "이거 맛
있는데…… 이것도 맛있고…… 이것 좀 드세요." 합니다. 그러면 저
는 절대 넘어가지 않고 주기도문을 외웁니다. '시험에 들게 하지 마
옵소서.' 그런데도 자꾸 가까이 와서 조금만 드시라 어쩌고저쩌고
하면 제가 말합니다. "사단아 물러가라!" 그래야 끊을 수 있지 대충
얼버무리다가는 나도모르게 말려듭니다. 우리가 어떤 시험을 당할
때 타협하려고 하면 안됩니다. '좀 생각해봅시다'해도 안됩니다. 그
럴 땐 단호하게 "사단아 물러가라"고 해야 합니다. 제자들은 십자가
없는 부활, 고난이 없는 영광을 기대했었던 것입니다. 베드로도 그
랬습니다. 그래서 예수님께서 그를 크게 책망하신 것입니다.

　　그 다음으로 성경본문을 보면, 이 제자들이 예루살렘을 떠나고
있음을 보게 됩니다. 예루살렘을 떠난다는 것에 아주 중요한, 상징
적 의미가 있습니다. 그들은 예수님을 3년 동안 따라다녔습니다. 그
리고 예수님께서 십자가에 돌아가셨습니다. 거기까지만 생각하더라
도, 그렇게 쉽게, 곧장 예루살렘을 떠날 수는 없는 것입니다. 적어도

며칠 아니 몇 년이라도 머물러 있어야 할텐데, 어떻게 예수님께서 함께하시던 그 예루살렘을 그렇게 쉽게 떠날 수 있습니까? 그런데 지금 본문 속의 이 제자들은 예루살렘을 떠나서 고향으로 내려가고 있습니다. 누가복음 24장 49절에 보면 "이 성에 머물라"하십니다. 예루살렘을 떠나지 말라시는 것입니다. 사도행전 1장 4절에도 보면 유명한 말씀이 기록되어 있습니다. "예루살렘을 떠나지 말고 약속하신 것을 기다리라." 다시 말해, 성령이 말씀하실 때까지 예루살렘을 떠나지 말라는 뜻입니다. 아주 중요한 말씀입니다. 예루살렘, 바로 여기서 승부를 내야 합니다. 그런데 그렇게 3년 동안이나 예수님하고 동행하던 사람이 주님께서 십자가에서 돌아가시자마자 툭 털어버리고 바로 고향으로 가고 있지 않습니까? 대체 어떻게 이럴 수가 있습니까? 예루살렘을 떠나지 말라고 하셨는데, 이들은 지금 예루살렘을 등지고 떠나는 길입니다. 아주 소극적 자세입니다.

이뿐만 아니라 제가 개인적으로 마음에 안드는 부분이 또하나 있습니다. 이 사람들이 가면서 하는 말을 22절에 보니 "또한 우리 중에 어떤 여자들이 우리를 놀라게 하였다"고 합니다. 즉, 여자들이 예수님의 무덤을 찾아갔다가 예수님을 만났고, 또 두 제자가 예수님 무덤에 찾아갔다가 여자들이 말한대로 예수님의 시신을 보지 못했다더라고 말하고 있습니다. 이 말이 무엇을 뜻합니까? 이들은 '어떤 제자들이 예수님이 부활했다더라'고 말하고, 또 '그런 말로 우리를 놀라게 했다'는 말을 하면서 고향 엠마오로 가고 있는 것입니다. 그런데 저는 이런 태도가 마음에 안듭니다. 여러분은 어떻습니까? 무덤에 찾아갔다가 시체를 보지 못했다더라고 하면 "그래? 나도 간다" 하며 가볼 것이 아닙니까? 자기가 직접 가서 보면 될 것 아닙니까?

왜 그만한 적극성도 없이 인생을 사는 것입니까? 저는 이런 소극적인 태도가 개인적으로 참 마음에 안듭니다. 직접 행동으로 확인해봐야 할 것 아닙니까? 다른 사람들의 말에 대해 직접 확증(Confirm)해야 되는 것 아닙니까? 자기가 직접 가서 보고 확인하지 않은 채, 그저 얘기만 건너 듣고는 '그랬다더라, 놀라게 했다'고 하면서 고향으로 내려가는 것입니까? 참으로 미련하고 너무도 소극적인 제자들이 아닐 수 없습니다. 우리는 절대 이러지 말아야 합니다.

오래전 얘기입니다만 어느 고등학교 3학년 학생 하나가 가까이 오더니 "목사님, 목사님"하며 신앙에 대해서 이런저런 질문을 합니다. 질문 내용이 좀 맹랑했습니다. 제가 그 학생의 얘기를 다 듣고나서 "자네, 성경을 좀 읽어봤나? 성경이 하나님의 말씀인데 읽어봤나?"하고 물었습니다. 그랬더니 그 친구 왈, "조금 읽어봤어요"합니다. 그래서 제가 다시 "구체적으로 말해 어디까지 읽어봤나?"했더니 "마태복음 좀 보다 말았어요"하는 게 아닙니까? 그래서 제가 말했습니다. "이 사람아, 젊은 사람이 왜 이 모양이야? 성경은 하나님의 말씀이야. 그러니 최소한 성경을 한 번은 읽고 나서 질문을 해야 하지 않겠나? 성경을 한 번도 안읽고, 하나님이 있냐 없냐 하는 사람하고 무슨 얘기를 할 수 있겠나? 자네의 태도부터 바꾸게. 그래가지고는 절대 진리를 알 수가 없다네. 이 엄청난 진리를 어떻게 공짜로 얻으려고 하나?" 따끔하게 충고를 했습니다.

여러분, 좀더 적극적 자세를 가져야 합니다. 저는 엠마오로 가는 이 두 제자가 이런 점에서 참 맹랑한 사람들이라는 생각이 듭니다. '부활했다더라' '우리를 놀라게 했다'는 식으로 예수님의 부활에 대해 남 얘기 하듯 하며 고향으로 돌아가는 이런 자세가 마음에 참 못마땅합니다. 우리는 좀더 적극적이고 긍정적이고 행동적인 신앙을 가져야 할 것이 아니겠습니까?

바로 여기에 복음이 있습니다. 여기에 형편없는 제자들이 엠마오로 가고 있는데 예수님께서 바로 그들과 동행하고 계십니다. 이게 복음입니다. 그런 그들을 따라가고 계십니다. 그들과 함께 가고 계십니다. 그리고 성경을 풀어서 해석을 해주고 계십니다. 32절에 가서 보니 그런 제자들의 "마음이 뜨거워지도록" 역사하셨습니다. 그들의 눈을 열어주셨습니다. 그 사건을 통해 그들이 예수님을 바라보게 된 것입니다. 여기에 리얼리티가 있습니다. 바로 여기에 부활의 사건이 있습니다. 사건에 대한 확실한 믿음이 없기 때문에 제자들은 이렇게 넌센스같은 길을 가고 있었습니다. 그러나 예수님께서 함께 하심으로 그들의 마음이 뜨거워지고 눈이 열려서 예수님을 알아보았습니다. 그리고 그 순간 가슴이 뜨거워지면서 그들은 발걸음을 돌려 다시 예루살렘으로 돌아옵니다. 그래서 아주 능력 있는 부활의 증인이 됩니다.

성도 여러분, 예수 그리스도께서는 부활하셔서 우리 가운데 계십니다. 오늘도 우리와 함께 계십니다. 사도행전 3장에 보면 베드로는 예수님을 세 번이나 부인한 사람이요, 멀리 도망갔던 사람이고, 부끄러움이 많은 사람입니다. 그런 그가 예루살렘 성전에 올라가다가 미문에 앉아 있는 앉은뱅이를 보면서 불쌍히 여기는 마음이 생겼습니다. 그리고 "은과 금은 내게 없거니와 예수 그리스도의 이름으로 명하노니 일어나라"고 합니다. 그러자 그가 벌떡 일어나는 걸 볼 때 베드로에게는 굉장한 감격이 있었을 것입니다. 저는 개인적으로 그 사건을 묵상할 때마다 이런 생각을 합니다. 그 순간 앉은뱅이가 놀랐을까 베드로가 놀랐을까? 생각해보면 베드로가 얼마나 놀랐겠습니까? 그리고 그 순간 베드로의 마음속에 사도행전적인 기독론이 형성됩니다. '예수께서 부활하셨고 지금 나와 함께 계시다.' 지금 여기에 현실적으로 실제적으로, 함께 계시다는 확신이 있는 믿음 말입니다. 예수님의 부활생명을 실제생활에서 경험하면서 베드로가 무슨 생각을 했겠습니까? 아마 '이대로 죽어도 좋다'고 했을 것입니다. 모든 고난과 핍박과 사망까지 넘어서는 그야말로 부활신앙의 사람이 된 것입니다. 그리고 그것이 교회가 세워지는 기초가 됩니다. 여러분, 믿음을 가질 때 곧 능력의 사람이 됩니다. 눈이 밝아질 때 세상을 바로 보게 됩니다.   △

어린이를 내게로 오게 하라

　사람들이 예수의 만져 주심을 바라고 어린아이들
을 데리고 오매 제자들이 꾸짖거늘 예수께서 보시고
분히 여겨 이르시되 어린아이들의 내게 오는 것을 용
납하고 금하지 말라 하나님의 나라가 이런 자의 것이
니라 내가 진실로 너희에게 이르노니 누구든지 하나
님의 나라를 어린아이와 같이 받들지 않는 자는 결단
코 들어가지 못하리라 하시고 그 어린아이들을 안고
저희 위에 안수하시고 축복하시니라
(마가복음 10 : 13 - 16)

어린이를 내게로 오게 하라

　미국의 레이건 대통령이 캘리포니아 주의 주지사로 있을 때의
일입니다. 주지사의 업무가 아주 바빠 레이건은 시간이 없었지만 그
래도 아들이 사무실에 찾아오면 늘 시간을 내어 함께 지내곤 하였다
고 합니다. 아들 론이 좋아하는 미국식 축구 풋볼경기도 함께 가주
었답니다. 그의 아들은 L. A. Rams 팀의 열렬한 팬이었는데, 한 번
은 레이건 주지사가 감독에게 특별히 부탁을 해서 선수들이 시합을
준비하는 라커룸을 방문할 수 있도록 허락을 받았답니다. 왜냐하면
어린 아들에게 그의 풋볼 영웅들을 만나게 해주는 것이 가장 큰 선
물이 될 거라고 생각했기 때문입니다.

　아들과 함께 라커룸의 문을 여는 순간 놀라운 광경이 펼쳐지고
있었고 아들은 그 광경에 깜짝 놀랐다고 합니다. 덩치가 엄청나게
큰 풋볼 선수들이 마치 어린 양처럼 무릎을 꿇고 경기에 앞서서 기
도를 드리고 있었기 때문입니다. 자기가 존경하는 영웅들이 한두 명
도 아니고 수십 명이 똑같이 무릎을 꿇고 기도하는 광경을 보며 레
이건의 아들은 엄청난 충격을 받았습니다. 그는 회고하기를, 아들의
얼굴이 마치 부활하신 예수 그리스도를 만난 여인들의 표정을 보는
것같았다고 말합니다. 그리고 그날 이후로 레이건은 아들에게 신앙
교육을 시킬 필요가 없었다고 합니다. 자신의 영웅들이 무릎꿇고 기
도하는 하나님께 대해서 더이상 설명할 필요가 없었기 때문입니다.
훗날 그는 이렇게 말합니다. "아들을 위하여 시간을 바칠 때 나는 많
은 것들을 얻을 수 있었다. 아들이 믿음을 가지게 되는 것은 물론이

고 나도 내 믿음을 확실하게 가질 수 있었다.”

여러분, 매년 어린이 주일을 맞을 때마다 무엇을 생각하십니까? 오늘 좀 심각한 얘기를 할까 합니다. 우리 생각과 관심에 혹은 지식에 소위 ‘사각지대’ 라는 것이 있습니다. 많은 것을 알고 많은 것을 보고 경험하지만 때로 우리는 정말 중요한 것을 모르게 됩니다. 때로 우리는 자기가 병들고 있는 것도 모르고 자기 마음이 지금 점점 더 파괴되어가고 있다는 것조차 모를 때가 많습니다. 매들라인 핵클 교수는 이런 현상을 맹점(Blind Spot)이라고 부릅니다. 사람의 맹점은 가장 중요한 것을 가장 잘 모르고 있다는 것입니다. 사람들이 모르고 있는 그 모든 것 중에 가장 중요한 일은 자기 자신을 모르고 있다는 사실입니다. 자기 자신을 모르는 일에 있어서 가장 중요한 것은 자신이 점점 변해가고 있다는 사실입니다. 마치 우리가 늙어가고 있는 것처럼 말입니다. 사람은 누구나 여러 모로 변해가고 있는데 정작 자신이 어디까지 변했는지를 모르고 있는 것입니다. 지금 어느 정도까지 변화되었는지를 모른다는 말이지요.

우리는 저금통장을 보면서 자신이 얼마나 가지고 있는지는 잘 압니다. 자신의 지적 수준이 어느 정도인지도 잘 아는 편입니다. 그리고 자신의 경험에 집착하면서 자신이 많은 것을 안다고 생각을 합니다. 그러나 가장 중요한 것은 자기 자신을 모른다는 것입니다. 우리의 문제는 여기에 있습니다. 소유나 지식이나 경험을 통해서 혹은 자기 지위를 통에서 무언가를 알 것이 아니라 자신이 만나는 관계 속에서 알아야 한다는 것입니다. 다시 말해, 내가 만나는 관계 속에서 반응을 통해, 즉 관계 속에서 반사되는 반응을 보아서 자기를 볼 줄 알아야 됩니다.

우스운 얘기입니다만 만약 여러분이 길을 지나갈 때 개가 자꾸 짖는다면…… 회개해야 됩니다. 왜냐고요? 개는 알거든요, 수상한 사람을. 그러니까 만약 개가 여러분을 반가워하지 않고 자꾸 짖는다면 여러분에게 무슨 문제가 있다는 말이 될 수도 있다는 것입니다. 개의 심판을 받아들여야 된단 말입니다. 그런가하면 다른 경우도 있습니다. 혹시 집에서 화초를 키우십니까? 혹 왜 그런지 모르지만 여러분이 화초를 키우면 자꾸 죽습니까? 잘 아시는대로 어떤 분은 시원치 않은 것도 갖다놓으면 잘 자랍니다. 그런데 어떤 분은 싱싱한 것도 갖다놓으면 시듭니다. 그렇다면 문제 있는 것입니다. 이건 상당히 과학적인 얘기입니다. 내가 노래하고 웃으며 행복한 마음으로 화초에 물을 주면 화초가 잘 자라지만, 부부싸움을 한 후 잔뜩 화가 나서 물을 주면 곧 시들어버립니다. 그것도 그렇다면 그런 줄 아세요. 그뿐입니까? 내 마음 속이 상해서 남편에 대해서 불평하고 원망하며 아이에게 젖을 먹이면 그 아이가 감기 걸리고 설사를 합니다. 이건 의학적으로도 인정이 되는 사실입니다. 젖이라고 다 젖이 아닙니다. 행복하고 명랑한 사람의 젖만 젖이고, 속이 썩고 있는 사람의 젖은 독약입니다.

이게 얼마나 중요한 얘기입니까? 아주 심각하지 않습니까? 이웃을 한번 보십시오. 주위의 모든 사람이 나를 어디서 보든지 반가워하고 승강기에서 만나도 반갑게 대해주면 그것은 내가 저들에게 좋은 영향을 주고 있다는 뜻입니다. 그런데 왜 그런지 누구를 만나도 나에게 인사하는 사람이 없고, 설령 승강기에서 마주쳐도 꼭 싸운 사람처럼 서로 돌아서 있다가 내린다면 무언가 잘못되고 있다는 뜻입니다. 그럴 때 바로 자기 자신을 돌아봐야 합니다. '내가 지금 어떤 얼굴로 서 있기에 저 사람들이 나를 저렇게 대할까?'를 생각해야 됩니다. 특히, 어린아이들을 대할 때는 더욱 그렇습니다. 어린아이들은 압니다. 그래서 어린아이들이 반가워하는 사람이 있는가하면 어린아이들이 가까이 오기 싫어하는 사람이 있습니다. 싫어하는 정도가 아니라 가깝게 다가가면 울어버리고 맙니다. 그렇다면 그것이 문제입니다. 그리고 그 사실을 인정할 수 있어야 합니다. 나에게 무엇인가가 잘못되고 있다는 걸 인정해야 됩니다.

여러분이 진정 어린아이를 반기고 즐기고 사랑하는지 한번 진지하게 생각해본 적이 있습니까? 저는 그렇지 않은 분을 몇 분 만나보았습니다. 그는 대학교수요, 소설가입니다. 제가 굳이 이름을 대지는 않겠습니다. 그가 말하기를 자기는 어린아이를 싫어한다고 합니다. 그래서 아이를 안낳는다고 합니다. 솔직히 저는 그 말을 들을 때 정말 섬뜩했습니다. '세상에 이런 사람도 있구나!' 그런데 돌아보니 주위에 그런 사람이 생각보다 많았습니다. 여러분 생각해 보세요. 어린아이는 그게 누구네 아이든지 예쁘고 사랑스럽지 않습니까? 그런데 그런 아이들이 예쁘게 보이지 않는다면 무언가 문제가 아니겠습니까? 그런데 여기서 또 한 가지 중요한 사실은 '아이들은 나를 어떻게 생각하고 대하는가?'하는 것입니다. 이 질문을 잊지 말아야 합니다. 어린이에게는 자기를 사랑하는 할머니가 최고의 미인입니다. 특별한 이유가 없습니다. 단지 자기를 사랑하는 할아버지, 할머니가 세상에 최고의 미인, 미남인 것입니다. 아이들의 눈은 그렇습니다. 아이들에게는 사람을 읽는 능력을 지녔습니다. 그래서 아이들은 사람을 딱 보면 압니다. 가까이 가면 압니다. 그래서 어떤 사람은 만나면 반기고, 어떤 사람은 만나면 울어버립니다. 그것은 말로 표현하고 확인하는 것이 아닙니다. 그냥 그렇게 느끼는 것입니다. 아이들은 얼굴만 봐도 그냥 압니다. 저분이 나를 사랑하는지 아닌지, 사랑하는지 미워하는지, 어느 정도 좋은 사람인지 나쁜 사람인지를 다 알고 있습니다.

이걸 알아야 합니다. 예수님께서는 어린이를 사랑하셨습니다. 그리고 어린이들을 만날 때, 어린이와 함께 있을 때, 마치 천국에 와 있는 것처럼, 천국백성을 만난 분위기를 느끼신 것같습니다. 당시 이스라엘 사람들은 좋은 풍속을 가지고 있었습니다. 그것은 바로 자기들의 동네에 랍비가 오시면, 부자도 군인도 아닌 랍비, 영적으로 하나님의 말씀에 친해 있고 하나님의 말씀에 충실한 존경받는 랍비가 동네에 오셨다 하면 온동네 어머니들이 자기 아이들을 데리고 그분께로 옵니다. 아이들에게 랍비를 보여드리고 싶어한 것입니다.

죄송합니다만, 제가 목회하면서 제일 어려웠고 고통스러운 일 중에 하나가 바로 그 점이었습니다. 예배에 어린아이를 못데리고 오게 하는 것이었습니다. 그런데 가끔 아이들을 몰래 데리고 들어오는 사람도 있거든요. 예배안내하시는 분들과 이것 때문에 문제가 될 때에 그분들이 하는 말이 참 괴롭게 합니다. 자기 아이에게 목사님 얼굴을 좀 보여드리게 하고 싶어서 데리고 왔다는 것입니다. 그럴 때면 어떻게 해야 할지 참 난감합니다. 마음으로야 얼마든지 그렇게 하도록 하고 싶지만, 다른 한편으로는, 다른 성도의 예배분위기를 위해서는 그렇게 하면 안되는 것이니 말입니다.

이와 관련해 제가 외국을 방문할 때 좀 본 것이 있습니다. 외국의 교회들은 성가대석처럼 한쪽에 어린아이들만의 공간을 예배당 안에 만들어 놓고 유리로 막아 놓았습니다. 그런 식으로 아이들이 어른들과 함께 예배를 드립니다. 어떤 교회는 한 달에 한 번씩 그렇게 합니다. 어른들과 함께 설교 전까지 순서를 다 같이 합니다. 그리고 설교를 시작하기 전에 뒷문으로 나갑니다. 아이들은 어른을 위한 설교를 지루해하니까 그렇게 하는 것입니다. 그래서 제가 왜 이렇게 하느냐고 물었습니다. 그랬더니 아이들로 하여금 어른들이 예배드리는 신령한 분위기를 함께 경험하게 하기 위해서 이렇게 하는 것이라고 하더군요. 저도 그게 참 좋은 일이라고 생각했습니다. 그래서 나도 목회를 하면 꼭 그렇게 해야겠다고 생각했는데 마음만 먹었지 지금까지 못하고 있습니다.

확실히 그렇습니다. 어린아이들이 지금 드리는 이 예배에 함께하지 못한다는 것이 참으로 유감입니다. 이렇게 예배하는 분위기에 동참하지 못한다는 것이 참으로 유감입니다. 오늘본문의 배경처럼, 옛날에 랍비가 어느 동네를 방문하면 어머니들이 아이들을 데리고 와서 '봐라 저분이 랍비다. 저분이 이런 분이다' 하고 아이들에게 가르쳐주며, 랍비에게도 높은 존경을 표현했습니다. 그러면 랍비는 그 아이들 하나하나의 머리에 손을 얹고 축복기도를 해주었던 것입니다. 이런 풍습에 따라 오늘도 예수님이 방문한 동네의 어머니들이 어린아이들을 데리고 와서 축복기도를 받으려고 한 것입니다.

문제는 그렇게 되니까 어른들이 소외당하는 것입니다. 예수님께서 병자들을 고쳐주셔야 되는데…… 그래서, 본문에 보니 제자들이 꾸짖었다고 합니다. 아이들을 데리고 오지 말라는 것입니다. 어른들에게 말씀을 전하셔야 하고, 어른들의 병을 고쳐야 되는데, 예수님께서 할일이 많으신데 어린아이들까지 와서 주님을 괴롭히느냐고 하면서 꾸짖은 것입니다. 그러나 예수님께서는 꾸짖는 제자들을 오히려 책망하셨습니다. 그리고 '어린아이들을 금하지 말라. 내게 오게 하라, 내게 오게 하라'고 말씀하고 계십니다. 왜 그러셨을까요?

예수님께서는 일을 하시는 데 우선순위가 있었습니다. 그리고 어른들보다 어린아이들이 예수님의 우선순위였습니다. 그래서 "하나님의 나라가 이런 자의 것이니라"라고 말씀하셨습니다. 하나님의 나라를 어린아이같이 영접해야 된다고 말씀하셨습니다. 예수님께서는 어른들이 아니라 어린아이가 어른의 모범이요 하나님 나라의 표본이라고 말씀하시는 것입니다.

어린아이들의 믿음, 어른들에 대한 그들의 사랑을 생각해보십시오. 그들은 사랑만으로 행복해합니다. 여러분은 어떻습니까? 저는 어린아이들 키우면서 많이 보았습니다. 아이들은 어머니나 아버지에게 다가와 무릎에 앉습니다. 때로는 무릎에 앉아서 그냥 잡니다. 앉아서 쪼그리고 자면 얼마나 불편하겠습니까? 그러나 아이들은 어머니와 스킨십(피부접촉)을 느끼는 것입니다. 아이들은 어머니와 가까이 있다는 것만으로도 사랑을 느끼기 때문에 어머니의 무릎에 앉아서 쪼그리고 자도 행복한 것입니다. 그뿐입니까? 우리 풍습에는 어린아이들을 업어주는 일이 있습니다. 요즘에는 아이들을 업고 있는 광경을 보기 힘듭니다만 예전에는 다들 그렇게 했습니다. 사실 저는 아이들 끌고 다니는 것을 별로 좋아하지 않습니다. 아이들을 업어주는 것이 얼마나 좋은지 아십니까? 저는 아마 상당히 클 때까지 업혔던 것같습니다. 지금도 업힌 것이 생각납니다. 할아버지의 등에 업혀 다녔던 것이 기억납니다. 그런데 생각해보십시오. 사실 업히긴 하지만 그게 그렇게 편한 것은 아닙니다. 불편한 일입니다. 그러나 바로 그 스킨십을 통해서 사랑을 느끼는 것입니다. 더구나 어머니의 등에 업혀서 고개를 젖히고 자는 아이들을 보십시오. 그게 얼마나 불편하겠습니까? 그러나 그래도 아이들은 행복합니다. 왜요? 사랑이기 때문입니다. 어머니와 자기가 가까이 있기 때문에 행복한 것입니다.

　이처럼 오직 사랑 하나로 만족하는 것이 어린아이의 속성입니다. 더이상 말할 것이 없습니다. 그래서 예수님께서는 어린아이를 칭찬하고 계십니다. 그들의 믿음이 너무 훌륭합니다. 심리학자 호리시우스 보나르라고 하는 분이 쓴 책에 이런 내용이 있습니다. 사람의 개종 시기는, 즉 사람이 맨처음 믿음을 얻게 되는 것은 20살 이전이라고 합니다. 20살 이전의 개종률이 60%인 반면에 50세 넘어서 예수믿는 사람은 5%밖에 안된다고 합니다. 50세가 넘어가면 새로운 믿음이 들어가지 않습니다. 믿음은 어렸을 때 확실하게 받아들여집니다. 그리고 개종된 후에 진실한 믿음의 사람이 될 수 있다고 합니다. 「백악관을 기도실로 만든 대통령 링컨」이라는 유명한 책에서 저자는 링컨 대통령의 전기 작가로서 이렇게 말하고 있습니다. '하나님께서는 링컨에게 위대한 사람이 될만한 조건을 한 가지도 주지 않았다. 다만 그에게는 훌륭한 신앙의 어머니가 있었을 뿐이다.' 링컨의 어머니 낸시는 링컨이 열 살 때 세상을 떠납니다. 그 때 사랑하는 아들에게 말합니다. "사랑하는 아들 아브라함아, 이 성경책을 아버지로부터 받아서 한평생 읽어서 많이 낡았다마는 이 성경책은 소중한가보다. 백 에이커의 땅을 남겨주는 것보다 이 소중한 한 권의 성경책을 네게 주게 되어서 나는 행복하다"고 합니다. 아브라함 링컨은 그렇게 한평생을 살았고, 대통령이 되었을 때 취임식에서 그 낡은 성경책을 손에 들고 "어머니가 내게 준 이 성경책으로 인해서 오늘 내가 대통령이 됐다"라고 말했다고 합니다. 이 얼마나 훌륭한 신앙교육이었습니까? 여러분, 깊이 생각해야 합니다.

어느날 시카고에 있는 한 교회에 오는 아이들 중에 이상하게 다른 아이들보다 더 남루하고 침울하게 보이는 한 아이가 있었습니다. 불행하게도 아이의 아버지는 술주정꾼이었습니다. 술주정꾼 아버지에게 매를 많이 맞아서 피곤해진 아이가 교회 문으로 들어오지 못하고 그냥 문간에 서 있었습니다. 그 때에 파라라는 선생님이 나가서 그 아이를 영접합니다. 그 아이를 위로하고 교회로 데리고 들어왔습니다. 그리고 신앙을 가르치고 교회생활을 가르쳤습니다. 그 아이에게는 파라 선생님이 어머니요, 신앙의 지도자였습니다. 그를 그리스도인으로 인도하는 소중한, 아주 소중한 분이었습니다. 그 아이는 그 가르침으로 한평생을 살았습니다. 그 소년이 나중에 바로 드와이트 L. 무디라는 유명한 부흥사가 됩니다.

여러분, 어린이를 그리스도께로, 나에게로가 아니고 그 누구에게로도 아니고, 오직 그리스도께로 인도하는 인도자가 되어야 될 것입니다. 어린아이들이 나를 보고 그리스도께로 가고, 내 손을 잡고 그리스도께로 가고, 나와 함께 그리스도께로 가게 되는 그런 인도자가 되어야 할 것입니다. 어린아이에게서 우리는 천국을 봅니다. 천국을 느낍니다. 예수님께서 동네에 오셨을 때 예수님을 만나게 하기 위해서 어린아이들을 데리고 예수님께로 갔던 바로 그 어머니들같은 부모가 될 때 그 어린이는 축복의 자녀가 될 것입니다.   △

머리의 아름다운 관

다윗의 아들 이스라엘 왕 솔로몬의 잠언이라 이는
지혜와 훈계를 알게 하며 명철의 말씀을 깨닫게 하며
지혜롭게, 의롭게, 공평하게, 정직하게 행할 일에 대
하여 훈계를 받게 하며 어리석은 자로 슬기롭게 하며
젊은 자에게 지식과 근신함을 주기 위한 것이니 지혜
있는 자는 듣고 학식이 더할 것이요 명철한 자는 모
략을 얻을 것이라 잠언과 비유와 지혜 있는 자의 말
과 그 오묘한 말을 깨달으리라 여호와를 경외하는 것
이 지식의 근본이어늘 미련한 자는 지혜와 훈계를 멸
시하느니라 내 아들아 네 아비의 훈계를 들으며 네
어미의 법을 떠나지 말라 이는 네 머리의 아름다운
관이요 네 목의 금사슬이니라
(잠언 1 : 1 - 9)

머리의 아름다운 관

　오늘을 우리는 어버이주일이라고 부릅니다마는 얼마전까지만 도 어머니주일이라고 불렀습니다. 그런데 저는 지금도 어머니주일 이라는 이름이 더 좋습니다. 남자들이 질투가 많아서 아마 "우리는 왜 소외되느냐?"고 해서 명칭을 어버이주일로 바꾼 것같은데 역시 어머니주일이 마음에 더 다가옵니다. 성도 여러분, 오늘 저는 설교 를 시작하면서 저 자신의 개인적인 고백을 하려고 합니다. 용서하시 고 들어주시길 바랍니다. 제가 어렸을 때 할아버지께서 장로님이셨 는데 그 분은 사랑방에서 늘 성경을 읽으셨습니다. 그런데 그 분은 성경을 읽으실 때 옛날 타령이나 소리 조로 읽으셨습니다. 큰 소리 로 쩌렁쩌렁하게 소리 조로 읽어가는 그 성경말씀이 늘 제 마음에 있습니다. 할아버지께서는 찬송가를 잘 부르셨는데 그 이유는 할아 버지께서 옛날에 소위 한가락 하실 때 소리를 잘하셨기 때문이라고 합니다. 그 분은 찬송가를 잘 부르시면서도 가끔 이런 말씀을 하셨 습니다. "찬송가는 왜 이렇게 곡조가 많으냐? 하나면 충분하지…… 그냥 대충 부르면 되지……"라고 하셨습니다. 그 분은 곡조보다는 가사에 치중하는 말씀을 늘 하셨습니다.

　또한 저는 어머니의 사랑을 특별히 많이 받고 자랐습니다. 유명 한 성자 선다 싱이 말한대로 "나는 가장 좋은 신학교에서 공부했다" 라고 자부하고 있습니다. 그것은 어머니였습니다. 아침에 눈을 뜨면 서 저는 어머니의 기도소리를 들었습니다. 14살이 되자 어머니께서 "너도 같이 가자" 하시며 새벽기도회를 어머니의 손을 잡고 다니기 시작한 이후로 지금까지 한평생 계속되고 있습니다. 저녁에 잠들 때면 어머니는 꼭 옆에서 그 더운 여름에도 어둠 속에 불을 밝혀가면서 성경을 읽어주셨습니다. 제 어머니는 한 번도 제게 효도하라는 말씀 하신 적도 없고 공부하라고 말씀하신 일도 없었습니다. 지금도 있습니다마는 옛날에 성경통독회라는 게 있었습니다. 더구나 옛날에는 성경이 귀했기 때문에 가정에서 일주일 동안 성경을 읽은 분량을 주일이면 교회에다 적어냈습니다. 쪽지에다 써내면 그걸 매주 모아서 연말에 성경을 제일 많이 읽은 성도들에게 상을 주었습니다. 상품으로는 대게 숟가락, 젓가락, 밥그릇 등이었습니다. 저희 어머니는 해마다 일등을 했습니다. 상으로 받은 밥그릇을 씻어서는 맨처음에 밥을 담아 저희들에게 주시면서 자랑을 하시곤 하셨습니다. "이건 내가 성경통독회에서 1등으로 타온 상품이다." 그 말씀 외에 다른 아무런 설명이 없으셨습니다. 그것을 그렇게 즐거워하시던 어머니의 모습이 지금도 눈에 선합니다. 이따금씩 그 모습이 새록새록 생각이 납니다.

　어머니의 말씀은 딱 두 마디였습니다. 하나는 "목사가 되어야 한다는 걸 잊지 마라! 내가 십 년 기도하고 너를 낳았기 때문에 이건 하나님 앞에 서원한 것이다. 그러니 이것만은 꼭 지켜야 한다" 하는 말씀이었습니다. 둘째는 효도에 관한 말씀이었습니다. 그런데 어머니는 한번도 '효도하라'고 대놓고 말씀하신 적이 없습니다. 그러나 제 생각에, 아마 몇십 번을 들었는지 모르겠습니다만, 똑같은 얘기를 반복해서 하시곤 하였습니다. 어머니께서 그 반복해서 하실 때마다 "그건 벌써 몇번 하신 건데 오늘 또 하실 겁니까?"라고 말씀드릴 수가 없었습니다. 그러니 그저 열 번이든 백 번이든 이 옛날애기같

은 말씀을 늘 귀담아 들어야 했습니다. 이야기는 여러분도 한번쯤
들으셨을 법한 평범한 이야기입니다.

'어느 시골 어머니가 남편 없이 홀로 아들 하나를 키웠다. 갖은
고생을 하면서 공부를 시켰고, 서울로 유학을 보내 하숙집에 기거하
면서 공부를 했다. 그 어머니는 아들이 너무 보고 싶었지마는 글을
모르니 편지를 쓸 수도 없었고, 요즘처럼 전화를 할 수도 없고 해서,
하루는 무작정 아들집을 찾아나섰다. 하숙집을 찾으려고 하루종일
헤매다가 밤이 되자 그냥 노숙을 한 후 다음날 아침에야 간신히 아
들의 학교로 찾아갔다. 그래도 공부하는 아들에게 지장을 줄 수 없
다고 생각해서 하루종일 교문 앞에 앉아 있었다. 그렇게 오가는 학
생들을 지켜보다가 이윽고 아들이 여자친구와 같이 싱글벙글하며
나오는 것을 발견하고는 너무 반가워 그냥 달려가서 "철수야" 하고
불렀다. 어머니를 발견하고 깜짝 놀란 아들이 옆에 있던 여자친구가
"이 여자가 누구야?"라고 묻는 물음에 "우리 시골집에 있는 식모야"
라고 대답을 했다. 아들의 말을 들은 어머니는 아무 말 없이 시골로
돌아갔다.'

어머니의 얘기는 항상 거기까지였습니다. 그 이야기를 여러 번
하셨습니다. 왜 했는지 저는 모릅니다. 그러나 들어야 했습니다. 이
제 제 나이가 칠십이 넘으니 이제서야 알 것같습니다. 왜 어머니가
그 말씀을 그렇게 많이 하셨는지, 그것도 그토록 여러 번 같은 말씀
을 하셨는지를 이제는 알 것같습니다. 아들은 늠름하게 자라고 공부
를 많이 합니다. 점점 명예도 얻게 되고 지위도 얻게 되고 신분도 높
아질 것입니다. 어머니로서는 그걸 소원하고 있지만 동시에 이 시골
어머니는 점점 늙어갑니다. 초라해집니다. 부끄러운 모습이 됩니다.

그러자 어머니는 생각합니다. '그 언젠가 훌륭하게 자란 아들에게 업신여김을 받지 않을까? 초라한 내 모습을 부끄럽게 여기지 않을까?' 하셨던 것같습니다.

효도에서 가장 중요한 게 뭐겠습니까? 그것은 바로 어머니의 이름, 그 아름다운 이름을 높여드리는 거 아니겠습니까? 공자의 제자 자유라는 사람이 효에 대해서 물어보았습니다. "효란 부모를 잘 봉양하면 되는 것 아니겠습니까?" 그러자 공자는 간단하게 대답했습니다. "이놈아! 그건 짐승들도 하는 거다." 그렇습니다. 짐승 중에도 가령, 까마귀나 학이나 곰이나 혹은 코끼리같은 것들도 늙은 짐승이 배고파서 쓰러져 있으면 먹을것을 가져다가 입에다 넣어줍니다. 그러니 부모를 봉양하는 정도는 짐승들도 하는 것입니다. 사람으로서 효도는 그런 정도가 아니라는 말입니다.

잠언의 중심내용이 무엇입니까? 잠언 전체에서 말씀하는 중심은 딱 두 마디입니다. 하나는 하나님을 경외하라는 것입니다. 하나님을 경외하는 것이 지식이 근본이라는 말씀입니다. 두 번째는 부모를 공경하라는 것입니다. 그리하면 깨달음이 있으리라는 말씀입니다. 많은 것을 배우고 듣고 경험하지만 깨닫지 못한 자는 짐승만도 못하다고 성경은 말씀합니다. 깨달아야 됩니다. 그런데 이 깨달음이란 바로 부모를 공경하는 자에게 주어지는 은사라는 것입니다. 이것이 잠언의 교훈입니다. 부모님과 자식 사이의 관계는 아주 특별한 관계입니다. 먼저는 숙명적 관계입니다. 내가 선택한 것이 아니라 선택된 것입니다. 부모님이 낳아줘서 내가 존재하는 것입니다. 이 숙명적 관계가 동시에 선택적 관계로 발전합니다. 내가 어떻게 선택해나가느냐입니다. 그리고 한 번 더 나아가 이걸 하나님의 섭리 속에서 은총적 관계로 받아들이는 것이 하나님의 사람입니다.

여러분 1차적으로 볼 때에 부모는 제2의 창조자입니다. 우스운 얘기입니다만 며칠 전에 우리집 아이들과 같이 어버이날이라고 해서 저녁에 외식을 하는데 초등학교 4학년인 손녀 아이가 할아버지 할머니에게 카드를 하나 보내왔습니다. 그런데 그 축하카드에 뭐라고 쓰여 있는지 아십니까? '내가 제일 좋아하고 사랑하는 아버지를 낳아주셔서 감사합니다.' 그러니까 한편에서 "쟤가 뭘 알고 하는 소리야?"라고 묻습니다. 그러니까 아빠가 하는 말이 "걔 다 알아요" 그러더군요. 여러분, 우리는 생명을 부모로부터 물려받았습니다. "낳아주셔서 감사합니다" 이게 효의 근본입니다. 우리가 행복할 때, 우리는 자연히 부모님께 '낳아주신 것을 감사'해야 합니다. 효는 여기서부터 시작합니다. 이게 원초적인 것입니다. 효는 우리를 먹여주고 공부시켜주고 뭘 해주고 하는 그런 것에 관한 감사가 아닙니다. 그보다 먼저 '나로 하여금 세상에 있게 해주셔서 감사합니다' 하는 이것이 일차적이고 원초적인 효의 시작입니다. 부모와의 관계를 하나님이 주신 은총적 관계로 받아들이는 것입니다.

둘째로, 부모는 우리의 특별한 이웃입니다. 우리는 어렸을 때부터, 정신적으로나 육체적으로나 신앙에 있어서나 유산을 물려받습니다. 요즘엔 가정경영학이라는 개념이 중요해지고 있습니다. 「Family Management」라는 유명한 책도 출간되었습니다. 모든 게 다 가정 속에서 이루어지기 때문입니다. 우리 중에 누군가가 삼십이 넘어서 음악을 시작하겠다고 하면 되겠습니까? 혹은 그 나이에 피아노 공부를 시작한다면 되겠습니까? 우리가 잘 아는 대로 모짜르트를 비롯한 많은 음악가들은 이미 일곱 살 때부터 연주회까지 했습니다. 음악가의 가정에서 태어났기 때문에 음악가가 되는 거 아닙니까? 그런 면에서, 제 아이들 중에 큰아들이 목사가 되어 여기 있습니다만, 한때는 이 아들이 이걸 할까 저걸 할까, 저걸 할까 이걸 할까, 많이 고민을 했습니다. 그때 제가 이런 말을 했습니다. "네 맘대로 해라. 하지만 분명한 것이 '목사 하면 쉽고, 장사하면 망한다'." 왜 그런 말을 했는지 아십니까? 목회 외에는 달리 배운 게 없잖습니까? 그 외에는 달리 본 게 없잖아요? "목사 아버지를 통해 보고 들은 것이 목회밖에 없으니 그 길이 얼마나 쉬우냐? 그러니 쉬운 길을 택하라"고 얘기했던 경험이 있습니다. 자녀는 부모의 가정 분위기 속에서 자라는 것입니다. 그러니 부모와의 관계는 아주 특별한 관계입니다.

세 번째로, 가장 중요한 것은, 부모는 하나님의 대리자라고 하는 것입니다. 마르틴 루터는 이 문제를 가장 크고 강하게 말합니다. 부모와 선생과 목사, 이 세 사람은, 어떤 면에서, 하나님을 대신합니다. 하나님의 대리자로서 우리에게 교훈을 주고 훈계를 주고 징계를 주고 우리를 인도하고 있는 것입니다. 그것이 루터의 강조점입니다. 그건 사실입니다. 그래서 사도 바울은 이것을 '몽학선생'이라는 표현으로 쓰기도 했습니다. 그렇습니다. 부모는 하나님을 대신해서 우리를 인도하고 계시는 존재입니다.

네 번째로, 부모는 사랑의 원초적 의미를 우리에게 계시해주고 있습니다. 부부사랑에는 문제가 많습니다. 형제의 사랑에는 질투가 많습니다. 친구 간의 사랑에는 배신이 많습니다. 사랑, 수많은 유행가 가사의 주제가 사랑이지만, 사실 쓸만한 사랑이 없습니다. 인간의 사랑 중에서 그래도 마지막 남은 건 딱 하나, 부모의 사랑밖에 없습니다. 이 사랑은 내리사랑입니다. 이래도 사랑하고 저래도 사랑하는 불변의 사랑, 그러니 하나님의 사랑에 가장 가까이 가는 완전한 사랑은 이것 하나밖에 없습니다. 이 사랑에는 질투가 없습니다. 여기에는 배신이 없습니다. 여기에는 실망이 없습니다. 이게 바로 사랑의 계시입니다. 부모의 사랑은 실제로 우리에게 주시는 계시입니다.

「탈무드」에 유명한 말이 있습니다. 옛날 사람들의 지혜이니 잘 들어보십시다. 하나는, 아들은 아버지를 공경하지 아니하면 안된다고 합니다. 아들은 아버지를 공경하라는 것입니다. 그러나 이건 불쌍히 여기라는 말이 아닙니다. 순종하라는 말도 아닙니다. 공경입니다. 존경을 해야 합니다. 여기에 문제가 있고요 둘째는, 아버지의 의자에 아들이 앉으면 안된다고 합니다. 이게 옛날 어른들의 말씀입니다. 셋째는, 아버지가 말씀하실 때 대꾸하지 말라고 합니다. 아버지가 말씀하실 때 토를 달지 말라는 것입니다. 넷째는, 아버지가 다른 사람과 논쟁할 때 다른 사람 편을 들지 말라고 합니다. 이건 참 신중한 얘기입니다.

오늘본문은 말씀합니다. '아름다운 면류관이다.' 아버지와 어머니를, 부모를 아름다운 면류관으로 여기라, 자랑스럽게 생각하라는 말씀입니다. 부모를 자랑스럽고 명예롭게, 영광되게, 금사슬처럼 생각하라는 것입니다. 제가 인천에서 목회할 때에 있었던 일입니다. 십여 년 동안 목회하는 중에 북한에서 혼자 아들 하나를 데리고 나와서 고생고생해서 키우며 사시던 분이 있었습니다. 제가 그 집에 여러 번 심방을 갔었습니다. 그러다가 일이 좀 잘못되어서 그 어머니와 아들이 미국으로 이민을 갔습니다. 몇년 후에 제가 미국 갔을 때에 그 분을 만나게 되었습니다. 그 집을 방문했는데 어머니가 안 보였습니다. 솔직히 저는 아들보다는 그 어머니를 더 뵙고 싶었거든요. 그래서 어머니를 뵙겠다고 했더니 아들이 어머니를 뵐 생각은 마시라고 그러는 게 아닙니까? 그런데 옆방에 있던 어머니가 방문을 조금 열어놓고 있다가 그 얘기를 다 듣고 있었습니다. 그래서 제가 왜 그러시느냐고 물었습니다. 그리고는 제가 그 아들을 나무랐습니다. 지금 무슨 소리 하는 거냐고, 그리고 그 어머니의 방으로 들어갔습니다. 그 어머니는 혼자 하루종일 그 방에 앉아 계시는 것이었습니다. 제가 들어가자 제 손을 덥석 잡더니 하는 말이 "손님이 와도 날 여기다가 처박아놓고 손님을 만나지 못하게 해요" 하면서 제가 반갑다고 우시는 게 아닙니까?

여러분, 우리는 종종 늙어가는 부모님을 부끄럽게 생각하곤 합니다. 그런데 그렇게 어머니가 부끄럽습니까? 그 초췌한 얼굴이 그렇게 부끄럽습니까? 점점 늙어가는 모습이 그렇게 부끄럽습니까? 우리의 그런 마음가짐에 문제가 있는 것입니다. 여러분, 부모님을 우리의 아름다운 면류관으로 생각해야 합니다. 옛날 어른들은 이렇게 가르쳤습니다. '아버지가 돌아가신 후에 삼 년 안에는 외양간을 수리하지 않는 것이 효자다.' 왜 그랬을 것같습니까? 저는 그 뜻을 이제야 좀 알 것같습니다. 아버지가 돌아가신 후에, 우리는 보통, 모든 걸 좀 새로 수리해서 새롭게 출발을 해야 되지 않느냐고 생각합니다. 그러나 아닙니다. 그렇게 하는 것은 은연중에 그동안 아버지가 잘못했다는 뜻이 됩니다. 아버지의 업적을 무시하고 아버지를 비판하는 것입니다. 그래서 아버지가 하던 일을 웬만하면 그대로 보존하면서 삼 년을 지나가야 된다는 것입니다. 이것은 명예의 문제입니다. 이건 사업의 문제나 기술의 문제가 아니라 존엄의 문제요, 명예의 문제입니다. 옛날 어른들은 우리에게 효가 무엇인지를 이렇게 비유로 가르쳐주고 있는 것입니다.

　우리가 잘 아는 미국의 강철 왕 카네기가 있습니다. 그의 가정은 스코틀랜드에서 너무 가난하게 살다가 나중에 부득불 미국으로 이민을 합니다. 하지만 낯선 미국땅에서 별로 잘살 수가 없었습니다. 아버지는 행상으로 하루 나가면 몇달씩 있다 돌아올 정도로 집을 비웠고, 어머니는 16시간 동안 노동을 했습니다. 카네기도 낮에는 공장에서 일하고 밤에는 청소부로 일을 했고, 옷도 한 벌밖에 없었습니다. 카네기의 어머니는 밤중에 주무시지도 못하고 카네기의 옷을 빨아서 밤새도록 불을 피워 말려서 아침에 그가 입고 출근할 수 있도록 했습니다. 카네기가 아무리 그러지 마시라고 해도 어머니는 "아니다, 아니다, 네가 많은 사람 앞에 나서는데 그러면 안된다" 고 하셨습니다. 하나밖에 없는 옷을 빨고 말려서 입혀주는 어머니를 보면서 카네기는 속으로 맹세했습니다. '내가 좋은 옷을 어머니에게 사서 입혀드릴 때 까지는 절대로 장가가지 않을 것이다.' 그는 열심히 일을 해서 돈을 벌었습니다. 그는 그렇게 삼십 년을 일했고, 결국 52세에 결혼을 했습니다. 그로서는 어머니에 대한 효도가 먼저였기 때문에 52세에 결혼을 한 것입니다. 그는 60세에 첫아들을 낳았다고 합니다. 서양사람들 중에도 이런 효자가 있습니다. 강철 왕 카네기의 살아 있는 역사입니다.

　제가 소망교회 시무할 때에도 의과대학에 다니는 두 청춘남녀가 연예를 했습니다. 그리고는 홀어머니에게 결혼허락을 받으려고 했습니다. 하지만 어머니는 반대했습니다. 그 이유는 여자의 집이 가난했기 때문입니다. 한마디로, 내가 이 아들 하나 의사 만들어서 호강 좀 해보려고 했는데 부잣집 딸 아니면 안된다는 것입니다. 그래서 그들이 3년을 기다렸습니다. 그런 다음에 저희들끼리 약혼을 했습니다. 그러더니 저에게 와서 물어보는 것입니다. 어쩌면 좋겠느냐고요. 그래서 제가 한마디로 그랬습니다. "기다려!" 그런데 참 대단한 사람들입니다. 그 후로 또 3년을 기다렸습니다. 그렇게 6년을 기다린 후에 결국은 결혼을 했습니다.

　여러분, 조금 기다려서 될 수만 있다면 그냥 기다리면 되는 것 아닙니까? 대체 무엇이 먼저입니까? 무엇이 우선입니까? 누구의 마음을 아프게 하자는 것입니까? 깊이 생각해야 됩니다. 오늘 성경은 우리에게 가르쳐 줍니다. '부모님은 우리 머리의 아름다운 면류관이요, 목의 금사슬같은 것이다.' 여러분, 마음 깊은 곳에서부터 감사할 뿐더러 부모님을 큰 자랑으로 삼는 것, 그것이 진정한 효입니다. 부모님의 이름을 높이고 그 명예를 깊이 감사할 줄 아는 그런 새로운 효의 역사가 있어야 합니다. 성경은 말씀합니다. '이것이 약속 있는 첫 계명이다. 부모에게 효를 하면 형통하고 장수할 것이다.' 그렇습니다. 효자가 효자를 낳습니다. 효가 우선될 때 하나님의 모든 축복이 그 가정에 임하는 것입니다. 　△

사형선고를 받은 사람

형제들아 우리가 아시아에서 당한 환난을 너희가
알지 못하기를 원치 아니하노니 힘에 지나도록 심한
고생을 받아 살 소망까지 끊어지고 우리 마음에 사형
선고를 받은 줄 알았으니 이는 우리로 자기를 의뢰하
지 말고 오직 죽은 자를 다시 살리시는 하나님만 의
뢰하게 하심이라 그가 이같이 큰 사망에서 우리를 건
지셨고 또 건지시리라 또한 이후에라도 건지시기를
그를 의지하여 바라노라 너희도 우리를 위하여 간구
함으로 도우라 이는 우리가 많은 사람의 기도로 얻은
은사를 인하여 많은 사람도 우리를 위하여 감사하게
하려 함이라

(고린도후서 1 : 8 - 11)

사형선고를 받은 사람

　성도 여러분, 잘 아시는대로 제가 예수소망교회에서 늘 이렇게 아침 7시 30분 예배에 설교를 합니다. 주일이면 집에서 6시 15분에 떠납니다. 강남을 출발해서 분당으로 오는데 제가 늘 지금 대학 3학년에 다니는 손녀아이를 옆에 태우고 옵니다. 차를 타고 오면서 한 주간 동안 있었던 이런저런 얘기를 재미있게 나누며 옵니다. 그러던 지난 주일, 아주 특별한 대화를 나누었습니다. 지금 다니는 대학 강의실에서 교수이면서 목사님인 장 목사님께서 학생들에게 특별한 질문을 했습니다. "너희들 생각에 하나님을 믿고 사는 사람으로서 실제적으로 얻는 유익이 뭐냐? 예수믿어서 얻는 유익이 뭐냐?" 참 어려운 질문입니다. 그러나 동시에 귀중한 질문입니다. 학생들이 10분 동안 아무런 대답을 못했답니다. 그렇게 10여 분이 조용하게 흘렀습니다. 그러자 제 손녀아이가 "교수님" 하며 대답을 했답니다. "제 경험으로는 이렇습니다. 이 세상 살면서 이래저래 눈치를 많이 봐야 되거든요. 부모님 눈치, 친구 눈치, 교수님들 눈치 등등 남의 시선을 느끼고 신경쓰면서 살아가는 것 되게 불편하거든요. 근데 예수를 믿으면 참 좋은 게 있어요. 하나님 눈치 하나만 보면 되니까요. 하나님 외의 나머지는 눈치 안보며 사니까 자유로워서 좋습니다." 그랬더랍니다. 그러자 교수님께서 "그건 내가 하려던 대답인데 네가 하면 어떡하나?" 하더랍니다.

　내 생각에도 참 멋진 대답이었다고 생각합니다. 손녀가 제게 물어보더군요. "할아버지는 어떻게 생각하세요?" "나도 너와 같은 생각이다. 그래서 나는 자유인으로 산다. 그러니 사람 눈치 볼 것 없다. 하나님 눈치 하나면 그만이지. 그런데 문제가 있다. 하나님 눈치를 보는 것, 즉 하나님께서 나를 보신다고 하는 것이 사랑으로 느껴지느냐 두려움으로 느껴지느냐, 바로 이것이 문제다. 하나님께서 나를 보시고 나와 함께 계시다는 것이 사랑스럽고, 자비스럽고, 어머니의 품처럼 행복하게 느껴지면 참 좋은 건데, 하나님만 생각하면 두렵고 떨리고, 당장 뭐가 무너지는 것같은 인생을 산다면 그런 하나님 눈치를 보면서 사는 것은 참 어렵고 큰 문제다." 그런 얘기를 나누었습니다.

증권세계에서 세계적인 대부라고 불리는 사람이 있습니다. 적어도 증권을 해본 사람이라면 이 사람에 대해서 한 번씩은 생각해본다고 합니다. 제시 리버모어(Jesse Livermore)라는 사람입니다. 이 사람은 15살 때부터 증권을 했는데 공부는 많이 못했습니다. 그러나 증권에 있어서는 좌우간 5달러에서 시작을 해가지고 무려 2조 원이라는 엄청난 돈을 번 사람입니다. 그래서 많은 사람이 이 사람으로부터 증권을 배우려고 합니다. 물론 책도 썼고 연구도 많이 했습니다. 이 사람에 대해서 쓴 책 또한 많습니다.

이 사람이 말하는 주식투자의 가장 중요한 요령은 이렇습니다. 여기 투자하면 틀림없이 돈을 버는 좋은 펀드가 있다고 합시다. 하지만 그럴 때도, 이건 틀림없다고 하는 기회인데도, 이 사람은 자기 돈의 30%이상을 투자하지 않는답니다. 자기 자본의 30%만 투자를 하지 절대로 올인하지 않는다는 것입니다. 이게 중요한 포인트입니다. 대부분의 사람들은 대체로 이건 틀림없다고 하면 올인을 합니다. 심지어 빚까지 내서 투자를 합니다. 집까지 저당을 잡혀서 투자를 하니까 그만 거기서 꽝하고 한 번에 무너지는 것입니다. 그런데 리버모어는 절대 그렇게 하지 않는 원칙을 지킵니다. 두드려가는 것입니다. 자기 돈의 30%만 딱 하고 기다렸다가 시세가 더 좋아지면 30%, 그 후에 또 30%, 이렇게 해서 전체를 자기가 목표했던 만큼 증권을 산다고 합니다. 그러다가 시세가 올라가면 많이도 아니고 30% 정도만 되면 지체없이 판다고 합니다. '앞으로 더 올라갈 테니 조금만 더 기다려서 떼돈을 벌자'— 뭐 그런 생각 안한답니다. 리버모어는 30%면 충분한 수익으로 보는 것입니다. 그런가하면 증권이 내려갈 때는 자기가 샀을 때보다 30% 이하로 내려가면 30% 내려갔을 때도 역시 팔아버린답니다. 미련 없이. '조금만 있으면 올라가겠지, 그러니 조금 더 기다려 손해를 줄여보자'는 생각을 안합니다. 30%, 이것이 그의 투자원칙이고 철학입니다. 벌어도 30%, 손해도 30%, 그 이상도 이하도 생각하지 않습니다.

　이 이야기를 한마디로 정리하면 '욕심과 미련에 대한 자기 컨트롤'입니다. 한 번에 왕창 벌겠다고 욕심을 부리지 않습니다. 30%면 충분합니다. 그렇게 자기 욕심을 제한할 줄 아는 사람입니다. 그런가하면 돈을 잃어버렸을 때도 미련을 갖지 않습니다. 30% 정도 잃은 것으로 정리하고 더이상 미련을 갖지 않습니다. 이렇게 해서 그는 증권계의 대부가 되었습니다. 하지만 그의 인생은 그렇게 좋지 못했습니다. 결국 자살을 했습니다. 대개 돈 가지고 살면서 자기 컨트롤을 못하는 사람들은 끝이 좋질 않습니다. 어쨌든 증권계에서는 제시 리버모어가 자신의 유명한 족적을 남기고 있습니다. 문제는 욕심과 미련입니다. 그것에 대한 셀프컨트롤(자기 절제, Self-Control), 여기에 성공이 달렸습니다. 그는 아주 중요한 인생철학을 우리에게 말해주고 있습니다.

오늘본문에 보면 '우리 마음에 사형선고를 받은 줄 알았다'는 말씀이 있습니다. 언제 읽어보아도 뜨끔한 얘기입니다. 사형선고. 이게 무슨 말입니까? 이건 사람의 사형선고가 아닙니다. 하나님의 사형선고입니다. 이 말씀은, 다시 말하면, 하나님께서 말씀하시기를 '그만 해라. 거기까지다. 네 생애는 여기까지다. 네 재산은 여기까지다. 네 지혜도 여기까지다' 하시는 하나님께서 정해주신 한계(Limitation)를 말하는 것입니다. 사람에겐 역시 하나님께서 정해주신 한계가 있습니다. 그러니 주책없이 욕심부릴 것 아닙니다. 그렇지 않습니까? 돈도 그저 그만큼, 살 사람은 그저 그만큼 살다 가는 게 좋은 것인데, 격에 맞지 않게 욕심부리다가는 큰 문제를 겪습니다. 사람에게 지위라는 것도 그렇습니다. 제가 보기에 그 사람은 요만한 일만 했으면 좋겠는데, 앞뒤 안가리고 뛰어들어 뭐든지 다 할 것처럼 하다가 끝내 망가지는 걸 많이 봅니다.

가끔 국회의원 선거할 때 보면 그런 생각 많이 듭니다. 제가 뭘 알겠습까마는, 누구누구는 그만뒀으면 좋겠다 싶은데, 제발 이제 좀 그만했으면 좋겠는데, 정작 본인은 죽기 살기로 달려듭니다. 심지어는 나한테까지 와서 괴롭힙니다. 선거운동 해달라고, 기도해달라고 합니다. (참 그런 기도는 뭐라고 해야 되는지 모르겠습니다만……) 그럴 때면 저는 생각합니다. '이렇게 자기를 모를까?' 그래서 한번은 정치하는 분들에게 물어봤더니, "그건 마약보다 더 무서워서 죽어야 끝나지 끝나는 법이 없다"고 말합니다. 정치를 안하시는 여러분은 잘 모르실 겁니다만, 그 세계는 그렇더라고요.

돈도 그렇습니다. 돈이라는 게 그저 조금 쓸 만큼이면 되는 것 아닙니까? 성경에 있는 말씀대로, '먹을 것과 입을 것이 있은즉 족한 줄로 알지니라.' 그런데도 욕심을 주체하지 못하고 살다가 마지막에 병들어 죽습니다. 세상에 이렇게 미련한 것이 있습니까? 제가 그런 장례식을 집례하면서 참 생각이 복잡했습니다. 아직 죽을 사람이 아닌데 욕심부리다 죽었거든요. 그럴 때 뭐라고 할 수도 없고…… 그냥 간단히 기도합니다. '하나님 잘하셨습니다.' 여러분, 사람은 왜 그럴까요? 왜 이렇게 한계를 모르고 살까요?

그래서 오늘 성경은 강한 표현을 씁니다. '사형선고'라는 단어를 씁니다. 하나님께서 사형선고를 내리시는 것입니다. 문제는 여기에 있습니다. 사형선고와 사형집행에 간격이 있습니다. 사형선고를 받고 사형집행을 앞두고 있는 그 사이에 문제가 있는 것입니다. 바울은 자기가 사형선고를 받은 줄로 알았습니다. 그것을 안다는 게 중요합니다. '아, 하나님께서 여기까지 정하셨구나.' 사도 바울은 감옥에 많이 갇혔고, 매도 많이 맞았고, 여러 번 죽을 뻔한 고비도 넘긴 사람 아닙니까? 그러나 그럴 때마다 그는 생각합니다. '아, 하나님께서 이번에는 끝내시는가 보구나! 이 감옥에서 죽는가보다! 하나님께서 이 감옥에서 끝내라고 말씀하시는가보다!' 바로 이런 얘기입니다.

바울은 한계가 분명히 있다는 것을 알았습니다. 이것을 알았다는 게 중요합니다. 이제 집행될 날을 기다립니다. 바로 이것이 우리가 살아야 할 신앙인의 생활이요, 신앙인의 남은 시간입니다. 저는 신약성경에서 누가복음 15장에 있는 탕자의 비유를 볼 때마다 그런 생각을 합니다. 아주 중요한 것 아닙니까? 둘째아들이 집을 나갔습니다. 허랑방탕하고 마지막에 돌아왔습니다. 성경에는 몇년만에 돌아왔는지 모르지만 긴긴 얘기가 있을 터인데 아주 간단하게 언급하고 있습니다. 허랑방탕하다가 죽을 지경이 돼서 돌아왔다, 끝! 하고 말았습니다. 그런데 이게 몇줄로 될 얘기가 아니지 않습니까? 그 사람이 왜 집을 나갔는지, 나가서 무슨 일을 했는지, 그러면서 얼마나 후회도 하고 얼마나 결심도 했는지…… 사연이 많을 것 아닙니까? 아마 둘째아들이 자기 딴에는 좀 돈을 왕창 벌어가지고 성공해가지고 금의환향을 하려고 했을 것입니다. 금의환향해서 아버지 앞에 와서 큰소리 뻥뻥 치려고 했을 것입니다. 그러나 세상일이 그렇게 뜻대로 됩니까? 결국 자기 뜻대로 안된 것입니다.

혹시 그가 하려고 했던 일에 실패를 했다고 합시다. 그렇더라도 한두 번 실패했을 때 '이젠 다 끝났다'하고 돌아왔으면 얼마나 좋았겠습니까? 그저 재산이나 없애고 돌아왔으면 좋지 않았겠습니까? 그런데 왜 그렇게 거의 죽을 지경이 되어서야 돌아오려고 했을까요? 왜 그때에야 비로소 아버지를 생각했을까요? 저는 그것이 못마땅합니다. 그런데 사람이란 원래 그렇습니다. 사람은 자기가 영락없이 사형선고 받은 줄 아는 그때부터 진정한 인간이 됩니다. 그 전에는 아닙니다. 아직 조금이라도 돈이 있으면 돈에 의지하고, 명예가 있으면 명예를 의지하고, 아직 건강이 있으면 건강을 의지하고, 재능이 있으면 재능을 의지하고 조금 더 버티며 삽니다.

그래서 사람들은 간사하고 악한 것입니다. 엎치락뒤치락하면서도 아직도 남은 미련 때문에, 미련을 끊어버리지 못해서 확 털어버리고 아버지 앞에 돌아오지 못한 인간의 모습. 바로 그 비하인드 스토리가 저는 두고두고 생각이 납니다. 사형선고와 사형집행 사이에 있는 현재라는 이 시점에서 하나님께서는 무엇을 말씀하고 계십니까? 사도 바울은 뭘 생각했습니까? 대체 하나님께서 원하시는 것은 왜 사형선고였을까요? 그것은 철저한 자기부정을 원하시는 것입니다. 철저한 회개입니다. 남에게 책임전가 하지 않고 핑계도 하지 않고 체면도 생각하지 않는 깨끗한 회개 말입니다. 하지만 이것저것 생각하면 못돌아옵니다. 오직 완전한 회개에서만 가능합니다.

　여러분, 보면 대개 회개가 철저하지 못할 때가 많습니다. 물론 잘못했다고 하기는 합니다. 하지만 그러면서도 이런저런 핑계나 변명이 많습니다. 나도 잘못했지만 그러나 너도 뭐…… 혹은 세상이 어떻고…… 이런 식으로 말합니다. 그건 잘못된 것입니다. 회개할 거라면 아무 말도 하지 마십시오. 아무 핑계도 대지 마십시오. 다만 "내가 잘못했습니다"─ 이 말 외에는 토를 달지 마십시오. 철저한 회개, 철저한 진실, 변명 없는 진실만을 말해야 합니다. 하나님 앞에서 말입니다. 뭐 남이 어떻고 세상이 어떻고, 뭐 세대가 어떻고 그런 생각하지 말아야 합니다. 중요한 것은 내가 하나님 앞에 얼마나 정직했느냐입니다. 하나님과 나와의 관계입니다.

　왜 사형선고입니까? 사형선고는 세상 끝내고 하나님 앞에 가는 거 아닙니까? 이것은 하나님 앞에 가기 직전 바로 하나님 앞에 선 그 모습, 종말론적 관계 이것을 원하시는 것을 뜻합니다. 철저한 진실이 필요합니다. 그래서 성경은 말씀합니다. 자기를 의지하는 마음, 자기우상, 이걸 버려야 한다고 말입니다. 명예와 업적과 공적과 위신과 체면…… 이 모든 걸 깨끗이 버리면 참 좋으련만, 사람은 그걸 못하는 존재입니다. 생각해보면 그 모든것이 별 것도 아닌데 말입니다. 안동 지방에 보니 지금도 앉아가지고 양반입네 뭐네 하더군요. 사실 양반 물간 지가 언제입니까? 그런데 지금도 그 타령을 하고 앉아 있으니 말입니다. 그러면서 고가에 살면서 큰소리치는 걸 보면 '주여, 이거 어떡하면 좋겠습니까?' 하는 생각이 절로 듭니다. 대체 언제까지 이 모양으로 살아야 하는 것입니까? 그걸 왜 툭툭 털어버리지 못하는 것입니까?

여러분, 사람이 자기를 의지하는 마음을 하나님께서 다 깨뜨려 버리시는데 바로 그 표현을 성경은 '사형선고'라고 말씀합니다. 그런데 사형선고받은 사람이 재산이 무슨 소용 있습니까? 명예가 무슨 소용 있고 건강한들 뭘 하겠습니까? 이제 죽을 판인데요. 아무것도 소용없는 것입니다. 그걸 인정하라는 것입니다. 그것이 바로 사형선고입니다. '하나님께서 이번에 나를 부르시는가보다. 바로 오늘밤 나를 부르시는가보다. 아, 이번 사건에서 끝을 내시는가보다.' 하나님께서는 우리가 하나님 앞에서 이렇게 정직하기를 원하십니다. 사형선고받은 나에게 아무것도 소용이 없음을 알 때 비로소 하나님만 의지하게 되는 것입니다. 하나님만, 그의 구속하심과 그의 은혜와 그의 능력과 그의 지혜와 그의 사랑…… 오직 하나님만 의지하는 마음으로 바뀌어 가는 것입니다. 깨끗하게, 마치 요단강을 건너가는 한 영혼처럼 손을 들고 하나님 주 앞에 가는 것입니다. '하나님 나를 맞아주세요' 하는 마음으로 남은 시간을 살아가야 하는데, 자기를 의뢰하는 마음, 세상적인 미련, 부질없는 욕망, 하잘것없는 명예, 사람들이 주는 평판, 이런 것들 모두 좀 지워버리면 안되겠습니까? 이 모든것 깨끗하게 지워버리고 다시 출발해야 할 것입니다.

그래서 갈라디아서 5장 24절에 말씀합니다. "그리스도 예수의 사람들은 육체와 함께 그 정과 욕심을 십자가에 못박았느니라." '십자가에 못박았느니라'- 이게 얼마나 중요합니까? 제가 아는 사람

하나 있습니다. 장로님인데 그 아들이 제게 고자질한 내용입니다. 그분은 북한에서 아주 부자였답니다. 6·25전쟁에 피란내려올 때 그 많은 땅문서를 가지고 내려왔답니다. 문제는 지금도 그 북한 땅문서를 붙들고 있는 것입니다. 그분에게는 '통일'하면 이것만 떠오르는 것입니다. 우리가 생각하는 통일하고는 다릅니다. 지금도 그는 이 땅문서를 가지고 북한에 가서 그 땅을 차지하겠노라고 일주일에 한 번씩 그걸 뒤져보면서 남북통일을 위해 기도한답니다. 그 아들이 저에게 하소연을 합니다. "목사님, 저 땅문서들 어떻게 불살라버릴 수 없을까요?" 그래서 제가 말했습니다. "그냥 둬라. 무덤까지 가져가도록……" 여러분 이게 되겠습니까? 이제 그만 잊어버리면 안되겠습니까?

사형선고를 받은 줄로 아는 사람에겐 이런 것이 필요 없습니다. 그래서 그 순간, 사형선고 받은 줄로 아는 순간에 가서야 사람은 진정 달라질 수가 있는 것입니다. 여러분, 아직도 버리지 못한 것이 있습니까? 우리 하나님 앞에서 좀더 솔직해야겠습니다. 아직도 믿을 만하지 못한 것을 믿고 있습니다. 여전히 무언가에 미련을 갖고 있습니다. 그러나 그만해야 합니다. 나로서 끝이 나는 바로 그 순간 그리스도와 함께 시작하는 것입니다. 여러분, 죽어서 죽는 사람하고 벌써 자기는 죽고 다시 사는 사람하고는 다릅니다. 예수 믿는 사람은 지금 죽는다는 얘기도 아니고 내일 죽는다는 말도 아닙니다. 우리는 벌써 죽었습니다. 옛날에 죽었습니다. 그것이 그리스도인입니다.

아우구스티누스가 방탕하게 살다가 결국에 로마에 가서 회개하고 성자가 되어 돌아왔습니다. 옛날에 살던 고향을 지나가는데 예전에 알던 사람들이 만나서 반갑다고 하고 특별히 예전에 알던 기생들, 술집아가씨들이 아주 반가워하며 아는 체합니다. 그러나 그는 그냥 지나갑니다. 그녀들이 자꾸 따라오면서 말을 걸어도 그는 그냥 지나가면서 속으로 빙그레 웃으며 중얼거렸답니다. '당신들 사람 잘못보았소. 그 옛날의 아우구스티누스는 벌써 죽었습니다. 벌써 죽었어요. 그리스도와 함께 십자가에 못박혀 죽었어요.'

바로 이것입니다. 여러분, 고민이 있습니까? 근심이 있습니까? 두려움이 있습니까? 사형선고 받았다고 생각해보십시오. 그러면 무엇이 문제가 됩니까? 문제될 것이 아무것도 없습니다. 좀더 솔직해집시다. 좀더 정직해집시다. 그리고 새롭게 고백을 합시다. 사형선고받은 우리는 이제 사형집행일을 기다리고 있습니다. 이런 자세로 남은 생을 다시 출발해봅시다. 좀더 환한, 전혀 다른 세상을 살아가게 될 것입니다. △

에덴의 동쪽에 들려진 복음

아담이 그 아내 하와와 동침하매 하와가 잉태하여 가인을 낳고 이르되 내가 여호와로 말미암아 득남하였다 하니라 그가 또 가인의 아우 아벨을 낳았는데 아벨은 양 치는 자이었고 가인은 농사하는 자이었더라 세월이 지난 후에 가인은 땅의 소산으로 제물을 삼아 여호와께 드렸고 아벨은 자기도 양의 첫 새끼와 그 기름으로 드렸더니 여호와께서 아벨과 그 제물은 열납하셨으나 가인과 그 제물은 열납하지 아니하신지라 가인이 심히 분하여 안색이 변하니 여호와께서 가인에게 이르시되 네가 분하여 함은 어찜이며 안색이 변함은 어찜이뇨 네가 선을 행하면 어찌 낯을 들지 못하겠느냐 선을 행치 아니하면 죄가 문에 엎드리느니라 죄의 소원은 네게 있으나 너는 죄를 다스릴지니라 가인이 그 아우 아벨에게 고하니라 그후 그들이 들에 있을 때에 가인이 그 아우 아벨을 쳐 죽이니라 여호와께서 가인에게 이르시되 네 아우 아벨이 어디 있느냐 그가 가로되 내가 알지 못하나이다 내가 내 아우를 지키는 자니이까 가라사대 네가 무엇을 하였느냐 네 아우의 핏소리가 땅에서부터 내게 호소하느니라 땅이 그 입을 벌려 네 손에서부터 네 아우의 피를 받았은즉 네가 땅에서 저주를 받으리니 네가 밭 갈아도 땅이 다시는 그 효력을 네게 주지 아니할 것이요 너는 땅에서 피하며 유리하는 자가 되리라

(창세기 4 : 1 - 12)

에덴의 동쪽에 들려진 복음

성경에 의하면 예수님과 제자들의 만남, 그 만남의 관계가 아름답게 시작되고 또 이어지는 것을 봅니다. 그 만남 중에서 아마 최고로 귀한 만남이 있다면 성만찬예식일 것입니다. 그래서 많은 가정마다 예수님의 성만찬 그림을 걸어놓기도 합니다. 볼 때마다 '주님을 모신 아름다운 만남의 관계다!'라는 생각을 합니다만, 사실 주님과 제자들의 만남에서 진정 극치적인 것은 그보다는 부활하신 다음에 만난 만남이 아닌가 합니다. 예수님께서 부활하신 다음에 갈릴리에 가서 제자들을 만납니다. 예수님께서 아침 식사를 대접합니다. 제자들이 예수님을 대접한 게 아니라 예수님께서 아침식사를 준비해서 열한 제자에게 대접을 합니다. 그리고 그 아름다운, 부활하신 예수님을 모신, 그 기가막힌 신비롭고 신령하고 영광되고 행복한, 그런 만남의 관계가 이루어집니다.

그 자리에서 예수님께서 베드로에게 물어보십니다. "네가 나를 사랑하느냐?" 베드로는 "예. 제가 주를 사랑하는 줄 주께서 아십니다"라고 대답합니다. 이렇게 세 번을 물으신 다음에 예수님께서 말씀하십니다. '네가 앞으로 나를 위해서 수고 많이 해야겠고, 순교를 통해서 하나님의 영광을 드러내게 될 것이다." 이 말씀을 예언적으로 하십니다. 이 말씀을 들은 베드로의 마음은 가볍질 않았습니다. 아마 순교한다는 데 대해서 그런 것같지는 않습니다. 그의 마음이 심리학적으로 묘하게 작용을 합니다. 그래서 베드로는 바로 옆에 있는 '주의 사랑하는 자'라고 하는, 아마도 요한일 것인데, 요한을 지칭하면서 묻습니다. '예수님, 이 사람은 어떻게 될까요?' 베드로가 이런 질문을 한 것은 나름대로 그럴만합니다. 베드로는 예수님을 세 번이나 모른다고 했고 십자가 밑에까지 따라가지는 못했습니다. 그러나 요한은 예수님께서 재판을 받으셨던 법정에도 있었고 십자가 밑에까지 예수님을 따라갔습니다. 이런 묘한 관계가 있어서 '이 사람은 어떻게 될까요?' 하고 여쭈어본 것입니다. 그런데 이에 대해 예수님께서 대답하시는데 그 대답이 너무 극단적입니다. 제가 생각하건대 좀 지나친 것같이 들립니다. '내가 다시 올 때까지 머무르게 할지라도 너와 무슨 상관이냐?' 이거 엄청난 과장법입니다. '내가 다시 올 때까지 머무르게 할지라도 너와 무슨 상관이냐? 너는 나를 좇으라.' 이렇게 말씀하십니다. 다시말하면 다른 사람에 대해서는 신경 끄라 이겁니다. '쓸데없는 생각 하지 마라. 네가 나를 사랑하느냐? 그러면 내 양을 먹이라. 끝! 그 이상은 생각하지 마라." 이렇게 말씀하고 계십니다.

여러분, 도대체 신앙이라는 것이 뭡니까? 헨리 나우언은 그의 「긍휼」이라고 하는 베스트셀러 책에서 이렇게 말합니다. '인간의 삶의 주된 동기는 경쟁심에서 시작한다.' 경쟁심, 바로 그것이 불행의 원인이라고 말합니다. 그렇습니다. 여러분, 행복도 불행도 경쟁심입니다. 행복이라는 것도 남보다 내가 조금 나은 것같아서 행복한 것입니다. 남의 옷보다 내 옷이 더 예쁜 것같아서 행복을 느낍니다. 네 얼굴보다 내 얼굴이 조금 더 잘생긴 것같아서 행복합니다. 이렇게 우리는 경쟁심 속에서 행복을 누립니다. 그러나 이런 행복은 사실은 불행의 씨앗입니다. 그건 오래가질 못합니다. 하지만 괴로움이나 불행도 마찬가지로 남과 나와 비교하는 것에서 옵니다. 저 사람이 잘

사는 것같아서, 내 친구가 잘되는 것같아서, 그래서 불행한 것입니다. 모두 이 비교의식 때문에, 다른 사람과 비교하면서 행복하기도 하고 또 불행하기도 합니다. 도대체 이런 모티브 자체가 인간의 불행의 원인이라고 말합니다.

그러면 믿음이란 뭐겠습니까? 그것은 다른 사람과 비교하는 데서부터 자유한 것입니다. 비교로부터 벗어나 하나님과 나, 오직 이 관계로만 몰고 가는 것입니다. 그것이 진정한 행복입니다. 죄인이라고 해도 하나님 앞에 죄인이요, 의인이라고 해도 하나님 앞에 의인입니다. 복을 받아도 하나님과 나와의 관계일 뿐입니다. 여러분, 우리는 이 두 가지 관계 속에서 살아갑니다. 우리는 어차피 많은 사람 속에 삽니다. 그래서 자연스럽게, 어쩔수없이 서로 비교하면서 살고, 비교되면서 살게 됩니다. 그러나 신앙이라는 것은 다른 사람과 비교하는 것을 될수있는대로 축소하고, 극소화하고, 쉽게 말해서 '신경 끄고', 하나님과의 관계를 극대화하는 것입니다. 하나님과의 관계가 더없이 중요합니다. 그 관계 속에서 죄인이 되기도 하고, 의인이 되기도 하고, 불행하기도 하고, 행복하기도 합니다. 눈물을 흘려도 하나님과 나와의 관계에서, 찬송을 해도 하나님과의 관계에서 합니다. 이렇게 살아가는 것이 그리스도인의 모습입니다. 한평생 우리는 수평적인 관계를 떠나서 수직적 관계로, 사람과의 비교적인 관계 즉 이런저런 시시한 문제와 경쟁심을 털어버리고 하나님과의 관계로 끌고 나가고 그렇게 유도되고 그렇게 승화시켜나가는 것이 신앙이다 하는 말입니다.

여러분, 하나님 그리고 나, 십자가와 나 자신, 여기에 믿음의 진실이 있음을 다시한번 생각해야 합니다. 에덴동산에서 추방당한 사람들이 있습니다. 창세기에 보면 아담과 하와는 에덴동산에서 쫓겨 납니다. 낙원에서 쫓겨나서 에덴의 동쪽에 머무르게 됩니다. 그런데 하나님께서는 그들을 버리지 않으시고 에덴동산에서 쫓겨난 사람에 게까지 다시 은총을 베푸십니다. 제2의 은총을 베푸십니다. 그리고 하나님의 음성이 들려오고 있습니다.

첫 번째는 침묵의 복음입니다. 가인이 하나님 앞에 제사를 드렸 습니다. 그러나 하나님께서 응답치 않으셨습니다. 가인의 제물을 받 아주지 않으셨습니다. 여러분, 가장 중요한 것은 듣는 기능입니다. 들어야 합니다. 듣는다는 것처럼 큰 복이 없습니다. 잘 듣고 깊이 듣 고 또 신령하게 들어야 합니다. 그런데 들리는 말도 들어야 하고 잘 새겨서 알아들어야 하지만, 더 중요한 것은 침묵의 소리를 듣는 것 입니다. 여러분, 혹시 아내가 며칠째 말이 없습니까? 왜 말이 없느 냐고 묻지를 말고 그냥 들으십시오. 뭔가 이유가 있게 마련입니다. 아이들이 말이 없습니까? 들으십시오. 그 침묵의 소리가 들려져야 합니다. 저들은 침묵 속에서 뭔가를 말하고 있는 것입니다. 꼭 말을 해야 말입니까? 그건 초보적인 것입니다. 말 없는 말을 들어야 합니 다. 깊이 들어야 합니다. 더 중요한 것은 사건 속에서 말을 들어야 합니다. 말은 없지만 가만히 보면 행동이 있습니다. 부엌에서 그릇 소리가 요란하게 납니까? 그걸 들을 수 있어야 합니다. 목회학에 보 면 이런 말이 있습니다. '교인 가정에 심방을 갔을 때 부엌에서 그릇 소리가 심하게 나거든 빨리 일어서서 나오라.' 우리는 행동 속에서, 엄격히 말하면 역사적인 사건 속에서 들어야 됩니다. 그걸 들을 줄 알아야 합니다. 그걸 들을 수 있는 듣는 귀가 있어야 합니다. 그런 심경을 가져야 한단 말입니다.

그렇다면 이제 생각해보십시오. 침묵은 뭡니까? '스스로 생각하라'는 뜻 아닙니까? 하나님께서 가인의 제물을 받지 않으셨습니다. 중요한 것은 그 원인이 어디에 있느냐입니다. 히브리서 11장 4절에 보면 아벨은 믿음으로 하나님 앞에 제사를 드려서 하나님께서 받으셨다고 기록되어 있습니다. 그렇다면 가인은 믿음으로 드리지 않았다는 뜻입니다. 바로 이런 점에서 생각해야 합니다. '하나님이 내 제물을 받지 않으셨다.' 그렇다면 그 이유가 어디에 있을까요? 문제는 바로 나 자신에게 있는 것입니다. 그렇지 않습니까? 문제가 하나님께 있는 게 아닙니다. 더구나 문제가 아벨에게 있는 것도 아니었습니다. 그럼에도 이 가인이라는 사람은 참으로 맹랑한 사람입니다. '내 제사를 하나님이 받지 않으셨다.' 그러면 하나님 앞에 다시 시작을 해야 하는 것 아닙니까? 믿음을 바르게 하고 경건을 바르게 하고 회개를 통해서 하나님 앞에 바로 나가야 할 것 아닙니까? 그런데 이 멍청한 가인은 그 순간 아벨을 생각했습니다. 하지만 어째서 그게 아벨 탓입니까?

이 점을 가만히 생각해보면, 사실 내 실패가 다른 사람의 성공 때문인 것처럼, 다른 사람의 성공이 내 실패인 것처럼 생각하는 사람 많습니다. 다른 사람이 잘되는 것을 보면서 일종의 박탈감을 느끼는 사람들이 있습니다. 이런 것이 바로 공산당의 마음이고 공산주의 사상입니다. 여러분, 이 점을 꼭 생각해야 합니다. 다른 사람 잘되는 것 보고 질투하지 마십시오. 차라리 그냥 좀 칭찬해줄 수 없겠습니까? "잘한 일이다. 좋은 일이다. 당신 잘되면 나도 행복하다." 그럴 수 없겠습니까? 우리가 이런 마음을 가지기 전에는 영원히 행복할 수가 없습니다. 이걸 알아야 합니다. 오늘 이 가인이라는 사람

146

은 지금 하나님께로부터 중요한 말씀을 듣고 있습니다. '스스로 생각하라. 무엇이 잘못됐는가? 원인을 생각하라'고 말씀하고 계신데 가인은 하나님 앞에서 자신의 진실을 묻지 않고 엉뚱하게 아벨을 생각합니다. '저놈 때문'이라고 생각합니다. 그 책임을 아벨에게 전가합니다. 여기서 자기 자신을 모르게 되고 맙니다.

여러분, 엄청난 이야기입니다. 성경을 자세히 연구해보면 예수를 십자가에 못박은 사람은 가야바입니다. 가야바가 원흉입니다. 그런데 가야바가 왜 예수님을 죽였는지 아십니까? 그 이유가 참 어이없습니다. 다름 아닌 질투 때문입니다. 우리는 종종 시기와 질투를 죄라고 생각하지 않습니다만, 사실 거기서부터 문제가 됩니다. 여러분, 도둑질하고 살인하고 간음하고, 뭐 이것이 문제가 아닙니다. 시기와 질투가 진정한 문제입니다. 예수님을 십자가에 못박은 죄의 원인이 질투였습니다. 시기 질투는 참으로 무서운 것입니다. 그럼에도 이것을 죄로 생각하지 못하는 것에서부터 문제가 일어납니다. 예수님을 십자가에 못박은 죄, 그 깊은 곳에 질투가 있었습니다. 시기 질투가 무서운 죄입니다. 바로 이와 관련해 두 번째 말씀이 전해집니다.

두 번째 음성은 죄를 다스리라는 것입니다. "죄의 소원은 네게 있으나 너는 죄를 다스릴지니라." 대단히 중요한 말씀입니다. 에베소서 4장 26절에 보면 우리가 분을 품을 수가 있겠고 화도 낼 수가 있겠지만, 그러나 해지도록 품지는 말라, 다음날까지 가지고 가지 말라 합니다. 그날 화냈던 것은 그날로 꺼버리라는 것입니다. 오래 가지고 가지 말라는 것입니다. 어떤 사람들 보면, 다른 사람이 좀 틀리다고 생각하면 한 달 동안 말을 안합니다. 참으로 무서운 사람입

니다. 그러나 어떤 일이든 그날그날 풀어버려야 합니다. '분을 해지
도록 품지 마라!' 왜 그렇습니까? 이것을 오래 가지고 있으면 가지
고 있는 동안에 그것이 우리 속에서 작동을 하기 때문입니다. 야고
보서 1장 15절에 보면 "욕심이 잉태한즉 죄를 낳고 죄가 장성한즉
사망을 낳느니라"고 합니다. 무슨 말씀입니까? 죄가 자란다는 말씀
입니다. 죄가 점점 자라서 어느 사이에 죄가 나를 주관하게 된다는
말씀입니다. 그러니 그런 기회를 만들지 말라는 것입니다. 죄의 수
학이라고 하는 공식이 있습니다. 그 공식은 죄의 속성을 잘 말해줍
니다. 죄의 더하기가 있습니다. 회개하지 않으면 죄는 점점 커집니
다. 거짓말하고 회개하지 않으면 거짓말을 거짓말이 아니라고 하기
위해서 또 다른 거짓말을 해야 됩니다. 이런 식으로 계속 죄는 커집
니다. 그런가하면 죄에는 빼기도 있습니다. 죄를 지으면 정력을 잃
어버립니다. 능력을 잃어버립니다. 판단력을 잃어버립니다. 그리고
지혜를 잃어버립니다. 죄를 지음으로써 우리도 모르게 우리에게서
빠져나가는 게 너무 많습니다. 그런가하면 죄의 곱하기가 있습니다.
죄가 곱하기로 작용하면서 아픔이 있고, 고통이 있고, 정신과 인간
관계와 내 영혼과 내 몸까지 병들어버립니다. 끝으로 죄의 나누기가
있습니다. 이 죄를 가족과 함께 나누게 되고 이웃과 함께 나누게 되
고 그런 식으로 죄가 점점 더 크게 파생되어 나가면서 주위가 온통
죄가 되어버립니다.

　　그러면 죄에 대해 어떻게 해야 할까요? 마르틴 루터의 유명한
말이 있습니다. '머리 위로 지나가는 새를 막을 수는 없다. 그러나
그 새가 머리 위에 둥지를 틀지 못하게 막을 수는 있다.' 죄에 관해
서 슬쩍 생각이 지나갈 수는 있습니다. 그러나 거기서 끝나야 하지

결코 거기에 집착하면 안됩니다. 좋은 것을 보고 "좋다"하면 그것으로 충분합니다. "(좋으니까) 저걸 내가 가져야지"라고 해서는 안됩니다. 그렇지 않습니까? 남성 여러분, 예쁜 여자가 있으면 '아, 참 하나님께서는 잘도 만드셨다. 저렇게 예쁘게 만드셨구나' 하고 지나가면 됩니다. 그런데 '(예쁘니까) 저걸 내가 그냥……' 대체 어쩌자는 겁니까? 문제는 바로 여기에서, 죄에 집착하는 것에서 시작되는 것입니다. 집착하면 안됩니다. '머리 위로 지나가는 새는 막지 못한다. 그러나 머리에 둥지를 틀지는 못하게 하라.' 이것이 루터의 유명한 비유입니다.

자기 마음을 다스려야 합니다. 이에 관해 오늘 성경은 비법을 가르쳐 줍니다. "선을 행하지 아니하면 죄가 문에 엎드리느니라." 여러분, 혹시 미워하는 사람이 있습니까? 그냥 사랑해버리십시오. 질투하는 사람이 있습니까? 아예 그 사람을 섬겨버리십시오. 그를 높여주고 칭찬하십시오. '선을 행하라. 그렇지 아니하면 악의 노예가 된다'는 것입니다. 그러니 적극적으로 선을 행하십시오. 참 미안합니다만 제 개인 얘기입니다. 오래오래 전의 얘기입니다. 한번은 어떤 형편이 어려운 분이 (그는 교역자였습니다) 저희집에 와서 급하게 사흘만 쓰겠다며 돈을 꿔갔습니다. 마침 제 아내에게는 돈이 없었습니다. 그런데 그분이 하도 사정을 해서 하는수없이 옆집에서 돈을 빌려다가 꿔주었습니다. 그렇게까지 해서 돈을 빌려줬는데 사흘이 뭡니까? 일 년이 지나도 갚지를 않았습니다. 그 이자를 제 아내가 대신 물었습니다. 결국 아내가 제게 할수없이 그 사정을 고백했습니다. 그래서 제가 아내와 함께 그 집에 가보았습니다. 그랬더니 그의 생활이 아주 어려웠습니다. 그래서 제가 쌀 한 가마를 리어카

에 신고 돈까지 마련해가지고 가서 주었습니다. 그리고 "이것으로
모든 계산을 끝냅시다" 말하고 되돌아왔습니다. 그후 수십 년 동안
그분이 돌아가실 때까지 두고두고 고마워하는 걸 봤습니다.

왜 이런 말이 있지 않습니까? '미운 놈 떡 하나 더 준다.' 신경이
쓰이거든 아예 더 섬겨 아예 웃돈까지 주고는 아주 잊어버리십시오.
그것이 자유 하는 길입니다. 너무나 귀한 말씀입니다. "선을 행하지
않으면……"이라고 말씀하시는데, 대체 선이란 뭡니까? 그것은 용
서요, 사랑이요, 은총입니다. "선을 행하지 않으면 죄가 문간에 엎드
리느니라." 더 무서운 위기가 다가오는 것입니다. 여기에서 자유할
수 있는 길은 오직 선입니다. 선을 행하는 것입니다.

그리고 하나님의 세 번째 음성이 들려옵니다. 아주 심각한 마지
막 음성입니다. 하나님께서 가인에게 물으십니다. "네 아우가 어디
에 있느냐?" 여러분, 다시한번 생각해보십시오. 하나님께서 가인이
아벨을 죽인 걸 모르십니까? 이미 다 알고 계십니다. 그러면서 물으
시는 것입니다. 알면서 물으시는 것입니다. "네 아우가 어디에 있느
냐?" 이 한마디가 하나님의 마지막 말씀이었습니다. 만약 그때에 가
인이 "하나님, 용서하십시오. 제가 그만 아벨을 죽였습니다" 이 한
마디만 했더라면 역사가 바뀌었을 것입니다. 하나님은 좋으신 하나
님입니다. 그러므로 분명 하나님께서는 회개하는 가인에게 다시한
번 기회를 주셨을 것입니다. 이와 비슷한 사람이 또 있습니다. 이것
이 원죄입니다. 아담이 죄를 지었습니다. 선악을 알게 하는 선악과
를 따먹었습니다. 그리고 숨었습니다. 그런데 하나님께서 아담을 찾
으셨습니다. 하지만 아담이 어디에 있는 걸 몰라서 물어보시는 것일
까요? (나도 아는데……) "아담아 네가 어디 있느냐?" 몰라서 물어보

시는 게 아니었습니다. 그때 아담이 대답할 말은, 하나님께서 기대하셨던 말은 이것이었습니다. "하나님, 제가 선악과를 먹었습니다." 그랬더라면 어떻게 되었을 것같습니까?

아담은 에덴동산에서 쫓겨나지 않았을 것입니다. 제가 믿는 하나님은 그런 분이십니다. "Try again!" 다시한번 기회를 주셨을 것입니다. 그러나 아담은 바른 대답을 하지 않았습니다. "아담아 네가 어디 있느냐?" 하시는 물음에 아담의 대답은 이것이었습니다. '여기 숨어 있습니다.' 그런데, 정말 숨었다면 숨은 자가 어떻게 말을 할 수 있습니까? 아이들이 술래잡기 할 때 "어디 있니?" 그러면 철없는 어린 아이들일수록 "여기 있다" 광고하지 않습니까?

다시 생각해보십시오. "네 아우 아벨이 어디 있느냐?"고 하나님께서 물으신 것은 사실 마지막 복음입니다. 이에 대한 바른 응답이 있어야 합니다. "내가 죄를 지었나이다." 그러면 모든것이 끝나는데…… 오늘날도 보면 많은 사람들이 이런저런 고생을 많이 합니다만 끝내 이 한마디가 없습니다. "내가 죄를 지었나이다." 정작 해야할 이 말은 하지 않은 채 왜 그렇게 다른 말이 많은 것입니까? 왜 이렇게 다른 변명이 많습니까? 그렇기 때문에 그 마음은 지옥으로 떨어지고 마는 것입니다.

깊이 생각해봅시다. 하나님께서 이렇게 물으십니다. 이게 복음입니다. '네가 어디 있느냐?' '네 아우가 어디에 있느냐?' 여기서 하나님께서 기대하시는 대답은 '내가 아우를 죽였나이다. 내가 죄를 지었나이다.' 혹은 '내가 선악과를 먹었습니다.' 이 한마디뿐입니다. 그러면 다시 구원의 길을 주시건만 하나님께서 기대하시는 대답이 나오질 않습니다. 여러분에게 응답 없는 기도가 있습니까? 이제 그 침묵 속에서 응답을 들으십시오. 하나님께서는 우리에게 묻고 계십니다. 말씀하고 계십니다. '스스로 생각하라. 어디서부터 잘못되었는지를 스스로 생각하라.' 시기와 질투로 말미암아 잃어버린 자기 자신을 되찾으라고 말씀하십니다. 또한 더디 회개하는 미련한 인간에게 경고하십니다. "죄가 문앞에 엎드렸느니라. 조심하여라." 그리고 마지막으로 '네가 어디 있느냐?'고 물으십니다. 어떤 환경도 탓하지 말고 누구에게도 묻지 말고 남에게 전가할 생각 말고 핑계하지 말고 "하나님 내가 죄를 지었습니다"고 대답하기를 원하십니다. 이 진실한 대답, 이 정직한 반응에서 하나님께서는 다른 축복의 시간을 주실 것입니다.   △

성령의 실존적 사역

　내가 이것을 너희에게 이름은 너희로 실족지 않게
하려 함이니 사람들이 너희를 출회할 뿐 아니라 때가
이르면 무릇 너희를 죽이는 자가 생각하기를 이것이
하나님을 섬기는 예라 하리라 저희가 이런 일을 할
것은 아버지와 나를 알지 못함이라 오직 너희에게 이
말 한 것을 기억나게 하려 함이요 처음부터 이 말을
하지 아니한 것은 내가 너희와 함께 있었음이니라 지
금 내가 나를 보내신 이에게로 가는데 너희 중에서
나더러 어디로 가느냐 묻는 자가 없고 도리어 내가
이 말을 하므로 너희 마음에 근심이 가득하였도다 그
러하나 내가 너희에게 실상을 말하노니 내가 떠나가
는 것이 너희에게 유익이라 내가 떠나가지 아니하면
보혜사가 너희에게로 오시지 아니할 것이요 가면 내
가 그를 너희에게로 보내리니 그가 와서 죄에 대하
여, 의에 대하여, 심판에 대하여 세상을 책망하시리
라 죄에 대하여라 함은 저희가 나를 믿지 아니함이요
의에 대하여라 함은 내가 아버지께로 가니 너희가 다
시 나를 보지 못함이요 심판에 대하여라 함은 이 세
상 임금이 심판을 받았음이니라
(요한복음 16 : 1 - 11)

성령의 실존적 사역

성도 여러분, 저와 같이 30년을 같이 지내신 분들은 대강 무슨 말을 하는지 아실 것입니다마는 저는 한평생 큰일은 하지 못했습니다만 시간을 지키는 것과 약속 지키는 것, 그것은 성실히 해왔다고 자부합니다. 약속을 어긴 일이 거의 없고 또 시간을 아주 정확하게 지키는 것으로 자타가 인정을 합니다. 아주 소문이 났는데 그건 확실합니다. 저 자신도 자부합니다. 그러나 사실은 엄청난 실수를 한 일이 있습니다. 한 40여 년전에 서울에 있는 신일고등학교가 채플을 짓고 헌당예배를 드리면서 이사장 장로님께서 제게 설교를 부탁했습니다. "그럽시다." 약속을 했고 설교 본문과 제목을 다 보내드렸습니다. 그리고 그만 펑크를 냈습니다. 하루 지나서 새벽기도에 나가 새벽기도를 인도하고 무릎을 꿇고 기도하는데 그제야 생각이 납니다. '가만있자 신일고등학교에 내가 가기로 했는데……' 수첩을 꺼내보았더니 벌써 어제입니다. 하루가 지나갔어요. 아…… 머리가 망치로 때리는 것같이 아프고 온몸에 힘이 싹 빠지면서 일어날 수가 없어요. 이럴 수가 없는 것입니다. 그래서 하나님 앞에 기도드렸습니다. 뭐라고 기도했는지 아십니까? 하나님께서 어떻게 들으실는지 모르겠지만 저는 이렇게 기도드렸습니다. '하나님, 기억나지 않은 것이 내 잘못입니까?' 허허허…… 투정을 했습니다, 하나님께.

아, 그렇지 않습니까? 여러분, 뭘 기억하겠다고 써놓지요? 써놓으면 뭘 해요. 어디다 썼는지도 모르는데요. 손바닥에다 써도 소용없어요. 들여다보지 않으니까요. 알고보면 인생의 운명은 결국 그 시간에 무엇이 기억나느냐가 중요한 것입니다. 그래서 저는 또다시 감사의 기도를 드렸습니다. 그동안에 그만큼 약속을 잘 지키고 시간을 잘 지켰는데 얘길 들어보니 신일학교 교목이 그랬다 합니다. 거기에 있는 목사님들이 "하루 전에 목사님께 한 번 전화 걸어서 confirm하는 게 옳지 않습니까?" 했더니 교목 말씀하기를 "나같은 우매한 사람은 종종 잊어버리지만 곽목사님은 절대로 시간을 잊어버리지 않아." 그랬다고 합니다. 그랬는데 펑크를 낸 것입니다. 자, 이거 보십시오. 한 번 더 깊이 생각해보십시오. 내가 이만큼 시간을 지킬 수 있었다는 것, 약속을 지킬 수 있었다는 것, 그것도 은혜였던 것입니다. 그게 내 노력과 내 의지가 아니었다는 걸 알고 또다시 하나님께 감사하는 마음을 드렸습니다. 그리고 별로 회개하지 않았습니다. 왜요? 그게 내 모습이니까요. 뭐 그럴 수 있는 거지, 하고 말았습니다. 그 다음에 신일고등학교에 전화를 걸어가지고 자진해 가서 사흘 동안 부흥회를 인도해주었습니다. 보상하는 마음으로요.

　　말씀의 역사 그건 객관적인 것입니다. 성령의 역사는 주관적인 것입니다. 여러분, 보고 듣고 경험하고 깨달아야 합니다. 거기까지가 중요합니다. 분명히 깨달았어요. 그런데 현장에서 다시 기억나지 않습니다. 그러면 다 쓸데없습니다. 아이들이 몇년 동안을 공부하고 밤새 공부를 합니다. 그러나 시험지를 딱 받은 순간에 생각이 안나요. 그러면 다 소용없는 것입니다. 그것 기억나게 할 재주가 없어요. 그 누구도 못합니다. 이건 하나님의 손에 있는 것입니다. 밤새껏 외워 왔는데 그 시간에 생각 안나는 걸 어떡합니까. 범사가 마찬가지입니다. 그 순간에 무슨 생각이 나느냐에 따라서 살기도 하고 죽기도 하는 것입니다. 현장 그 절절한 시간에 무엇을 기억하느냐? 무엇이 생각나느냐가 이렇게 중요합니다.

　스티븐 코비의 「오늘이 내 인생 최고의 날」이라는 책이 있습니다. 그 책 속에서 인생은 세 가지 선택을 잘해야 한다고 경고합니다. 신중히 해야 한다— 선택의 책임을 묻습니다. 첫째, 행동의 선택입니다. 다시말하면 주도적이냐 반사적이냐, 그런 것입니다. response냐? reaction이냐? 이거 굉장히 중요한 것입니다. 주도적으로 선택한 일은 내가 책임을 집니다. 책임을 생각하며 선택합니다. 그러나 개꼬리를 밟으면 개가 "깽"하고 반응하는 것처럼 그냥 경험, 자극되는대로 반사해버리는 것, 이건 동물적인 것입니다. 인간적이지 못한 것입니다. 그런고로 우리는 주도적으로 선택해야 한다는 것입니다. 누가 그 순간에, 바로 그 현장 그 순간에 결정적인 시간에 주도적 선택을 할 수 있겠습니까? 여러분, 생각해보십시오.

　또한 목적적 선택이어야 합니다. 내가 사는 목적, 아니, 죽어야 할 이유까지 전부를 생각하면서 선택해야 됩니다. 글쎄요. 그 결정적 시간에 목적까지 생각하는 사람이 어디 있느냐고요? 여러분, 만약 부부싸움을 해서 이혼한다 뭘 한다 난리가 났다고 합시다. '인생이 뭐냐?' 하고 한 번만 물었더라면 이혼 안할 수 있는데 그거 하나 물을 수 있는 여유가 없었어요. 그런고로 반사적으로 목적과는 달리 선택해버립니다.

　또하나는 원칙의 선택입니다. 진리가 먼저입니다. 사람들이 나를 뭐라고 하느냐? 그거 중요하지 않습니다. 진리냐 정의냐가 먼저입니다. 하나님의 뜻이 어디에 있느냐? 순간순간 그것을 먼저 생각해야 되는데 이 생각을 그 순간에 못해버린단 말입니다. 그러니 이 생각, 그 근본을 누가 지배하는 것입니까? 사건 현장에서 무슨 생각을 하느냐, 무엇을 기억하느냐, 무엇을 우선적으로 생각하느냐― 그 것은 내 의지가 아닙니다. 성령의 역사인 것입니다.

성령의 역사를 생각할 때 근본적으로 성경대로는 기독론을 생 각하게 됩니다. 기독론 안에서 성령의 역사를 생각해야 하고 또한 거기다 뿌리를 두고 교회론적으로 이해해야 성령을 이해할 수가 있 습니다. 제가 신학대학에서 성령론을 수십 년 강의했습니다. 핵심은 이것입니다. 기독론적 이해 그리고 교회론적 이해, 이 두 가지가 핵 심입니다. 오늘말씀에 보면 예수님께서 십자가에 돌아가시기 전, 아 주 중요한 마지막 날 마지막 시간에 제자들과 함께 지내십니다. 이 말씀을 하시고나서 바로 몇시간 후에 십자가를 지시게 됩니다. 유언 과 같은 시간입니다. 아주 중요한 말씀입니다. 그야말로 엑기스를 담아서 가장 절실하고 절절한 말씀을 주고 계십니다. 성령에 대하여 말씀하십니다. 아주 신중한 말씀입니다.

'내가 떠나가는 것이 유익하다. 그러면 보혜사 성령이 올 것이 다. 내가 너희와 같이 있을 때는 객관적으로 함께 있지만 내가 떠나 가면 주관적으로 너희와 너희의 생에 같이 현존을 할 것이다. 그런 고로 떠나가는 것이 유익하다' 하고 실용적인 역할을 말씀하십니다. 실제적으로 어떻게 역사하나 구체적으로 말씀하십니다. 첫째는 '내 가 한 말을 기억나게 하리라. 현장에서 기억나게 하리라. 순간순간 네가 사는 시간에 거기서 기억나게 하리라.' 이 얼마나 중요한 것입 니까. 예수님의 말씀을 들었습니다. 예수님께서 하시는 일을 보았습 니다. 느꼈습니다. 경험했습니다. 계시적 사건으로 고백하고 받아들 였습니다. 그런데 문제는 나의 사는 생애 속에, 절절한 현실적 생활 속에서 순간순간 기억나게 하신다는 것입니다.

마태복음 10장에 보면 예수님께서 아주 드라마틱한 말씀도 하셨습니다. '너희가 내 이름을 위하여 공회에 끌려가 심판을 받는다 하자. 끌려갈 때에 가서 무슨 말을 할까 걱정하지 마라. 가서 현장에 서라. 그러면 그때에 무슨 말을 해야 될지를 가르쳐주마.' 그렇게 말씀하셨습니다. 여러분, 우리가 사건 현장에서 순간순간 내가 미처 생각하지 못해 그 순간에 누가 생각이 나며 무엇이 생각나느냐가 중요합니다. 이럴 때 하나님의 사람은 성령의 역사로 예수님의 말씀이 생각나게 됩니다. '내가 너를 사랑하노라. 내가 너와 함께하노라.' 주님의 말씀이 기억나고 주님께서 하신 모든 역사가 그 순간에 생생하게 생각납니다.

글쎄요, 지나치게 해석할까봐 걱정입니다만 제가 한평생을 살면서 마음이 제일 편했을 때가 언제일까 생각해봅니다. 내 마음이 아무 근심도 걱정도 없고 제일 평안했던 때가 언제인가? 생각해보면요 확실합니다. 북한에서 강제노동수용소에 끌려가서 7개월 있었습니다. 육체적으로는 말할수없이 고생스럽습니다. 그러나 그 7개월 동안이 나로선 제일 편한 시간이었습니다. 아무 걱정도 없어요. 아무 근심도 아무 문제도 없어요. 그렇게 편할 수가 없어요. 항상 마음은 평안하지요. 마치 어린아이가 어머니 품에 안긴 것처럼 주님의 품에 안긴 것같은 그런 느낌을 가지고 거기서 생활한 걸 느낍니다. 하나님께서 내게 지혜를 주셔서 거기서 탈출하여 오늘까지 이렇게 살아 있는 것입니다. '기억나게 하리라.' 얼마나 확실한 말씀입니까?

또 13절로 14절에 가서 보면 '알게 하리라' 하십니다. 14장에서도 여러 번 말씀하십니다. '알게 하리라.' 여러분, 진리에 대한 이해가 단 한 순간에 오는 것이 아닙니다. 어느 사건에 부딪히면서 이해가 됩니다. '아 그 말이 그 말이구나! 그 말씀이 그 말씀이구나!' 여러분, 여기서 설교를 들었지만 그저 머리에 기억했지요. 그러나 아직도 다 안 게 아닙니다. 내 생활 속에서 딱 부딪힐 때 '아, 그 말씀이 이 말씀이구나' 하고 그 현장에서 알게 됩니다. 그제야 이해하게 됩니다. 합리적으로 이해하게 됩니다. 오직 성령으로 그리스도를 알게 되고, 그리스도의 말씀들이 생각나고 이해됩니다.

　세 번째는 '감당하게 한다' 하십니다. '지금은 감당하지 못하나 그때는 감당하게 될 것이다.' 감당한다는 이 말씀이 너무도 마음에 듭니다. 왜요? 수준이라는 게 있거든요. 어떤 말씀이든지 어떤 진리든지 내가 감당할 수 있어야 감당을 하는 것입니다. 감당할 능력이 없으면 감당하지 못합니다. 자, 어린아이들이 들어야 할 말이 있고 어른들이 들어야 할 말이 있지요. 어른들이 하는 말을 어린아이가 다 감당하지 못하거든요. 저는 목회하면서 가끔 당합니다. 설교할 때 이런 얘기 저런 얘기 하면 그 마음에 들릴 때 '이거 내가 잘못했다' 하고 느껴지는가봐요. 그러면 곧 "하나님"하고 회개하면 되는데 그리 생각하지 않고 무슨 생각을 하는고 하니 '누가 고자질했나?' 이 생각을 하는 것입니다. 설교 마치고 사무실에 가 있노라면 따라 들어와가지고 막 따지는 사람이 있어요. '누가 고자질을 해서 목사님이 내 비밀을 다 말하느냐'고요. 내가 알 게 뭡니까, 그 사람의 비밀을. 누가 고자질을 하고 말고 해요? 누가 고자질을 한들 내가 그걸 가지고 설교하겠습니까? 그런데 그걸 감당을 못하는 것입니다. 내게 주시는 말씀으로 알았거든 그냥 회개하면 되고 하나님 앞에 바로 서면 되겠는데 딱 빗나가는 것입니다. '누가 목사님한테 전화를 걸어 고자질을 해서 오늘 나를 망신시키나?' 이렇게 생각한다니까요. 이게 체증이라는 것입니다. 말씀에 체증걸리는 사람 많아요.

그뿐입니까? 내게 주시는 말씀이면 내가 받으면 되는데 이 말씀 가지고 가서 부부싸움 하는 사람 많아요. "오늘 목사님이 그러는데 당신 정신 차리라고 합디다." 그러면 "아니, 그게 아니던데? 당신 보고 하던데……" 대판 싸워요. 아니, 설교 듣고 가서 싸우는 집 많다 니까요. 왜요? 자기가 받질 않고 이걸 다른 사람 주는 것입니다. 어떤 시어머니는요, 설교 들으면서 '요건 우리 며느리가 들어야 할 말인데……' 그런 생각 하면서 듣는다니까요. 내가 들어야지 누구 들으라는 얘기입니까? 이게 뭔고 하니 감당하질 못하는 것입니다. 음식이라는 것이 그렇습니다. 이가 좋으면 굳은 음식일수록 좋습니다. 저는 비교적 치아가 좋은 편이어서 지금도 굳은 음식이 좋습니다. 씹으면 씹을수록 맛이 나지요. 그렇지 않습니까? 그런데 그걸 씹을 능력이 없어가지고 훌훌 넘기고 있으면 맛은 다 본 것입니다. 씹어 먹어야 됩니다. 진리도 감당을 할 수 있어야 되거든요. 내 수준이 거기까지 올라가야 돼요. 내 이 유치한 정도 가지고는 저 진리를 감당할 수가 없거든요. 그런데 '성령이 감당하게 하리라. 성령이 감당하게 하리라. 소화할 수 있게 하리라' 말씀하십니다.

또한 '성령이 진리 가운데 인도하신다' 하십니다. 인도한다는 것은 목자가 양을 인도한다는 그런 뜻입니다. 양이 목자를 따라가는 모습을 보면 잘 이해가 됩니다. 양은 목자를 전적으로 신뢰합니다. 푸른 초장을 뒤에 두고 목자가 인도하는 대로 거친 광야를 지나가고 산골짜기를 지나갑니다. 으레 목자가 좋은 곳으로 인도할 줄 알고 그냥 따라갑니다. 절대로 신뢰하고 절대로 순종합니다. 이것이 목자입니다. 보십시오. 양의 목을 맸습니까? 재갈을 물렸습니까? 발을 묶었습니까? 때리길 합니까? 목자가 양을 인도할 때 보면 그 수백 마리의 양을 그냥그냥 인도합니다. 한 마리만 데리고 가면 졸졸졸졸 한 줄로 따라옵니다. 왜요? 믿으니까요. 양은 목자를 믿어요. 안심 해요. 자기 생과 운명을 위탁합니다. 평안해요. 그리고 기뻐하며 목 자를 따라갑니다. 성령이 나를 진리의 길로 인도하신다— 얼마나 중 요한 말씀입니까? '성령이 나를 그리스도께로, 그리스도의 사랑으 로, 그 진리의 길로 인도하신다.'

심리영성치료연구소라고 하는 곳에 있는 데이비드 배너라고 하 는 박사가 쓴 「사랑에 항복하라」하는 책에 있는 내용을 보면 사람들 은 사랑을 원하고 갈망하면서도 사랑을 받아들이지 못합니다. 왜? 첫째는 두려움 때문입니다. 새로운 것에 혹은 미지의 세계에 혹은 자신의 선택에 대해서 두려워합니다. 그래서 사랑을 받아들이질 못 해요. 또하나는, 죄책감 때문입니다. 자기가 자신을 용납하지 못하 고 있어요. 그런고로 자기가 자기를 용서하지 못해요. 나같은 사람 은 사랑받을 수 없고 아무도 나를 사랑할 이유가 없다는 것입니다. 그럴 이치가 없다는 것입니다. 그런고로 누구의 사랑도 그는 수용하 지 못합니다. 또한 자기 방어에 익숙해요. 누가 사랑한다고 해도 받 아들일 수가 없어요. 자, 그럼 누가 받아들이게 할 수 있습니까? 오 직 성령이 그리할 수 있습니다. 성령이 마음문을 엽니다. 십자가의 사랑을 알게 하고 십자가의 사랑으로 나를 인도합니다. 그래서 그 사랑을 받아들이게 한단 말입니다. 성령이 그리스도를 알게 하고 그 리스도를 기억나게 하고 그리스도를 감당하게 합니다. 참사랑을 수 용하게 합니다. 참평안, 참기쁨, 참용기, 참담대함이 바로 이 성령의

역사 안에 있는 것입니다. 나를 그리스도께로 인도함으로 해서 내가
그리스도를 알고, 그리스도의 그 큰 사랑을 수용하면서 내가 새로운
용기의 사람이 될 수 있습니다.

여러분, 가장 심각한 말씀을 드립니다. 오늘이라도 세상을 떠난
다고 합시다. 지금 정신이 오락가락하는 요 마지막 순간에 무엇이
생각나겠습니까? 누구 생각이 나야 하겠습니까? 이것이 중요합니
다. 그 시간에 하늘나라가 보이고 주님의 십자가가 보이고 주님께서
나를 한평생 사랑하신 그 큰 사랑이…… 이것이 성령의 역사입니다.
우리 교회에 오래전에 계셨던 김창기 장로님, 제가 이렇게 이름을
대도 실례가 아닐 것입니다. 그가 세상 떠나게 됐다는 말을 듣고 밤
에 지나가다가 한양대학병원 입원실에 제가 들어갔습니다. 밤11시
그때에 마침 아무도 없고 혼자 계셨습니다. 그 침대에 성경을 펴놓
고 무릎을 꿇고 혼자서 기도하고 계신 것입니다. "장로님 참 보기 아
름답습니다. 뭘 하고 계셨어요?" "기도하고 있었죠." "무슨 기도
요?" "회개했습니다. 어렸을 때 어머니 젖 먹을 때부터 생각해서 생
각나는대로 그때 잘못했습니다, 이것 잘못했습니다, 저것 잘못했습
니다, 일생을 돌아보며 지금 마음먹고 회개하는데요" "그래 회개 많
이 했어요?" 했더니 "못했어요." "왜요?" "하나님 그때 잘못했습니
다"하고 회개하자마자 옆에서 들려오는 소리가 있어요. '그때도 내
가 너를 사랑했느니라.' "하나님 이때 내가 잘못했습니다." '그때도
내가 너와 함께했느니라.' 계속 '내가 너와 함께했느니라. 내가 너를
사랑했느니라. 이미 용서했느니라.' 말씀하시기 때문에 회개는 못하
고 "감사합니다. 감사합니다. 감사합니다…… 지금 그러고 있는 중
입니다." 장로님 참 훌륭한 믿음의 사람입니다. 그리고 같이 감사하

며 찬송하고 기도하고 나왔는데 제가 그 자리를 떠나자마자 1시간
후에 세상을 떠났습니다. 여러분, 우리의 마지막 시간에 무슨 생각을
할 수 있을 것같습니까? 그건 내 마음대로 하는 게 아닙니다. 성령이
내 생각을 열어주시고 날 그리스도께로 인도하실 것입니다.   △

새 하늘 새 땅을 보도다

사랑하는 자들아 주께는 하루가 천년 같고 천년이
하루 같은 이 한가지를 잊지 말라 주의 약속은 어떤
이의 더디다고 생각하는 것같이 더딘 것이 아니라 오
직 너희를 대하여 오래 참으사 아무도 멸망치 않고
다 회개하기에 이르기를 원하시느니라 그러나 주의
날이 도적 같이 오리니 그 날에는 하늘이 큰 소리로
떠나 가고 체질이 뜨거운 불에 풀어지고 땅과 그 중
에 있는 모든 일이 드러나리로다 이 모든 것이 이렇
게 풀어지리니 너희가 어떠한 사람이 되어야 마땅하
뇨 거룩한 행실과 경건함으로 하나님의 날이 임하기
를 바라보고 간절히 사모하라 그 날에 하늘이 불에
타서 풀어지고 체질이 뜨거운 불에 녹아지려니와 우
리는 그의 약속대로 의의 거하는 바 새 하늘과 새 땅
을 바라보도다

(베드로후서 3 : 8 - 13)

새 하늘 새 땅을 보도다

「탈무드」에 나오는 한 편의 이야기입니다. 어떤 랍비가 설교를 할 때마다 빼놓지 않고 그 설교의 결론이나 중간부분에서 꼭 이렇게 말했다고 합니다. "죽기 전에 회개하라. 죽기 전에 회개하라." 그 설교를 하도 많이 들은 어느 교인이 하루는 그 랍비를 찾아가서 정식으로 한마디 했답니다. "그런데 말입니다. 우리가 언제 죽을지, 그 죽는 날을 모르는데, 어떻게 죽기 전에 회개를 할 수 있겠습니까?" 그러자 랍비가 빙그레 웃으면서 이렇게 대답했답니다. "그렇다면 오늘 당장 회개하시오."

저는 비행기 탈 때마다 나름대로 중요한 공부를 합니다. 비행기를 타면 좌석 앞에 있는 스크린에 시간이 표시됩니다. 비행기를 타고 가는 내내 계속 시간이 표시되어 나오는데, 거기에는 두 종류의 시간이 있습니다. 하나는 출발지 시간이고, 다른 하나는 목적지 시간입니다. 만약 내가 지금 서울에서 출발하여 미국으로 가고 있다면 그 출발지 시간은 서울 시간을 의미합니다. 그 곳을 떠나온 것입니다. 그 시간을 참고하면 내가 떠나온 지금 서울의 시간이 몇 시인지 알 수 있습니다. 하지만 우리에게 더 중요한 것은 도착할 목적지의 시간입니다. 내가 지금 뉴욕으로 가고 있다면 지금 뉴욕이 몇 시인지를 알아야 합니다. 그렇다면 우리가 가지고 있는 시계를 어느 시간에 맞추어야겠습니까? 시계는 현재시간을 알기 위해서 필요한 것입니다. 그러나 이상하게도 비행기에서는 현재시간을 말해주지 않습니다. '지금 이 비행기가 떠 있는 공중의 현재시간은 몇 시다.' 이런 말을 해주지 않는 것입니다. 왜 그럴까요? 필요가 없기 때문입니다. 비행기가 떠 있는 공중의 시간은 아나마나 한 것이기 때문입니다.

이 얼마나 중요한 교훈입니까. 출발지 시간이라는 것은 우리 기억에만 있을 뿐입니다. '지금 내 가족들이 잠자고 있겠구나. 아, 지금 아침식사를 하고 있겠구나.' 그 정도의 추억거리밖에는 되지 않습니다. 중요한 것은 목적지 시간입니다. 내가 가야 할 곳의 시간이 중요합니다. 그렇기 때문에 저는 비행기에 타자마자 목적지 시간에 시간을 맞추어놓습니다. 그리고 목적지까지 얼마 남았는지, 비행기에서 내린 다음에는 무엇을 할 것인지, 들러야 할 곳들은 어디인지, 거기까지는 어떻게 가야 하는지, 그곳에서 무슨 말씀을 전할지, 거기에서 해야 할 일들은 무엇인지를 머리 속에 그리면서 목적지인 뉴욕까지 가는 것입니다. 어떤 때는 가는 동안에 특별한 생각이 떠올라 설교준비를 다시 하기도 합니다. 본디 하려고 준비해 놓았던 설교는 다 접어두고, 비행기 안에서 생각난 내용을 가지고 새로운 마음으로 설교준비를 할 때가 많습니다. 그래서 그럴 때면 농담으로 그곳에 있는 제 후배목사들에게 얘기합니다. "역시 하늘나라 가까이 갔더니 계시가 좀 가까이 오더라구. 그래서 내가 설교 본문제목을 바꾸었어." 잊지 말아야 합니다. 도착할 목적지의 시간, 바로 그곳에다 현재를 맞춰야 되는 것입니다. 과거에 매이지 말아야 합니다. 빠르게 지나가는 현재시간도 별 의미가 없습니다. 마지막 시간, D-DAY, 최종목적지, 그리고 종말론적인 끝시간, 이것이 중요합니다.

다른 사람들에게는 아무 것도 아닌 이야기일 수도 있겠지만, 제게는 크게 충격적인 이야기가 하나 있습니다. 공부도 많이 하고, 돈도 많이 벌고, 세상적으로 아주 크게 출세한 사람이 있었습니다. 자기 인생, 그 시간의 절반 이상을 해외로 나가 다니면서 활발하게 일하던 사업가였습니다. 그가 마침내 병원에서 죽게 되었습니다. 급성 간암에 걸린 것입니다. 제가 그 소식을 듣고 그를 문병하러 갔을 때 그가 제게 이런 얘기 저런 얘기를 했습니다. 긴 얘기 끝에 제가 그분의 손을 놓고 일어설 때 그분이 제게 했던 마지막 말이 이것이었습니다. "목사님, 제 생애에 이런 시간이 있으리라는 것을 미리 알았더라면 과거처럼 살지는 않았을 것입니다." 그의 이 한마디가 계속 제 귓전을 맴돌았습니다. 문을 닫고 나올 때도, 차를 타고 나올 때도, 계속 그 말이 생각이 났습니다. '이런 시간이 있으리라는 것을 진작에 알았더라면 과거처럼 살지는 않았을 것입니다.' 그 말을 몇 번씩이나 되뇌어보다가 이런 생각도 들었습니다. '이 미련한 사람아, 그것도 모르고 살았더냐? 당신 공부 많이 했다며? 지성인이라며? 그러면서 그것도 하나 모르고 살았더냐?' 그의 마지막 말을 자꾸 되뇌어보고, 또 꾸중도 해보며 깊이 생각해본 적이 있습니다.

'그날'이 있다는 것을 잊지 말아야 합니다. 한 순간도 잊지 마십시오. 제가 존경해 모셨던 고 한경직 목사님께서 여러 번 하시는 말씀을 들었고, 또 같은 내용으로 여러 번 설교하시는 것을 들은 적이 있습니다. 그 설교의 본문제목이 '오늘이 나의 마지막 날이라면'입니다. 한경직 목사님께서 하도 같은 설교를 여러 번 하시기에 제가 한 번 물어보았습니다. "목사님, 번번이 '오늘이 나의 마지막 날이라면'이라고 하시는데, 이제 좀 그만하시면 안됩니까? 왜 그 설교를 그렇게 많이 하십니까?" 그러자 목사님께서는 "아, 그게 내 신앙고백이니까"하고 대답하시는 것입니다. 그러면서 이렇게 말씀을 이으셨습니다. "내가 미국에서 공부하다가 폐결핵에 걸려 폐결핵 수용소에 갇혀 있다가 나왔거든. 그랬더니 미국에서 공부하지 말고 돌아가라고 해서 한국으로 쫓겨 왔는데, 나오기 전에 의사가 하는 말이 '그저 지금 내 생각으로는 잘하면 3년은 살 것같소. 그러니 가서 먹고 싶은 것 먹고, 하고 싶은 일 하면서, 그렇게 살다가 가는 게 좋을 것같소' 하더군." 한 목사님은 의사한테서 그 소리를 들으시고 한국으로 나오셨는데, 그 이후 100세까지 사시지 않았습니까. 그런데 목사님께서는 그날 이후 모든 시간에서 '오늘이 나의 마지막 날이라면, 오늘이 나의 마지막 날이라면' 하는 자세로 사셨던 것입니다.

한경직 목사님과 함께 동사목사로 사역하셨던 강신명 목사님의 말씀입니다. 영락교회에는 강대상에 올라갈 때 잡으라고 설치해놓은 난간이 있습니다. 한 목사님은 주일마다 쓰러질까봐 그것을 붙잡고 강대상으로 올라가셨습니다. 사회를 보시는 강 목사님은 뒤에 앉아 계시고, 한 목사님은 강대상에서 설교를 하시는데, 강 목사님은 뒤에 앉아서 한 목사님께서 강대상에 올라가시는 모습을 보시는 것입니다. 그럴 때 보면 한 목사님께서는 난간을 붙들고 비틀비틀 위태롭게 올라가신답니다. 그런데 막상 올라가서 설교를 하실 때는 언제 그랬더냐 싶게 얼마나 큰소리로 힘 있게 설교를 하시는지, 그 모습을 보면서 강 목사님은 늘 이런 생각을 했다고 합니다. '한 목사님께서 오늘 설교를 하시고 이제 그만 끝내시려나보다.' 그러셨던 한 목사님께서 무려 100세까지 사신 것입니다. 건강하다고 자랑하지 마십시오. 비실비실한 사람이 오히려 더 오래 삽니다.

오늘이 나의 마지막 날이라면 — 이 얼마나 중요한 생각입니까.

먼저 생각해야 됩니다. 여기에 인간의 특권이 있는 것입니다. 사도 바울은 로마서 13장에서 말씀합니다. "밤이 깊고 낮이 가까왔으니 그러므로 우리가 어두움의 일을 벗고 빛의 갑옷을 입자(12절)." 현재는 밤입니다. 밤에 아침을 생각합니다. 이것이 신앙인의 역사의식입니다. 지금은 캄캄한 밤입니다. 앞이 보이지 않습니다. 그러나 생각은 저 앞에 가있습니다. 왜요? 밤이 깊었으니까 아침은 오는 것이기 때문입니다. 깊은 밤에 다가오고 있는 아침을 생각할 수 있는 마음, 바로 이것이 믿음의 사람의 역사의식입니다. 이것이 바로 아우구스티누스의 역사의식이기도 합니다.

어떤 사람은 세상을 낙관적으로 봅니다. 과학이 발달하고 의학이 발달하고, 뭐 어쩌고어쩌고 하니까 앞으로 세상은 점점 더 좋아질 것이다, 친환경이니 뭐니 해서 다 좋아질 것이다, 앞으로 점점 더 좋아지는 세상에서 살게 될 것이다…… 이것이 낙관주의입니다. 과연 그럴까요? 반면에 어떤 사람은 세상은 점점 어두워진다, 아무 것도 볼 것이 없다, 하고 허무주의에 빠져서 절망합니다. 세상은 멸망으로 치닫고 있다, 과학적으로나 지질학적으로나 물리학적으로나 정신적으로나 사회학적으로나 다 망가지고 있다, 세상은 곧 끝장날 것이다, 하고 생각하기도 합니다. 그러나 성경말씀은 우리에게 그렇지 않다고 가르쳐줍니다. 너무 복잡하게 생각하지 말고 예수님의 역사의식을 그대로 받아들여야 합니다. 마태복음 24장 25장을 거듭해서 읽어보십시오. 그곳에 예수님의 종말의식이 있습니다. '기근이 있고, 지진이 있고, 재난이 있고, 전쟁이 있고, 타락이 있고, 배반이 있고, 증오가 있고, 부도덕이 있고, 불신앙이 있고, 세상은 점점 어두워질 것이다. 이 재난 속에서 복음이 전파되리라. 그리고 그제야 끝이 오리라.' 예수님의 말씀입니다. 예수님처럼 생각해야 합니다. 세상은 점점 어두워져갑니다. 그러나 이 어둠을 뚫고 저 앞에 밝은 아침이 오고 있습니다. 그것을 볼 줄 알아야 합니다. 오늘본문말씀처럼 '새 하늘과 새 땅을 바라보는 것'입니다. 어두운 곳에서 밝은 빛을 바라보는 것입니다. 우리는 결코 이 어둠의 연장선 위에 있는 것이 아닙니다. 어둠은 어둠으로 끝납니다. 한 단계가 끝나고 다음 단계로 밝아지는 저 세상을 바라보아야 합니다. 성경은 그것을 '주의 날'이라고 말씀합니다.

'The Lord's Day!' 이것이 베드로의 특별한 종말의식입니다. 오늘본문말씀에 과학자들도 깜짝놀랍니다. '그 옛날에 어찌 이렇게 과학적인 표현을 할 수 있었을까?' 하며 감탄하는 부분입니다. '하늘이 큰 소리로 떠나간다. 두루마리처럼 하늘이 떠나간다.' 이것은 우리가 본 일도 없고, 들은 일도 없습니다. 그러니 성경이 그렇다면 그런 줄 알아야지 않겠습니까. 하늘이 떠나간다는 것은 전체의 질서가 무너지는 시간을 뜻합니다. 그런가 하면 성경은 '체질이 녹아진다'고 했습니다. '체질'이라는 것은 헬라어로 스토익세이아(stoixeia)입니다. 이 말을 영어로는 '원소'를 뜻하는 엘리먼트(element)로 번역합니다. 그런데, 그 옛날에 체질 곧 원소가 불에 타는 것이 아니고 '풀어진다'고 표현했습니다. 바로 이 표현이 과학자들을 놀라게 하는 것입니다. '원소가 풀어진다.' 이것은 물리적 변화도 아니고 화학적 변화도 아닙니다. '원소가 완전히 풀어진다.' 대체 이것이 무엇을 의미하는 것일까요?

역사적인 사건을 통해서 조금 짐작해볼 수 있습니다. 1945년 히로시마에 원자탄이 떨어졌습니다. 그 떨어졌던 자리에 원자폭탄기

넘박물관이 세워졌습니다. 그래서 언제가 일본을 방문했을 때 저는 일부러 시간을 내어 그곳에 가보았습니다. 지금은 건물을 많이 지어 놓아 그 의미가 좀 무색해졌습니다마는, 몇 년 전까지만 해도 볼만 했습니다. 폭탄이 떨어졌던 자리를 보면 참 놀랍습니다. 원자탄이 떨어져서 불길이 확 지나갈 때 사람이 앉아 있었는데, 그 앉았던 흔적의 그림자만 있고 정작 사람은 없습니다. 그림자만 있고 아무것도 없는 것입니다. 그냥 녹아버린 것입니다. 타버린 것이 아니라, 성경의 표현대로 '풀어져버린' 것입니다.

더욱 놀라운 것은 그 근방에 있던 요한 성당에 종이 하나 있었는데, 그 노란 종은 녹지도 않고 그대로 있다는 것입니다. 그래서 박물관에 그 종을 가져다놓고, 거기에다 이렇게 써놓았습니다. '믿을 수 없는 일(Unbelievable Fact)' ─ 이것은 믿을 수 없다는 뜻입니다. 그 뜨거운 불길 속에 모든것이 다 녹아 없어지는 판국에 이 쇳덩어리 종 하나는 어찌 그 모양 그대로 무사히 남아 있을 수 있었느냐는 것입니다. 저는 그 종 앞에서 발길을 돌릴 수 없었습니다. 그 믿을 수 없는 일, 할 수 없는 일 앞에서 한 시간 동안 서서 생각하다가 저는 이렇게 결론을 내렸습니다. '이 불길 속에도 하나님의 뜻이 있었다.' 하나님께서 '내가 그 한가운데에 있다'는 것을 보여주시려고, 이 종 하나가 그대로 있었던 것입니다.

체질이 녹아버린다, 타버린다는 것이 아니라 풀어진다, 녹아버린다고 성경은 표현합니다. 또 그렇게 됨으로 말미암아 '모든것이 드러나리라'고 말씀합니다. 인간과 인생의 모든 모순, 모든 의문사, 모든 비밀, 모든 인간의 악이 밝히 드러날 것이라고 성경은 증거합니다. 이런 앞날이 저 앞에서 다가오고 있습니다. 이런 거대하고 위대한 사실 앞에서 다른 사건들, 전쟁이 어떻고, 기근이 어떻고, 유행병이 어떻고, 신종 인플루엔자가 어떻고 하는 얘기들은 그야말로 사소한 것 아닙니까. 그러니 대충 들어둡시다. 어차피 역사는 그쪽으로 가는 것입니다. 그렇다면 우리가 어떠한 사람이 되어야 마땅합니까? 이런 종말이 다가오고 있는데, 우리는 어떤 사람이 되어야 마땅합니까? 당연히 이것은 소유의 문제가 아닙니다. 지식의 문제도 아니요, 명예의 문제도 아닙니다. 이것은 실존의 문제입니다.

'어떠한 사람이 되어야 마땅한가?' 이 말씀 앞에서 우리는 엄청난 복음을 듣게 됩니다. "새 하늘과 새 땅을 바라보도다(13절)." 저 앞을 바라보라는 말씀입니다. 뒤의 것은 잊어버리고 앞의 것을 바라보라고 말씀하는 것입니다. 현재에 매이지 말고, 미련을 떨지 말고, 저 앞에 있는 것을 바라보라는 말씀입니다. 성경은 여기에서 머물지 않고 더 강한 표현을 씁니다. 오늘본문을 보면 "사모하라"고 했습니다. 원어로는 '스퓨돈테스(sfeudontes)'입니다. '열망한다'는 뜻입니다. 사랑하는 사람을 기다리는 것처럼 열망하라는 것입니다. 과거에 밀려서 사는 것이 아니고, 앞에 있는 일에 끌려서 사는 것입니다.

옛날에는 결혼식을 주례를 할 때 보면 신부가 많이들 울었습니다. 어떤 신부는 대놓고 엉엉 울기도 했습니다. 어떤 경우에는 제가 민망해서 손수건을 꺼내주기도 했을 정도입니다. 신부 자신도 나중에 말하기를 자기가 이렇게까지 울 줄은 몰랐는데, 막상 그 자리에 서보니까 울음이 나더라는 것입니다. 왜 그렇게 울었을까요? 자기를 키워주신 아버지와 어머니를 떠난다는 생각을 하니까 눈물이 나더라는 것입니다. 하지만 요즘에는 우는 신부나 신랑을 찾아보려고 해도 별로 없습니다. 오히려 다들 생글생글 웃으며 좋아하기만 합니다. 왜 그럴까요? 신랑하고 함께 있는 것이 너무너무 좋아서 그렇습니다. 여러분 생각에는 신부가 어떻게 해야겠습니까? 결혼식을 앞에 놓고 신랑과 함께하는 미래가 좋아서 웃으면서 가야겠습니까, 아니면 떠나는 친정집을 생각하면서 울면서 가야겠습니까?

하지만 우리 인생에서는 멀어지는 과거를 논할 것 없습니다. 대신에 가까워지는 그 나라를 바라보며 열망하는 것입니다. 사모하며 사는 것입니다. 하늘나라를 사모하고, 그리스도를 사모하고, 영원한 나라를 사모하며 사는 것입니다. 새 하늘과 새 땅을 보도다─ 이것이 그리스도인입니다. 약속대로 새 하늘과 새 땅이 다가오고 있습니다. 그렇기 때문에 우리에게 거룩한 행위가 있어야 합니다. 그렇기 때문에 경건해야 합니다. 더욱 더 경건해야 합니다. 세상이 좋아지리라고 너무 크게 기대하지는 마십시오. 그러다가 다시한번 실망하게 될 것입니다. 그러니 나의 경건을 점검해야 합니다.

윤동주는 우리민족이 가장 좋아하는 시인입니다. 그는 1917년 12월 30일, 북간도 명동촌에서 태어나 1945년 2월16일 일본 큐슈 후쿠오카 형무소에서 옥사했습니다. 29세의 젊은 나이에 세상을 떠난 것입니다. 짧은 생을 살았습니다. 그러나 감옥에 있는 마지막 2년 동안 그의 인생은 한마디로 경건 그 자체였습니다. 고향집에 편지를 해서 책 한 권을 차입받았습니다. 그 책을 손에서 2년 동안 한 순간도 놓지 않았답니다. 바로 신약성경입니다. 윤동주는 그 신약성경을 손에 들고 2년 동안을 오직 그 책만 읽으며 살다가 젊은 나이로 생을 마쳤습니다. 그는 갔지만 그의 유명한 말은 여러분도 잘 기억하고 있을 것입니다. 그것은 단지 한 편의 시가 아니라 그의 신앙고백입니다. '죽는 날까지 하늘을 우러러 한 점 부끄럼이 없기를.' 하늘을 우러러 한 점 부끄러움 없이 살리라는 그의 그 시구대로 그는 그렇게 살다가 그렇게 갔습니다.

윤동주 시인은 그 마지막 2년 동안 하나님의 말씀을 들었습니다. 하늘나라만 바라보았습니다. 하늘을 우러러 한 점 부끄러움 없이 살려고, 그렇게 깨끗한 마음으로 아무도 미워하지 않고, 그렇게 젊은 나이로 생을 마쳤습니다. 점점 더 어려운 시대가 다가옵니다. 우리의 마음을 아주 어지럽힙니다. 하나가 좀 끝나는가 하면 또 하나 다른 것이 시작되고, 하나가 좀 열리는가 하면 또 다른 사건이 터져나오고 있습니다. 인류역사는 그렇게 끝날 것입니다. 그래서 우리는 오늘본문말씀을 깊이 새겨들어야 합니다. '어떤 사람이 되어야 마땅한가?' 이 시점에서 어떤 사람이 되어야 마땅한가를 생각해서 더욱 더 경건하게, 더욱 더 말씀중심으로 살아가야 합니다.

제가 존경하고 자랑하는 외삼촌이 한 분 있습니다. 세브란스 의과대학 제2회 졸업생입니다. 삼촌은 늘 그것을 자랑하고 있었습니다. 책을 무척 많이 읽었고, 또 아주 많이 가지고 있었습니다. 어렸을 때 그 집에 가보면 책이 너무나 많고, 삼촌이 계속 책을 읽는 모습을 볼 때 너무나 부럽고 참 존경스러웠습니다. 그분은 92세에 돌아가셨습니다. 그분이 80이 넘으셨을 때 한번 방문해보았더니, 그 많은 책이 다 사라지고 없었습니다. 아주 깨끗이 청소해버리고 한 권도 없는 것입니다. 그런데 삼촌의 책상 위에는 커다란 성경책 한 권, 큰 글자로 된 성경책 한 권만이 떡하니 놓여 있었습니다. 저는 물었습니다. "삼촌, 그 많던 책들 다 어떻게 하셨습니까?" 그러자 그분은 "그게 나하고 무슨 상관이냐? 나는 이 책 한 권이면 된다" 하셨습니다. 그리고는 계속 성경만 읽고, 성경만 읽고 하시더니, 그 뒤에 다시 한번 방문해보니 저한테 냉면 한 그릇을 사주시면서 자랑하시더군요. "내 말 들어라. 내가 하도 성경을 많이 보다보니까 이제 신약성경을 다 외웠다. 신약성경을 다 외우고 요즘에는 잠언서를 외우는 중이다." 그 모습이 너무나 보기에 좋았습니다. 그 뒤 92세에 세상을 떠나실 때도 숙모님의 무릎을 베고 누워 계시면서 자녀들을 불러놓고 하나하나 이름을 불러가며 기도하시고, 또 제 손을 잡고 저를 위해서도 기도하셨습니다. 그렇게 마지막 말씀을 나누시더니 숙모님께서 "숨도 차고 힘드신데 그만하고 가시구려" 하시자 삼촌이 대답하십니다. "그래야겠지?" 그러시더니 이내 눈을 감으셨습니다. 그것이 끝이었습니다.

　　여러분, 우리가 지금 해야 될 일이 무엇입니까? 성경을 읽었습니까? 더욱 더 열심히 읽읍시다. 기도했습니까? 기도 시간을 늘립시다. 우리의 생각을 여기에 집중하고, 새 하늘과 새 땅을 바라보는, 그리고 오늘을 사는 바른 신앙생활이 되어야 할 것입니다. 　△

믿음을 더하소서

사도들이 주께 여짜오되 우리에게 믿음을 더하소
서 하니 주께서 가라사대 너희에게 겨자씨 한알만한
믿음이 있었더면 이 뽕나무더러 뿌리가 뽑혀 바다에
심기우라 하였을 것이요 그것이 너희에게 순종하였
으리라 너희 중에 뉘게 밭을 갈거나 양을 치거나 하
는 종이 있어 밭에서 돌아오면 저더러 곧 와 앉아서
먹으라 할 자가 있느냐 도리어 저더러 내 먹을 것을
예비하고 띠를 띠고 나의 먹고 마시는 동안에 수종들
고 너는 그 후에 먹고 마시라 하지 않겠느냐 명한대
로 하였다고 종에게 사례하겠느냐 이와 같이 너희도
명령받은 것을 다 행한 후에 이르기를 우리는 무익한
종이라 우리의 하여야 할 일을 한 것 뿐이라 할지니
라

(누가복음 17 : 5 - 10)

믿음을 더하소서

　언젠가 텔레비전의 어느 프로그램에서 백두산 호랑이를 찾아가 생포하는 장면이 아주 생생하게 방영된 일이 있었습니다. 맹수의 왕이라고 하는 사자나 호랑이는 역시 무서운 짐승입니다. 하지만 저는 사자나 호랑이를 볼 때마다 '그놈 참 잘생겼다' 싶은 생각이 듭니다. 역시 호랑이는 잘생겼습니다. 몸집이 크면서도 아주 날렵한 것이 '어떻게 저런 작품 같은 짐승을 볼 수 있을까' 싶을 만큼 호랑이가 크고 잘생기고 날렵한 것에 놀랄 뿐만 아니라, 산을 쩌렁쩌렁 울리는 그 포효소리는 더욱 놀랍습니다. 그런데 그런 호랑이를 생포하는 장면을 TV로 보면서 제가 더욱 놀란 것은 그렇게 크지도 않은 조그마한 사냥개 몇 마리가 겁도 없이 호랑이에게 달려드는 모습입니다. 세상에, 개 한마리가 자기가 뭐라고 그 무서운 호랑이한테 당당하게 대들고, 끝까지 물고 늘어지고 추적하는 것을 보면서 저는 이런 생각을 했습니다. '개는 개일 뿐이다.' 누가 무슨 말을 해도 개는 그저 개일 뿐입니다. 그러나 호랑이한테 달려드는 그 개는 제 뒤에 있는 주인을 믿고 있습니다. 그러니 믿음이 있는 개입니다. 그러니 그 개는 보통 개가 아닙니다. '내 뒤에 주인이 있다. 힘센 분이 있다' 하고 믿고 그 사냥개가 호랑이 앞에서 그렇게 용기를 내는 것을 볼 때 저는 그 개한테 별명을 붙였습니다. '네 믿음이 크다.'

　믿음은 위대한 것입니다. 토마스 그룸(Thomas Groom)의 심리학 이론을 보면 믿음에는 세 가지 차원이 있다고 합니다. 첫째는 '인지적 차원의 믿음(Faith as believing)'입니다. 이것은 다시 말하면 지식을 근거로 한 믿음입니다. 믿어서 아는 것이 아니라 알기 때문에 믿는 것입니다. 이 믿음은 '저 분은 내 어머니다. 그렇기에 나를 사랑하신다. 저 분은 내 아버지다. 그렇기에 나에게 이렇게 대해주실 것이다' 하고 믿는 것입니다. 우리가 아는 경험, 아는 지식을 근거로 때로는 합리적으로 믿음을 가집니다. 알기 때문에 믿는 것입니다. 그런 믿음이 있습니다. 하지만 이런 믿음은 때때로 그 지식이 빗나가면 믿음도 빗나가고야 맙니다.

둘째는 '신뢰적 차원의 믿음(Faith as trusting)'입니다. 이것은 의지하는 감정을 말합니다. 가슴으로 믿는 것입니다. 이 믿음은 지식과 상관이 없습니다. 생각으로 이렇다 저렇다 판단하지도 않습니다. 그냥 마음으로 믿어지는 것입니다. 사랑하기 때문에 믿는 것입니다. 가슴으로 믿는 것입니다. 별로 아는 것은 없습니다. 하지만 몰라도 괜찮습니다. 그저 왜 그런지 따뜻하게 느껴지고 믿어지는 것입니다. 이것이 의지하는 신뢰적 차원의 믿음입니다.

셋째는 행동 차원의 믿음(Faith as doing)입니다. 이 믿음은 지식도 감정도 관계가 없습니다. 이 믿음은 오직 의지를 생산합니다. 그래서 믿어지는 순간 힘이 생깁니다. 힘이 솟구칩니다. 작은 사냥개 한 마리가 주인을 믿는 것처럼 믿기 때문에 엄청난 용기가 생기는 믿음입니다.

우리의 믿음은 지금 어느 차원에 와 있습니까? '명답 공모'라고 하는 행사가 런던에서 있었습니다. 한번은 영국 땅 한쪽 끝에서부터 런던까지, 그 굉장히 먼 거리를 '가장 빠른 방법으로 갈 수 있는 방법이 무엇인가?' 하고 사람들한테 물었습니다. 많은 사람들이 나름대로 생각해낸 답을 보내왔습니다. 어떤 사람은 가장 빠른 코스를 잡아야 한다고, 또 다른 사람은 바른 길을 택해야 한다고, 또 다른 사람은 비행기로 가는 것이 가장 빠르다고 주장했습니다. 수많은 방법들이 나왔습니다. 하지만 그 가운데서 1등으로 뽑힌 명답은 이것이었습니다. '가장 좋은 친구와 함께 가는 것이다.'

그렇습니다. 누구와 함께 가느냐에 따라서 길이 멀기도 하고 가깝기도 합니다. 그러면 여러분, 음식이라는 것은 또 어떻습니까? 비싸야 됩니까? 맛이 좋아야 됩니까? 음식점 분위기에 따라 다릅니까? 다 아닙니다. 음식에서 가장 중요한 것은 '누구와 함께 먹느냐'입니다. 적어도 이런 차원이 있기에 인간이 인간인 것입니다. 그리고 이것이 바로 믿음이 주는 큰 생명력과 그 분위기 속에서 얻게 되는 나 자신에 대한 정체의식입니다.

예수님의 제자들은 예수님의 부름을 받고 예수님을 따라다녔습니다. 예수님께서는 제자들을 책상머리에 앉아서 가르치지 않으셨습니다. "나를 따르라. 내 멍에를 매고 내게 배우라" 하시면서 앞장서 가셨습니다. 그리고 이런 것 저런 것을 현장에서 가르치셨습니다. 현장교육을 하신 것입니다. 다 보여주시고, 때로는 훈련도 시키셨습니다. "가서 복음을 전하라. 병자를 고쳐라. 귀신을 내쫓아라." 그러면서 실습도 시키셨습니다. 이렇게 제자들을 가르치셨고, 제자들은 주님을 따르며 집중적으로 배웠습니다. 배우면서 그 지혜로운 말씀에 놀랐습니다. 또한 제자들은 주님의 권능에 놀랐습니다. 그분이 행하시는 모든 역사, 그 뒤나미스(dunamis) 곧 '다이너마이트 같은' 능력에 놀랐습니다. 그래서 마태복음 7장 29절에서 많은 사람들은 예수님의 설교 끝에 이렇게 결론을 지었습니다. "권세 있는 자와 같고 저희 서기관들과 같지 아니함일러라."

　서기관이나 제사장들은 지식을 말합니다. 그들은 단지 말을 할 뿐입니다. 감동적인 말을 합니다. 명령적인 율법을 말합니다. 그들은 말을 많이 하는데, 반대로 예수님께서는 말씀을 적게 하십니다. 그런데 예수님의 말씀에는 권세가 있습니다. 가르치심에 권세가 있더라― 그래서 저는 설교하기 위해서 강대상으로 올라오기 직전에 마지막으로 꼭 하는 기도의 제목이 이것입니다. '권세 있게 복음을 전하게 해주세요. 권세의 말씀으로 듣게 해주세요. 그 권세가 여기에 나타나게 해주세요.' 이렇게 기도하는 것이 한평생 저의 습관입니다.

　권세! 예수님께는 권세가 있었습니다. 제자들이 따라다니면서 예수님에 대해서 연구를 합니다. 그런데 가만히 보니 예수님께서 하시는 그 모든 일 뒤에 있는 모든 것, 그 모든 것 뒤에는 바로 믿음이 있었습니다. 예수님의 믿음― 제자들은 그 믿음에 대한 교훈에 놀랐습니다. 한번은 조그마한 배를 타고 디베랴 바다를 건너가다가 풍랑을 만납니다. 돌풍을 만나서 그 작은 배가 그만 나뭇잎처럼 뒤집히게 되었습니다. 비록 제자들은 한평생을 갈릴리 바다에서 산 어부출신들이지만, 그 순간 두려워 떨며 생각합니다. '이제 죽었다. 꼼짝없이 죽는구나.' 그들은 하나같이 아우성을 치며 선생님을 깨웁니다. 그러나 예수님께서는 편안하게 주무시고 계셨습니다. 그렇게 편히 주무실 뿐만 아니라, 제자들이 깨우자 일어나서 하시는 말씀이 "어찌하여 믿음이 없느냐? 왜 이렇게 믿음이 적으냐? 믿음이 적은 자여 어찌 의심하느냐?"입니다. 제자들은 깜짝놀랐습니다. 그 예수님의 믿음, 그 풍랑 속에서도 평안하게 지내실 수 있는 믿음, 아무런 걱정도 없는 믿음, 그 믿음에 제자들은 크게 놀란 것같습니다.

그뿐 아니라 예수님께서는 병자를 고치실 때에도 가장 중요하게 강조하신 것이 바로 믿음이었습니다. '네 믿음이 너를 온전하게 했으니 평안히 가라.' 이렇게 말씀하실 때 병자가 나았습니다. 마가복음 2장에는 주님께서 병을 고치실 때면 '그들의 믿음을 보시고 말씀하셨더라'고 기록되어 있습니다. 믿음을 보시고— 이것이 주님께서 중요하게 여기시는 것입니다.

그런가 하면 제 생각에는 아마 제자들이 예수님을 따라다니면서 제일 크게 놀란 것이 바로 이 사건이 아닐까 싶습니다. 저는 성경을 읽다가도 놀랍니다. '세상에, 이럴 수 있을까?' 나사로가 죽었습니다. 죽은 지 이미 나흘이나 되었습니다. 장례식도 끝났고, 벌써 썩어서 냄새가 납니다. 그런데도 예수님께서는 제자들을 다 데리고 많은 사람들이 보는 데서 무덤을 찾아가십니다. 그리고는 "무덤의 돌을 옮겨놓으라" 하고 말씀하십니다. 그러니까 마르다가 "냄새가 납니다" 하고 만류합니다. 그래도 예수님께서는 "옮겨 놔!" 하고 명령하십니다. 대체 예수님께서 어쩌자고 이렇게 말씀하시는 것입니까? 그뿐만 아니라, 무덤을 향해서 "나사로야 나오라!" 하고 말씀하십니다. 여러분, 이때 만약 나사로가 나오지 않으면 어떡합니까? 저는 그것이 걱정이 되어 예수님처럼 못했을 것같습니다. "나사로야 나오라!" 이것이 할 수 있는 말입니까? 어찌 그럴 수 있습니까?

한국교회 역사에 김익두 목사님이라고 하는 능력의 종이 계셨습니다. 그분 본인에게 직접 들은 얘기입니다. 그 목사님이 시무하는 교회 가까이에 냉면집이 있었는데, 그 냉면집 앞에서 맷돌질 하는 앉은뱅이가 있었습니다. 그 사람은 평생 맷돌질만 하며 먹고 사는 사람이었는데, 평소에는 목사님이 그 앞을 오가며 늘 보면서도 그 앉은뱅이에 대한 생각이 별로 없었답니다. 그런데 어느날 성령께서 목사님에게 '너 왜 앉은뱅이 보고 그냥 지나가느냐? 베드로와 요한이 앉은뱅이를 일으켰지 않느냐? 너는 주의 종이 되어가지고 뻔뻔하게 그냥 지나다니느냐?' 하고 말씀하시더랍니다. 그래서 김익두 목사님이 '내가 아무래도 저 앉은뱅이를 일으켜야겠다, 베드로처럼' 하고 결심하고는 간절히 기도한 뒤 '믿습니다!' 하고 그 사람에게 갔답니다. 새벽기도를 마치고 내려가다가 보니 그 앉은뱅이가 맷돌질을 하고 있더랍니다. 그에게 가까이 가서 섰습니다. 그런데 그 다음 행동에 문제가 있었습니다. 목사님은 주위를 휘휘 둘러보았답니다. '누가 날 보고 있나?' 그런데 마침 아무도 없더랍니다. 그것을 확인한 다음에야 목사님은 그 앉은뱅이더러 "나사렛 예수의 이름으로 명하노니 일어나라!" 했답니다. 그랬더니 그 사람이 일어나기는커녕 목사님을 보고 "뭐요?" 하더랍니다. 목사님은 다시 성전으로 올라가서 사흘 동안 물 한 방울도 마시지 않고 그대로 하나님 앞에 엎드렸습니다. '하나님, 저와 함께해주셔야겠습니다.' 그리고 사흘 뒤에 다시 내려와 마침내 그 사람을 일으켰습니다. 그 사건 후로 목사님은 우리가 다 알고 있듯 '권능의 종'으로 수많은 이적을 행했습니다.

여기서 한번 생각해봅시다. 왜 김 목사님이 처음에 주위를 휘휘 둘러본 것입니까? 믿음이 없었기 때문 아닙니까. 그러니 나사로를 일으키신 예수님을 생각해보면 참으로 엄청난 믿음이 아닐 수 없습니다. 대체 어쩌자고 죽은 지 나흘이나 지난 사람을 향해서 "나사로야 나오라!" 하고 소리를 지르십니까? 제자들은 예수님의 그 위대한 믿음, 그 엄청난 믿음에 깜짝놀라 크게 감동했습니다. 그뿐 아니라,

예수님의 믿음은 더 큰 사건 속에 나타납니다. 예수님께서 겟세마네 동산에서 내려오시다가 체포되십니다. 그리고 십자가를 지시게 됩니다. 그 다음에 일어난 주님의 운명은 우리가 다 아는 바입니다. 그런데 십자가를 지시게 되는 바로 그 순간, 체포되실 때 주님께서 마지막으로 하신 말씀이 무엇이었습니까? 요한복음 18장에서 주님께서는 이렇게 말씀하십니다. "아버지께서 주신 잔을 내가 마시지 아니하겠느냐……(11절)" 다시 말해서 예수님께서는 십자가라는 그 엄청난 사건을 사랑하는 아버지가 사랑하는 아들에게 주시는 것으로 믿으셨던 것입니다. 이것이 믿음을 근거로 한 것 아닙니까. 이것이야말로 위대한 믿음입니다. 아버지께서 내게 주신 잔 내가 마시지 않겠느냐?- 그리고 주님께서는 십자가를 지십니다.

이 모든 일련의 사건들을 통해서 제자들은 예수님의 그 믿음, 위대한 믿음, 엄청난 믿음을 보고 감동하고 놀라고, 동시에 오늘 우리들도 예수님 앞에 기도합니다. '예수님, 우리의 믿음을 더해주세요. 우리의 믿음을 도와주세요. 이 가냘픈 믿음을 도와주세요. 이 잘못된 믿음을 도와주세요. 주여, 제게 믿음을 주세요. 믿음을 더 크게 해주세요' 하고 부탁을 드립니다. 예수님의 믿음을 정리하면 딱 세 가지로 말할 수 있습니다. 첫째, 예수님께서는 하나님을 믿으셨습니다. 요한복음 16장에서 예수님 말씀하십니다. "내가 혼자 있는 것이 아니다. 내가 말하는 것도 내가 말하는 게 아니다. 하나님께서 나와 함께 계신다." 하나님께서 나와 함께, 아버지께서 나와 함께- 이처럼 예수님께서는 하나님께 대한 확실한 믿음이 있었습니다.

둘째, 예수님의 믿음은 아주 신비로운 것입니다. 예수님께서는 하나님 안에서 자기자신을 믿으셨습니다. 예수님께서는 자신이 누구라고 하는 것을 확실히 믿으셨습니다. 그렇습니다. '에고 에인(ego ein)'이라고 하는, 신학적으로도 아주 유명한 말씀을 하십니다. 영어로는 'I am'입니다. '나는 누구다' ─ 자아인식과 선언입니다. 자신의 정체성에 대해서 아주 확실하게 말씀하십니다. 이것이 믿음입니다. 자신에 대한 믿음입니다. 그래서 주님께서는 '나는 빛이다. 나는 길이다. 나는 진리다. 나는 생명이다. 나는 선한 목자다. 나는 부활이다. 나는 생명의 떡이다' 하고 말씀하십니다. '나! 나는 무엇이다' 하고 확신하셨습니다. 자기자신의 정체에 대한 믿음이 확실하셨습니다.

셋째, 예수님께서는 제자를 믿으셨습니다. 제자들은 이제 곧 다들 도망갈 것입니다. 베드로가 예수님을 모른다고 하리라는 것을 이미 다 알고 계십니다. 그런데도 제자들을 믿으셨습니다. 요한복음 16장 13절부터 17절까지를 읽어보면, 예수님께서는 제자들에게 부탁을 하십니다. 제자들을 믿으신 것입니다. 심지어는 부활하신 다음 도망간 제자들을 찾아가셔서도 "네가 나를 사랑하느냐? 내 양을 먹이라" 하고 말씀하실 만큼 제자들을 믿으셨습니다. 탕자가 집으로 돌아옵니다. 그런데 사실 그 아버지는 집나간 탕자를 믿었습니다. 저놈이 반드시 돌아오리라고 믿으면서 그가 돌아올 길을 열어두었습니다. 뿐만 아니라, 그가 돌아왔을 때 그에게 아무것도 묻지 않고 그를 영접합니다. 그 아버지는 그 아들을 믿었던 것입니다.

이제 묻고 싶습니다. 여러분은 하나님을 얼마만큼 믿고 있습니까? 또한 하나님 안에서 여러분 자신을 얼마나 믿고 있습니까? '나'라는 존재가 무엇이라고 믿고 있습니까? 또 하나님 안에서 여러분은 남을 어느 정도 믿고 있습니까? 예수님께서 말씀하십니다. "겨자씨만한 믿음이 있어도 이 산을 옮길 수 있는데, 이 뽕나무가 바다에 빠질 수도 있는데……" 겨자씨만한 믿음이 무엇입니까? 겨자씨는 작은 것입니다. 먼지같이 작은 것입니다. 그래서 제자들은 예수님 앞에 기도합니다. "주여, 믿음을 더해주세요." 그리고 이제 깨닫습니다. 믿음이 선물이라는 것을. 믿음은 내 지식이 아니고, 내 의지가 아니고, 내 감정이 아니라, 믿음은 하나님께서 내게 주시는 선물이라는 것을. 그러니 믿어진다는 것은 큰 축복입니다. 믿어지지 않는 것은 끝난 것입니다. 심판받을 심령입니다. 되묻지 마십시오. 성경에서 있다면 있는 것이고, 없다면 없는 것이고, 성경이 할 수 있다고 한다면 할 수 있는 것이고, 할 수 없다고 한다면 할 수 없는 것입니다. 그것이 그대로 믿어지는 것, 한 구절 한 구절 말씀 말씀이 그대로 죄다 믿어지는 것, 이것이 큰 축복입니다.

요한복음 14장에서 예수님 말씀하십니다. "하나님을 믿으니 또 나를 믿으라(1절)." 이 말씀은 '양이 목자를 믿듯이 믿으라, 아는 것도 믿고 모르는 것도 믿고, 할 수 있는 것도 믿고 할 수 없는 것도 믿고, 하나님을 믿으니 또 나를 믿으라' 하는 뜻입니다. 그래서 제자들은 또한 우리들은 '믿음을 더하소서' 하고 기도하게 되는 것입니다. '믿음을 더하소서' 할 때 예수님께서는 그들에게 긴 이야기를 하시지 않습니다. 다만 그것에 관해서 '무익한 종'을 예로 들어 말씀하십니다. '어느 날 종이 밭에서 일하고 돌아왔다. 그런데 돌아왔다고 여기 앉아 먹으라 하고 주인이 종에게 밥상을 바치겠느냐?' 물론 그렇게 하지 않습니다. 오히려 종에게 '가서 밥상을 차려라. 그리고 나 먹은 다음에 너 먹어라' 하는 것이 당연한 일입니다. 그런데 그렇게 하고도 마지막에 종은 뭐라고 합니까? '저는 무익한 종입니다' 하게 된다는 것입니다.

여기서 암시하는 귀중한 진리가 무엇입니까? 믿음은 겸손한 자의 것이라는 사실입니다. 의심은 끝이 없습니다. 그러나 믿음의 반대말은 의심이 아닙니다. 믿음의 반대말은 교만입니다. 요즘 우리의 마음을 어지럽히는 사건이 있습니다. 자살이라는 것은 심리학적으로 낭만주의에 속합니다. 자살은 최고로 사치스러운 일입니다. 그리고 극단적 이기주의입니다. 그러나 이 모든것보다 중요한 것이 있습니다. 그것은 교만입니다. 불신앙적인 교만입니다.

믿음의 내용이 무엇입니까? 복음의 능력을 믿는 것입니다. 중생을 믿는 것입니다. 사람을 변화시키는 능력, 나를 비롯한 모든 사람을 변화시키는 능력이 그에게 있음을 믿는 것입니다. 기도응답을 믿는 것입니다. 하나님의 경륜을 믿는 것입니다. 하나님의 능력과 지혜를 믿는 것입니다. 모든 일련의 사건, 역사적 사건, 현실적 사건 속에 하나님의 손길이 있고 하나님의 사랑이 있음을 믿는 것입니다. 하나님의 창조적 사랑을 믿는 것입니다. 그리고 나와 함께 역사하시는 하나님의 은총을 믿는 것입니다. 그래서 합력하여 선을 이룰 것이고, 그 의의 사랑 속에서 반드시 마지막에는 하나님의 역사가 확실하게 드러나며 그 사랑을 확증해주실 것을 믿는 것입니다. 이것이 우리가 믿는 믿음의 내용입니다.

문제는 믿음입니다. 믿음만 있으면 됩니다. 그런데 이 믿음은 은사입니다. '하나님이시여, 믿음을 주시옵소서!' 현실을 바꿔달라고, 세상을 변화시켜달라고, 그 누구를 변화시켜달라고 기도하지 마십시오. 대신에 오늘본문의 제자들처럼 아주 단순한 기도를 드려야 합니다. '하나님이시여, 저에게 믿음을 주세요. 위대한 믿음을 주세요. 믿음을 더해주시옵소서. 그래서 믿음으로 보고, 믿음으로 생각하고, 믿음으로 승리하고, 믿음으로 행복하게 해주세요. 믿음을 더하게 해주세요.' △

신앙인의 자유의식

　예수께서 그리스도이심을 믿는 자마다 하나님께로서 난 자니 또한 내신 이를 사랑하는 자마다 그에게서 난 자를 사랑하느니라 우리가 하나님을 사랑하고 그의 계명들을 지킬 때에 이로써 우리가 하나님의 자녀 사랑하는 줄을 아느니라 하나님을 사랑하는 것은 이것이니 우리가 그의 계명들을 지키는 것이라 그의 계명들은 무거운 것이 아니로다 대저 하나님께로서 난 자마다 세상을 이기느니라 세상을 이긴 이김은 이것이니 우리의 믿음이니라 예수께서 하나님의 아들이심을 믿는 자가 아니면 세상을 이기는 자가 누구뇨 이는 물과 피로 임하신 자니 곧 예수 그리스도시라 물로만 아니요 물과 피로 임하셨고
(요한일서 5 : 1 - 6)

신앙인의 자유의식

꽤 오래전의 이야기입니다. 1964년에 제가 미국 미시간 주의 유니언베일이라고 하는, 북쪽에 있는 조그마한 농촌마을을 방문했을 때의 일입니다. 그때 어떤 미국 장로님 댁에 가서 하룻밤을 유숙하게 되었는데, 마침 그 집에 손님방이 없었습니다. 그런데도 그들이 손님을 모셨습니다. 그러고는 저한테 아이 방을 내주어 거기서 자도록 편의를 봐주었습니다. 그래 아이는 주인 내외가 데리고 자고, 저는 그 아이 방에서 이틀 밤을 잔 일이 있었습니다. 어린아이 방이니까 그림책도 많고 장난감도 많은데, 그때 저는 그곳에 있던 동화책 한 권을 읽어보았습니다. 미국에 가서 처음 본 것인데 너무나 인상적으로 읽은 동화여서 아직도 기억하고 있습니다.

그 동화의 내용은 나중에 미국의 초대 대통령이 된 조지 워싱턴에 관한 이야기였습니다. 실화입니다. 유치원에 다닐 정도 나이에 조지 워싱턴은 아버지의 사랑을 많이 받으며 아주 밝게 자라고 있었습니다. 하루는 워싱턴의 아버지가 예쁘게 생긴 체리나무 화분을 하나 사왔습니다. 그리고 그것을 창문가에 놓고 가꾸며 꽃이 피기를 기다리며 열심히 돌보았습니다. 그러던 어느날 아버지가 조지 워싱턴에게 아메리칸 인디언의 도끼를 하나 선물로 사주었습니다. 인디언들이 쓰는 도끼를 아주 작게 모형으로 만든 것을 선물로 받은 그는 날마다 그것을 휘두르며 놀았습니다. 인디언들처럼 나무에 던지고 벽에 던져 꽂히면 뽑아서 다시 던지는 연습을 하면서 놀았습니다. 그런데 이리 휘두르고 저리 던지고 하다가 그만 아버지가 소중히 여기는 체리나무를 찍어버리고 말았습니다. 정말 큰일난 것입니다. 그는 '아버지가 굉장히 소중하게 여기시는 나무인데, 이거 큰일 났다. 들키면 나는 오늘 맞아죽는다' 하고 걱정하다가 한 가지 꾀를 생각해냈습니다. '숨겨야겠다.' 그래서 그것을 들고 나가서 큰 나무 밑을 깊이 파고 그곳에 화분을 넣은 다음 잘 덮어놓고 손을 털며 돌아서는데, 그만 그 집의 욕심 많은 가정부 아주머니에게 들키고 말았습니다. 그녀가 말합니다. "조지, 내가 다 봤다. 네가 무슨 짓을 하는지 내가 다 봤다." 워싱턴은 가정부 아주머니에게 제발 비밀을 지켜달라고 사정했습니다. 그랬더니 이 아주머니가 손을 내미는 것입니다. 그래 하는수없이 자기 용돈을 그녀에게 다 주었습니다. 돈을 받는 대신 비밀을 지켜주기로 모종의 거래를 한 것입니다. 그런데 문제는 여기서 끝난 것이 아닙니다. 이 아주머니가 툭하면 워싱턴에게 손을 내미는 것이었습니다. 돈이 없다고 하면 "저 나무 밑에……" 하고 말하면 워싱턴은 꼼짝없이 돈을 구해다 주어야 했습니다. 그러기를 거듭하다가 결국에는 돼지저금통까지 털어주어야 했습니다. 그녀의 요구는 끝이 없었습니다. 계속되는 요구로 워싱턴의 고민은 쌓여만 갔습니다.

어느날 워싱턴의 아버지가 말합니다. "아니, 체리화분이 어디 갔지? 내 체리나무, 내 체리나무가……" 그러면서 며칠 동안을 찾는 것입니다. 워싱턴은 그냥 시치미를 딱 떼고 모르는 척했습니다. 그런데 가정부 아주머니가 너무도 괴롭히자 더는 견딜 수가 없어서 마침내 워싱턴은 아버지에게 가서 솔직하게 털어놓고 사죄를 합니다. "아버지, 잘못했습니다. 제가 아버지께서 사주신 도끼를 휘두르다가 그만 체리나무를 찍었는데, 겁이 나서 그걸 묻어버렸습니다. 너무나 큰 잘못을 저질렀습니다." 이렇게 고백을 하자 아버지가 말합니다. "나는 벌써부터 너의 소행인 것을 알고 있었다. 네가 한 짓이라는 것을 알고 있었지만, 네가 스스로 고백하기를 기다렸단다. 너는 훌륭하다. 누구에게나 실수는 있으되 실수를 인정하기란 어려운 것이다. 그러니 너는 참 위대한 일을 한 것이다." 그리고는 워싱턴을 끌어안고 깊은 사랑을 표현했습니다. 아버지에게 그렇듯 용서를 받고나니 워싱턴이 얼마나 행복했겠습니까. 얼마나 자유로웠겠습니까. 이제 워싱턴이 아버지 방에서 나오는데 가정부 아주머니가 가까이 오더니 또 손을 내밀며 "용돈!" 하는 것이 아닙니까. 하지만 워싱턴은 당당하게 말합니다. "없어!" 그러자 가정부가 "아버지한테 이른다" 하고 위협합니다. 그러나 워싱턴은 "맘대로 해!" 하면서 밖으로 나가 버렸습니다.

그때 워싱턴이 느꼈을 자유를 생각해보십시오. 여기에는 두 가지 자유가 있습니다. 하나는 회개한 자의 자유입니다. 더는 어둠이 없습니다. 회개하고 나니 그렇게 자유로울 수가 없습니다. 이것은 정직한 자의 자유함입니다. 또 하나는 아버지의 깊은 사랑 속에 확인되는 자유입니다. '역시 아버지는 나를 사랑하시고, 나는 아버지의 아들이구나.' 이렇게 아버지의 마음을 확인할 때 오는 자유입니다. 그의 아버지는 훌륭한 분이었습니다. 그래서 조지 워싱턴은 자유로웠습니다. 이렇게 많은 뜻이 담긴 동화를 읽으면서 그 속에 무궁무진한 진리가 있음을 제가 그때 어린아이의 방에서 묵으면서 느꼈던 일이 있습니다.

그리스도인은 누구입니까? 그리스도인은 곧 자유인입니다. 이제 묻습니다. 여러분은 얼마나 자유합니까? 그리스도인은 자유로운 만큼 그리스도인입니다. 여러분은 구원을 무엇으로 정의합니까? 구원은 곧 자유입니다. 종교개혁자 마르틴 루터의 이론대로 말하면 죄와 사망과 사단과 율법과 진노, 이 다섯 가지로부터 자유로운 것입니다.

먼저 죄로부터 자유함입니다. 죄를 짓는 자마다 죄의 종이 됩니다. 양심의 가책에 매이고, 저주에 매이고, 또다시 죄를 짓는 중독성에 매입니다. 그리고 노예성에 빠집니다. 그러나 예수를 믿을 때 구원을 받습니다. 죄의 권세로부터 구원을 받습니다. 또한 사망의 권세로부터 구원을 받습니다. 예수 믿는 사람에게는 죽음이라는 것이 아무 두려움이 아닙니다. 아무 의미가 없습니다. 다음 생명의 단계로 가는 과정일 뿐입니다. 사망으로부터, 사단의 권세로부터, 율법과 진노로부터 자유함, 이 온전한 자유함이 참된 신앙인의 모습입니다. 사랑의 진정한 본질도 자유함입니다. 만약 여러분에게 사랑이 속박이 되고, 사랑이 고통이 되고, 사랑이 걱정거리가 되고, 사랑이 두려움이 되고 있다면 자신에게 진지하게 다시한번 물어보십시오. 그것은 사랑이 아닙니다. 사람들은 흔히 '사랑은 눈물의 씨앗'이라고 말합니다. 그러나 그것은 사랑이 아닙니다. 절대로 아닙니다. 왜냐하면 진정한 사랑 안에는 자유함이 있기 때문입니다. 사랑받을 때 자유합니다. 사랑받는 사람은 무한한 자유를 느낍니다. 여러분은 혹 선물을 받으면서 부담을 느낍니까? 그것은 진정한 선물이 아닙니다. 선물을 받는 마음은 그저 기뻐야 합니다. 그저 행복한 것입니다. 그 이상이어서는 안됩니다. 그런데 잘못된 선물, 선물이 아닌 선물은 받으면서 걱정이 생깁니다. '갚아야 되는데. 이게 뭘까? 혹시 뇌물인가?' 선물을 받고 나서 이런 여러가지 생각을 하고 있다면 그것은 잘못된 선물입니다. 선물이 아닙니다. 참선물은 오로지 기쁨과 행복과 자유를 줄 뿐입니다.

또한 사랑하는 자에게 자유가 있습니다. 사랑하면서 피곤해집니까? 그렇다면 자신에게 다시한번 물으세요. 일거리가 많아서 생기는 문제도 아니고, 상황의 문제도 아닙니다. 그것은 바로 사랑의 문제입니다. 여러분이 집에서 일하는 것, 아이들을 위해서 수고하는 것, 음식을 준비하는 것, 여러 모양으로 가정을 위해서 일하는 것, 이 모든 일들이 오직 사랑으로 꽉 차 있을 때는 행복이요 특권입니다. 그러나 사랑이 식을 때는 이것이 무거운 짐이 됩니다. 그렇기 때문에 사랑할 때, 사랑하는 자에게 자유가 있는 것입니다. 하늘을 훨훨 나는 것같은 자유함, 이것이 진정한 사랑입니다.

오늘본문에서는 '하나님께로서 난 자'라는 말씀이 강조되고 있습니다. 사도 바울도 고린도전서 4장 15절에서 '말씀 안에서 내가 너희를 낳았다'고 말씀합니다. '그에게서 낳다'는 등, 낳았다는 출생의 문제를 자꾸 언급하는데, 이것은 생명의 문제를 말씀하는 것입니다. 윤리 이전에 존재의 문제를 말씀하는 것입니다. 우리는 너무나 윤리 문제에 치중합니다. 아닙니다. 문제는 존재입니다. 존재가 근본문제입니다. 하나님께로부터 난 자, 하나님의 자녀, 그에게는 자유함이 있습니다. 이 자유함을 누리는 데에서 문제는 믿음입니다. 믿음은 하나님의 선물입니다. 데살로니가후서 3장 2절은 말씀합니다. "믿음은 모든 사람의 것이 아님이라." 믿음은 하나님께서 주시는 선물입니다. 아무리 믿으려고 해도 믿어지지 않는데 어떡하면 좋습니까. 믿어지지 않는 것, 이것이 참문제입니다. 혹 남편이 저녁에 늦게 돌아옵니까? 그럴 때 '뭐 돌아오겠지' 하고 편안히 잠드는 사람이 저는 좋은 사람이라고 생각합니다. 그런데 잠을 못자고 벌벌 떨면서 문 앞에 서 있는 사람은 사실 별로 반갑지 않습니다. 그것은 사랑이 아닙니다. 참사랑은 믿는 것이기 때문입니다. 아무리 늦어도 믿습니다. '그럴 이유가 있겠지' 하고 그것으로 끝입니다.

그러니 믿어진다는 것은 아주 중요합니다. 성경은 믿음은 선물이라고 누누이 말씀합니다. 믿어지지 않는 데는 달리 어쩔 도리가 없습니다. 누구도 그 사람으로 하여금 믿게 할 재간이 없습니다. 그러나 하나님께서는 사랑하시는 자, 하나님의 택함을 받은 자에게 믿어지는 마음을 주십니다. 좋은 마음은 믿어지는 마음입니다. 그래서 평안합니다. 그래서 모든 근심으로부터 자유한 것입니다. 믿어지는 복, 그것이 바로 선택받은 자에게 나타나는 현상이요 특권입니다. 실제로 우리가 부모님을 믿고 그 사랑을 믿으면 그보다 더 자유로운 일이 없습니다.

좀 우스운 얘기이고, 또 저만의 고백입니다마는, 저는 어렸을 때 사랑을 많이 받고 자랐습니다. 그러면서도 이상하게 아버지께 매를 많이 맞았습니다. 제가 다 기억합니다. 저는 17살까지 맞았습니다. 그렇듯 매를 많이 맞았는데도 저는 아버지께 맞으면서 한 번도 슬프다고 생각하지 않았고, 매를 많이 맞으면서도 단 한 번 분노를 느껴 본 일도 없습니다.

아버지가 '왜 때리실까?' 하고 생각해본 일도 없습니다. 그 이유가 있습니다. 아버지가 저를 때리실 때 꼭 하셨던 말씀이 있었습니다. "할아버지께 말씀드리지 마라. 아버지한테 맞았다는 말을 절대로 하지 마라." 만일 제가 한마디 해서 그 사실이 알려졌다가는 할아버지께로부터 벼락이 떨어지거든요. "어떤 손자인데 감히 네가 손을 댔느냐?" 하고 역정을 내시면 큰일이 나는 것입니다. 그러니까 제 아버지께서는 저를 때리시면서도 '할아버지께는 말씀드리지 마라' 하신 것이었습니다. 그러니 제가 그런 매를 맞으면서 아팠겠습니까. '내가 한마디만 하면 아버지에게 벼락이 떨어진다' 하고 생각하니 맞으면서도 마음은 자신만만합니다. 그러니 그 매를 아파할 이유가 없었습니다. 그저 이런 이유든 저런 이유든, 이해가 되든 안되든 '나를 위해 아버지께서 지금 나를 때리고 계시다' 하고 가만히 생각해볼 따름입니다. 솔직히 그때는 좀 심하다고 생각할 때도 있었습니다. 하지만 나이가 들면서 생각하는 것은 그 아버지의 매가 그립다는 사실입니다. 그 매가 있어서 오늘의 내가 있는 것입니다.

간혹 교인들이 제가 일찍 일어나는 것, 절제하는 것, 시간 지키는 것을 두고 이렇게 묻습니다. "목사님께는 평범한 일상이지만, 저희들에게는 너무나 특별한 것이에요. 아침마다 찬물로 목욕하는 것이나 다 어려운 일인데, 어찌 그렇게 하세요?" 하지만 저에게는 그런 일들이 어렵지 않습니다. 매 맞으면서 배운 것이기 때문입니다. 그러면서 익힌 것입니다. 거기에서 단련한 것입니다. 물론 그때는 그것이 좀 힘들었지만, 지금 생각해보니 그것은 사랑이었습니다. 그러니 여러분, 참사랑 안에 진정한 자유의식이 있는 것입니다.

또한 오늘본문은 하나님께로부터 난 자마다 그의 계명을 지킨다고 말씀합니다. 사랑이 무엇입니까? 그의 말씀을 듣는 것입니다. 그의 말씀을 따르는 것입니다. 내 뜻을 버리고 그의 뜻을 따르는 것입니다. 그의 말씀을 기뻐하는 것입니다. 그의 계명을 지키고 그 계명을 즐거워하는 것입니다. 여호와의 말씀을 즐거워하는 것입니다. 그것이 바로 사랑이요, 사랑의 고백입니다. 이것이 바로 자유함입니다. 오늘 본문은 너무나도 구체적으로 말씀합니다. "무거운 것이 아니로다(3절)." 계명을 지키는 것은 하나님의 사랑에 대한 응답이기에 그것은 무거운 것이 아니라는 것입니다. 사랑하면서 수고하는 것이기에 무거운 것이 아니라는 것입니다. 이것은 가벼운 것입니다.

예수님께서는 놀라운 원리를 우리에게 또 말씀하고 계십니다. "안식일이 사람을 위해 있느냐? 사람이 안식일을 위해 있느냐?" 말을 바꾸면 '율법이 사람을 위해 있느냐? 사람이 율법을 위해 있느냐?'입니다. 엄청난 말씀입니다. 그야말로 통달한 진리입니다. 하나님께서 우리에게 계명을 주셨습니다. 이 계명은 우리를 위한 것입니다. 우리를 사랑하시어 우리를 자유케 하시려고 주신 것입니다. 그러니 계명에서 자유를 느껴야 됩니다. 살인하지 말라, 간음하지 말라, 도적질하지 말라 할 때 이 '말라! 말라!' 하신 말씀을 속박으로 느끼지 말아야 합니다. 오히려 감사한 마음으로 그 속에서 자유를 느껴야 합니다.

여러분은 오늘 이 자리에 일찍 나오셨습니다. 저는 7시 30분 예배에 이렇게 나오시는 여러분에게 늘 감사한 마음을 느낍니다. 쉽지 않은 시간이거든요. 그런데 여기에도 두 가지가 있습니다. 어떤 사람은 '왜 하필이면 아침 7시 반인가? 11시 반에 하면 좋을 텐데. 왜 7시 반에 예배를 해서 잠도 못자게 만드나?' 하면서 나옵니다. 반면에 또 어떤 사람은 '7시 반 예배가 참 좋아! 일찍 나가서 예배드리고 그 이후에는 시간에 여유도 있고 아주 좋다' 합니다. 그래서 7시 반 예배에 나올 때도 자유한 가운데 감사한 마음으로 나오는 사람이 있습니다. 감사하는 마음으로 나오는 사람과 투덜투덜 하면서 나오는 사람— 여러분 스스로 물어보십시오. 여러분은 어느 쪽입니까?

하나님의 말씀은 무거운 것이 아니로다— 무거운 짐이 아닙니다. 가벼운 것입니다. 사랑하면 가볍고, 즐거워하면 더 가벼워집니다. 로버트 펠릭스(Robert Felix)라는 심리학자가 '건강한 자기사랑'에 대한 유명한 논문을 썼습니다. 사랑받는 사람은 자기사랑을 하게 되어 있습니다. 사랑하는 사람은 자기를 사랑하게 되어 있습니다. 자신을 소중하게 여기는 것입니다. 다시 말해서 자기존엄성, 자기가치를 날마다 확인하는 것입니다. 또한 자기자신을 이해할 줄 압니다. 자기자신을 심판만 하는 것이 아닙니다. '잘했다'고 자기가 자기를 칭찬할 줄 알아야 됩니다. '너 잘했다. 너 훌륭하다. 너 큰일을 했다. 좋은 생각 했다' 할 수 있어야 합니다. 만약 이것이 없으면 그 사람은 참 힘들게 사는 사람입니다. 그런데 그의 마지막 말이 더 마음에 듭니다. '나는 다른 사람이 되고 싶지 않고 오직 나만이 되고 싶다.' 이것이 건강한 자기사랑이라고 합니다. 참으로 기막힌 말입니다. 제가 그 글을 읽으면서 너무나 감동했습니다.

'나는 다른 사람 되고 싶지 않다.' 간혹 그런 사람이 있습니다. 여자이면서 남자가 되지 못한 것을 후회하는 사람이 있습니다. 하지만 그것이야말로 누구도 어쩔 수 없는 일 아닙니까. 그러니 여자는 여자로 '나는 여자가 된 것이 행복하다' 하며 살아야 자유한 사람 아닙니까. 하지만 '왜 나는 여자가 되었나?' 하고 생각한다면, 그거야말로 정말 구제불능입니다. '나는 오직 내가 되고 싶다. 이대로 만족하다. 더도 덜도 아니다. 이대로 만족하다' 하는 자세가 건강한 자기사랑입니다.

12살난 여자아이가 병들어 있는데 72살난 장로님이 병문안을 갔습니다. 장로님이 너무 마음이 아파서 그 아이한테 "애, 나는 72살인데 차라리 내가 일찍 죽고 네가 오래 살아야 할 텐데, 겨우 12살인 네가 지금 이렇게 세상을 떠나게 된다면 이 얼마나 안된 일이냐?" 하고 말했습니다. 그러자 그 12살난 아이가 참 엄청난 말을 했습니다. "할아버지는 몇 사람이나 예수믿게 하셨어요?" "글쎄, 별로 기억이 없는데?" 그러자 그 소녀가 "저는 12살이지만 제 친구 12명을 교회로 인도했거든요. 그래서 저는 이제 가도 후회가 없어요" 하더랍니다. 오직 나만이 되고 싶다, 나대로 만족한다면 다른 사람의 일도 부럽지 않고, 시기할 것도 없고, 질투할 것도 없습니다. 오직 나대로, 아니 좀더 나아가서는 현재 이대로 만족하는 것입니다. 그리고 그 마음으로 자유로운 것입니다. 그렇게 하나님의 사랑을 계속 깨달아가는 것입니다.

　제 개인적인 감정입니다마는, 1950년 6·25 전쟁이 일어나던 바로 그때 저는 광산에 있었습니다. 강제노동수용소 광산이었습니다. 그야말로 언제 어떻게 죽을지 모르는 그런 곳에 있었습니다. 침실은 있었지만, 침구는 없었습니다. 입은 그대로 그냥 누웠다가 일어날 뿐입니다. 하지만 그런 인간지옥 같은 곳에서 7개월 동안을 고생했는데도 제 마음은 늘 자유로웠습니다. 더 바랄 것이 없었습니다. 간혹 그런 생각도 했습니다. '여기서 죽으면 천당은 직행이다.' 그런데 이제 와서 그 오래전의 일을 다시 생각해보니 그것은 하나님께서 제게만 주신 특별한 사랑이었습니다. 그 강제노동수용소의 뼈아픈 경험이 오히려 하나님께서 내게 주신 특별한 사랑이었음을 깨닫고 있습니다. 저는 제 아버지께서 제 목전에서 총살당하는 것을 보았습니다. 정말 마음이 아팠습니다. 감당하기 어려운 슬픔입니다. 그러나 이제 생각합니다. 그 모든 경험도 하나님께서 내게 주신 특별한 사랑이었음을.

여러분이 여러분의 일생을 돌아보면서 그때 그 사건이 사랑이요, 그때 그 아픔이 사랑이요, 그때 그 고통이 사랑이요, 그것이 하나님의 자녀된 사랑을 확증해주시는 일인 것을 깨달을 때마다 여러분은 자유로워지는 것입니다. 그 사실을 한 번 더 깨달을 때마다 더 높은 자유를 느끼게 됩니다. 그리고 하나님의 그 능력과 지혜와 사랑에 또다시 감사할 뿐입니다.   △

이 시기를 알라

또한 너희가 이 시기를 알거니와 자다가 깰 때가 벌써 되었으니 이는 이제 우리의 구원이 처음 믿을 때보다 가까웠음이니라 밤이 깊고 낮이 가까왔으니 그러므로 우리가 어두움의 일을 벗고 빛의 갑옷을 입자 낮에와 같이 단정히 행하고 방탕과 술 취하지 말며 음란과 호색하지 말며 쟁투와 시기하지 말고 오직 주 예수 그리스도로 옷 입고 정욕을 위하여 육신의 일을 도모하지 말라

(로마서 13 : 11 - 14)

이 시기를 알라

벌써 오래전 이야기가 되겠습니다. 우리가 존경하는 한경직 목사님께서 남한산성에 가서 쉬고 계실 때 한번 제가 방문을 했던 이야기입니다. 아마도 그때에 한 목사님의 연세가 97세였던 것같습니다. 목사님께서 심각하게 제게 이런 말씀을 하십니다. "곽목사 잘 들어두라우." "예." "내가 영어 잘하는 거 알지?" "예, 압니다. 대학을 영문과 나오시고 제가 아는대로 미국 가서서도 영문과를 2년 동안 더 하시고 그래서 누구보다 영어를 잘 하시는 줄로 제가 알고 있습니다. 목사님의 영어 실력은 우리가 잘 압니다." 그랬습니다. 한목사님 다시 말씀을 이어가십니다. "나는 한국말 성경보다 영어성경을 더 많이 읽었다고 생각해. 아침마다 영어성경을 펴놓고 읽었는데, 한평생 그랬는데 며칠 전에 갑자기 내 영어가 지우개로 지우듯이 깨끗이 사라져버렸어. 영어성경을 펴놓았는데 한 단어도 생각이 나질 않아. 말끔히 지워져버린 거야. 곽목사, 곽목사에게도 이런 날이 온다는 걸 알아두라우." 그러시더라고요. 여러분, 똑똑하십니까? 그 똑똑 오래가는 것 아닙니다. 건강하십니까? 건강, 며칠 남았습니다. 그러니 잊지 마십시오. 내게 주어진 물질이 항상 내 손에 있는 것 아닙니다. 한목사님께서 그렇게 말씀하실 때 몹시 침통해하시고 아쉬워하셨습니다. 그렇게 한평생 영어공부 하고 영어로 성경을 읽었는데 이것이 싹 지워지니까 그렇게 서글플 수가 없는 것입니다. 그래서 제가 위로의 말씀을 드렸습니다. "고 이승만 박사께서 하와이에 가서 계실 때 언젠지는 모르지만 연세가 아주 높았을 때 말입니다.

들리는 말에 의하면 한평생 미국여자하고 살았는데 말년에 영어를
다 잊어버렸어요. 영어가 되질 않아요. 그래서 통역을 세웠다는 이
야기가 있습니다." 했더니 목사님이 크게 위로를 받으시더라고요.
"아, 그렇구나!" 그러시더라고요. 이게 결코 남의 얘기가 아닙니다.
왜 남의 얘기처럼 들어야 되나요? 이건 바로 나 자신의 얘기입니다.

　할머니가 바느질을 하시다가 저를 불러요. 실 좀 바늘귀에 꿰달
라 하십니다. 보니 할머니가 바늘은 멀리 들고 실은 얼굴 가까이 잡
고 앉아 헛손질로 애를 쓰시다가 안되니 나를 부르신 것입니다. 그
래서 내가 제대로들 잡고 꿰면서 "할머니, 바늘을 이렇게 가까이 둬
야 귀가 보이지요. 왜 그리 멀리하고 그러십니까?" 했더니 할머니께
서 지나가는 말처럼 하시는데 그게 진리인 것입니다. "이놈아, 너도
이런 때가 와." 가까이 둬야 보이는데 점점 멀어져요. 점점 멀어져
요. 멀어야 보인다는 데, 먼 것을 보게 만들었다는 데 굉장히 상징적
의미가 있는 것입니다. '가깟것은 그만 보아라. 이제는 멀리 보고
살아라.' 그런 말씀입니다.

　오늘본문은 우리에게 '이 시기를 알라'— 이렇게 가르칩니다.
이 시기— 우주적인 시기이기도 하지만 개인적인 시기입니다. 이 시
기라고 번역된 헬라말은 카이론입니다. 카이론은 영어로 타임이라
는 말인데요, 여러분이 가진 시계를 자세히 들여다보면 거기에 '크
로노메타'라고 적혀 있습니다. 시계를 크로노메타라고 합니다. 이
말에는 중요한 의미가 있습니다. 크로노스라고 하는 것은 하나님의
시간입니다. 이건 변할 수 없는 하나님만의 확고한 시간입니다. 이
런 시간이 있고 카이로스라고 하는 작은 시간이 있습니다. 크로노스
는 움직일 수 없는 것입니다. 그건 내가 따라갈 뿐입니다. 그러나

카이로스는 우리 자신들에게 주어진 시간입니다. 우리 개개인에게 주어진 시간(given time)입니다. 주어진 시간을 알라고 권고합니다. '시간을 알아야 한다. 현시점을 알아야 한다. 리얼 타임을 알아야 한다.'

여러분, 내게 주어진 시간이 얼마인지, 오늘 현시점이 어디인지 흘러가는 시간이지만 내가 처한 현시점이 있습니다. 흘러가는 시간 중에 내 시간을 알아야 한다, 그런 말씀입니다. 오늘의 시간, 현재의 시간을 말입니다. 그런데 오늘 성경은 우리에게 귀중한 것을 가르쳐 줍니다. 이 시간문제는 곧 구원의 문제라는 것입니다. 그렇게 연결을 합니다. 그래서 '우리의 구원이'라고 말씀합니다. 시간이란 돈버는 시간이나 얼마나 사느냐 하는 그런 시간이 아니라 우리의 구원, 단적으로 말하면 내 구원을 위한 시간이라는 것을 알아야 한다, 그런 말씀입니다. 이걸 모르면 안됩니다. 이게 얼마나 남았는지 알아야 되고 내 현시점을 알고 구원과의 관계에서 시간의 의미를 해석해야 됩니다.

마태복음 24장에 보면 예수님께서 말세에 대한 것을 예언하시면서 환난이 있고 고통이 있고 재난이 있고 지진이 있고 사랑이 식어지고…… 여러 가지로 어려운 일들이 많을 것이라는 말씀을 하십니다. 말세에 있을 징조를 말씀하십니다. 그러고나서 결론에 가서 보면 끝가지 견디는 자는 구원을 얻으리라 하십니다. 이 또한 구원론적으로 시간을 풀이하심입니다. 끝까지 견디는 자는 구원을 얻으리라, 그리고 환난과 고통 속에서 땅끝까지 복음이 전해지리라— 선교적 차원에서 시간을 풀고, 또 있습니다. "그제야 끝이 오리라." 구원론 중심의 역사의식, 구원을 중심해서, 하나님의 큰 구원의 역사를 중심해서 역사를 해석하는 것입니다. 이게 신앙인의 역사의식입니다. 그래서 오늘성경은 좀더 가깝게 설명해줍니다. '구원이 처음 믿을 때보다 가까웠다.'

개인적으로 말하면 여러분, 자꾸 늙어갑니다. 머리가 아픕니다. 무릎이 쑤십니다. 뭐 여기저기 지끈지끈 신호가 옵니다. 그러면 이 육신을 벗을 날이 가까웠어요. 저는 연세가 높으신 한의사 한 사람을 압니다. 중국사람인데요 한국말을 잘해요. 그분이 이렇게 말합니다. "목사님, 모두들 나이가 그만큼 됐으면 그냥 그저 아프면 아픈가보다, 불편하면 불편한가보다 하고 살다가 갈 생각을 하지 왜 병고칠 생각들을 합니까?" 참 옳은 말입니다. "병하고 같이 살아요. 너하고 나하고 같이 가자, 잘 달래면서 그리 사는 거지요. 목사님 여기 오셨지만 저는 절대로 병을 못고칩니다. 목사님을 20대로 돌려놓을 수는 없습니다. 잘하면 60%, 또 잘하면 80%까지는 내가 도와드릴 수 있겠지만 100%는 애당초 기대를 마세요." 참 마음에 들어요. 병과 함께 가는 것입니다. 그런데 문제는 세상을 떠날 날이 가까워오는 것은 분명하다는 것입니다. 점점 신호가 오고 있지요?

그러면 이제 생각할 것이 오늘본문의 이 말씀입니다. '너희의 구원이 처음 믿을 때보다 가까웠다.' 이 세상 떠난다고 하는 문제와 구원을 하나로 생각을 했어요. 구원이 가까웠다— '죽음이 가까웠다'가 아닙니다. 종말이 가까웠다는 것이 아니라 구원이 가까웠다는 것입니다. 엄청난 말씀입니다. 놀라운 신앙적 선언입니다. '우리의 구원이 처음 믿을 때보다 가까웠다.' 그런데 문제는 현재는 밤이라는 것입니다. 깜깜한 밤입니다. 밤은 점점 깊어만 갑니다. 깊어가는 밤을 보면서, 깊어가는 밤을 의식하면서 가까워지는 구원을 내다볼 수 있어야 됩니다. 그것이 그리스도인입니다. 그것이 성경입니다.

찰스 에이베어드라고 하는 유명한 역사학자가 있습니다. 역사를 연구하시는 분은 이 분의 역사연구를 마치 교과서적으로 생각한다고 합니다. 그에게 물었습니다. "당신이 평생 역사를 연구해서 얻은 결론이 무엇입니까?" 그는 네 가지를 분명하게 말하고 있습니다. '첫째, 하나님께서는 어떤 개인이나 국가나 간에 멸하시려고 하면 그냥 하늘에서 벼락을 치시는 것이 아니고 개인이건 나라건 교만하게 만드신다.' 쉽게 말합시다. 성공하게 만드신다, 이 말입니다. 그 잘못된 의도가 성공하게 만들어요. 교만해진 다음에 '꽝' 무너지더라고요. 이게 하나님의 심판방법이더라 합니다. '둘째, 하나님의 심판의 맷돌은 천천히, 천천히 도는데 세밀하게 골라낸다. 틀림없이 심판과 구원이 동시에 이루어진다. 한 사건 속에서 의로운 사람에게는 구원, 악인에게는 심판이다. 한 사건 속에서 그런데, 어쩌면 그렇게 정확하게 분리해놓는지 역사를 연구하면서 놀랄 수밖에 없다. 또하나, 벌이 꽃에서 꿀을 도둑질한다. 그러나 그건 도둑질하는 것도 아니고 도둑질당하는 것도 아니다. 오히려 벌이 꽃을 위해서 수고를 많이 한다. 술을 옮겨놓느라고. 우리가 알 수 없지마는 선과 악이 함께 섞여 돌아가면서 오묘한, 아주 오묘한 높은 차원의 하나님의 뜻이 이루어져나가는 것을 보고 놀라지 않을 수 없다. 또하나, 날이 점점 어두워질 때는 별빛이 보이지 않는다. 그러나 밤이 더 깊어가면 소망의 별이 앞에 나타나는 것을 본다. 새벽별을 보게 되더라.' 이렇게 말하고 있습니다.

밤이 깊었습니다. 지금 내가 느끼는 것은 밤입니다. 점점 더 어두워만 갑니다. 도덕적으로, 정치적으로, 경제적으로, 사회적으로 깜깜해집니다. 그러나 여기서 우리는 아침을 의식해야 됩니다. 밤은 밤으로, 어두움은 어두움으로 끝나는 것이 아닙니다. 밤은 새벽으로 이어집니다. 어두움은 빛으로 이어집니다. 이것을 의식해야 합니다. 이것을 역사의식이라고 합니다. 어두운 중에 빛을 의식해야 합니다. 밤이 깊고 낮이 가까웠으니— 현재는 밤입니다. 계속 깊어지기만 하는 밤입니다. 밤을 보면서 아침을 의식해야 되고, 동시에 중요한 말씀이 있습니다. 지금은 밤입니다. 깜깜합니다. 그러나 낮에와 같이 단정히 하라 하십니다. 우리는 종종 깜깜한 새벽에 밖에 나가기 위해서 몸을 단장하고 화장하는 사람을 봅니다. 지금 이대로는 깜깜해서 뭐 대충 입고 나가도 됩니다. 그러나 내가 이렇게 옷을 입고 나가서 한 시간만 지나면 아침이 됩니다. 그러면 부끄러워질 것입니다. 그렇기 때문에 낮에와 같이 단정히 행해야 됩니다. 아직 밤이지만 곧 가까워오는 아침을 생각하며 몸을 단장해야 합니다. 마음도 단장해야 합니다. 낮에와 같이 단정히! 굉장히 중요한 말씀입니다.

지금은 어둡습니다. 지금은 밤입니다. 그러나 그리스도인은 낮에와 같이 어두운 중에서 단정히 행해야 합니다. 아무도 보지 않습니다. 그러나 보는 것처럼 해야 합니다. 아무도 모릅니다. 그러나 나는 압니다. 이제 밝은 빛 앞에 노출될 것입니다. 그 시간을 의식하면서 오늘을 살아가야 합니다. 오늘 이 본문말씀은 특별히 유명한 에피소드가 전해지는 그런 본문입니다. 성 아우구스티누스가 방탕하게 살다가 회개하고 그리스도의 사람이 되었습니다마는 옛생활에서 벗어날 수가 없어요. 옛날에 살던 타성이 있어서 그 방탕한 생활에 자꾸 미련의 정을 가지게 되고 자꾸 끌리게 되고 깨끗이 살아야 하겠지만 깨끗하지 못하고 정결하게 살아야겠지만 정결할 수가 없어요. 이 갈등 때문에 괴로워하고 있다가 어느날, 기도하는데 강하게 빛이 오면서 들려지는 음성이 있었어요. '펴보라!' 그래서 성경책을 딱 폈는데 그것이 로마서 13장이었습니다. 이 오늘본문말씀을 그는 읽었습니다. "밤이 깊고 낮이 가까웠으니 그러므로 우리가 어둠의 일을 벗고 빛의 갑옷을 입자 낮에와 같이 단정히 행하고 방탕하거나 술취하지 말며 음란하거나 호색하지 말며 다투거나 시기하지 말고 오직 주 예수 그리스도로 옷입고 정욕을 위하여 육신의 일을 도모하지 말라." 이 말씀을 읽는 순간 이 말씀 속에서 홀연히 변화가 왔습니다. 그래서 성 아우구스티누스가 됐습니다. 그가 성 아우구스티누스 되게 한 말씀이 바로 이 본문말씀입니다.

여러분, 역사는 윤회가 아닙니다. 돌고 돈다고 생각하지 마세요. 그대로 서 있으면 돌고 돌아서 다시 제자리로 돌아온다고 생각하십니까? 아닙니다. 역사는 직선상에 있습니다. 기독교는 창조를 믿고 말세를 믿습니다. 돌고 도는 세상이 아닙니다. 심판을 향해서 치닫고 있습니다. 역사는 창조요 섭리요 그리고 구원입니다. 그리고 심판입니다. 지금은 어두워요. 어둠 속에서 하나님의 역사는 이루어지고 있습니다.

그리고 저 아침이 다가오고 있습니다. 그러므로 거듭거듭 마음을 다잡아야 할 것입니다. "오직 주 예수 그리스도로 옷입고 정욕을 위하여 육신의 일을 도모하지 말라." 세상은 점점 어두워만 갑니다. 뭐 하나 제대로 되는 게 없습니다. 기대할 것도 없습니다. 아니, 기대하지도 맙시다. 이 세상은 어둠으로 끝날 것입니다. 그러나 이 어둠 속에서 하나님의 뜻은 이루어집니다. 밝은 아침이 저 앞에 다가오고 있습니다. '이 시기를 알라. 그리스도로 옷입으라. 자다가

깰 때가 되었다.' 어두운 중에 밝게 살고 밤이 깊어지는 우리는 아침
에 살아야 합니다.   △

에덴동산에 들려진 복음

이에 그들의 눈이 밝아 자기들의 몸이 벗은 줄을
알고 무화과나무 잎을 엮어 치마를 하였더라 그들이
날이 서늘할 때에 동산에 거니시는 여호와 하나님의
음성을 듣고 아담과 그 아내가 여호와 하나님의 낯을
피하여 동산나무 사이에 숨은지라 여호와 하나님이
아담을 부르시며 그에게 이르시되 네가 어디 있느냐
가로되 내가 동산에서 하나님의 소리를 듣고 내가 벗
었으므로 두려워하여 숨었나이다 가라사대 누가 너
의 벗었음을 네게 고하였느냐 내가 너더러 먹지 말라
명한 그 나무 실과를 네가 먹었느냐 아담이 가로되
하나님이 주셔서 나와 함께하게 하신 여자 그가 그
나무 실과를 내게 주므로 내가 먹었나이다 여호와 하
나님이 여자에게 이르시되 네가 어찌하여 이렇게 하
였느냐 여자가 가로되 뱀이 나를 꾀므로 내가 먹었나
이다

(창세기 3 : 7 - 13)

에덴동산에 들려진 복음

팻 맥라건이라는 교수님이 쓴 책이 한권 있는데 그 책 제목이 너무 우리 마음을 끕니다. 제목부터 재미있는 책입니다. 「바보들은 항상 결심만 한다」 ― 이게 누구에게 하는 말 같습니까? 이 책 속에 나오는 이야기는 이렇습니다. 인생을 헛되게 살고 뭔가 잘못 살았어요. 생각할수록 잘못 살았어요. 그런데 이렇게 많은 세월을 잘못 살았다고 뉘우치고 있는 사람들의 공통점이 있다는 것입니다. 다시 말하면 실패한 인생의 공통점입니다.

첫째는 항상 남의 탓으로 돌리는 것입니다. 어떤 일이든 잘못됐을 때 꼭 남을 탓합니다. 결코 자기 탓이라고 생각을 안해요. 그런데 남의 탓이라고 하는 한 문제의 해결은 없습니다. 적어도 내 탓이라고 할 때 다소라도 다시 개선의 길이 열리는 건데, 남의 탓으로 책임의 소재를 밀어놓고나면 그 사건은 영영 해결될 수 없는 일이 되고 마는 것입니다. 그런데 그렇게 한평생을 산 것입니다. 항상 남을 탓하며 삽니다. 환경을 탓하고, 날씨를 탓하고, 세상을 탓하고, 부모를 탓하고, 마지막에 하나님까지 원망하는 것입니다. 이런 인생은 그야말로 바보일 수밖에 없어요.

두 번째는 문제가 무엇인지 모른다는 것입니다. 문제의 현상도 중요하지만 가장 중요한 것은 진실입니다. 사실을 사실대로 인정을 해야 됩니다. 원인이 무엇인가를 찾는 것입니다. 여러분 잘 아시는 대로 우리가 병원에 입원을 하든가 하면 그 병의 원인을 찾는 데 한 일주일 정도 걸립니다. 그래서 자칫 멀쩡한 사람 진찰하면서 병들어요. 그럴 수밖에 없는 게 원인을 알 수가 없기 때문입니다. 그 원인이 눈에 보이는 것이 아니기 때문입니다. 그 원인을 찾아들어가느라고 이리 실험하고 저리 실험하고 아침에 피 뽑아가고 저녁에 뽑아가고…… 한 일주일 종합진찰 받다보면 멀쩡한 사람 병들어요. 그런데 왜 이렇게 하나요? 원인을 찾느라고 그렇습니다.

그런데 바보같은 사람들은 어떠냐 하면 원인을 찾는 데 관심이 없어요. 언제나 현상뿐입니다. 그 결과만 가지고 얘기를 합니다. 사실 결과는 그리 중요하지 않습니다. 원인이 중요합니다. 그런데 원인에도 먼 원인이 있고 가까운 원인이 있어요. 저 멀리 있는 원인, 깊은 원인이 중요합니다. 문제가 있으면 그 원인을 알아야 하는데, 팻 맥라건 교수가 지적하는 바보같은 사람들은 원인에 대한 관심이 없습니다. 그러다보니 말귀를 못알아들어요. 누가 좀 얘기를 해도 듣지 않아요. 자기생각에 집착되어 있기 때문에 다른 사람의 말을 들을 수가 없는 것입니다. 그러다보니 끝까지 굳어지고 강퍅해지면서 문제의 원인을 영영 모르고 맙니다.

세 번째, 바보들은 하나같이 바쁘다는 말을 잘한다는 것입니다. 바빠서 생각할 겨를이 없다, 그런 문제에 대해서는 바빠서 생각할 수가 없었다, 등등 늘 바쁘다고 합니다. 글쎄올시다. 하지만 아무리 바빠도 생각하고 가야 합니다. 목적을 진단해야 됩니다. 원인을 알아야 합니다. 그리고 출발해야 합니다.

네 번째, 바보들은 항상 머리로 생각만 합니다. 잔머리를 굴립니다. 그래서 말만 많아요. 그러다보니 불평도 많아요. 말로만 하기 때문입니다. 늘 이리저리 머리만 굴립니다. 그래서 옛날 헬라철학자 아리스토텔레스는 그의 윤리학에서 이렇게 말합니다. '선에는 두 가지가 있는데 하나는 지성적인 선이고 하나는 도덕적인 선이다.' 그 옛날에 벌써 이렇게 말했습니다. 지성적인 선이라는 것은 가르치기도 하고 배우기도 하고 깨닫기도 하고 스스로 느끼고 지식을 형성하는 것입니다. 사람에게는 이런 지성적 선이 있습니다. 이런 사람은 적어도 무언가에 대해 잘 알고 있습니다. 물론 거기까지도 어려운 일입니다마는 문제는 도덕적인 선이 없는 것입니다. 다시 말하면 알긴 하지만 실천하질 않는 것입니다. 여러분이 아시는대로, 배워서 아는 것은 지식이고 몸으로 아는 것은 지혜입니다. 그러니까 이런 사람은 지식은 있는데 지혜가 없단 말이지요. 머리로만 생각하고 입으로 모든 일을 해결하려고 드는 사람입니다.

다섯 번째, 바보들은 앉아서 기다리기만 합니다. 일어서지도 않고 움직이지도 않아요. 또 기다리고, 또 다음 기회를 기다리고, 늘 기다리기만 합니다. 그리고 그렇게 한평생을 보내고 맙니다. 그래서 결론적으로 '바보들은 항상 결심만 한다'는 것입니다.

하나님께서 에덴동산을 만들어 아담과 하와에게 주셨습니다. 여러분이 아시는대로 아름다운 에덴동산입니다. 그런데 그 에덴동산의 아름다움 중에 더 영적인 아름다움이 있습니다. 그게 바로 언약입니다. 하나님의 말씀이 그 속에 있었어요. 하나님께서는 에덴동산에서 최초의 사람들에게 물질만 준 게 아니고, 자연만 준 게 아니고요, 말씀을 주셨습니다. 그래서 인간을 대화적 관계, 언약의 관계에다 두셨어요. 그래서 인간과 약속을 하신 것입니다. 이게 얼마나 중요한 의미가 있는 것인지 모릅니다. 말씀을 하시고 말씀을 들을 수 있는 대상으로 인간을 높여 놓으신 것입니다.

그래서 말씀하시기를 '이 동산 가운데 있는 이 선악과는 먹지 마

라. 다른 것은 다 먹어라, 다 가져라, 하지만 이건 아니다.' 에덴동산 가운데에 금단의 열매를 주시고는, '먹지 마라 먹는 날에는 정녕 죽으리라'하셨습니다. 간단하게 말씀하셨습니다마는 그 속에는 우리 인간을 향한 엄청난 메시지가 있습니다. 그 메시지는 뭐냐하면 '살고 죽는 것은 네가 결정하라'는 것입니다. 이 얼마나 중요합니까? 인간은 동물이 아닙니다. '네가 선택하고 네가 결정해라. 먹는 날에는 죽으리라. 먹지 아니하여 영생할 수도 있고 먹고 죽을 수도 있다. 생사를 네가 결정하라.' 이게 얼마나 소중합니까? 하나님께서는 인간의 위상을, 그 존재를 이렇게 높이 세워주셨어요. 그게 바로 에덴동산에서의 언약입니다.

그런데 아담이 그만 금단의 열매를 먹어버렸어요. 그래서 하나님과의 언약을 배반하게 됩니다. '정녕 죽으리라' 하신대로 영적인 죽음이 먼저 오고, 그 다음에 계속적으로 죽어가고 있습니다. 영적인 죽음 다음에는 이성적인 죽음이 오고, 그 다음에는 관계성의 죽음이 오고, 그 다음에는 육체의 죽음이 왔습니다. 이걸 우리가 알아야 합니다. 육체를 지배하는 것은 이성입니다. 이성을 지배하는 것은 영입니다. 생명의 중심은 영입니다. 영이 먼저 죽고 차례차례 파생되어서 다 죽어가고 있습니다. 이것이 인간의 상황입니다. 아담을 보면 그 죽음의 결과가 이렇게 나타납니다. 그 증상이 이렇습니다. 먼저 두려워했습니다. 반가워해야 될 분을 두려워했어요. 행복해야 될 시간이 두려움으로 가득찼어요. 이게 바로 문제라는 말입니다. 그 다음에는 부끄러워졌습니다. 그 다음에는 변명하고 핑계를 합니다. 이 세 가지는 중요한 의미가 있습니다.

생각해 보세요. 두려워한다는 것은 하나님과의 관계입니다. 하나님을 생각할 때 평안해야 되는데 하나님을 만나고 하나님을 생각하는 순간 두려움이 앞섭니다. 이건 하나님과의 관계가 파괴된 것을 말하는 것입니다. 두려움, 이것이 우리 모두가 갖는 고통의 근본입니다. 하나님과의 관계가 잘못되어, 하나님의 말씀을 떠났기 때문에 두려움이라는 것이 생긴 것입니다. 그리고 하나님을 두려워하다보니 사람과의 관계가 부끄러워집니다. 당당한 사랑의 관계가 그만 부끄러운 관계로 바뀐 것입니다. 반가워해야 되고 아름다운 관계가 그만 부끄러운 관계가 되어버렸습니다. 그 다음에는 이런 현상이 나타납니다. 변명하는 존재가 되는 것입니다. 책임을 지는 사람이 못되고 책임을 남에게 돌리는 사람이 됐어요. 책임을 포기한 것입니다.

사람에게 가장 중요한 것은 책임지는 마음 아닙니까? 아버지가 가정을 책임지고, 어머니가 교육을 책임져요. 또 경제를 책임져요. 이렇듯 사람은 책임질 때 존재의 의미가 살아나고 존재의 영광이 생기는 것인데 그만 자기 책임을 포기하고 남의 책임으로 돌려 버립니다. 그러는 순간 나의 존재는 사라지는 것입니다. 성경이 '숨었다'고 말씀합니다. '두려워하여 숨었나이다.' 나타내기를 꺼리고 숨어 사는 존재가 된 것입니다.

그런데 이같은 언약을 배반한 아담과 하와, 이미 죽어가고 있고 영적으로는 이미 죽었는데, 그래서 말씀드린 이런 현상이 나타나고 있는데, 바로 그때 에덴동산에 하나님의 음성이 들려옵니다. 여러분, '먹으면 죽으리라' 하셨으면 죽었으면 그만 아닙니까? 바로 그게 율법입니다. 그런데 왜 죽어가는 아담을 찾아오시는 것입니까? 바로 여기에 복음이 있는 것입니다. 첫째, 찾아오십니다. 하나님께서 아담을 찾아오십니다. 아담은 하나님을 떠났는데 떠난 아담을 하나님께서는 찾아오십니다. 찾아오시는 하나님 — 참으로 귀한 복음입니다. 하나님께서 우리를 찾아오셔서 만나주십니다. 둘째는 부르십니다. '아담아'하고 부르십니다. 개인적으로 부르십니다. 개인의 이름을 부르십니다. 개별적으로 부르십니다. 바로 이 부르심 자체가 복음입니다. 우리 마음속에서 영적으로 부르십니다. 하나님께서 우리 한 사람 한 사람, 하나님 품을 떠난 사람, 양심을 버린 사람, 이미 죽어가고 있는 사람을 지금도 부르고 계십니다. 애타게 부르고 계십니다. 그리고 물으십니다. '네가 어디에 있느냐?'

여러분, 아이들이 숨바꼭질하는 거 보시지 않습니까? 아주 어린 아이들을 보면 숨을 때는 나름대로 꼭 숨었거든요. 그런데 그렇게 숨어놓는 "어디 있느냐?"고 물으면 "여기 있다"하고 대답을 합니다. 지금 본문이 꼭 그 모습입니다. 숨어 있으면 가만있어야지, "아담아, 어디 있느냐?" 하시니 "나 여기 있습니다"라고 대답하지 않습니까? 참 유치합니다. 그렇지 않습니까? 그래놓고는 숨었다고 합니까? 이런 난센스가 바로 오늘 우리 가운데 있단 말입니다. 참으로 바보같은 인생이 아닙니까? 그런 우리인 줄을 다 아시고 하나님께서 부르십니다. '네가 어디 있느냐?' 하나님께서 몰라서 물으십니까? 하나님께서 아담이 어디 있는지 몰라서 묻고 계실까요? 이게 중요합니다. 하나님의 관심은 위치가 아닙니다. 아담의 상태를 물으시는 것입니다. 하나님께서는 지금 아담 스스로 깨닫고 스스로 일어나고 스스로 응답하기를 원하시는 것입니다. 그래서 부르고 계신 것입니다. '아담아 어디 있느냐?'

그럼 하나님께서 지금 원하시는 대답이 무엇입니까? 하나님께서 어떤 응답을 원하고 계십니까? 진실한 응답을 원하고 계십니다.

진실한 말, 참말을 듣기를 원하십니다. 아담이 진실하게 '내가 먹었나이다' 하면, 이 한마디면 되는데 그 한마디를 못합니다. '두렵습니다. 숨었나이다.' 뭐 이런 소리나 하고 앉아 있습니다. 문제의 변두리만 돌아다니고 있지 중심부에 있는 진실을 찾지 못하고 있습니다. 원인이 누구에게 있습니까? 바로 자기자신이지요. '내가 먹었나이다'라는 진실한 말을 못하기 때문입니다. 모름지기 하나님께서는 스스로 깨닫고 스스로 응답하기를 기대하셨던 것같습니다. '하나님, 죄송합니다. 제가 먹었습니다. 모든것은 제 잘못입니다'라는 대답을 원하셨습니다. 그래서 '아담아 어디에 있느냐?' 찾아와서 부르고 계셨던 것입니다. 하나님께서는 지금도 우리가 스스로 깨닫고 스스로 응답하기를 원하고 계십니다.

제가 언젠가 한번은 텔레비전에서 이혼하겠다고 하는 사람들을 다룬 프로그램을 보았습니다. 부부간에 뭔가 잘못돼가지고 '도저히 더 살 수 없다. 그러니 이혼하겠다'고 하면, 이혼을 너무 쉽게 결심해선 안되니까 그것을 중재하는 조정위원이라는 게 있더군요. 이혼을 청구한 부부들에게 조정기간이라는 것을 주어서 일정 기간 동안 다시 한 번 생각해보게 하고 다시 만나서 서로 대화를 하게 하는 것이 있습니다. 부부가 조정위원들과 함께 이야기하는 걸 텔레비전에서 보았습니다. 아내되는 사람이 이런 말 하는 걸 들었습니다. "제 남편은 바람을 피우고, 술도 먹고, 못된 일 많이 해요." 그러면서 우리가 보통 다 아는 상황들을 줄줄줄 얘기합니다. 다 듣고나서 마지막에 조정위원장이 묻습니다. "도저히 안되겠습니까? 다시 출발할 수 없겠습니까?" 그때 그 아내가 참으로 중요한 말을 하더군요. "저요, 이 남자가 바람을 피워도 좋고 외박을 해도 좋습니다. 그런데 딱 하나, 거짓말만 안하면 살겠습니다." 그 말에 가슴이 찡하더군요. 여러분도 무언가를 느끼십니까? '거짓말만 안하면 살겠다'는 그 말, 한번 곰곰 생각해볼만한 말입니다. 왜 그럴까요? 관계에서는 진실이 기본이기 때문입니다. 그까짓 돈버는 것 별로 중요하지 않아요. 화려한 것 좋지 않아요. 뭐 굉장한 선물 보따리도 상관없어요. 제발 진실하기만 하면 살겠다. 거짓말만 안하면 살겠다…… 그 말이 그렇게 제 귓전에 맴돌았습니다.

여러분, 지금 아담이 뭘 실수하고 있습니까? 거짓말을 하고 있는 것입니다. "두려워하여 숨었나이다"라고 말은 하면서 정작 왜 두려워했는지, 왜 숨어야 했는지 그 말은 못하고 있어요. 하나님께서는 "내가 선악과를 먹었나이다"하는 그 한마디를 듣고 싶어서 이렇게 찾아오시고 이렇게 말씀하시는데 끝까지 진실을 회피하고 있습니다. 그건 자기 존재를 잃어버리는 것입니다. 복음에는 바른 응답이 필요합니다. 그것은 바로 정직함입니다. 그것은 진실입니다. 엘리자베스 퀴블러라고 하는 유명한 죽음의 심리학자가 있습니다. 그분이 쓴 「인생수업」이라는 책은 아마 많은 분들이 읽었을 거라 생각합니다. 한 번쯤 읽어볼만한 책입니다. 「인생수업」에서 저자는 이렇게 말합니다. 인생은 어차피 출발해서 죽을 때까지 계속 배우는 것이다, 배우며 성장하는 것이다. 죽는 시간까지 우리는 공부하는 것이다, 그리고 스스로 변화되어야 한다……

그런데 뭘 배우자는 거냐? 어느 방향으로 배워야 되고 성숙해야 되겠나? 이에 관해 저자는 종말론자로서 이렇게 말합니다. '사람은 살면서 두려워하기도 하고, 비판하기도 하고, 부끄러워하기도 하고, 화도 내고…… 뭐 그렇게 살아갈 것이다. 하지만 결국 중요한 것은 모든 일 속에서 반드시 용서를 배워야 하는 것이다. 남을 용서할 줄 알고 나 자신을 용서할 줄 알아야 된다. 한평생 용서를 배워야 한다. 용서하는 인간으로 성숙해가는 것이다. 두 번째 배워야 할 것은 예상하지 못했던 일을 받아들일 수 있는 수용적 능력입니다. 여러분도 살면서 예상하지 못한 일이 많지요. 깜짝놀라는 일이 있지요. 그러나 성숙한 사람은 놀라지 않습니다. 어떤 일을 당해도 두려움도 없어요. 초연하게 받아들일 수 있어요. 상대방이 펄펄뛰어도 성숙한 사람은 잘 수용할 수 있어요. 세상이 곤두박질을 해도 두려움이 없어요. 그러니 여러분, 우리는 수용하는 능력을 배워야 합니다. 그리고 세 번째는 사랑을 배워야 한다고 합니다. 사람이 사는 이 속에도 저 속에도 전쟁 속에도 질병 속에도, 그야말로 모든 사건 속에는 사랑이 있어요. 그것이 사랑의 또다른 한 면입니다. 그러니 우리는 사랑을 깨닫고 배워야 합니다. 그리고 행복을 배워야 한다고 말합니다. 행복은 물질에 있는 것도 아니고 지식에 있는 것도 아닙니다. ' 행복의 비결을 배워야 된다. 행복할 수 있는, 그리고 나아가서는 놀이를 배워야 한다. 행복을 향유할 줄 알아야 한다.' 그것이 한평생 우리가 공부하는 방향이요 공부하는 내용이라고 저자는 말합니다.

　하나님께서는 아담에게 진실을 원했습니다. 그러나 끝내 진실한 응답을 듣지 못했습니다. 참으로 유감스러운 것입니다. 킹 던컨이라고 하는 분이 쓴 「The Amazing Law of Influence」라는 제목의 책이 있습니다. 우리말로 이 책을 「더 좋은 세상을 만드는 영향의 법칙」이라고 번역을 했습니다. 이 책에서 저자는 말합니다. '더 좋은 세상을 만들기 위해서는 먼저 자신을 변화시켜야 한다. 세상이 변화되기를 바라지 말고, 어느 때라도 자기자신을 변화시켜야 한다. 그리고 그 다음에는 다른 사람을 감동시킬 수 있는 변화를 시켜야 한다.' 즉, 다른 사람을 감동시키는 그런 생을 살아야 한다는 것입니다. 세 번째로, 감사하는 태도를 가지고 살아야 한다고 말합니다. 원망은 원망을 불러일으킵니다. 오직 감사만이 사랑으로 변화시킬 수 있습니다.

여러분, 아담은 끝내 진실을 잃어버렸고 그래서 원망하게 됩니다. 그가 하는 원망을 살펴보면 그 한마디 한마디가 너무 어이가 없습니다. 하나님께서 "너 어째서 선악과를 먹었느냐?"고 하실 때 "예, 제가 먹었습니다" 하였으면 괜찮은 남자인데, 이 남자 하는 소리가 "하나님이 내게 주신 저 여자가 주어서 먹었나이다"라고 대답합니다. 참 못됐습니다. 남자치고는 아주 저질 아닙니까? 이런 핑계를 댈 때부터 사람은 하질이 됩니다. 내 아내의 실수도 내 책임인 것인데 그걸 어째서 아내에게 돌립니까? 언제는 이 아내가 너무 예뻐서 '뼈 중에 뼈요 살 중에 살'이라고 노래하더니 이제와서는 '하나님이 내게 주신 이 여자가 먹으래서'라니 지금 누구를 원망하는 것입니까? 하나님 보고 '왜 장가 보내줬습니까?'하고 원망하는 것입니다. 원망이란 이런 것입니다. 원망은 자꾸 거슬러올라가서 결국 하나님께까지 올라가게 됩니다.

책임을 남에게 전가하는 것, 그것이 바로 자기존재의 상실입니다. 아담은 분명히 복음을 들었습니다. 그러나 그에게 주어지는 후반부를 잃어버렸습니다. 저는 생각해봅니다. 좀 미련한 생각인지 몰라도, 아담이 처음부터 '내가 먹었나이다, 주여'— 이렇게 했다면 하나님께서 뭐라고 말씀하셨을까? 제 생각에는 'Try Again. 한 번 더 기회를 주마'하셨을 것같습니다. 그래서 에덴동산에서 쫓겨나지 않앗을 거라고 믿습니다. 그런데 '제가 먹었습니다.' 이 한마디가 나오질 않기 때문에 '나가라'— 추방되는 것입니다. 에덴동산에 전해진 복음 "아담아 네가 어디 있느냐?"— 이 말씀에 우리는 어떻게 응답해야 하겠습니까? △

나는 하나님을 믿노라

우리가 풍랑으로 심히 애쓰다가 이튿날 사공들이 짐을 바다에 풀어 버리고 사흘째 되는 날에 배의 기구를 저희 손으로 내어 버리니라 여러 날 동안 해와 별이 보이지 아니하고 큰 풍랑이 그대로 있으매 구원의 여망이 다 없어졌더라 여러 사람이 오래 먹지 못하였으매 바울이 가운데 서서 말하되 여러분이여 내 말을 듣고 그레데에서 떠나지 아니하여 이 타격과 손상을 면하였더면 좋을 뻔하였느니라 내가 너희를 권하노니 이제는 안심하라 너희 중 생명에는 아무 손상이 없겠고 오직 배 뿐이리라 나의 속한 바 곧 나의 섬기는 하나님의 사자가 어제 밤에 내 곁에 서서 말하되 바울아 두려워 말라 네가 가이사 앞에 서야 하겠고 또 하나님께서 너와 함께 행선하는 자를 다 네게 주셨다 하였으니 그러므로 여러분이여 안심하라 나는 내게 말씀하신 그대로 되리라고 하나님을 믿노라 그러나 우리가 한 섬에 걸리리라 하더라

(사도행전 27 : 18 - 26)

나는 하나님을 믿노라

　제가 설교말씀을 준비하면서 이상한 생각을 했습니다. 오늘본문에 배를 타고 가는 사람들의 이야기가 있는데, 제가 이 설교를 준비하는데 혼자 생각에 '주일날 비가 와줘야 실감이 나겠는데' 했습니다. 뭐 기도까지 한 것은 아닙니다만 오늘 비가 오니 참 제대로 맞아 떨어졌습니다. 이런 때를 두고 뭐라 하는지 아십니까? '하나님과 내가 맞아떨어졌다'합니다.

　여러분, 믿을 수 없는 사건입니다마는 이건 확실한 실화입니다. 6·25 전쟁 때에 제가 군 첩보대에 있었는데 보통 12명이 첩보를 나가게 됩니다. 첩보를 나갈 때면 깜깜한 밤이라서 자칫 실종되기 쉬우니까 기다란 노끈을 준비해서 앞뒤로 그 노끈을 붙잡고 나갑니다. 앞의 사람이 보일까 말까하는 간격을 두고 걸어가는데 노끈을 붙잡고 그저 앞 사람이 인도하는대로 쭉 따라가는 것입니다. 어디로 가는지도 모릅니다. 어쨌든 앞사람이 인도하는대로 줄을 잡고 따라가다보면 밤새껏 한바퀴를 돌아 다녀오게 됩니다. 이게 첩보대의 임무입니다. 이 첩보대에서 있었던 사건입니다. 제 얘기는 아니고 제 친구 얘기입니다. 이 친구가 그날도 노끈을 붙잡고 첩보를 가는 길에 이상하게 목에 걸려 있던, 어머니가 걸어준 십자가 목걸이가 갑자기 딸랑 땅으로 떨어지는 것입니다. 그래서 그걸 주우려고 하니까 한 손에 잡히질 않더랍니다. 어두우까요. 그래서 주변을 더듬거리며 이걸 잡으려고 하다가 그만 이쪽 대열에 붙잡고 가는 그 노끈을 놓쳤어요. 그럼에도 어머니가 주신 십자가 목걸이를 기어이 찾아야겠다고 생각하며 더듬더듬하더니 마침내 찾았습니다. 목걸이를 손에 딱 쥐는 순간 앞에서 '쾅'하고 지뢰가 터지면서 여러 사람이 죽었습니다. 이 친구가 말합니다. "이 십자가가 아니었더라면 나도 거기서 같이 죽었을 거야." 그 후로 이 친구는 몇푼 안되는 십자가이지만 얼마나 소중하게 여기는지, 그냥 목에만 걸고 있는 게 아닙니다. 항상 만져봅니다. '내 목숨을 건져준 이 십자가……'하면서 말입니다. 그러면서 하필 그 때 그 순간 갑자기 그 목걸이가 왜 땅에 떨어졌는지 아무래도 모르겠지만, 목걸이 덕분에 오늘의 내가 있다고 간증하며 좋아하더니 결국은 목사가 되었습니다.

여러분, 때때로 우리가 세상을 살아가면서 내가 이해할 수 없는 그런 기적 같은 일을, 아니 기적을, 경험할 수 있지요. 그때마다 우리는 생각합니다. "아, 하나님이 나와 함께하셨다." 그리고 한마디 더 합니다. "나는 하나님을 믿노라." 이렇게 하나님의 기적을 간증하며 살아가는 것이 아니겠습니까? 종교개혁자 마르틴 루터의 일화 중에 아주 유명한 이야기가 있습니다. 루터는 종교개혁을 할 때 너무 고독하고 힘들었습니다. 그런데 루터에게는 그래도 오른팔과 같이 동역하는 프레드릭 니코니우스라고 하는 목사님이 계셨습니다.

이 젊은 목사님이 루터를 도와서 종교개혁에 큰 공헌을 했습니다. 한번은 종교개혁으로 인해 몹시 바쁜 와중에 니코니우스가 갑자기 그만 병에 걸려서 자리에 눕게 되었습니다. 그리고는 다시 회생할 기미가 보이지 않았습니다. 병은 점점 위중해져갔습니다. 루터는 이 사랑하는 동역자에게 편지를 썼습니다. 그 내용을 제가 가능한 한 그대로 읽도록 하겠습니다.

'나는 자네가 더 살 것을 하나님의 이름으로 명령하네. 교회를 개척하는 일에 자네가 꼭 필요하기 때문이야. 주 하나님께서는 자네가 죽었다는 소식을 내가 듣지 않게 할 것으로 믿네. 자네가 살아야 한다는 것은 나의 소망이네. 나는 하나님의 이름을 영화롭게 하기 위하여 일하고 있기 때문에 하나님께서 나의 소망을 이루어주시리라고 믿네. 확신하네. 분명히 자네를 다시 일으켜주실 것이라 하나님을 믿고 있네.' 사경을 헤매던 니코니우스 앞에서 루터의 이 편지를 그의 친구가 큰 소리로 읽어주었습니다. 그러자 다 죽어가던 사람이 그 편지내용을 들으면서 벌떡 일어났습니다. 그리고 건강해져서 그 후 6년 동안을 마르틴 루터를 위해서 크게 수고하다가 세상을 떠났습니다. 교회사에 기록된 아주 유명한 이야기입니다.

오늘 본문에 보면 276명이 탄 배 한척이 지중해를 통해 로마로 가고 있습니다. 항해 중에 그레데라는 섬에 있는 미항이라는 곳에 일단 기착했습니다. 보통은 여기서 겨울을 나고 봄에 항해해서 로마로 가는 것이 정상입니다. 그게 상식입니다. 왜냐하면 바로 앞에 큰 풍랑의 계절이 다가오고 있기 때문입니다. 그런데 배의 많은 사람들이 머물까 떠날까를 고민합니다. 오직 사도 바울만은 '아니다. 모험을 할 필요가 없다. 이 미항에서 조용히 겨울을 나고 내년 봄에 로마로 가는 것이 좋겠다'고 주장을 합니다. 그러나 이상하게도 많은 사람들은 달리 생각합니다. 그것은 조금 더 항해를 해서 뵈닉스에 가서 겨울을 지내자는 것입니다. 어차피 로마에는 못갑니다마는 그 중간에 뵈닉스라고 하는 큰 섬이 있는데, 그곳에는 유흥시설과 오락시설이 많기 때문입니다. 그러니 안전하지만 지내기에 불편하고 재미없는 미항을 떠나 좀 모험을 해서 뵈닉스에 기착해서 향락을 즐기겠다는 것입니다. 안전이냐 모험이냐 혹은 불편함이냐 향락이냐의 문제를 놓고 많은 토론을 했지만, 백부장, 선장, 선주 등은 모두 모험을 해서라도 뵈닉스에 가서 과동하자는 쪽으로 결정을 합니다. 죄수의 몸인 사도 바울은 더이상 주장할 수가 없었습니다.

결국 배는 미항을 떠났습니다. 처음에는 잘된 줄로 알았습니다. 그러다 마침내 풍랑이 오는데 견딜 수가 없었습니다. 성경을 자세히 읽어보면, 15절에는 "가는 대로 두고 쫓겨 가다가"라고 표현했고, 18절에는 '배를 가볍게 하기 위해서 짐을 다 버렸다. 그리고 손을 놓았다' 즉, 더는 손을 쓸 수가 없어서 그만 손을 놓아버렸다고 기록하고 있고, 20절에 보면 '여망이 없었다'고 표현되어 있습니다. 풍랑 속에서 이 배는 그저 바람이 부는대로 이리저리 끌려가고 있는 것입니다. 21절을 보면 그 내용이 아주 절절합니다. "여러 사람이 오래 먹지 못하였으니 바울이 가운데 서서 말하되 '여러분이여 내 말을 듣고 그레데에서 떠나지 아니하여 이 타격과 손상을 면하였더라면 좋을 뻔하였느니라'"고 합니다. 이미 안전을 버렸고, 이미 하나님의 뜻을 버렸고, 사도 바울의 말을 버렸고, 그리고 모험을 하다가 이렇게 남은 소망까지 다 잃어버리는 거기까지 가게 된 것입니다. 바로 그 순간입니다. 모든 사람들, 특히 항해를 주도하고 있던 백부장, 선장, 선주들이 다 손을 놓고, 가지고 있던 짐까지 바다에 다 버리고, 이제는 그들이 갖고 있는 기술, 경험, 능력을 다 포기하고 가는대로 가는 그 순간입니다. 그야말로 운명을 하늘에 맡긴 채 바람에 실려가고 있는 그 순간에 키가 작은 한 사람 사도 바울이 모든 걸 체념한 채 공포에 떠는 276명 앞에서 큰 소리로 외칩니다. '여러분이여, 내 말을 듣고 그레데에서 떠나지 아니하였더면 좋을 뻔했습니다.' 이미 내 말을 떠났어요. 이미 하나님의 뜻을 버렸어요. 아니, 상식도 버렸어요. 그리고 쓸데없는 모험을 하다가, 향락을 추구하다가 이 어려운 일을 당하게 됐습니다. 그러면 이대로 당할 수밖에 없는 것 아닙니까? 그러나 바로 그 순간에 사도 바울이 말을 하는 것입니다. 여러분 한번 가만히 생각해보세요. 276명이나 되는 사람들이 그런 긴박한 지경이 아니라면 사도 바울의 말을 듣겠습니까? 그는 죄수입니다. 쇠고랑을 차고 있는 죄수가 군인과 자유인을 향해 외칩니다. 선주와 선장을 향해, 백부장을 향해 큰 소리로 외칩니다. 그럼에도 그들 모두가 바울의 설교에, 바울의 외침과 충고에 귀를 기울일 수밖에 없는 형편이 되었습니다.

이런 기막힌 정황을 저는 종종 이렇게 표현합니다. '은총적 계기'라고. 그런 순간은 하나님의 축복입니다. 이 순간은 하나님이 만든 작품입니다. 그 순간은 인간의 지식과 경험과 노력과 재산이 아무 소용없는 시간입니다. 그럴 때 저들은 바울의 음성에 귀를 기울이게 됩니다. 보십시오. 모든 걸 다 포기한 상태입니다. 욕심도 버렸습니다. 그 때 쇠고랑을 차고 있는 죄수 한 사람이 큰 소리로 외칩니다. 모든 사람들은 그에게 귀를 기울입니다. 이 때 바울의 입에서 나오는 메시지는 이것이었습니다. '안심하라. 두려워하지 말라. 나는 하나님을 믿노라.' 모든 사람들이 사도 바울의 하나님을 믿을 수밖에요. '나는 하나님을 믿노라' 할 때에 그런 상황 속에서는 모든 사람들도 자신들의 모든 지식과 경험과 우상을 다 버리고 바울이 믿는 하나님을 믿을 수밖에 없었습니다. 오늘본문의 정황이 이렇습니다.

이제 바울의 메시지를 들어봅시다. "안심하라 두려워 말라"고 한 후에 이렇게 말씀합니다. '내게 하나님의 음성이 들렸습니다. 간밤에 내 귀에 하나님의 음성이 들렸습니다.' 참 귀한 말씀입니다. 여러분, 소망은 이것뿐입니다. 우리가 어떤 지경에 있느냐가 문제가 아닙니다. 하나님의 음성이 들려야 합니다. 저는 이것을 여러분에게 실제적으로 적용하고 싶습니다. 여러분의 생활이 망하든 흥하든, 건강하든 병들든 상관없습니다. 오직 하나님의 음성이 들려야 됩니다. 여러분의 기도 중에, 여러분이 성경 읽는 중에, 여러분의 묵상 중에, 하나님의 음성이 들리면 사는 것입니다. 만약 하나님의 음성이 안들린다면 그건 끝난 것입니다.

제가 눈이 밝아서 설교하면서 이렇게 보면 다 보이거든요. 저 뒤에서 조는 사람까지 다 알거든요. 그런 분을 볼 때, 저는 한편으론, 뭐 그저 그럴 수 있겠지 생각합니다. 피곤해서 조는 사람도 있고, 어젯밤 못자서 조는 사람도 있고, 곽목사 설교가 시원찮아서 조는 사람도 있고…… 뭐 있겠지 합니다. 하지만 다른 한편으론 기왕 여기까지 나와서, 그것도 이 비가 오는 날에 일껏 교회에까지 와서 조는 사람이라면 그거 문제 아닙니까? 이게 얼마나 중요한 시간인데 그만 그런 분들에게는 하나님의 음성이 안들려지는 것입니다. 귀가 열려야 되고 마음이 열려야 되는데, 왠지, 무엇에 씌었는지 하나님의 음성이 안들리는 것입니다. 하나님의 음성이 안들린다는 것은 참으로 불행한 것이지요. 복있는 사람에게는 하나님의 음성이 내게 주시는 음성으로, 아주 직선적으로 종말론적으로 들려오는 것입니다. 여러분 이걸 잊지 말아야 합니다.

계속해서 사도 바울은 말씀합니다. '간밤에 하나님의 음성을 들었노라. 바울아 두려워하지 마라, 네가 가이사 앞에 서야 하겠다 하시는 확실한 음성을 들었습니다. 그러니 안심하세요. 내가 하나님의 음성을 들었습니다. 그러니 안심하세요. 하나님의 음성이 들려옵니다. 그러니 안심하세요. 우리는 하나님의 뜻을 거역했습니다. 이미 거역했고, 여기까지 왔습니다. 심판받아 마땅하고, 죽어 마땅합니다. 그러나 하나님께서는 우리를 긍휼히 여기시고 다시 음성을 들려주셨습니다. "두려워하지 마라 내가 너와 함께한다"하시는 하나님의 음성이 들려왔습니다. 그러니 두려워하지 말고 안심하세요'라고 합니다. '우리는 하나님을 버렸으나 하나님께서는 우리를 버리시지 않았습니다.'

그런데 이보다 더 중요한 말씀이 있습니다. 하나님께서 사도 바울에게 말씀하십니다. "네가 가이사 앞에 서야 하겠고……" 가이사는 로마 황제입니다. 사도 바울이 로마 황제 앞에 서야 되겠다는 것입니다. 사도 바울이 로마 황제 앞에 꼭 서야 되겠다고 하시는 하나님의 섭리가 있다는 말씀입니다. 그러니 안심하라고 바울은 두려워 떠는 사람들에게 말합니다. '나는 로마 황제 앞에 가야 할 사람입니다. 내가 가야 할 사람이니까 당신들도 무사할 거요. 어떤 일이 있어도 나는 로마 황제 앞에 가서 전도해야 될 사람입니다. 이 엄청난 사명을 지니고 있기 때문에 이 사명이 다할 때까지는 나는 죽을 수가 없소.' 이것이 이 위험한 풍랑 속에서도 저들이 살 수 있는 이유인 것입니다.

유명한 얘기가 있습니다. 요한 웨슬리가 배를 타고 미국에 선교하러 갈 때 일입니다. 바다에 풍랑이 일어나서 많은 사람이 죽느니 사느니 하며 토하고 난리를 치는데 웨슬리는 찬송을 불렀습니다. 그리고 이런 말을 합니다. "하나님께서 내게 맡기신 일을 다 하기까지는 나는 절대로 죽지 않는다." 그 말이 무슨 뜻이겠습니까? 만약 어느 시간에 내가 죽는다면 그건 내게 맡기신 사명을 다한 다음이라는 사명 우선입니다. '내가 가이사 앞에 가야 한다. 그런고로 무사할 것이다. 뿐만 아니라 나와 함께한 여러분도 무사할 것이다.'

참 재미있는 이야기가 하나 있습니다. 오늘은 제 개인적인 얘기를 좀 많이 합니다마는 나이드니까 이렇게 되는 것입니다. 제가 북한에 있을 때 광산 수용소에서 나와가지고 산 속에 숨어 있을 때입니다. 대체 어딜 가야 안전합니까? 이리 가도 토벌대가 있고, 이리가도 군인이 있고…… 아주 살벌한 때입니다. 일단 잡히면 그 자리에서 총살입니다. 이런 위험한 시간 속에서 이리 가고 저리 가고 할 때입니다. 나 혼자서 굴속에서 자고 그랬습니다. 여담입니다만, 제일 자기 좋은 데가 무덤 있는 데입니다. 무덤 주변에는 잔디가 있어서 좋더라고요. 이렇게 무덤에서도 자고 들판에서 자고 그러면서 몇 달 동안을 돌아다니는데 매순간이 불안할 수밖에 없습니다. 대체 언제 무슨 일이 일어날지 모르는 상황의 연속이었습니다. 그런데 그 와중에 이상한 게 있었습니다. 누가 그렇게 말했는지 모릅니다만 사람들이 "저 곽선희는 하나님이 낸 사람이다. 그러니 저놈만 따라가면 산다"고 하는 게 아닙니까? 그래서 날 따라다니는 사람이 자꾸 생기는데 마지막에는 22명이나 되었습니다. 제가 그만 졸지에 소대장이 되어가지고 아주 괴로웠어요. 사실 나 하나면 숨기가 좋을 텐데 22명이 몰려다니니 꼬리가 길어서 말입니다. 믿거나 말거나 사실입니다. 왜 그랬을까요? 저들 말로는 내가 천명을 받았다는 것입니다. 사실 그랬지요. 정말 그런 일들이 많이 있었어요. 죽을 뻔하다가 살게 된 일들이 많았습니다. 지금에 와서 얘기로 하니까 쉽지 아주 힘들었습니다.

사실이 그렇습니다. 내가 살면 저들도 사는 것입니다. 사도 바울을 보세요. 바울이 살기 위하여 276명이 사는 것입니다. 바울이 무사하기 위해서 저들도 함께 무사한 것입니다. '함께한다는 것'에 이렇게 중요한 의미가 있습니다. 사도 바울은 말씀합니다. '그러니 안심하세요 하나님께서 내게 말씀하신 그대로 되리라고 믿습니다.' 나는 하나님을 믿노라 그러니 안심하라— 이 얼마나 위대한 사명의 고백입니까?

폴란드에 붉은 머리를 가진 소년 하나가 어느 음악대학 교수님을 찾아가서 자기가 피아니스트가 되겠노라고 말합니다. 소년이 피아노 치는 것을 다 보고나더니 교수가 말합니다. "너는 손가락이 너무 짧다. 그리고 손가락도 굵어서 자네는 아무래도 피아노로는 성공할 수가 없겠구나." 소년은 크게 낙심했습니다. 그런데 이 교수가 그에게서 무엇을 보았는지 어느 날 저녁 만찬회가 있을 때 그 소년에게 "자네, 우리 식사하는 데 와서 만찬장의 분위기를 위해 피아노 한 곡 선사할 수 없겠나?" 소년은 "아 그러지요"하며 즐거운 마음으로 가서 피아노를 쳤습니다. 연주가 끝난 다음에 교수가 이렇게 말합니다. "너는 피아노에 소질이 많다. 그러니 열심히 공부해라"하며 칭찬을 했습니다. 그 소년이 바로 훗날 안톤 루빈슈타인(Anton Rubinstein)입니다. 루빈슈타인은 그 순간을 회고하며 이렇게 말합니다. "너는 손가락이 짧고 굵어서 안되는데, 라고 할 때 나는 지옥을 경험했다. 너는 소질이 많다, 열심히 하라, 할 때 지옥에서 천당으로 가는 느낌이었다." 루빈슈타인은 교수의 그 한마디로 루빈슈타인이 된 것입니다.

여러분, '나는 하나님을 믿습니다. 그러니 여러분은 안심하세요. 내가 꼭 가이사 앞에 가야 합니다. 그런고로 여러분도 무사할 것입니다'하는 바울의 이 말씀을 거듭거듭 되뇌며 외워보십시오. '나는 하나님을 믿노라!' 그동안 우리는 믿을 수 없는 것 많이 믿지 않았습니까? 믿을 가치도 없는 것 너무 많이 의지하고 살지 않았습니까? 이제 툭툭 털어버리세요. 이 인생의 풍랑 속에서…… 그리고 딱 한 마디 "나는 하나님을 믿노라"고 다시 신앙고백하고 출발할 수 있기를 바랍니다. △

내니 두려워하지 말라

예수께서 즉시 제자들을 재촉하사 자기가 무리를
보내는 동안에 배 타고 앞서 건너편 벳새다로 가게
하시고 무리를 작별하신 후에 기도하러 산으로 가시
다 저물매 배는 바다 가운데 있고 예수는 홀로 뭍에
계시다가 바람이 거스리므로 제자들의 괴로이 노 젓
는 것을 보시고 밤 사경 즈음에 바다 위로 걸어서 저
희에게 오사 지나가려고 하시매 제자들이 그의 바다
위로 걸어 오심을 보고 유령인가 하여 소리지르니 저
희가 다 예수를 보고 놀람이라 이에 예수께서 곧 더
불어 말씀하여 가라사대 안심하라 내니 두려워 말라
하시고 배에 올라 저희에게 가시니 바람이 그치는지
라 제자들이 마음에 심히 놀라니 이는 저희가 그 떡
떼시던 일을 깨닫지 못하고 도리어 그 마음이 둔하여
졌음이러라

(마가복음 6 : 45 - 52)

내니 두려워하지 말라

골드메달리언 상을 수상한 작가인 켄 가이어의 최고 베스트셀러 「영혼의 창」이라고 하는 책 속에 나오는 재미있는 에피소드입니다. 멕시코시티의 대형시장의 아주 그늘진 한구석에 '포타라모'라고 하는 인디안 노인 한 명이 쭈그리고 앉아 있었습니다. 노인 앞에는 양파 20줄이 놓여 있었습니다. 시카고에서 멕시코시티로 여행을 왔던 한 교수님이 다가가서 "양파 한 줄에 얼마요?" 하고 물었습니다. "10센트입니다." 그러면 "두 줄에는 얼마요?" "20센트입니다." "세 줄에는 얼마요?" "30센트입니다." 그러니까 이 교수님께서 상식에 어긋나는 것같은 것을 느꼈습니다. 왜냐하면 많이 사면 싸게 해줘야 되잖아요, 다소라도. "그럼 3줄을 사도 전혀 감해주지 않네요. 25센트에 하면 안되겠습니까?" "안돼요." 그러더랍니다. "그러면 말이오 20줄을 다 사면 얼마요?" "안팔아요." 그러더랍니다. "왜 안팔아요? 하루종일 앉아 있을 텐데" 했더니 "아니오, 그건 아닙니다. 나는 지금 인생을 사러 여기에 나와 있고 나는 시장과 여기에 가고 오는 모든 사람을 사랑하고 여기에 내리쬐는 햇볕을 사랑합니다. 한 사람에게 다 팔면 하루는 끝나는 게 아닙니까? 그러면 남은 시간은 뭘 하죠? 그건 안되죠. 내 삶을 잃어버릴 수는 없죠. 나는 지금 여기에 돈 벌기 위해 앉아 있는 게 아닙니다. 사람을 만나기 위해서, 사람과 사귀고 사람과의 아름다운 관계를 위하여 그것을 사기 위하여, 그것을 벌기 위하여 앉아 있을 뿐입니다." 여러분, 많은 것을 생각하게 하지 않습니까?

세상에 제일 불쌍한 사람이 돈만 바라보고 사는 사람입니다. 만사를 돈으로 계산하는 사람입니다. 그게 아닙니다. 역시 사람이지요. 사람과의 만남이지요. 사람과의 흐뭇하게 오고가는 정이지요. 우리가 이걸 잊어버리고 있는 것입니다. 이 간단한 이야기 속에 현대를 사는 사람에게 주는 중요한 생활철학이 있습니다. Panic Disorder라는 것이 있습니다. 몇년 전에도 한번 말씀드린 것같습니다. '공황장애'라고 하는 것입니다. 특별한 이유도 없이 갑자기 두근거리며 숨이 막히고 심장이 뛰면서 꼭 죽을 것만 같은 그런 증상이 옵니다. 이유는 없습니다. 한 5분 혹은 10분 동안 이렇게 숨이 막힙니다. 최고로 20분만 지나면 진정이 됩니다. 이제 진정된 다음에는 또다른 문제가 생깁니다. 이게 뭐냐하면 불안증상이라는 것입니다. 이런 증상이 또 일어날까 해서 지레 불안합니다. 그 다음에는 회피 불안입니다. 이런 증상이 있으니까 나는 이것도 할 수 없고 저것도 할 수 없다, 아무 일도 할 수 없다― 그런 증상을 가지게 되는 것입다.

이 Disorder의 중요한 문제가 있습니다. 치료법은 없나? 치료법은 두 가지가 있습니다. 하나는 약물치료로서 항우울제를 줍니다. 불안 해소제입니다. 이건 먹었다하면 계속 잡니다. 그저 누워서 사람을 자게 만듭니다. 이런 신경계통의 약이 있습니다. 그러나 중요한 것은 두 번째입니다. 이것은 행동치료라고 하는 것입니다. 이것은 더욱더 큰 두려움에 직면하게 합니다. 이런 사람을 끌고 여행을 하면서 깜짝깜짝 놀라는 장면을 많이 보여줘야 됩니다. 그래서 강도 높은 경험을 하게 되면 여기서 튼튼한 심장이 생깁니다. 이것을 극복할 수 있는 저항력을 가지게 된다는 말입니다.

여러분, 그런 말 들어보았습니까? '큰 걱정은 작은 걱정을 해소한다.' 무슨 말입니까? 우리가 작은 문제를 가지고 뭐니뭐니 하다가도 이것보다 큰 문제가 생기면 이건 다 아무것도 아닙니다. 이런 것들은 아무것도 아닙니다. 그렇지 않습니까? 가끔 드라마에 나옵니다. 부부간에 네가 옳으니 내가 옳으니, 네 과거가 어떻고 내 과거가 어떻고 열심히 싸우다가 아이가 아파서 열이 40도가 되면 아이를 안고 병원에 가는 동안에 절로 화해가 됩니다. 부부싸움은 끝났습니다. 큰 사건이 작은 문제를 해결해버리고 맙니다. 이것이 행동치료라고 하는 처방입니다.

오늘본문에 보면 배를 타고 갈릴리호수를 건너가는 제자들이 있습니다. 이 사람들 대부분이 갈릴리의 어부입니다. 요샛말로 프로급입니다. 어쩌다가 한번 배를 타고 나온 게 아니고 늘 이렇게 이 배는 자가용처럼 타고 다니는 것입니다. 이리 건너고 저리 건널 때마다 배를 타고 호수를 건너가는, 크게 말하면 나룻배같은 것입니다. 그리고 여기서 한평생 산 사람들입니다. 익숙한 사람들입니다. 노를 저어서 지금 호수 저편으로 가고 있습니다. 가다가 큰 풍랑을 만나게 됩니다. 그래서 두려워하게 되고 죽게 되고 '아이고 이제는 죽는가보다' 하는 큰 불안에 직면합니다. 그런데 오늘 말씀의 이 메시지의 중요한 요점이 있습니다. 52절 끝에 가서 보니 왜 이 사람들이 두려워했습니까? 풍랑 때문에? 파도가 높아서? 아니, 인간한계를 넘었기 때문에? 내 경험으로서는 극복할 수 없는 큰 사건이 다가왔기 때문에? 뭐 이러한 이러한 얘기가 아니고 성경은 간단하게 말씀을 했습니다. 아주 중요한 말씀입니다. "그들이 떡 떼시던 일을 깨닫지 못하고……" 보십시오. 이거 지금 밤에 된 일입니다. 그리고 바로 지난 낮에 되었던 사건이 있어요. 디베랴 광야에서 5,000명이 모여서 예수님을 만납니다. 해가 지도록 이 사람들은 예수님 따라다니는 데 정신이 없어요. 그런 동안에 몹시 시장했어요. '이대로 돌아가면 가다 지칠 사람도 있겠다.' 생각해서 예수님께서 큰 긍휼로 제자들에게 말씀하십니다. '이 사람들이 집에 돌아가다 지칠 사람이 있겠다. 너희가 먹을 것을 주라.' "뭘 줍니까? 아무것도 없는데요. 이 광야에서……" 그때 예수님께서 5,000명을 먹이시는 큰 이적을 행하십니다. 이것은 예수님께서 베푸신 모든 이적 중 가장 굉장한 이적입니다.

이 일로 인하여 요한복음 6장에 보면 반응은 이렇습니다. 예수님을 왕으로 삼으려고 듭니다. 왜요? '강제로라도 왕을 삼아야 되겠다. 예수님만 왕이 되면 경제문제는 해결되니까 먹고사는 문제는 문제가 없겠다.' 이런 생각을 한 것같습니다. 강제로 예수님을 왕으로 삼으려고 하니 예수님께서 어찌하십니까? 오늘 성경 첫절에 말씀하지 않습니까? "즉시 제자들을 재촉하사……" 이렇게 인기가 높을 때, 이렇게 일이 형통할 때, 일이 잘되었을 때 바로 그때 조심해야 됩니다. 제자들을 재촉해서 배를 타고 건너가라 해놓으시고 예수님께서는 조용하게 산에 올라가사 밤새 기도하십니다. 저는 이 장면을 아주 귀하게 생각합니다. 우리 교회에서 늘 보면 저녁에 혹은 밤에 기도하러 오시는 분들이 있습니다. 조용히 와서 답답한 사정을 두고 기도합니다. 사업 때문에도 그렇고 병 때문에도 그렇고 아이들 때문에, 가정 때문에 밤을 새워 기도하는 분들을 많이 만납니다. 어떤 때는, 조금 앉아서 얘기를 들어보면 전부가 어려운 얘기입니다. 이런 일, 이런 일 때문입니다, 해요. "아 그렇습니까?" 함께 기도하고, 그렇게 하는데 내가 일생 한번도 못본 것이 있습니다. 일이 잘됐을 때 기도하러 오는 사람이 없거든요. 그렇게 아이가 학교에 입학하는 거라고 몇년을 기도하고 난리를 치고 나를 괴롭히고 "목사님, 위하여 기도해주세요"하다가 합격하고나니까 끝. 그건 기도해달라고 안해요. 사실은 이제부터가 문제인데요. 합격했으니 문제이고 대학을 나왔으니 문제이며 성공이 문제입니다. 이게 더 큰 것 아닙니까?

그런데 오늘 예수님 조용하게 하신 행동이지만 그 속에 깊은 메시지가 있습니다. 5,000명을 먹이시고 모두가 놀라고 만족한 바로 그 순간에 제자들을 재촉해서 '빨리 건너가라' 하시고 당신은 혼자 산에 올라가서 기도하신다─ 이건 참 기가막힌 얘기입니다. 그야말로 예수님께만 볼 수 있는 이야기입니다. 이렇게 기도하시는 중에 있었는데 제자들이 배를 타고 가다가 풍랑을 만났습니다. 죽을 지경이 됐거든요. 그런데 저들이 두려워하고 있어요. 벌벌떨고 이제는 죽는가보다 하는 것같은데 그러면 왜 두려워했느냐? 성경은 간단하게 한마디로 해석을 합니다. "떡 떼시던 일을 깨닫지 못하고⋯⋯" 5,000명을 먹이신 큰 사건 그걸 똑바로 깨달았다면 이까짓 풍랑이 문제입니까? 왜 이렇게 답답해요? 왜 이렇게 우둔하냔 말입니다. 그 큰 기적과 오늘 내가 당하는 현실적 사건을 연계하지 못하고 있습니다. 그러니까 5,000명 먹이시면 그것대로 감사하고, 풍랑이 일어나면 죽는다고 야단이고, 이렇게 엎치락뒤치락하는 것입니다. 왜 그럴 것같습니까?

이것은 신학적으로 생각하면 이렇습니다. 사건 자체의 문제가 아니고 사건을 만드시고 사건을 창조하시는 바로 그 분이 누구인가를 알았어야 하는 것입니다. 모든 사건을 통해서 사건을 주도하시는 그 분을 알았어야 합니다. 그래서 학문적으로 말하면 'What and Who'입니다. What이냐 Who냐? What, 무슨 일이 있었느냐가 아니고 Who, 누가 이 일을 이루셨느냐? 거기에 누가 계셨느냐? 이것이 문제입니다. 예수님께서는 그 많은 이적을 행하십니다. 그 이적을 통해서 계속 보여주시는 것은 계시입니다. 이것을 통하여 그리스도께서 하나님의 아들이심을 보여주십니다. '내가 너와 함께한다. 내가 오늘 여기 너희와 함께 있다.' 그걸 계속 보여주십니다. 그가 누구이신가? 예수님이 누구이신가를 계속 보여주시고 계시하시고 확증해주시는 사건들입니다.

그래서 성경을 자세히 연구해보면 요한복음에는 예수님의 이적에 대한 표현에 두 가지 단어가 있습니다. 하나가 뒤나미스이고 하나는 테라스입니다. 헬라어인데 뒤나미스라는 말은 다이나믹이라는 말입니다. 즉 능력이다, 하나님의 능력이 나타났다, 보이는 것은 기적이지만 보이는 것 속에 보이지 않는 하나님의 능력이 계시된 것이다— 이렇게 말하게 되고, 하나는 테라스입니다. 테라스는 놀랍다는 뜻입니다. 영어로 wonder라고 하는데 기적이라는 말입니다. 이것은 사람으로 생각할 수 없고 자연이치로는 설명할 수가 없다, 이것은 기적이다, 초자연적이다— 깜짝놀라는 이런 이야기입니다. 이 두 가지로 일관합니다. 마태, 마가, 누가복음이 그렇고 요한복음에 가면 똑같은 사건에 대해서 해석이 다릅니다. 그걸 지칭하는 단어가 다릅니다. 뒤나미스도 아니고 테라스도 아닙니다.

그럼 뭐냐? '세메이온'입니다. 이 단어는 요한복음부터 나타납니다. 요한복음과 사도행전에 나타납니다. 뭘 의미하느냐하면 표적이라는 말입니다. 표적. 똑같은 사건인데 이것은 능력이요 기적만이 아니고 그 속에 말씀이 있어요. 그 속에 말씀이 있어서 표적이라고 했습니다. 보이지 않는 진리가 보이는 사건으로 나타났어요. 영원한 진리가 순간 사건에 나타났다는 말입니다. 그래서 표적이라고 이해하게 됩니다. 이 표적적인 이해, 표적으로서의 이해 이것을 알았더라면, 5,000명을 먹이신 사건의 표적을 알았더라면 오늘 제자들은 이 풍랑을 만날 때 두려워하지 않을 것입니다.

두려워할 이유가 없습니다. 그 주님께서 같이 계시니까, 메시야가 오신 것이 분명하니까, 하나님의 나라가 임한 것이 분명하니까 주님의 큰 역사가 시작되고 진행 중인데 지금 이 풍랑 일어났다고 우리가 죽을 것같습니까? 여기서 우리가 왜 죽어? 죽을 리가 없지요. 할일이 많은데…… 그런고로 아무 두려워할 이유가 없는데, 풍랑 속에서 예수님 잠자고 계시다가 깨어나서 하신 말씀 있지요. "적게 믿는 자여 어찌 의심하느냐." 조금 주를 달아볼까요? '풍랑 좀 일어났다고 내가 여기서 죽을 것같으냐? 이 멍청한 사람들아……' 여러분 생각해보세요. 주님께서 함께 계십니다.

그런데 오늘본문을 자세히 보면 또다른 2차의 중요한 메시지가 있습니다. 유약한 제자들이니만큼 이해할 수도 있습니다. 풍랑이 일어났다, 풍랑 때문에 두려워했다 했는데 좀더 자세히 보면 그것만이 아닙니다. 지금 예수님께서 함께 계시지 않거든요. 예수님께서 옆에 함께 계셨으면 아마도 좀 덜 두려워할지도 몰라요. 그런데 예수님께서 안보이시거든요. 멀리 계시거든요. 여러분, 여기서 신비로운 진리를 터득해야 합니다. 48절에 보면 분명히 이렇게 말씀합니다. "바람이 거스리므로 제자들이 힘겹게 노젓는 것을 보시고……" 멀리 계시면서 보셨어요. 이 말씀의 뜻은 헬라어에서는 강한 지식을 뜻합니

다. 멀리 계시면서도 보셨어요. 멀리 계시면서도 아셨어요. 알고 계
셨어요. 제자들이 풍랑으로 인하여 시달리는 것을 알고 계셨어요.
예수님께서 알고 계시다는 것을 제자들은 모르고 있었어요. 그것 때
문에 두려워하는 것입니다. 예수님께서 눈에 보이지 않으니까요.

　여러분 보세요. 멀리서도 보시고— 얼마나 다정하고 위로되는
말씀입니까? 내 눈에 안보여도 그는 나를 보고 계십니다. 내가 깨닫
지 못해도 오히려 그는 나를 알고 계십니다. 여러분, 멀리 계시나,
다시말하면 내 눈에 안보여도 내 손에 안잡혀도 내 경험의 세계를
넘어서고 있습니다. 인간상식에서 벗어나고 있습니다. 그러나 그는
알고 계십니다. 나와 함께 계십니다. 시편 139편 9절에 보면 시편기
자의 유명한 간증이 있습니다. '내가 바다 끝에 가서 거주할지라도
거기서도 주의 손이 나를 인도하시며 주의 오른손이 나를 붙드시리
이다.' 바다 끝에 가서 거할지라도 주는 나와 함께 계십니다. 지금
제자들은 생각합니다. 자기 눈에 주님이 안보입니다. 멀리 계십니
다. 그러나 그 예수께서는 제자들을 보고 계십니다. 알고 계십니다.
그리고 풍랑으로 인하여 고생하는 걸 보시다가 이제는 가까이 오십
니다. 필요한 시간에, 적절한 순간에 그들에게 다가오십니다. 제자
들을 위하여, 내버려두지 않고, 그들의 믿음을 위하여 다가오십니
다. 그리고 말씀하십니다. "내니 두려워하지 말라."

　"It is I. Don't be afraid." 이걸 읽을 때마다 어렸을 때부터 생각
나는 동화가 하나 있어요. 아이들이 저희끼리 집을 보고 어머니는
멀리 마을을 갔습니다. 아이들은 밤에 두려워하고 있습니다. 밤중에
어머니가 돌아왔습니다. 그리고 문을 두드립니다. "누구세요?" "나
다." 그러면 그때에야 아이들이 마음이 편안해요. 어머니의 목소리

가 들립니다. "나다"하는 순간 말입니다. 또하나 있습니다. 어떤 어린아이가 3층집인데 아래층에서 낮잠을 자다가 그 집에 불이 났어요. 아이가 아무 생각 없이 계단을 올라 옥상까지 갔는데 연기가 가득하고 소방대원들이 담요를 붙들고 뛰어내려라, 여기로 뛰어내려라 해도 무서워서 안뛰어내려요. 안뛰어내리고 그냥 소리내어 울기만 합니다. "뛰어내려라, 뛰어내려라. 우리가 받을 테니 뛰어내려라." 어머니가 돌아왔습니다. 딱 쳐다보면서 아이 이름을 부르고 "나다"하니 "어머니"하고 바로 뛰어내립니다. 어머니 소리가 들릴 때 용기가 생기는 것입니다. 안심이 되는 것입니다.

오늘 예수님 말씀하십니다. '나다, 두려워하지 마라.' 얼마나 좋은 말씀입니까? '나다, 두려워하지 마라.' 예수님이 배에 오르시매 조용해지더라 합니다. "하나님은 아신다" 하는 말을 듣고 벌벌떠는 사람이 있고 행복한 사람이 있습니다. 저는 그런 일 많이 해봤습니다. 시끄러운 일인데 도저히 문제가 풀리지 않아요. "하나님은 아십니다." 이랬더니 어떤 사람들은 편안한 마음을 가지고 어떤 사람은 하나님은 아신다고 했다고 나를 공격하더라고요. 은근히 자기를 정죄했다고— 하나님은 아신다는 말을 듣고 두려워하는 사람이라면 그는 끝난 사람입니다. 하나님만은 아신다 해도 우리 마음은 편안합니다. '나다, 두려워하지 말라' It is I. Don't be afraid."

John Knox라고 하는 유명한 신학자는 이렇게 말합니다. '하나님만 두려워하는 사람은 하나님 외의 어떤 사람, 어떤 일도 두려워하지 않는다. 그러나 하나님을 두려워하지 않는 사람은 하나님 외의 모든것을 두려워하게 된다.' 여러분, 내가 당한 고난이 있습니까? 내게 필요해서 주시는 것으로 그렇게 믿고 이해합시다. 예수님께서는 제자들에게 이 풍랑 속에서 뭔가를 가르치고 싶으셨습니다. 잠깐 먼저 보내신 것입니다. 이 풍랑을 겪게 하신 것입니다. '내가 당한 시련은 필요한 것이다'라는 믿음, 또 필요할 때는 주께서 내게 오십니다. 그리고 말씀하십니다. 이 중요한 사실을 깨달아 주님께서 나와 함께 계시고 멀리서도 알고 계시고 내게로 다가오고 계심을 아는 자는 거친 풍랑 속에서도 늘 평안한 생을 살 것입니다. △

모든 것을 가진 자

우리가 하나님과 함께 일하는 자로서 너희를 권하노니 하나님의 은혜를 헛되이 받지 말라 가라사대 내가 은혜 베풀 때에 너를 듣고 구원의 날에 너를 도왔다 하셨으니 보라 지금은 은혜 받을만한 때요 보라 지금은 구원의 날이로다 우리가 이 직책이 훼방을 받지 않게 하려고 무엇에든지 아무에게도 거리끼지 않게 하고 오직 모든 일에 하나님의 일군으로 자천하여 많이 견디는 것과 환난과 궁핍과 곤난과 매맞음과 갇힘과 요란한 것과 수고로움과 자지 못함과 먹지 못함과 깨끗함과 지식과 오래 참음과 자비함과 성령의 감화와 거짓이 없는 사랑과 진리의 말씀과 하나님의 능력 안에 있어 의의 병기로 좌우하고 영광과 욕됨으로 말미암으며 악한 이름과 아름다운 이름으로 말미암으며 속이는 자 같으나 참되고 무명한 자 같으나 유명한 자요 죽는 자 같으나 보라 우리가 살고 징계를 받는 자 같으나 죽임을 당하지 아니하고 근심하는 자 같으나 항상 기뻐하고 가난한 자 같으나 많은 사람을 부요하게 하고 아무 것도 없는 자 같으나 모든 것을 가진 자로다

(고린도후서 6 : 1 - 10)

모든 것을 가진 자

「탈무드」에 나오는 이야기입니다. 두 사람이 어느날 상담을 하려고 랍비를 찾아갔답니다. 한쪽은 그 마을에서 최고의 부자로 이름 있는 사람이었고, 다른 한쪽은 그 마을에서 제일 가난한 사람이었다고 합니다. 그 두 사람이 함께 랍비를 찾아가 상담을 하게 된 것입니다. 먼저 부자가 상담을 했는데, 무려 1시간이나 걸렸습니다. 가난한 사람은 부자의 상담이 도대체 언제쯤 끝나려나 하고 1시간이 넘도록 밖에서 기다리자니 몹시 지루하기도 하고 불평스럽기도 했습니다. '내가 밖에서 기다리는데 뭘 이렇게 오랫동안 이야기를 하나?' 그러다가 마침내 부자의 상담이 끝나고 가난한 사람이 들어가 상담을 할 차례가 되었습니다. 한데 고작 5분만에 상담이 끝났습니다. 랍비가 말합니다. "얘기 끝났으니 가세요." 가난한 농부는 화가 났습니다. 그래 부자한테는 1시간이나 상담을 해주면서 가난한 나는 겨우 5분이라니, 이건 나를 업신여기는 처사가 아니냐, 이럴 수가 있느냐, 하고 불평조로 원망의 말을 합니다. 그러자 랍비가 이렇게 말했다고 합니다. "글쎄올시다. 나는 저 부자를 앞에 놓고 그가 아무 것도 가진 것이 없는 가난한 사람이라는 것을 설명하는 데 무려 1시간이 걸렸습니다. 그러나 당신은 이미 가난하기 때문에 굳이 따로 설명할 것이 없습니다. 당신은 그저 가난한 마음만 가지고 살면 되는데, 뭘 그리 길게 이야기할 게 있겠습니까. 안녕히 가십시오."

여러분, 예수님께서 친히 하신 말씀을 깊이 마음에 다시한번 새겨봅시다. 마음이 가난한 자는 복이 있나니 천국이 저희 것이요―

마음이 가난하다, 심령이 가난하다…… 가난한 심령, 참으로 귀한 것입니다. 이것이 복의 근원입니다. 마음이 가난하지 않은 사람은 못씁니다. 지식도 없습니다. 능력도 없습니다. 아니, 은혜도 없습니다. 우리 심령이 가난해질 때까지, '나는 아무것도 가진 것이 없다. 나는 아무것도 할 수 없는 사람이다. 아니, 아무 쓸모도 없는 사람이다' 하고 인정할 때까지 행복은 논할 필요가 없습니다. 그 마음에는 절대로 행복이 있을 수 없습니다. 그래서 예수님께서는 딱 잘라 말씀하십니다. 마음이 가난한 자는 복이 있다 — 어떤 사람은 물질은 많지만, 마음은 가난합니다. 또 어떤 사람은 물질적으로는 가난하지만, 마음은 부합니다.

저는 일생동안 잊지 못할 재미있는 경험을 한 적이 있습니다. 제가 인천에서 목회할 때입니다. 그러니까 40년 전 이야기입니다. 어느날 저녁 기차에서 내려 저희 집까지 걸어가고 있는데, 저 앞에 빈 지게를 지고 가는 지게꾼 하나가 보였습니다. 그는 술이 잔뜩 취해서 비틀거리며 저와 같은 방향으로 걸어가고 있었습니다. 가만히 들어보니 그가 뭐라고 중얼중얼합니다. 그래 제가 무슨 소리인가 궁금하여 가까이 다가가 슬쩍 엿들어보았습니다. 술 마신 사람은 도대체 무슨 소리를 하나 싶기도 했고요. 그랬더니 그는 이런 말을 끝도 없이 되풀이하고 있었습니다. '이놈들, 내가 누군 줄 알고……' 무척 교만한 소리였습니다. '이놈들, 내가 누군 줄 알고 까불어?' 그렇게 계속 중얼중얼하는 것입니다. 그 소리를 듣고 제가 속으로 그랬습니다. '지게꾼이지 뭐야.'

사람이 물질적으로 가난하다고 마음도 가난한 것은 아닙니다. 이상하게도 교만합니다. 엄청난 교만이 있습니다. 여기에 참 놀라운 진리가 하나 있습니다. 가끔 우리는 정신이 이상한 사람들을 봅니다. 그들을 유심히 보면 하나같이 교만합니다. 정신병원에서 어떤 정신병 환자가 이러고 다닙니다. "나는 나폴레옹이다! 나는 나폴레옹이다!" 그 소리를 듣고 뒤따라가던 사람이 "네가 어떻게 나폴레옹이냐?" 합니다. 그러자 또 다른 사람이 "내가 언제 너를 나폴레옹으로 임명했느냐?" 합니다. 다 교만한 것입니다. 정신병자가 정신발작해서 하는 말이 전부 다 이렇습니다. 정신병자들이 보내온 편지를 보면 '나는 하나님의 어머니다. 나는 예수님의 어머니다' 합니다. 별별 교만한 소리를 다 합니다. 정신병에 걸려서 하는 말에 겸손한 것이 없습니다. '나는 부족하다. 나는 많은 사람에게 유익을 끼치지 못한다. 나는 부족하다' 하고 말하는 정신병자가 없습니다. 결론은 무엇입니까? 교만해서 정신병자가 된 것입니다. 잊지 말아야 합니다. 겸손해야 합니다. 마음이 가난한 자는 복이 있다— 참으로 중요한 말씀입니다.

얼마 전에도 소개한 바 있는 베르너 티키 퀴스텐마허의 저서에 「럭셔리 예수」라는 아주 재미있고 의미있는 책이 있습니다. 한번쯤 읽어볼 만합니다. 이 책에 이런 말이 나옵니다. 저자 본인의 고백입니다. '1953년, 나는 태어나자마자 죽을 뻔했다. 나보다 8년 전에 태어나 일주일 만에 죽은 내 누이가 있다. 그는 RH인자 부적합으로 인해서 일주일 동안 고생하다 죽었고, 그 뒤 8년 만에 내가 태어났는데, 나 역시 RH인자 부적합으로 죽을 고생을 했다. 다행히 약이 발명되어 치료를 받을 수 있게 되었지만, 여러 번 죽을 뻔하면서 간신히 오늘까지 살아왔다. 어머니는 내게 어렸을 때부터 지금까지 계속 똑같은 말로 훈계를 하셨다. "너와 나는 살아 있다는 것만 가지고 하나님께 감사하자.'" 제게는 그 말이 그럴 수 없이 절절하게 들립니다. 살아 있다는 것만 가지고 감사할 수 있겠습니까? 그것이 마음이 가난한 자의 모습입니다. 거추장스러운 것은 중요하지 않습니다. 살아 있다는 것만 가지고 감사할 수 있는 것입니다.

저는 목사님들을 상대로 목회에 대하여 강의를 많이 합니다. 그럴 때마다 제가 꼭 하는 말이 있습니다. "목사는 오늘도 설교할 수 있다는 것 한 가지만 가지고도 감사할 수 있어야 한다." 하나님 말씀을 전할 수 있다는 것보다 더 귀한 일이 어디 있습니까. 저는 지금 교회를 은퇴한 지가 7년이나 되는데, 아직도 여기서 설교할 수 있다는 것보다 더 행복한 일은 없는 것입니다. 더 바랄 것이 뭐가 있습니까. 정말 이제 더 바랄 것이 뭐가 있습니까. 아무것도 바라지 않습니다. 「탈무드」의 유명한 말이 있습니다. '돈을 잃어버리는 것은 일부를 잃어버리는 것이지만, 건강을 잃어버리는 것은 전부를 잃어버리는 것이다.' 오늘본문의 진리는 현실과 내용, 현상과 실제는 다르다는 것입니다. 이것이 오늘본문의 주제입니다. 오늘본문에는 '같으나'라는 말이 거듭 나옵니다. 같으나, 같으나, 같으나…… 무슨 말입니까? 착각 속에 사는 인간증후군을 이르는 말입니다. 있는 것같으나 없습니다. 무얼 가진 것같으나 가지지 못했습니다. 무엇이 된 것같으나 된 것은 아무것도 없습니다. 지난 삶을 생각해보십시오. 된 것이 뭐가 있습니까? 한 것이 뭐가 있습니까? 아는 것이 뭐가 있습니까? 아무것도 없습니다. 그런 것처럼, 그런 것같이 보였을 뿐입니다. 뭐가 된 것처럼 보입니다. 뭐가 된 것처럼 착각합니다. 그런 착각 속에 사는 인간증후군을 우리에게 심판하고 있습니다.

돈? 아무것도 아닙니다. 요새는 조금 면역이 생겼습니다마는,

이렇게 경제가 어려워지다보니 넉넉한 사람들보다는 오히려 그저 간신히 하루하루 먹고 사는 사람들이 별탈이 없습니다. 우리 교회에서도 악수할 때 보면 간혹 얼굴이 푹 썩은 사람들이 있습니다. 전부 다 증권에 손을 댔다가 망한 사람들입니다. 제가 악수를 하면서 "많이 손해보신 것같군요" 하니 "10분의 1 남았습니다" 합니다. 그래 "그럼 아직도 남았구먼" 하니 웃더라고요. 다 망가졌습니다. 그렇게 기를 써가며 모아놓았던 것 다 사라졌습니다. 여기서 중요한 것이 있습니다. 자기가 가지고 있던 것만 손해본 사람은 그러려니 하면 되는데, 빚낸 것까지 잘못된 사람들이 문제입니다. 빚쟁이가 됐습니다. 엄청난 빚을 진 것입니다. 이자까지 물어야 됩니다. 사느냐 죽느냐의 문제입니다. 이것이 가진 자의 고민입니다. 증권이 무엇인지도 모르는 사람들은 아예 무슨 말인지 알아듣지도 못합니다. '저 사람들이 왜 저렇게 어려워하나? 내려갔으면 기다리면 될 텐데' 합니다. 제 아내한테 이것 설명하는 데 1시간 걸립니다. 못알아듣습니다. 알아들을 까닭이 없습니다. 생전 들어본 적도 없고, 해본 적도 없으니까요. 이걸 잘 알아야 됩니다. 있다고요? 이제 보니 없습니다. 건강? 먼저 있는 줄 알았는데, 이제 보니 그것도 없습니다. 인격? 아무것도 아니더라고요. 결국 가장 귀중한 것은 행복감입니다. 만족하는 마음입니다. 어느 시점에서든, 어떤 것에든, 어느 형편에서든지 얼마나 만족할 수 있느냐를 물어야 합니다. 오늘본문은 가진 자같으나 못가졌고, 행복한 자같으나 불행한 자가 있다는 말씀입니다. 같으나 없습니다.

저는 결혼 주례를 많이 합니다. 1년에 백 번은 합니다. 그럴 때 보면 어떤 가정은 '이래도 되나?' 싶을 만큼 화려한 결혼식을 합니다. 좋은 호텔에서 엄청난 비용을 들여서 합니다. 그래 "이렇게 해도 됩니까?" 하고 물으면 "자식 하나밖에 없는데요, 뭐" 하고 답합니다. 어쨌거나 결혼식을 화려하게 하는 것입니다. 굉장합니다. 들어가는 곳에는 화환들이 즐비합니다. '굉장하다. 이래도 되나?' 싶을 정도로 화려한 결혼식을 합니다. 결혼식에서 신랑과 신부는 제 앞에 서 있습니다. 그런 결혼식에서 제가 주례를 하면서 보면 신부가 우는 것입니다. 무엇입니까? 행복한 것같으나 불행한 것입니다. 안그렇습니까? 반대로 여기에 역설이 있습니다. 없는 자같으나 있습니다. 근심하는 자같으나 항상 기뻐합니다. 아무것도 없는 자같으나 오히려 남을 도와주고 있습니다.

실제적 진리를 오늘본문에서 보게 됩니다. 결론은 다 가진 자라고 그랬습니다. 다 가진 자다— 아무것도 없는 것같은데 다 가졌습니다. 만족합니다. 성취감에 취해 있고, 행복감이 있습니다. 그래서 이 행복감이 넘쳐서 다른 사람들한테까지 봉사하고 있습니다. 바로 이것입니다. 제가 결혼식 주례할 때 늘 하는 말이 있습니다. 중요한 말이기 때문에 늘 똑같이 합니다. 결혼식 주례사는 똑같아야 합니다. 제가 좀 다르게 해봤더니 차별대우한다고 섭섭해하더라고요. 그래서 하는수없이 똑같이 합니다. 늘 같이 다니는 사람들은 다 외우는 내용입니다. 똑같이 합니다. 그래야 됩니다. 자칫 다르게 하면 차별대우한다고, 장로님 아들은 그렇게 해주고 우리한테는 왜 이렇게 해주느냐고 섭섭해합니다. 그래서 언제나 똑같이 합니다. 그렇게 똑같이 하는 중에 빼놓지 않는 말이 있습니다. "I love you. 사랑한다는 말을 많이들 하겠지요. 하세요. 열심히 하세요. 하지만 그건 중요하지 않아요. 오늘로 끝내 사랑한다는 말, 안해도 돼요. 가장 중요한

말이 하나 있어요. 나는 행복하다— 제발 부탁인데 사랑의 이름으로
남을 괴롭히지 말고 '나는 행복하다. 너를 아침에 보니 행복하고, 저
녁에 너를 기다리니 행복하고 또 행복하다' 하고 말하세요. 나는 행
복하다고 할 때 비로소 남도 행복하게 해줄 수 있어요." 사랑한다는
말로 자기를 괴롭히고 남을 괴롭힙니다. 여기에 독소가 있습니다.
사랑이 병들었기 때문입니다. 변질된 사랑이기 때문입니다. 그런고
로 가장 중요한 말은 이것입니다. 행복하다— 저는 더도 덜도 말고
하루 세 번씩만 말하라고 합니다. "나는 행복하다. 나는 행복하다.
나는 당신 때문에 행복하다." 만족감이 중요합니다. 그래서 여기 '같
으나'라고 하는 말이 중요한 의미를 가지는 것입니다. 세상사람들
보기에는 없는 것같습니다. 그러나 있습니다. 세상사람들 보기에는
불행한 사람같습니다. 그러나 행복합니다. 이 얼마나 중요한 말씀입
니까. 본인은 행복합니다. 내면세계에 행복이 있습니다. 말로 표현
할 수 없는 벅찬 행복이 그 안에 있습니다. 이것이 그리스도인이라
는 말씀입니다. 여기에 감사가 있고, 이 감사가 넘칠 때 다른 사람을
도울 수 있습니다.

　　그래서 우리는 세 가지 원칙을 생각해야 합니다. 첫째는 깊은
면을 보아야 된다는 것입니다. 겉을 보지 맙시다. 속을 봅시다. 화려
한 옷을 볼 것이 아니라 건강을 보아야 되는 것처럼, 건강만 볼 것이
아니라 그 속에 있는 내면세계를 보아야 됩니다. 육체의 건강이 아
니라 영혼의 건강이 있어야 합니다. 깊은 영적 가치관, 신령한 세계,
그 깊은 세계를 볼 줄 알고, 그 깊은 세계에서 만족할 줄 알아야 됩
니다. 둘째는 영원지향적 가치관을 가져야 된다는 것입니다. 현재를
보지 말고 미래를 봅시다. 보다 더 먼 미래를 생각합시다. 얼마 전에

차를 타고 가다가 라디오에서 나오는 재미있는 이야기를 들었습니다. 나폴레옹은 키가 작았답니다. 150cm였으니까요. 조그마한 영웅이었는데, 자기 키가 작다는 것을 스스로도 잘 알고 있었습니다. 그러나 그는 늘 이렇게 말했답니다. "땅을 기준으로 하면 작지만, 하늘을 기준으로 하면 내가 제일 크다." 참 대단한 이야기입니다. 어디에 기준을 두느냐가 문제입니다. 하늘을 기준으로 보면 내가 제일 크다 ─ 그러고 살았답니다. 어디에 기준을 두느냐가 문제입니다. 영원한 세계를 보아야 합니다. 멀리 하늘나라까지 바라보아야 합니다. 멀리 멀리 바라보아야 합니다. 예수님께서 친히 말씀하십니다. 어리석은 부자의 비유입니다. '세상에 대하여, 자기에 대해서 부하고, 하늘나라에 대하여 가난한 사람이 이와 같으니라.' 땅에서는 무엇을 가진 것같은데, 하늘나라에는 아무것도 없습니다. 나를 위해서는 많은 것을 가진 것같은데, 하나님의 영광을 위해서는 한 일이 아무것도 없습니다. 사실이 그렇지 않습니까. 제가 농담겸 진담으로 말합니다마는, 뭐니뭐니해도 제일 중요한 것은 많이 먹어야 된다는 것입니다. 먹은 것만 내 것이니까요. 밥상에 올려놓은 것도 내 것 아닙니다. '이제 먹을지 말지'입니다. 먹은 것은 먹어버렸으니 내 것입니다. 또 준 것만이 내 것입니다. 내가 빼앗긴 것하고 준 것하고는 다릅니다. 내 마음 깊은 곳에서부터 사랑하는 마음으로 베풀었습니다. 주었습니다. 주어버렸습니다. 그것만이 내 것입니다. 세상 떠날 때, 임종이 가까웠을 때 그런 말을 많이 듣습니다. 가만히 생각해보니 이 사람이 교회는 다니는데 헌금을 안했습니다. 해야 되겠다 생각하면서도 안했습니다. 그래서 죽을 때 가서 그렇게 괴롭다는 것입니다. 하늘나라를 위해서 아무것도 한 일이 없습니다. 아무것도 없습니다. 그러면 없는 것입니다. 완전실패자가 되는 것입니다. 그것을 알아야 합니다. 그래서 나로 인하여 구원받은 사람, 나로 인해서 은혜받은 사람이 기억나야 되겠는데, 하나도 없는 것입니다. 멀리 하늘나라까지 바라보아야 됩니다. 영원지향적 가치관입니다. 순교자가 왜 복이 있습니까? 세상에서는 비참하게 죽지만 하늘나라의 보장이 있기 때문에 그는 복된 사람입니다.

또한 세 번째 가치관은 현실적으로 약속을 믿는 믿음 안에 사는 것입니다. 오늘 하루를 살고 한 가지 일을 하더라도 여기에 약속이 있습니다. 현재의 삶 그 자체가 결정적 미래를 보장받고 있다는 말입니다. 그런고로 성공이란 소유도 아니요, 지식도 아니요, 명예도 아니요, 권세도 아닙니다. 성공은 바로 풍요의식입니다. 풍요의식, 만족하다…… 얼마만큼 생각해보았습니까? 여기에서 더 바랄 것이 없다 하는 순간이 제일 행복한 것입니다. 다윗은 말씀합니다. '여호와는 나의 목자시니 내가 부족함이 없으리로다. 나는 바랄 것이 없다. 여호와가 나의 목자시니 나는 더 바랄 것이 없다.'

여러분은 오늘 그런 생각 해보았습니까? 만약 주님께서 "네 소원이 뭐냐?" 하고 물으실 때 "저는 더 바랄 것이 없습니다" 하고 대답하는 사람은 행복한 사람입니다. 하지만 우리는 대체로 기도할 때 소원이 너무 많습니다. 밤새껏 하고도 또 모자랍니다. 소원이 다 이루어졌습니다. 넘치도록 이루어졌습니다. 풍요의식으로 충만합니다. 빌립보서 3장 7절에서 사도 바울은 '내게 유익하던 것을 다 잃어버렸다' 합니다. 그리고 다 해로 여겼고 분토와 같이 여겼다고 고백하고 있습니다. 그리스도를 얻으면 나 자신을 얻은 것이요, 그리스도를 얻으면 영생을 얻은 것이요, 그리스도를 얻으면 다 얻은 것입니다. 그러므로 모든것을 다 가진 자입니다.

　마이크로소프트의 창시자 빌 게이츠에게 기자가 물었습니다. "당신은 세계 제일의 부자입니다. 비결이 무엇입니까?" 그러자 그는 엉뚱한 대답을 했습니다. "나는 날마다 행운을 생각합니다. '나는 행복하다. 오늘도 행운이 올 것이다' 하고 생각합니다." 그래서 그는 부자입니다. 또한 그런고로 오늘도 자기한테 주어진 일은 무엇이든 다 할 수 있습니다. 그런 마음으로 출발합니다. 그런 마음으로 오늘을 삽니다. 사도 바울은 말씀합니다. 아무것도 없는 자같이 보이는데, 내면으로 볼 때는, 실질적으로 볼 때는 모든것을 가진 자로다ㅡ부족함이 없다는 것입니다. 모든것을 다 가진 자, 그 풍요의식의 극치, 거기에 사는 것이 그리스도인입니다. 그래야 여유가 있고, 그래야 남을 도울 수 있고, 그래야 내 행복으로 다른 사람을 또 행복하게 할 수 있는 것입니다.　△

다시는 종의 멍에를 메지 말라

그리스도께서 우리로 자유케 하려고 자유를 주셨
으니 그러므로 굳세게 서서 다시는 종의 멍에를 메지
말라 보라 나 바울은 너희에게 말하노니 너희가 만일
할례를 받으면 그리스도께서 너희에게 아무 유익이
없으리라 내가 할례를 받는 각 사람에게 다시 증거하
노니 그는 율법 전체를 행할 의무를 가진 자라 율법
안에서 의롭다 함을 얻으려 하는 너희는 그리스도에
게서 끊어지고 은혜에서 떨어진 자로다 우리가 성령
으로 믿음을 좇아 의의 소망을 기다리노니 그리스도
예수 안에서는 할례나 무할례가 효력이 없되 사랑으
로써 역사하는 믿음뿐이니라 너희가 달음질을 잘하
더니 누가 너희를 막아 진리를 순종치 않게 하더냐
그 권면이 너희를 부르신 이에게서 난 것이 아니라
적은 누룩이 온 덩이에 퍼지느니라
                              (갈라디아서 5 : 1 - 9)

다시는 종의 멍에를 메지 말라

어느 날 밤, 술을 지나치게 마신 한 신사가 아무래도 그대로 차를 운전하고 집으로 갈 자신이 없어서 대리운전사를 불렀습니다. 내가 알기에 대리운전이라는 것은 온세계에 우리나라밖에 없지 않는가 싶습니다만, 어쨌든 지금 한국에서는 굉장히 성업 중에 있습니다. 술에 취한 그 신사는 대리운전사를 불렀고, 그러자 신속하게 한 믿음직한 젊은이가 약속 장소로 왔고 그는 그 청년에게 자동차 핸들을 넘겼습니다. 그리고는 그 젊은이에게 물었습니다. "나이가 몇이나 됩니까?" "40이 넘었습니다." "아, 그래요?" 잠시후 젊은이가 말합니다. "선생님, 차가 대단히 좋습니다. 아주 고급차네요. 아주 멋집니다." 그러자 신사가 말합니다. "젊은 기사양반, 도대체 대리운전을 몇년이나 했소?" "어림잡아 한 20년 했지요." "아, 그렇게 살아왔구먼. 그런데 한 가지 물어봅시다. 당신 평생소원이 뭐요?" 그러자 운전기사가 빙그레 웃으면서 "이런 고급차를 운전하다 죽는 것입니다" 하는 것입니다. 그 말에 손님은 깜짝 놀랐습니다마는 그렇다고 드러내놓고 놀란 척할 수는 없었습니다.

여러분, 어느 누가 대리기사를 불러서 술에 취한 채 집에 가면서 '내일도 또 이렇게 해야지'라고 생각하겠습니까? 모두들 '이래서는 안되지. 이건 사람다운 것이 아니지'라고 생각합니다. 그러나 불행하게도 생각과는 달리 매일 같은 일은 반복되고 있습니다. 프랑스의 한 유명한 철학자가 젊었을 때의 일입니다. 그와 가까운 친구들이 꽤나 짓궂은 청년들이었는데 한번은 이 선비같은 철학자를 아주

퇴폐적인 술집으로 끌고 갔습니다. 그 철학자는 친구들과 함께 술을 마시고 잡담을 하며 밤늦게까지 지냈습니다. 그리고 잘 놀았다고 인사하고 헤어졌습니다. 다음날 그 친구들이 그 철학자를 다시 불러서 한 번 더 술자리에 가자고 초대했습니다. 그러자 철학자는 이렇게 말하며 정중하게 거절했습니다. "그런 일을 한 번쯤 하면 철학자라고 할 수 있겠지만, 두 번 한다면 변태요 속물이고, 만일 세 번을 한다면 그건 내가 좋아서 하는 일이 되고, 네 번을 하면 거기서 다시 빠져나올 수 없게 되지. 그렇게 되면 '나'라는 존재는 공중분해되고 마는 것이야." 이것이 바로 프랑스의 유명한 철학자 볼테르의 생생한 경험입니다. 누구에게나 실수도 있고 잘못될 수 있습니다. 그러나 같은 일을 반복한다면, 거기서 헤어나지 못한다면, 벌써 나는 내 존재를 잃어버리고, 내 자유를 잃어버리고, 자신의 감옥에 깊이 빠져들어가고 말 것입니다. 우리가 그걸 잊어서는 안됩니다.

성경은 우리에게 증거합니다. 요한복음 8장 34절입니다. "죄를 범하는 자마다 죄의 종이라." 여러분, 죄라는 것이 한번 범하고 지나가면 끝나는 겁니까? 아닙니다. 죄는 그 행위 뒤에 엄청난 파상으로 남습니다. 혹은 약점으로 남습니다. 양심에 가책으로 남습니다. 허약함으로 남습니다. 병든 인격으로 남습니다. 한 번의 죄가 결코 단지 한 번의 사건이 아닙니다. 그걸 알아야 합니다. 그래서 성경은 정치, 경제, 문화에 대해 복잡한 이야기를 하지 않습니다. 하지만 죄에 대해서 분명히 말씀합니다. '죄를 짓는 자마다 죄의 종이다.' 왜 그렇습니까? 자유가 없기 때문입니다. 죄의 종이 되었기 때문에 이제는 죄가 주관하는대로 할 수밖에 없다는 것입니다. 이것이 성경의 판단입니다. 이성 자체가 병들었기에 죄가 판단해주는대로 가는 것입니다. 판단기준이 잘못됐습니다. 그래서 인생이 잘못되기 시작합니다.

그런가하면 가슴도 병들었습니다. 단 한 가지 사건에 병들었습니다. 그래서 한평생 한에 맺혀서 살아갑니다. 한에 묻혀서 평생을 삽니다. 미워하고 후회하고, 미워하고 후회하고…… 그렇게 몸과 영이 아울러 썩어가고 있다는 말입니다. 이 얼마나 무서운 사건입니까? 그런가하면 사람의 의지 또한 그렇습니다. 선을 향한 자유의지가 없습니다. 오직 '알게 모르게'(제일 중요한 것이 이것입니다) 자신도 모르게 죄에 빠지고 있고, 자신도 모르게 불의의 길로 가고 있다는 말입니다. 그래서 오늘 성경 말씀은 우리에게 강하게 강조합니다. '그리스도께서 우리를 자유롭게 하려고 자유를 주셨다.' 여러분, 자유는 우리 자신이 우리 스스로의 힘으로 얻은 것이 아닙니다. 그걸 잊지 말아야 합니다. 8·15 해방이 그렇습니다. 1945년 8월 15일, 마침 날씨가 좋았습니다. 해가 쨍쨍 나고, 우리집 앞뒤 뜰에서는 매미소리가 진동하는 그런 날이었습니다. 그날 박치순 목사님께서 우리집에 찾아오셨고 우리 할아버지께서 교회 설립 장로이신데, 그 할아버지를 붙잡고 말씀하셨던 것을 지금도 그대로 기억합니다. "장로님, 해방되었습니다! 해방!" 그때 저는 해방이 무엇인지 몰랐습니다. 그런데 목사님과 우리 할아버지 두 분이 끌어안고 몇시간을 우시는 것이었습니다. 그것이 무엇을 의미하는지 저는 다 알 수 없었습니다. 어린 제가 알 수 있었던 것은 하나뿐이었습니다. 해방이 된 다음날부터 온거리가 무질서 자체였습니다. 난장판이었고 온통 술판이었습니다. 일제가 공출해놓은 소들이 있었는데 그 소를 잡아서 온동네가 먹고 마시고 뛰놀고 때려부수고…… 한마디로 난리였습니다. 그래서 저는 '이게 자유인가? 이게 해방인가?'라고 생각했었습니다.

여러분, 거저 얻은 자유는 자유가 아닙니다. 자유의 뜻을 모르면 자유가 진정한 자유가 아닙니다. 자유하지 못하면 자유가 진정 자유일 수가 없습니다. 그래서 '그리스도께서 자유롭게 하려고 자유를 주셨다'고 성경이 말씀합니다. 죄와 사망과 사단과 율법과 진노로부터 우리를 해방시켜주었습니다. 이 자유는 원래 우리것이 아니었습니다. 8·15 해방을 생각하면 우리는 그것을 통해 참 중요한 것을 배웠습니다. 만약 우리가 애써서 얻은 독립이었더라면 우리 민족에게 6·25 전쟁은 없었을 것입니다. 하지만 어떤 면에서는 미국과 소련을 통해 공짜로 얻은 자유이기 때문에 그냥 내어주고 말았던 것입니다. 그리고 그 후 6·25 전쟁이 일어났고 오늘까지 많은 어려움을 계속 겪어가고 있는 것입니다. 결국 정치적 자유, 표면적 자유, 형식적 자유는 있었지만 내면적 자유, 인격적 자유, 자유의 중요한 의미를 배우는 데 그동안 이렇게 많은 세월을 보내고 있는 것입니다.

늘 말씀드립니다마는, 워싱턴 DC에 가면 아주 중요한 것이 있습니다. 저는 갈 때마다 꼭 그 자리에 한 번씩 가서 서봅니다. 그곳 6·25전쟁기념관에 큰 글자로 이렇게 씌어 있습니다. 저는 다른 것은 아무것도 안봅니다. 오직 그 글 하나 보기 위해서 매번 다시 찾아갑니다. "Freedom is not free." 얼마나 귀중한 말씀입니까? 우리 모두는 정말로 이 뜻을 알아야 합니다. 그것은 '자유는 결코 공짜가 아니다'라는 뜻입니다. Freedom is not free! 그런데 우리는 그것이 공짜인 줄로 생각했거든요.

지금도 그 교훈을 쉽게 발견할 수 있습니다. 사실 요즘 사회는 공짜를 좋아하는 사람들 때문에 문제입니다. 여러분, 웬만하면 공짜 좋아하지 마세요. 물건을 싸게 판다, 공짜다, 뭘 좀 많이 준다, 상품권을 준다…… 하는데 그거 공짜로 받으려고 하지 마세요. 저는 모든 걸 정당하게 주고 사지 결코 공짜는 안받습니다. 왜요? 공짜 속에는 이유가 있기 때문입니다. 그러니 여러분 공짜 좋아하지 맙시다. 이 세계가 왜 시끄럽습니까? 왜 파업이 있고, 혁명이 있고…… 왜 이렇게 시끄럽습니까? 왜 이렇게 쓸데없이 소비전쟁을 하고 있습니까? 왜 그렇습니까? 공짜를 좋아하는 사람들 때문입니다. 다 잃어버리고나서야 '그것이 아니었구나' 하고 깨닫지만 때는 이미 늦었습니다. 그것 한 가지는 깨달은 것 같지만 그로 인해 이미 마음 속에, 성품 속에, 가치관에, 생활양식 속에 깊이 파고 들어간 잘못된 것이 있습니다. 이미 죄의 종이 된 것입니다. 그래서 성경은 예수 그리스도의 죽으심으로 이루신 구원을 통해 말씀합니다. '자유하려거든 지불된 대가를 알아야 한다.' 우리가 구원받기 위하여 주님께서 십자가를 지셨습니다.

여러분 공짜는 없습니다. 단지 내가 십자가를 지고 가지 않았다는 것뿐이지 결코 공짜는 없습니다. 누군가가 우리 대신 희생을 한 것입니다. 누군가가 대신 희생했다는 것을 이제는 알아야 합니다. 그것을 깨달아야 합니다. 그것을 알고나서야 내게 주신 자유가 진정한 자유가 될 수 있는 것입니다. 성경은 거듭거듭 강조합니다. 예수 그리스도의 십자가 속에 Double Image(이중적인 의미)가 있다는 것입니다. 즉, 십자가를 바라볼 때마다 내가 얼마나 큰 죄인이라는 것과 동시에 주님이 나를 얼마나 사랑하시는가를 깨닫는 것입니다. 종교개혁자 칼뱅은 이런 귀한 말씀을 무조건적 은혜, 불가항력적 은혜라고 말합니다. 그것은 '내가 거부할 수 없는, 아니, 거부할 수 없도록 주시는 은혜'라는 것입니다.

저는 주일새벽에 예배를 위해 교회에 오려고 준비하면서 아침 6시에 습관적으로 주일날 아침 뉴스를 틉니다. 그 시간에 아주 재미있는 것이 나옵니다. 1시간 중에 잠깐 5분 동안 나오는 프로그램 중에 건강백서라는 게 있습니다. 오늘 아침에도 보니 의사선생님 한 분이 나왔는데 아주 마음에 들었습니다. 우선 관상이 마음에 들어요. 그분은 암을 고치는 의사인데 자신의 건강 슬로건을 소개하면서 '사람은 암으로 죽지 않는다'고 합니다. '사람은 암으로 죽지 않는다'고 하니까 많은 사람들이 반색을 하며 묻습니다. "무슨 말씀입니까?" 그 의사분이 대답합니다. "사람은 절대 암으로 안죽습니다. 오히려 사람은 죽을까 하는 걱정 때문에 죽습니다." 그러면서 귀중한 말씀을 간접 선교하는 식으로 하더군요. 그는 그 자리에서 "주 예수를 믿으라"고 직접 얘기는 안했지만 사실은 간접적으로 그 메시지를 전달하고 있었습니다.

무슨 말인가 하면, 그가 말합니다. "암은 축복입니다." 그러자 사람들이 깜짝 놀랍니다. '암이 축복'이라니 모든 사람이 깜짝 놀랄 수밖에요. 그러자 그분이 말합니다. "제가 잘 아는 훌륭한 목사님이 큰일을 하고 계시는데, 암 걸리기 전의 그 목사님과 암 걸린 후의 그 목사님은 다른 사람입니다. 암에 걸리기 전에는 잘 때 하루를 마치는 기도를 하고 잤습니다만 지금은 '오늘이 내 마지막날이다'라 생각하고 잡니다. 그래서 암은 축복입니다. 암 선언을 받고 사는 생이야말로 진짜 사람다운 생입니다." 그분 참 전도 잘하더라고요. 그렇지 않습니까? 우리는 아직도 무언가를 할 수 있는 것처럼 착각을 하는데, 결코 아닙니다. 적어도 우리는 이렇게 생각해야 한다는 것입니다. 그것은 '불가항력적 은혜'라는 것입니다. 다시 말해 나로 하여금 은혜를 알도록, 은혜를 받아들이도록, 은혜를 믿도록 하기 위하여 암이라는 사건이 있다는 것입니다.

불가항력적 은혜 — 여러분, 우리는 이 깊은 뜻을 생각해야겠습니다. 그래서 오늘 성경은 우리에게 이렇게 결론짓습니다. "다시는 종의 멍에를 메지 말라." 여러분, 암으로 고생한 적이 있었습니까? 이제는 철이 좀 들어 살아야 합니다. 죽을 뻔한 일이 있었습니까? 이제는 죽을 뻔한 것이 아니라 매일 죽을 줄 알고 살아야 합니다. 그렇지 않습니까? "굳세게 서서 다시는 종의 멍에를 메지 말라." 이 얼마나 중요한 말씀입니까? 공부로 됩니까? 교양으로 됩니까? 지식으로 됩니까? 권면으로 됩니까? 아닙니다. 하나님의 강권적인 역사가 있어서 꽉 붙드실 때 그제야 비로소 제자리로 돌아가더라고요. 그래서 성경은 말씀합니다. "다시는 종의 멍에를 메지 말라." 내가 가진 이 자유, 이 구속함과 이 영생의 도리가 얼마나 소중한 것인지를 알아야 합니다. 잠시도 잊어서는 안됩니다. 그것을 위해 지불된 대가가 무엇이었는지를 알아야 합니다. 엄청난 값이 지불되었고 그래서 오늘 우리가 있지 않습니까? 자유는 공짜가 아닙니다. 공짜인 줄로 착각해서는 안됩니다. 나 대신 누군가가 이미 지불한 것입니다. 지불된 값을 알아야 합니다.

오늘본문에 신학적으로 중요한 말씀을 합니다. 율법주의로부터의 자유입니다. 예수를 믿고, 자유함을 얻고, 구속받았다는 것까지는 좋은데, 그 다음 단계에 딱 걸려 넘어가는 게 있습니다. 자기 의에 빠져버리는 것입니다. 잘난 척하는 것입니다. 자기 잘난 줄 아는 것입니다. 사람이 자기의 의로 구원받은 줄 착각을 합니다. 그것이 절망이든지 교만이든지, 많은 교인들을 보면 율법주의 때문에 망가집니다. 여러분, 다시는 율법주의의 종이 되어서는 안될 것입니다. 하찮은 명예쯤은 털어버려야 합니다. 그게 무슨 대단한 일입니까?

저는 이번에 미국 전직대통령 클린턴이 북한을 다녀온 일에 관한 여러 가지 기록을 자세히 읽어보았습니다. 여러분도 다 보셨겠지만 참 마음에 들었습니다. 그는 이렇게 생각했다고 합니다. '미국의 대통령은 하나다. 내가 전직 대통령이요 선배이지만, 이제 여기서 단 한마디도 왈가왈부해서는 안된다. 난 떠난 사람이다.' 얼마나 깨끗합니까. 이렇게 자기 의를 버릴 수 있어야 합니다. 그런데 사람은 별것도 아닌 것에 스스로 잘난 척합니다. 하지만 자기 의를 내세우는 사람은 결국엔 다 망가지고 맙니다. 그로 인해 소중한 믿음과 경건까지도 무너지는 걸 보면 참 마음이 아픕니다. 교회를 향한 열심과 헌신, 봉사, 이 얼마나 좋습니까? 그러나 이 Self-righteousness, '자기 의'라는 것 때문에 그냥 무너지는 교인들을 너무 많이 봅니다.

여러분, 교회에서 봉사하면서 아무것도 바라지 마세요. 무슨 칭찬을 바랍니까? 무슨 명예를 바랍니까? 깨끗한 마음으로 신앙생활 하지 못하고 자기 의를 내세울 때 문제가 생기고, 믿음으로 행하다가 어느 새 그만 율법으로 행하게 되고, '오직 은혜로' 하고 살다가 이제는 '오직 행위로'로 바뀌는 걸 볼 수 있습니다. 예수님께서는 '오직 진리만이 자유롭게 한다'고 하셨습니다. 오직 진리여야 하는데 어느 사이에 내 선행이 구원의 길인 것처럼 착각을 합니다. 오직 성령, 오직 하나님 말씀에만 자유가 있습니다.

한번은 제 손녀가 물었습니다. "할아버지, 예수믿는다는 것이 뭐예요? 딱 한마디로 말하라고 하면 뭐예요?" 그래서 제가 그랬습니다. "예수믿는다는 것은 자유를 의미한다. 그러니 더는 아무것에도 매일 것이 없다. 누구의 비판이나 조롱이나 또 업적이나 상관없이 오직 은혜 안에 자유로운 것이 믿음이다." 여러분에게 묻습니다. 얼마만큼 자유하고 계십니까? 얼마나 깨끗한 양심으로 살아갑니까? 「Foreign Policy(국제정책)」라고 하는 유명한 외교전문지가 있습니다. 작년 2008년 3, 4월 특집에 나온 표제가 너무나도 우리의 마음을 슬프게 했습니다. 그 표제는 바로 '현대판 노예제도'였습니다. 현대판 노예제도에 관해 줄줄이 열거했습니다. 물론 제가 이 시간에 그 얘기를 하려고 하는 것은 아닙니다. 다만 그 특집의 표제인 '현대판 노예제도'라는 말이 주는 의미를 생각해보고자 하는 것입니다.

오늘날 교인들 가운데, 멀쩡하게 교인처럼 보이는데 사실 어느 사이에 현대판 노예제도인 율법주의에 빠져서 헤어나지 못하는, 참으로 유감스러운 심령이 많습니다. 여러분 다시 한 번 자신에게 물어보시기 바랍니다. 당신은 자유하십니까? 당신의 이성이, 당신의 판단이, 당신의 양심이, 당신의 기쁨이, 그리고 당신의 선택이 자유로운가 하는 것입니다. 또한 "오직 은혜 앞에 있는가?"를 물어야 합니다. 그리스도인은 자유인입니다. 아무 일에 매일 것도 없고, 아무 근심에도 매일 것이 없습니다. 아무 미련도 없습니다. 그리고 늘 환한 것, 앞에 있는 환한 미래를 바라보며 그렇게 하루하루 살아가는 것입니다. 자유, '그리스도께서 자유롭게 하려고 자유를 주셨으니 다시는 종의 멍에를 메지 말라!' 이 얼마나 중요한 얘기입니까? 여러분, 다시는 종의 멍에를 메지 맙시다. △

뜻을 정한 신앙인

다니엘은 뜻을 정하여 왕의 진미와 그의 마시는 포도주로 자기를 더럽히지 아니하리라 하고 자기를 더럽히지 않게 하기를 환관장에게 구하니 하나님이 다니엘로 환관장에게 은혜와 긍휼을 얻게 하신지라 환관장이 다니엘에게 이르되 내가 내 주 왕을 두려워하노라 그가 너희 먹을 것과 너희 마실 것을 지정하셨거늘 너희의 얼굴이 초췌하여 동무 소년들만 못한 것을 그로 보시게 할 것이 무엇이냐 그렇게 되면 너희 까닭에 내 머리가 왕 앞에서 위태하게 되리라 하니라 환관장이 세워 다니엘과 하나냐와 미사엘과 아사랴를 감독하게 한 자에게 다니엘이 말하되 청하오니 당신의 종들을 열흘 동안 시험하여 채식을 주어 먹게 하고 물을 주어 마시게 한 후에 당신 앞에서 우리의 얼굴과 왕의 진미를 먹는 소년들의 얼굴을 비교하여 보아서 보이는 대로 종들에게 처분하소서 하매 그가 그들의 말을 좇아 열흘을 시험하더니 열흘 후에 그들의 얼굴이 더욱 아름답고 살이 더욱 윤택하여 왕의 진미를 먹는 모든 소년보다 나아 보인지라 이러므로 감독하는 자가 그들에게 분정된 진미와 마실 포도주를 제하고 채식을 주니라 하나님이 이 네 소년에게 지식을 얻게 하시며 모든 학문과 재주에 명철하게 하신 외에 다니엘은 또 모든 이상과 몽조를 깨달아 알더라

(다니엘 1 : 8 - 17)

뜻을 정한 신앙인

현대인들은 나름대로 여가를 보내기 위해 지혜도 구하고 많은 돈도 사용합니다. 하지만 가만히 생각해 보면, 꼭 필요한 것을 위해서 돈을 쓰는 것이 아니라 필요치 않은 일들을 위해서 더 많은 생각을 하기도 하고 아울러 경제적인 낭비도 하게 됩니다. 그래서 아시는대로, 요즘은 필수품보다 사치품을 만들어야 돈을 번다는 애기가 유행처럼 돌아갑니다. 현대인의 대표적인 병 가운데 하나가 있습니다. 자기 자신도 모르게 다 여기에 말려들어가 있습니다. 그것은 바로 '쇼퍼홀릭(Shopperholic)'이라는 것입니다. '쇼퍼홀릭'이라는 말은 '쇼핑(Shopping, 물건사기)'이라는 말과 '알코홀릭(Alcoholic, 술중독자)'이라는 말을 합친 신조어입니다.

이것은 쇼핑중독에 빠진 현대인을 가리키는 말입니다. 현대인의 생활양식 중 하나인 쇼핑문화를 빗대어 말하는 것입니다. 사실 무엇을 꼭 사야겠다는 생각도 없이 백화점을 돌아다니는 것입니다. 평균 3시간입니다. 뭐 그렇다고 해서 꼭 봐야 할 것도 없고 꼭 사야 할 것도 없습니다. 이걸 일주일에 몇번 이상 다니지 않으면 몸에 병이 날 정도입니다. 그런 병에 걸렸지만 문제는 워낙 중병이라서 자기가 병에 걸린 것을 모른다는 것입니다. 여러분도 쇼퍼홀릭은 아닌지 한번쯤 생각해보시기 바랍니다. 꼭 무엇이 필요해서 그것을 사기 위해 백화점에 가는 것이 아니고, 그저 물건 사는 것 자체를 즐기고, 때로는 보는 것을 즐기고, 혹은 사람 구경 겸 물건 구경 삼아서입니다.

문제는 이렇게 사가지고 온 물건들 중에, (여러분, 양심적으로 자신에게 물어보세요), 한 번도 쓰지 않은 물건이 절반이 넘는다는 것입니다. 그렇다면 그런 줄 아세요. 물건을 사왔으면 이걸 사용해야 되는데 한 번도 쓰지 않고 그냥 처박아놓은 것이 절반이 넘는다는 것이 사회학적 통계숫자로 나오고 있습니다. 이것이야말로 정신병 아닙니까? 이게 바로 현대인의 병입니다. 아주 맹랑한 것입니다.

우리의 인생도 자칫 이렇게 쇼퍼홀릭처럼 살 수 있습니다. 인생의 목적도 무엇인지 정하기 전에 이미 인생은 출발했고 그러다가 자칫 성취감도 없이 끝나고야 맙니다. 그저 그렇게 살아갑니다. 그럭저럭 살다가 나이가 다 지나갑니다. 여러분, 한번 되돌아봅시다. '내 인생에 자유선택이 있었나? 내가 살아가는 길에 내 스스로 선택한 일이 몇 가지나 있나? 목숨을 걸고 지켜간 확실한 삶이 도대체 몇 가지나 있었나?' 한번 진지하게 물어야 할 것입니다. 다른 사람의 의사에 끌려서, 다른 사람의 충동에 끌려서, 마치 충동구매 하는 것처럼 그렇게 살아오지 않았습니까? 남들이 싸다고 하니까 사오고, 남들이 사니까 나도 사오고, 사가지고 왔지만 정작 쓸 데는 없고……이게 바로 우리 인생입니다. 이게 바로 오늘 우리 현대인들이 살아가는 모습입니다.

물론 현실적으로는 복잡한 게 있습니다마는, 그래도 어쨌든 인생은 목적과 방법과 타이밍과 마지막 결과까지, 마지막 상황까지 생각하고 출발해야 되는데, 그렇지 않고 살아온 생이라면 어떤 인생을 살았든 잘못 살아온 것입니다. 비단 돈을 낭비한 것이 아닙니다. 지식을 낭비한 것이 아닙니다. 젊음을 낭비한 것이 아닙니다. 무엇과도 바꿀 수 없는 생명을 낭비한 것입니다. 이게 얼마나 기가막힌 이야기입니까?

모리 슈바르츠(Morrie Schwartz)라는 분을 여러분은 아실 것입니다. 몇년 전에 아주 유명했던 분입니다. 「모리와 함께한 화요일」이라는 유명한 책의 주인공입니다. 그 책 속에 나오는 한 구절입니다. 모리는 이제 얼마 안 있으면 병으로 죽을 사람입니다. 그렇게 시한부 인생 선고를 받은 사람이 자기 제자와 더불어 애기를 합니다. 그 두 사람이 주고받은 애기를 책으로 만든 것이 「모리와 함께한 화요일」입니다. 제 생각에, 그 책 속에 나오는 애기 중, 가장 가슴을 뜨겁게 하는 부분은 이렇습니다. "사랑하는 법을 배우십시오. 그리하면 죽는 법을 알게 될 것입니다. 죽는 법을 배우십시오. 그러면 살아가는 법도 배우게 될 것입니다."

여러분, 삶과 죽음, 엄밀히 생각해보면, 이 둘은 함께 가는 것입니다. 죽음을 모르고 삶을 알 수가 없습니다. 그런가하면 삶을 바로 살지 못하면 바르게 죽을 수가 없습니다. 조금 심각한 신학적 문제입니다마는, 한번쯤 같이 생각해봅시다. 좀 수준을 높여서 생각해봅시다. 엄격히 분석하면 신앙도 두 가지가 있습니다. 하나는 목적적 신앙이고, 하나는 수단적 신앙입니다. 여러분, 목적이 하나님께로 바뀌어야 진정 예수 믿는 사람입니다. 목적이 하나님인 것입니다. 목적이 하나님의 영광입니다. "인생의 목적이 뭐냐?" 라고 물을 때 "하나님의 영광"이 되어야 합니다. 그렇게 인생의 목적이 하나님께로 향할 때 그게 바른 신앙이요, 진정한 교인입니다. 그럴 때 진정 하나님의 사람입니다마는 많은 경우 그렇지 않습니다. 많은 경우, 하나님이 수단이요, 예수믿는 것도 수단이 됩니다.

참 외람되고 죄송한 말씀입니다마는, 우리나라에도 우상이 많습니다. 처음 예수믿는 사람 집에 들어가서 그 집에 있는 귀신단지를 다 가져다가 마당 앞에서 불지르고 하는 것을 제가 많이 했었습니다. 그럴 때마다 저는 참으로 궁금했습니다. '대체 왜 이렇게 많을까? 귀신도 귀신이지만, 귀신단지가 왜 이렇게 많을까?' 일본에는 더군다나 얼마나 신이 많습니까? 일본 신앙의 특징은 집집마다 신 하나를 섬기는 것이 아닙니다. 그들의 신앙은 유일신앙이 아닙니다. 그들은 여러 가지를 함께 섬깁니다. 왜 그렇게 됐는지 궁금하십니까? 알고보면 종교심리학적으로 그럴 듯한, 참 맹랑한 것입니다.

보십시오. 감기가 걸려서 무당한테 부탁을 해서 귀신을 모셔다가 푸닥거리를 했더니 병이 나았어요. 그런데 며칠 후에 재발을 했어요. 그런데 전에 했던 그 푸닥거리를 다시 해봐도 소용이 없습니다. 한마디로, 그 귀신 가지고는 이제 안되는 것입니다. 그래서 조금 더 고급귀신, 센 귀신을 모셔 와야 돼요. 그래서 다른 귀신을 모셔옵니다. 더 비싸게 주고…… 그 다음에는 푸닥거리가 변해서 굿이 됩니다. 그런 식으로 일이 생길 때마다, 점점 규모를 크게 하고, 좀더 강한, 좀더 큰 귀신을 모셔오는 것입니다. 그런데 새로 귀신을 모셔다가 병을 낫게도 하고 뭔가 해결했다고 해도, 문제는 이 사람 마음 속에 지난번에 도와주었던 귀신이 쫓겨난 후 가만히 있겠나 싶은 것입니다. '아 그 귀신이 질투를 하면 곤란한데……' 하는 염려가 드는 것입니다. 그렇지 않습니까? 그래서 유명한 속언이 있잖아요. "늘 도깨비 복은 못줘도 화는 준다." 그러니 전에 섬기던 귀신도 완전히 무시하지는 못하는 판에, 보다 더 한 급 높은 귀신을 모셔왔는데, 전에 섬기던 귀신이 문제를 일으키면 큰일이니까, 아예 할수없이 다 섬기는 것입니다. 그렇게 섬기고 또 섬기고, 또 다른 것을 합쳐서 섬

268

기고 하다보니 점점 많아지는 것입니다. 이렇게 해서 일본이나 한국이나 귀신 섬기는 집은 정신이 없이 섬겨야 될 신이 많을 수밖에 없습니다. 알고보면, 죄송한 말씀입니다만, 내가 귀신이라도 괘씸해하지 않겠습니까? 뭔가를 믿으려면 좀 지조 있게 해야지 이게 뭐하는 겁니까? 한번 섬겨보고 안되면 내버리고, 다른 걸 한번 섬겨보고 안되면 내버리고…… 이런 식으로 많은 신을 섬기는 것이, 학술적으로 고상한 말을 사용해서, 다신론이라고 하고, 더 나아가서는 범신론이라고 합니다만 사실 근원을 생각해보면 참으로 같잖은 것입니다.

자, 그러면 생각해보세요. 이게 다 뭡니까? 한마디로 그런 신앙과 그렇게 믿는 사람들에게는 종교가 수단입니다. 목적이 아닙니다. 어느 신을 위해서 내 생을 바치는 것이 아닙니다. 신이 만약 있다면, 내 목적을 위해서 그 능력과 지혜와 그것이 뭐든지 간에 내게 필요한 것을 이용하겠다는 것입니다. 이것이 수단으로서의 종교입니다. 죄송한 말씀입니다만, 이것을 한 번 더 생각해보면 우리가 하나님 앞에 기도할 때도 그렇습니다. 예수 믿는 초신자들 중에 간혹 이런 말을 하는 것을 많이 듣습니다. "이 귀신 저 귀신 다 해봐도 병이 안 나았는데 예수믿으면 낫는다고 해서 왔더니 나았습니다." 솔직히 저는 그런 말을 들을 때 겁이 납니다. '그러면 저 사람 만약 내일 또 병들면 이제는 어디로 갈 것인가?' 안그렇습니까. 이렇게 신앙이 수단화된 사람이 많습니다.

제가 제일 겁나는 사람이 누군가 하면, '기도하고 십일조 바치고 했더니 장사가 잘됐다'고 간증하는 사람입니다. '그러다 저 사람 망하면 그 다음에 어찌할 건가? 그렇게 믿다가 죽게 될 때는 뭐라 하고 죽을 것인가?' 싶습니다. 이런 신앙이 바로 수단적 신앙입니다.

수단과 방법으로서의 신앙입니다. 이런 신앙인들이 너무 많습니다. 돈 벌어야 되고, 돈을 벌기 위해서 십일조 해야 되고, 열심히 교회 나가야 되고, 십일조를 하다하다 못해서 이제는 선금십일조를 합니다. 여러분 '선금십일조'가 뭔지 아세요? 우리 교인들은 모를 것입니다. 그런 게 있다면 있는 줄이나 아세요. 이게 뭐고 하니, 우리가 백만 원을 벌면 하나님께 십만 원을 십일조로 드리지 않습니까? 이게 십일조입니다. 그런데 선금십일조는 그게 아닙니다. 내가 백만 원을 벌기 위해서 미리 십일조 금액인 십만 원을 빚을 내서라도 헌금하는 것입니다. 이게 선금십일조입니다. 그렇게 하나님 앞에 십일조부터 먼저 내고, 이제는 작정하고 하나님한테 백만 원 달라고 조르고 협박을 하는 것입니다. 그렇게 하다하다 안되면 교회고 신앙이고 다 차버리고 떠납니다. 어디로 갔는지는 모릅니다. 이런 교인이 많습니다.

목적이 바뀌어야 교인인데 방법만 바꾼 것입니다. 이런 방법은 성경이 말하는 예수믿기 전의 '옛것' '옛 습관'입니다. 그런데 예수믿은 후에도 여전히 옛 생활의 방법, 생활양식, 의식구조에서 벗어나지를 못하는 교인이 많습니다. 여러분, 목적이 하나님께로 향해야 합니다. 나 중심적인 생활에서 하나님 중심으로, 하나님이 목적이 될 때 그게 진정한 교인입니다.

그런데 때로 목적은 하나님께 두었는데 여전히 사는 방법은 아직 옛 생활에서 벗어나지 못할 수도 있습니다. 어쩌면 일생동안 허덕일 수도 있습니다. 그런데 그것이 바로 성경이 말씀하는 역사입니다. 아브라함, 모세 등등 하나님의 종들이 다 그렇습니다. 그들은 목적을 하나님께 두었습니다. 하나님의 말씀에 따라 살려고 그렇게 애를 쓰기는 하지마는 가만히 보면 아직도 옛 방법이 남아 있습니다. 옛 생활에서 벗어나지 못하고 허우적거립니다. 그런데 참 고마운 것은 하나님께서는 그런 우리 인간의 체질이 진토임을 아시기에 이것은 눈감아주시더라고요. 하나님께서 우리의 연약함을 좀 봐주시는 것입니다. 얼마나 봐주시는지 여러분도 잘 아시지요?

믿음의 조상 아브라함을 보세요. 그는 귀한 하나님의 사람이요 목적은 하나님께 있는데, 방법은 시원찮았습니다. 그래서 약속의 땅을 떠나기도 하고, 이삭을 기다리다가 그만 이스마엘을 만들기도 하며 휘청휘청했습니다. 하지만 하나님께서는 다 봐주셨습니다. 너그럽게 봐주셨습니다. 그러나 목적만큼은 바뀌어서는 안되는 것입니다. 이걸 우리가 분명히 알아야 합니다. 가끔 보면 그런 경우가 있습니다. 결혼도 그런 것같습니다. '결혼이 목적이다' 하는 말은 어떨지 모르겠습니다마는, 그렇다고 만약 결혼을 수단으로 생각하면 어떻겠습니까? '노처녀로 살기 힘드니까, 에라, 시집이나 가자' 하든지 '혼자 살기 힘드니까 밥이라도 해주고 얻어먹고 살자' 한다면 이것이 결혼을 수단으로 생각하는 거 아닙니까? 결혼이 수단이 될 수는 없는 것이거든요. 모든 일에서 다시 한 번 깊이깊이 생각할 문제입니다.

믿음이라는 것은, 무엇보다 먼저 하나님의 존재를 믿고 하나님께 목적을 두는 것입니다. 그 다음에는 하나님의 능력과 지혜를 구하는 것입니다. '구하라 주실 것이요, 찾으라 찾을 것이요, 문을 두드리라 열릴 것이다' 하셨습니다. 열심히 구하고 찾고 그래서 뭔가를 이루려고 애쓰는 그런 구하는 신앙, 그런 믿음이 있어야 합니다. 그러나 그럼에도 불구하고 참믿음은 듣는 믿음입니다. 종교학적으

로 냉정하게 분석하면, 종교도 두 가지가 있습니다. 말하는 종교와
듣는 종교입니다. 말하는 종교란, 신을 상대로 해서 내 소원을 말합
니다. 내 욕망을 이루려고 합니다. 어떤 때는 내가 신에게까지 가까
이 가보겠다고 노력도 합니다. 그러나 모든 행위에 전부 내가 중심
이 되고 있습니다. 이것이 곧 말하는 종교입니다. 대게 이런 종교,
이런 신앙을 가진 사람은 가만히 보면 알 수가 있습니다. 보통 기도
소리가 좀 큽니다. 철야를 하고, 금식을 합니다. 기도한다면서 냅다
소리를 지르고 마지막으로 끝나고 일어날 때 아멘하고 갑니다. '이
만하면 하나님도 안들어주고 배기겠나?' 하는 생각입니다. 하지만
그런 신앙수준으로 몇십 년을 가도 그 모양 그대로 있는 것입니다.
이걸 알아야 합니다. 말하는 종교, 내 뜻을 하나님께 구하는 종교,
내 소원을 이루려고 하는 종교는 하나님을 자기 뜻대로 좌지우지하
려고 하는 것이기 때문에 잘못된 신앙입니다.

두 번째 종류의 종교는 듣는 종교입니다. 언제나 가슴을 열어서
듣습니다. 이런 믿음의 태도는 '말씀하소서. 듣겠나이다. 말씀하소
서. 듣겠나이다'입니다. 그래서 늘 하나님으로부터 들으려고 합니
다. 듣다보면 전에 가졌던 생각을 버리게 됩니다. 하나님의 말씀을
들으려면 새로운 마음으로 들어야 합니다. 그래서 예수님께서 말씀
하시기를 '내 제자가 되려면 자기를 부인하고 자기 십자가를 지고 나
를 좇을 것이니라' 하셨습니다. 그 말씀이 무슨 뜻입니까? 자기를 부
인하고, 즉 전에 가졌던 생각을 부인하고, 전에 가졌던 고집을 버리
고, 그것이 의든지 불의든지 간에 다 버리고, 깨끗하게 회개하는 마
음으로 마음을 열고 듣는다는 것입니다.

여러분, 효자가 누구입니까? 어떤 사람이 효자입니까? 효자는

말을 많이 하는 사람이 아닙니다. 똑똑한 사람도 아닙니다. 돈 많이 버는 사람도 아닙니다. 부모에게 굉장히 효도한다고 하며 관광여행 시켜드리는 것이 효도가 아닙니다. 효자는 듣는 사람입니다. 부모님의 말씀을 듣는 사람이 효자입니다. 제가 나이드니 이런 얘기도 해봅니다. 저는 우리 아버지께서 동네나 면에서 주는 효자상을 여러 번 받는 것을 보았습니다. 그리고 그 상을 받으시고는 자랑하는 것을 봤습니다. 그런데 아버지께서 효자상을 받았다고 하니까 할아버지께서 말씀하시기를 "효자가 다 죽었냐? 네가 어떻게 효자냐?" 그러시더라고요. 아무튼 제가 볼 때는 우리 아버지는 참 효자이셨습니다. 왜냐고요? 우리 아버지는 4대독자이신데, 환갑이 되셔서도 할아버지께서 "들어와라" 하시면 방으로 들어가 그 앞에 무릎을 딱 꿇고 앉아서 말씀을 들었습니다. 그리고 무슨 말씀이든지 하시면 "예, 알았습니다. 예, 알았습니다." 하여튼 끝까지 "예"만 하셨습니다. 만약에 할아버지 말씀에 한마디라도 토를 달았다간 속된 말로 죽음입니다. 그저 무슨 말씀을 하시든 "예 옳습니다. 예, 그렇지요" 하시며 다 듣습니다. 나는 손자이기 때문에 할아버지 앞에서 담대하거든요. 그래서 제가 밖에서 그걸 다 들었습니다.

그렇게 말씀을 마치신 할아버지께서 "나가봐" 하시면 아버지께서 할아버지 방문을 열고 나오십니다. 그럴 때 보면요 나오시는 얼굴이 노랗습니다. 그러면 안되는데, 할아버지가 하라는대로만 하면 안되는데…… 그런데 자꾸 저렇게 말씀하시니 어떡하면 좋나…… 듣기는 들어야겠지요. 그렇다고 그렇게 하기는 그렇지요. 그런 상황에 처할 때마다 할아버지 방문을 나서시며 아버지께서 뭐라고 하시는지가 지금도 기억에 선합니다. 방문을 열고 딱 나오시면서 "나원정(나 원 참) 아버님도…… 나원정 아버님도……" 그 한마디에 여러 가지 뜻을 담으신 채로 혼잣말을 되뇌십니다. "나원정……" 그러면 저는 뒤에 있다가 '나원정……' 하며 아버지를 따라 하곤 했습니다. 그래 아버지 별명이 '나원정'이었습니다. 할아버지 말씀을 듣기는 들어야겠고, 그러나 그래서는 안될것같고, 답답하니까 '나원정 아버님도……' 그러시면서 순종하시는 것입니다.

　이걸 잊지 말아야 됩니다. 효자는 듣는 것이지, 잘났다고 떠드는 것 아닙니다. 이치가 어쩌고저쩌고 하는 게 아닙니다. 그저 듣는 것입니다. 그것도 감사한 마음으로 듣는 것입니다. 그렇게 할아버지께서 아버지께 하는 것을 봤는데, 아버지가 많이 괴로워하시더라고요. 그 모습을 옆에서 지켜보며 자랐는데, 그런데 피는 못속여요. 그 아버지께서 이제는 저에게 똑같이 그러시더라고요. 무슨 말씀 하시는데 만약 내가 토라도 한마디 달았다가는 그냥 벼락이 떨어집니다. 저도 그렇게 엄한 교육을 받으며 컸지마는 나중에 남쪽으로 와서 이런저런 고생을 할 때마다 그 엄한 아버지 잔소리가 그리웠습니다. '오늘쯤은 아버지께서 뭐라고 한번 호령을 해주셨으면 좋겠는데……'

　여러분, 하나님 앞에서 듣는 마음입니다. 듣고 싶은 마음입니다. 듣고 따라가는 마음입니다. 이것이 진정한 신앙입니다. 듣는 종교, 이걸 잊지 마세요. 여러분 개인적으로 기도하시지요? 그런데 기도드릴 때 제발 우리가 하는 말을 좀 줄입시다. 그저 30분 기도한다고 하면, 한 10분 말하고 20분은 들으세요. 간혹 소위 산기도를 가는 분이 저한테 묻습니다. "목사님, 제가 산기도 가는데, 휴가 겸해서 며칠 있다 오려고 하는데, 하실 말씀 있으면 해주세요." 그럴 때면

제가 이렇게 부탁을 합니다. 첫째, 낮에 자고 밤에 기도하려면 기도
하지 마십시오. 낮에는 자고 밤에 기도하는 것 그거 좋은 일이 아닙
니다. 성경에 보면 중요한 계시는 전부 낮에 있었거든요. 그러니 맑
은 정신으로 기도하도록 힘쓰십시오. 둘째로, 한 시간 기도하고 세
시간 성경을 읽으십시오. 성경을 읽는 그 자체가 기도입니다. 그렇
게 부탁을 합니다. 이 부탁은 여러 가지 의미를 담은 것임을 여러분
도 아실 것입니다.

　여러분, 말씀을 들어야 합니다. 조용히 들어야 합니다. 나가서
는 말씀을 받고, 말씀의 뜻을 정해야 됩니다. 의심하는 것이 아닙니
다. 말씀을 받아들이는 것입니다. 말씀에 따라 나의 뜻을 정하는 것
입니다. 그대로 살기로, 그대로 하기로, 아니 그대로 죽기로, 운명을
맡기는 것입니다. 그 말씀대로 하고, 거기다 운명을 맡깁니다. 그 다
음에 어떻게 되느냐 묻지 않는 것입니다. 말씀에 뜻을 맡기는 것이
다— 이게 바른 신앙입니다.

　오늘 성경본문에 보면 다니엘이라는 청년과 그의 세 친구가 나
옵니다. 생각해보면 이 네 청년이 얼마나 복받은 사람인지 모릅니
다. 요즘말로 말하면 '억세게 운이 좋은 사람들'입니다. 5만 명이나
되는 많은 예루살렘사람들이 포로로 잡혀 바벨론으로 끌려갑니다.
포로가 되었다는 것은 노예된다는 말입니다. 보통은 전쟁을 통해 얻
은 노예들을 본국으로 데리고 가서는 분배해서 팔아버립니다. 그렇
게 이 집 저 집으로 팔려가면 죽을 때까지 노예로 사는 것입니다. 이
런 것이 당시의 국제상황인데, 가만히 보면 느부갓네살 왕은 상당히
똑똑한 사람이었던 것같습니다. 그래서 그는 포로 중에 똑똑한 사람
들을 고릅니다. 소년들 중에 쓸만한 인재들을 골라서 잘 훈련을 시

켜 바벨론 나라의 장래를 위해서 인재로 쓰려고 합니다. 얼마나 교
육적이고 지혜가 있습니까? 그런데 이스라엘 포로들 가운데 똑똑한
젊은이들을 선발했는데, 재수좋게 다니엘과 세 친구가 여기에 뽑힌
것입니다. 노예로 끌려간 사람이, 하나님의 은혜로, 바벨론 왕 느부
갓네살의 궁전에서 먹고 교육을 받게 됩니다. 앞으로 바벨론을 위해
일하기 위해서 양육을 받게 되는 순간입니다. 정말 운이 좋은 사람
들 아닙니까?

그런데 문제가 있습니다. 왕의 명령으로, '앞으로 바벨론을 책
임질 사람들이니 건강하고 능력 있게, 지혜롭게 키워야 된다'는 것
이니 당연히 좋은 음식을 주었습니다. 문제는 좋은 음식 가운데 태
반이 우상의 제물이라는 것입니다. 바벨론으로서는 이런 음식들을
풍성하게 주어서 잘 먹이고 육체도 정신도 건강하게 키우는 것이 당
연합니다. 그런데 오늘본문에 보는 바와 같이 다니엘에게는 고민거
리가 생겼습니다. 이스라엘사람들은 우상의 제물을 먹지 않습니다.
그런 것을 먹어서는 안됩니다. 그래서 거절을 합니다. 그런데 여러
분, 위협과 협박에 항거하기도 어렵지만, 호의를 거절하는 것은 더
힘이 듭니다. 그런데도 다니엘은 포로 중에서 특별히 뽑힌 처지에
그 호의를 거절합니다. 그런 음식은 안먹겠다고 합니다. 그러나 만
일에 음식을 잘 안먹어서 초췌해지면 모처럼 얻은 귀한 기회도 놓칠
뿐만 아니라, 왕의 호의와 명령을 거절했으니 당연히 생명도 위험하
게 될 것입니다. 바벨론 왕에 대한 반항이기 때문입니다. 자, 어떡하
면 좋겠습니까?

오늘 성경본문이 전하는 신앙은 그저 일신의 평안을 추구하는
안일한 신앙이 아닙니다. 평안한 생활보다는 신앙적으로 살기를 원

했고, 하나님의 사람다운 생활양식의 순결함을 지키려고 하는 신앙입니다. 그리고 그것에 운명을 걸었습니다. '살든지 죽든지, 출세하든지 못하든지, 하나님의 사람의 모습으로 정결하게 살 것이다!' 이런 결심을 오늘 성경말씀은 우리에게 이렇게 가르쳐주고 있습니다. '(다니엘은) 뜻을 정했다!' 다니엘은 결심을 했습니다. 거기에 자신의 모든것을, 운명을 건 것입니다. 정결하게 살기로 결심하고, 그 다음에 잘되든 못되든 그것은 상관 안하기로 한 것입니다.

정말 이 시대가 이런 사람을 필요로 합니다. 헬렌 켈러의 유명한 말이 있습니다. '우리들은 이론을 위해서는 용기 있는 사람이 많지만, 실천하는 데는 용기 있는 사람이 없다.' 그렇습니다. 사무엘 스마일즈(Samuel Smiles)는 그의 책 「인격론」에서 이런 중요한 말을 합니다. '현대인에게 결정적으로 필요한 것은 용기다.' 그러면서 그는 네 가지 용기를 말합니다. 첫째는, 솔직할 수 있는 용기입니다. 사람은 누구보다 자기 자신에게 솔직해야 합니다. 두 번째는, 유혹을 거절할 수 있는 용기입니다. 그리고 세 번째는, 사실을 말할 수 있는 용기이고, 끝으로 네 번째는, 자신의 모습을 있는 그대로 보여줄 수 있는 용기입니다. 여러분, 신앙적 용기, 이것이 없기 때문에 평안이 없는 것입니다. 현대인은 바로 여기에 문제가 있는 것입니다.

이사야 26장 3절, 여러분이 잘 아는 말씀입니다. "주께서 심지가 견고한 자를 평강에 평강으로 인도하신다." 심지가 견고한 사람, 그 뜻이 확실한 사람은 마음이 평안합니다. 왜 그렇습니까? 살든지 죽든지 성공하든 실패하든 상관없기 때문입니다. 심지가 견고한 사람, 다니엘처럼 마음을 정한 사람, 뜻을 정한 사람은 하나님께서 평강에 평강으로 인도하시는 것입니다. 현대인의 고민은 목적이 없기 때문입니다. 수단과 방법을 가리지 않기 때문입니다. 결단이 없고 마음에 정함이 없기 때문입니다. 여러분, 깊이 생각합시다. 우리의 인생이 여기까지 왔습니다. 좀 뒤늦은 감이 있지만, 이제라도 다시 뜻을 정합시다. 하나님의 말씀을 잘 듣고, 그 말씀에 응답하며 확실한 뜻을 가지고, 운명을 걸고, 다시 출발할 때, 평강 위에 평강, 지혜 위에 지혜, 능력 위에 능력이 함께할 것입니다.   △

주여 내가 믿고자 하나이다

예수께서 저희가 그 사람을 쫓아냈다 하는 말을 들으셨더니 그를 만나사 가라사대 네가 인자를 믿느냐 대답하여 가로되 주여 그가 누구시오니이까 내가 믿고자 하나이다 예수께서 가라사대 네가 그를 보았거니와 지금 너와 말하는 자가 그이니라 가로되 주여 내가 믿나이다 하고 절하는지라 예수께서 가라사대 내가 심판하러 이 세상에 왔으니 보지 못하는 자들은 보게 하고 보는 자들은 소경되게 하려 함이라 하시니 바리새인 중에 예수와 함께 있던 자들이 이 말씀을 듣고 가로되 우리도 소경인가 예수께서 가라사대 너희가 소경되었더면 죄가 없으려니와 본다고 하니 너희 죄가 그저 있느니라

(요한복음 9 : 35 - 41)

주여 내가 믿고자 하나이다

교육학자 중에 가드너 머피(Gardner Murphy)라는 유명한 교수님이 계시는데, 그가 주장한 'Aha'-Phenomenon(아하-현상)이라고 하는 흥미로운 학술 이론이 있습니다. 아하-현상이란 우리가 이 세상을 살아가면서 종종 하는 감탄을 뜻합니다. 이 '아하'라고 하는 말은 만국공통어입니다. 이건 통역할 필요가 없습니다. 누구나 자기 생각이 있고 경험이 있는데, 어떤 때 그 경험과 일치되어나가거나 검증될 때 '아하~'하게 됩니다. 머리를 쓰면서 추리하고 생각을 통해 나오는 '아하'도 있지만, 그것은 실제 경험 속에서 딱 부딪히면서 하게 되는 '아하'와는 그 의미와 강도가 다릅니다. 그래서 우리의 경험 속에, 경험해나가는 중에, 그 '아하' 포인트, 즉 '아하'하는 감탄소리가 계속 나와야 됩니다. 그 '아하' 소리와 함께 사람은 행복해지기도 하고 인격이 성장하기도 하고, 우리 성도들로 말하면, 믿음이 자라기도 합니다.

그런데 이 '아하' 포인트의 시점이 문제입니다. 어떤 경우엔, 다 지나간 다음에 '아하' 하거든요. '아, 그랬구나! 그것이 그랬었구나! 잘못했구나!'라고 생각도 하고, '그때 그랬더라면 좋았을 것'을 하고 생각하기도 하고, 유행가 가사처럼 '이제서 생각하니 그것이 사랑이었구나!'라고 생각하기도 하고, 심지어 어떤 사람은 죽기 전에 가서야 비로소 '아하~' 하고 끝내기도 합니다. 이런 '아하' 포인트는 참으로 불행한 것입니다.

그러면 어떠해야 하겠습니까? 그 '아하'의 시점이 현재여야 합니다. 바로 이 시간, 여러분 지금 예배드리는 바로 이 자리에서 일어나야 합니다. '전에는 이렇게 생각했는데 말씀을 들으면서 생각해보니 '아하' 나는 고독한줄 알았는데 나는 자유로운 사람이구나, 나는 실패한 줄 알았는데 이제 보니 이건 성공이었구나, '어째 나만 버렸나?' 생각했는데 '아하' 그게 아니라 지금 생각하니 그것은 사랑이었구나, 축복이었구나, 아니 내게만 주시는 특별한 은혜였구나⋯⋯'라고 지금 깨달아야 합니다. 그러니 이 '아하' 포인트는 우리 인생에 참 중요한 것 아닙니까? 우리는 한평생 '아하'하며 살아야 됩니다. 교회 나올 때마다 '아하'하는 그 감격이 있을 때 그만큼 우리 영혼은 새로워지고 좀더 성숙해지는 것 아니겠습니까?

신학자 월터 브루그만(Walter Brueggemann)은 예일대학교에서 열린 그 유명한 '라이만 비처' 강좌에서 유명한 말을 합니다. '현대인들은 하나님의 뜻이나 하나님의 말씀을 자꾸만 조금씩 부스럼을 내면서 축소시키려고 하는 병이 있습니다.' 그렇습니다. 은혜는 은혜대로 받으면 좋은데, 납득이 가든 안가든, 납득이 가면 '아하'하면 되고 납득이 안가면 판단을 좀 뒤로 미루면서 '언젠가 이해될 때가 있겠지⋯⋯' 하면 좋을 것을, 현대인들은 그렇지 못합니다. 아주 쓸데없는 머리장난을 합니다. 소위 머리를 굴립니다.

그래서 브루그만은 이것을 요약하기를, 첫째로, 현대인들의 기술주의적인 사고방식이 삶과 신앙의 신비로움을 전부 훼손시키고 있다고 합니다. 알고 보면 세상은 신비롭습니다. 얼마나 신비로워요? 신비는 신비 그대로 두면 좋은데 기술주의와 인간적인 과학주의를 가지고 조금씩 건드립니다. 그래서 소중한 신비가 능력을 잃어버립니다. 살펴보면 이런 경우가 많습니다.

어느 유명한 신학교의 구약학 교수 한 분이 아들을 데리고 예루살렘에 성지순례를 갔습니다. 난생 처음 가는 곳이어서 제가 잘 아는 장로님 중에 이스라엘에 오래 사신 분이 계신데 그 장로님이 그 교수님을 모시고 홍해를 구경하러 갔습니다. 그런데 이스라엘사람들이 건너갔다던 홍해가 하나만 있어야 하는데, 이상하게도 그 사적이 두 곳이 있습니다. 한쪽은 갈대밭이고 한쪽은 바다입니다. 한쪽은 물이 철철 넘치는 홍해바다고, 다른 한쪽은 철벅철벅 걸어갈 수 있는 갈대밭입니다. 참 이상하지요? 그런데 이 두 곳을 다 구경하고 난 신학자가 아들에게 이렇게 말합니다. "자, 봐라. 사람들이 어떻게 저 바다를 건너갔겠느냐? 이 갈대밭을 철벅철벅 건너간 게 틀림없지 않니! 이제야 알겠다." 그랬더니 그 아들이 "아빠 잘 생각해보세요. 만약 그렇다면 애굽군대가 갈대밭에서 어떻게 빠져죽었겠어요?" 하더랍니다. 그 말에 아버지가 어린 아들에게 한 방 맞은 것입니다.

성경을 믿으려거든 그대로 믿어야 합니다. 몽땅 믿어야 오히려 설명이 됩니다. 말씀을 그대로 믿어야 그 다음의 내용도 설명이 되는데, 그것을 부스럼을 내서, 이것은 기술적으로 이것은 과학적으로…… 하면서 빼고 뒤틀면 성경의 소중한 진리가 그만 공중분해되어버리고 맙니다. 말씀이 생명력을 잃어버립니다. 이게 현대 교인들의 문제입니다. 그냥 믿으세요. 거기다 뭘 대고 인간적인 머리를 굴리려고 합니까? '그럴 거다. 안그럴 거다. 이것은 이럴 것이다. 저것은 저럴 것이다' 하는 인간의 기술주의적 사고방식, 이것이 바로 우리의 믿음을 크게 병들게 하는 것입니다.

둘째, 신뢰는 신뢰이고 확신은 확신입니다. 여러분, 신뢰라고 하는 것, 우리가 '믿고 신뢰한다'고 할 때 그 내용을 다 알고 하는 것입니까? 여러분은 식사할 때마다 영양가를 따지고 먹습니까? 그냥 먹는 거지요. 그저 믿고 먹는 거지요. 사람을 사귈 때 다 알고 사귈 겁니까? 사람을 죽을 때까지 연구해보세요. 사실 우리는 같이 사는 남편, 아내도 여전히 잘 모르지 않습니까? 사람은 모릅니다. 아무리 꼬집어보고, 아무리 같이 살아보세요. 알아봐야 되고, 만나봐야 된다고 하지만 그렇지 않습니다.

옛날 어른들은 결혼할 때 얼굴도 안보고 결혼했습니다. 어른들이 '해라' 하면 했습니다. 우스운 얘기입니다만, 한경직 목사님이 한번은 여름방학 때 집에 갔더니 웬 여자가 한 명 와 있더래요. 그런데 아버지께서 하시는 말씀이 "네 마누라다. 데리고 살아라" 하시더랍니다. 그리고 끝입니다! 결혼식도 없이 그냥 그렇게 부부로 사는 것입니다. 옛날에는 그렇게 얼굴도 안보고 결혼했어요. 그런데 그 후 세월이 지나니 사람들이 '그건 말도 안된다. 얼굴이라도 봐야지' 하는 의견이 생겼습니다. 그런데 그것도 재미있습니다. 우리 누나가 이야기해준 것입니다만, '정 신랑될 사람 얼굴이 궁금하거든 얘기할 때 문구멍 뚫고 살짝 보라'고 해서 정말 그렇게 살짝 들여다봤답니다. 그러고는 그렇게 결혼해서 부부로 산다고 그럽니다. 세월이 더 지나고 이제는, '만나도 안보고 하나?' 그리고 그다음에는 '사귀어도 보지 않고 하나?' 합니다. 그런데 요즘 젊은이들은 그 정도로도 부족해서 이렇게 말합니다. '살아보지도 않고 사나?' 문제는, 그래서 결혼도 하기 전에 그렇게 미리 살아보니 그 사람을 알겠더냐는 것입니다. 모두 헛일입니다.

여러분, 이걸 잊지 말아야 합니다. 어슈어런스(assurance:확신)라

는 것은 과학적 지식에 근거하는 것이 아닙니다. 신뢰해야 확신할
수 있습니다. 그런데 신뢰라고 하는 소중한 것이 우리의 경험에서
나오는 것이 아닙니다. 그런데도 이것 때문에 얼마나 큰 불행을 자
초하는지 모릅니다. 사람들은 확실성을 갖기 위해 애씁니다. 매번
무언가를 확실하게 밝혀내기 위해서 심지어는 무슨 특별위원회, 특
별조사단을 꾸리고 만들어냅니다만, 그걸 통해 무엇이라도 확실하
게 제대로 밝혀지는 것을 한 번도 본 일이 없습니다. 전부 쓸데없는
짓입니다. 안그렇습니까? 믿는 사람은 그저 믿음으로 믿는 것이고,
안믿을 사람은 죽어도, 어떤 증거를 대도 안믿습니다. 바로 이것이
현실인데 왜 정력과 시간을 낭비하느냐는 것입니다. 여기서 인간의
큰 문제가 생기는 것입니다.

세 번째로, 질보다 양을 추구하고 우선시하는 풍조입니다. 거기
에서 성과주의, 결과주의가 나옵니다. 여기에서 과정은 상관없습니
다. 내용은 상관이 없고 오직 결과만 가지고 모든 걸 판단합니다. 통
계 숫자로 파악하려고 합니다. 바로 여기서 인간의 가치가 무너지고
세상에 불행이 온다고 브루거만은 말합니다.

오늘본문인 요한복음 9장을 읽어보면 엄청난 진리가 담겨 있음
을 알게 됩니다. 이 성경 한 장 전부가 한 사건을 설명하고 있는데,
구절구절이 우리에게 주는 귀중한 교훈이 있습니다. 심리학자 윌리
엄 제임스가 자신의 책 「The Varieties of Religious Experience」에서
아주 흥미로운 이야기를 합니다. "한 번 태어난 사람이 있고 두 번
태어난 사람이 있다. 그런데 한 번 태어난 사람은 '하나님은 하늘에
계시고, 하나님은 선한 자에게 복을 주시고 악한 자에게 벌을 내리
시고, 그리고 우리의 영혼은 인과응보의 직선 속에 있다'고 생각한

다고 합니다. 그래서 선하게 살아야 되고, 그래서 형통함의 복은 하나님이 주시는 선물이라고 생각하며 산다는 것입니다. 그런데 두 번 태어난 사람은, 즉 한 번은 육신으로 태어나고 두 번째는 신앙적으로 중생한 사람은, 그게 아니라고 합니다. 두 번 태어난 사람은 '고통과 고난과 시련 속에 하나님의 사랑이 있다. 남들은 버렸다고 하지만 그게 사랑이고, 남들은 실패했다고 하지만 그게 축복의 길이다'라고 생각하며 산다는 것입니다. 하나님과 인생에 대해 이것을 알고 살고, 이것을 믿고 사는 사람이 바로 두 번 태어난 사람이라고 윌리엄 제임스는 말합니다.

오늘 성경본문에 보면 태어나면서부터 시각장애를 가진 맹인으로 사는 사람이 있습니다. 참으로 불우한 사람입니다. 그렇게 깜깜한 인생을 40년이나 살았습니다. 그는 이런 신체적인 불편으로 인해 길거리에서 얻어먹는 사람이 되었습니다. 경제, 문화, 사회적으로 어렵습니다. 그의 고통은 그것만이 아니었습니다. 많은 사람들이 무책임하게 그를 비난했습니다. 오늘 성경에 잠깐 그 내용이 나오고 있습니다. 요한복음 9장 1절부터 보면, 나면서부터 맹인된 사람이 거기에 앉아 있는 걸 보고 제자들이 예수님께 물어봅니다. "이 사람이 맹인으로 태어난 것이 누구의 죄 때문입니까?" 그 사람의 상태를 아주 죄라고 전제하고 물어보는 것입니다. "누구의 죄 때문입니까? 부모 죄입니까? 본인의 죄입니까?"

여러분, 시각장애자는 귀가 밝습니다. 청각이 보통사람의 20배라고 합니다. 그는 이런 이야기를 다 들었을 것입니다. '저 사람들이 나를 또 비난하고 있구나!' 그의 불행을 놓고 누구의 죄 때문이냐며 그 자신을 비방하고 있는 것입니다. 그러나 이 사람은 그런 무책임한 비난에 대해서 아무 말도 하지 않습니다. '누구 죄든 말든 내가 맹인인 것은 사실이다. 누구 때문인지 그건 내가 알 바도 아니다.' 그는 자신의 불행과 아픔을 되씹고 있습니다. 마음으로 새기면서 이 고통을 겪고 있는 것입니다. 이렇게 불우한 사람이 있습니다.

그런데 주님께서 이 사람을 만나주십니다. 그 사람 자신이 예수님께 '내 눈을 뜨게 해주세요' 라고 기도한 흔적도 없습니다. 그런데 예수님께서 제자들의 질문을 들으며 이 사람을 보시는 순간, 엉뚱한 말씀을 하십니다. 저는 아무리 생각해도 이해가 좀 안되는 부분입니다. 그 때 예수님이 침을 땅에다 뱉어서 그걸 흙먼지와 이겨가지고 맹인의 눈에다 발랐습니다. 아니 맹인의 눈은 눈이 아닙니까? 먼지만 들어가도 아플 것인데…… 그 진흙을 갖다가 그의 눈에다 발라놓았어요. 거기까지 아무 말씀도 없으십니다. 그리고는 말씀하십니다. "실로암에 가서 씻으라." 여러분, 이게 쉽게 순종할 수 있는 일입니까? 저는 그 맹인이 굉장한 사람이라고 생각합니다. 보통같으면 벌써 화를 낼 수 있고, 벌써 반항할 수 있는 일입니다. 그러나 그는 순종합니다. 지팡이를 들고 실로암까지 갑니다. 걸어서 5리길입니다. 아마 2시간 정도 걸어갔을 것입니다. 가면서 별생각 다 했을 것입니다. '아, 일진 사납다. 이게 도대체 무슨 꼴이냐. 내가 지금 뭘 하고 있는 거야? 내가 지금 어딜 가고 있는 거야?' 하며 의심도 했을 것입니다. 이런저런 의심이 많았을 것입니다. 그래도 순종했습니다. '별로 어렵지 않은 일인데 순종해놓고 보자. 가자. 일단 가는 거다.' 그는 결국 가서 자기 손으로 실로암 물을 떠서 눈을 씻었는데 그만 눈이 밝아지는 것이었습니다. 이처럼 희한한 기적을 경험합니다. 이게 바로 '아하'포인트입니다.

아, 그때의 감격을 여러분 한번 상상해보세요. 얼마나 행복했겠습니까? 세상에 이렇게 희한한 일이 어디에 있겠습니까? 그런데 그 다음에 문제가 생겼습니다. 본인이 이렇게 행복해하면 주변 사람들도 함께 '할렐루야!' 하며 같이 기뻐해주면 되는 것 아닙니까? 그런데 왜 이렇게 시비가 많습니까? '너의 눈을 뜨게 한 사람, 그 사람은 죄인이다.' 왜 그렇습니까? 안식일에 그런 이적을 행하는 것 보니까 아무래도 그 사람은 죄인이라는 것입니다. 세상에 이렇게 답답한 일이 있나요? 그런데도 그 눈뜬 사람에게 자꾸만 와서 물어보는 겁니다. "누가 너의 눈을 뜨게 했느냐?" 하지만 정작 그 사람은 본 일이 없잖아요? "나는 모른다." 또 묻습니다. "누가 네 눈을 뜨게 했느냐? 너 그 사람 죄인인 것 아느냐? 너도 죄인이다." 그렇게 비난하는 사람들의 입장에서는 그도그럴것이 시각장애자가 막대기를 들고 다니는 것은 죄가 아닙니다. 안식일에도 용납이 됩니다. 그러나 눈뜬 다음에 막대기를 들고 다니면 죄입니다. 안식일을 범한 것이기 때문입니다. 하지만 이렇게 말도 안되는 여러 가지로 시비를 겁니다.

결국 그 사람은 눈뜬 것 때문에 어려움을 겪었습니다. 어려움도 그냥 어려움이 아니고 끝내는 출교를 당했습니다. 사회에서 내쫓았다는 것입니다. 당시의 출교는 엄청난 종교적, 사회적 박탈입니다. 그렇게 출교를 당하고 나면 당시 법으로는 출교당한 사람을 누가 때려죽여도 사형죄가 성립이 되지 않습니다. 그렇게 무서운 출교를 당했습니다. 그리고 그 사람의 부모까지 괴롭혔습니다. 눈뜬 것은 참 감격인데 '아하, 하나님 감사합니다' 해야 할 일인데 왜 이렇게 시비가 많은 것입니까? 왜 이렇게 비난이 많은 것입니까? 그 눈뜬 사람이 견딜 수가 없게 되었습니다.

그때에 예수님께서 만나주십니다. 그것이 오늘의 본문 내용입니다. "네가 메시야를 아느냐?" 주님께서 물으시자 그가 대답합니다. "예, 내가 눈을 떴습니다마는 나의 눈을 뜨게 한 자가 누군지 모릅니다. 내가 믿고자 하나이다." 여러분, 눈을 뜨는 굉장한 기적은 경험했습니다. 문제는 그 의미가 문제입니다. 그 기적이 무엇을 말하는지를 모른다면 문제입니다. 이 엄청난 일이 누구로부터 온 것인지, 그 깊은 영적 의미를 모르기 때문에, 이 사람은 이 많은 시련을 이길 수가 없었습니다. 그래서 공회에서 그를 '쫓아냈다'는 말을 들으시고 예수님께서 이 사람을 만나주십니다. 그를 만나주시면서 말씀하십니다. "내가 그니라."

눈뜬 사람이 간절히 말합니다. "주여, 믿고자 합니다." 이미 이 적은 경험을 했습니다. 그것이 문제가 아닙니다. "나와 함께한 자가 누구입니까? 내 눈을 뜨게 한 자가 누구입니까? 그를 만나고 싶습니다. 믿고 싶습니다." 즉 눈을 뜬 이적의 영적인 의미를 알고 싶어하는 것입니다. 우스운 얘기입니다마는, 얼마 전에 곽요셉 목사 생일이었는데, 아이들이 제 아버지에게 생일카드를 써 보냈더라고요. "아버지, 고맙습니다. 생일 축하합니다"하며 나름대로 초등학생들인 손자, 손녀들이 카드를 썼습니다. 자기 아버지를 기쁘게 하려고 카드를 썼는데 모세라는 손자아이가 쓴 편지를 보고 얼마나 웃었는지 모릅니다. 녀석이 뭐라고 썼는가 하면 "아버지, 종종 내 편을 들어주셔서 감사합니다." 그 감사의 내용은 생각해보면 참 실제적인 것입니다. 생각해 보세요. 아무래도 어머니가 잔소리가 많거든요. 어머니는 아이 보고 이래라 저래라 그러지 않습니까? 그런데 옆에

288

있던 제 아버지가 듣다 못해서 "여보, 그만하지……" 하는 한마디로 자기편을 들어주는 것이 녀석에겐 너무도 좋았던 것입니다.

저로서는 어린 손자의 그런 표현 속에 담긴 포인트가 너무 아름답게 생각되었습니다. 바로 오늘 예수님께서 그 눈뜬 사람의 편을 들어 주신 것입니다. 눈뜨고나서 괴로움당하는 그 사람을 주님께서 만나주시는 것입니다. "내가 믿고 싶습니다." "믿어라. 내가 바로 그다"— 분명히 말씀하십니다.

여러분, 이미 주님의 말씀은 들었습니다. "실로암에 가서 씻어라." 그리고 그 말씀을 듣고 의심도 했습니다. 생각도 많았습니다. 그러나 결국 순종했습니다. 그렇게 순종했더니 더 확실한 말씀으로 말씀해주십니다. 모르고 순종했는데 이제는 알고 순종하도록 해주십니다. 종종 우리는 어떤 사건이 일어났을 때는 모릅니다. 그 사건 속에 하나님의 경륜이 있는 것을…… 오늘 이 말씀의 사건을 좀더 깊이 생각해보면 그렇습니다. 이 사람이 40년 동안 캄캄하게 시각장애자로 살았습니다마는 사실 그 사건이 있었기에 오늘 같은 축복을 누리는 것 아닙니까? 하나님의 경륜이 그 속에 있었고, 하나님의 축복이 그 속에 있는 것을 이제야 알게 되는 것입니다.

말씀이 들려올 때 그렇게 충만한 가운데 순종한 것 아닙니다. 그러나 그렇게 부족하게, 허물되게, 불확실하게 순종했지만, 하나님께서는 그를 귀히 여기시고 이제 큰 복을 주십니다. "내가 믿고자 하나이다. 주여 그분을 믿고자 하나이다. 고난 중에 나와 함께하신 분을 믿고자 합니다. 고난 중에 내게 말씀하신 분, 계속 내 양심을 두드려주시고, 내 영혼을 두드려가며 내게 말씀해주신 그분을 이제 만나고 싶습니다."

　　고난 중에서 나를 당신의 길로 인도해주신 분, 그 고난의 사건이 아니었다면 오늘 내가 없을 것이 아닙니까? '그 엄청난 사건 속에서 나를 이 길로 인도해주신 하나님, 그 예수님을 만나고 싶습니다. 정말 만나고 싶습니다. 주여, 믿고 싶습니다.' 이렇게 고백하는 그에게 오늘 예수님께서 말씀하십니다. "너와 말하는 자가 그니라." 예수님께서 확실하게 만나주십니다. 그리고 여기서 그는 용기를 얻습니다. '아하'포인트의 극치를 경험하게 됩니다. 그 후 그의 삶이 어떠했겠습니까? 출교가 아니라 맞아죽어도 상관없습니다. 그는 행복했을 것입니다. 그런데 바로 그렇게 살아가는 것이 그리스도인입니다. 지금 바로 내 앞에 계시는 주님께서 내게 말씀하십니다. 주를 만나는 순간 내 인생에 새로운 의미가 생기고 새로운 의미의 삶을 시작할 수 있는 것입니다. "주여 내가 믿고자 하나이다." 그렇게 외칠 때 주님 말씀하십니다. "믿으라. 내가 그니라."　△

나의 잃은 양을 찾았노라

모든 세리와 죄인들이 말씀을 들으러 가까이 나아
오니 바리새인과 서기관들이 원망하여 가로되 이 사
람이 죄인을 영접하고 음식을 같이 먹는다 하더라 예
수께서 저희에게 이 비유로 이르시되 너희 중에 어느
사람이 양 일백 마리가 있는데 그 중에 하나를 잃으
면 아흔 아홉 마리를 들에 두고 그 잃은 것을 찾도록
찾아 다니지 아니하느냐 또 찾은즉 즐거워 어깨에 메
고 집에 와서 그 벗과 이웃을 불러 모으고 말하되 나
와 함께 즐기자 나의 잃은 양을 찾았노라 하리라 내
가 너희에게 이르노니 이와 같이 죄인 하나가 회개하
면 하늘에서는 회개할 것 없는 의인 아흔 아홉을 인
하여 기뻐하는 것보다 더하리라
(누가복음 15 : 1 - 7)

나의 잃은 양을 찾았노라

아주 여러 해 전에 한번 예루살렘으로 순례를 갔던 일이 있습니다. 아주 뜨거운 여름날이었습니다. 햇볕이 뜨겁다고 해도 그렇게 뜨거운 것은 처음이었습니다. 우리는 지금 30도만 넘어도 견디기 힘들고, 40도가 넘으면 못살겠다고 하지 않습니까. 한데 그곳은 50도입니다. 그러니 얼마나 덥겠습니까. 문밖에 나갈 수가 없을 만큼 얼굴이 화끈거립니다. 그래서 예루살렘 성지순례는 두 번을 해야 한다고들 말합니다. 여름에 한번, 겨울에 한번, 이렇게 두 번은 가야지, 겨울에만 가보고는 정말로 가봤다고 할 수 없다는 것입니다. 정말 어려운 것은 여름입니다. 모든 산천이 전부 노랗습니다. 그도 그럴 것이 여름에는 전혀 비가 오지 않으니까요. 겨울이 우기입니다. 그래서 여름에는 노랗습니다. 풀이 없습니다.

그 50도 뜨거운 곳에서 차를 타고 광야를 지나가다가 유목민들이 모여 사는 곳을 방문했습니다. 저는 관광객들과 같이 간 것이 아니고 따로 차를 내어가지고 공부하는 마음으로 간 것입니다. 그래 3시간 동안 그 유목민들이 사는 것을 보았습니다. 수천 년 동안 그렇게 살아온 것입니다. 예나 지금이나 변함없이 원시적으로 사는 유목민들입니다. 지금도 전깃불을 쓰지 않습니다. 집도 없습니다. 움막 같은 것 하나 달랑 지어놓고 양들과 함께 삽니다. 양의 우리를 만들어 놓았는데, 보니까 문이 없습니다. 성경에 '양의 문이, 양의 문이' 하고 나와 있어서 그런가 싶어 보았더니 문이 없는 것입니다. 그냥 양들 모아놓고 거기에 목자가 떡하니 누워서 자면 그것이 문입니다.

신기하게도 양들은 절대로 그 목자를 타넘어가지 않습니다. 우리 눈에는 참 신기하게 보이는 원시적인 생활입니다.

　그 이야기를 어찌 다 하겠습니까마는, 가장 인상적이었던 것은 양을 인도하는 과정입니다. 한 300마리 쯤 되는 양들을 모아놓는데, 크지도 않은 자그마한 소년 하나가 작은 종을 딸랑딸랑 들고 오더니 그 중 한 마리 양을 붙들고는 그 머리를 톡톡 치고 뭐라고 합니다. 짐작컨대 "가자!" 하는 것같습니다. 그러면서 앞으로 나서니 그 양이 그 소년을 뒤따라갑니다. 그러니까 다른 양이 또 그 양의 뒤를 따라갑니다. 그런 식으로 300마리가 한 줄로 소년을 따라갑니다. 쭉 따라갑니다. 그래서 이렇게 양이 한번 지나가고나면 거기에 풀이 나지를 않습니다. 거기 낮은 산들에 노랗게 마른 풀이 나 있는데, 양들이 그것들을 뜯어먹는 것입니다. 거기를 한번 쓱 지나가면 골이 패입니다. 양들이 지나간 자리가 전부 골이 패여 멀리서 보면 악보의 오선지 같습니다. 그런 줄들이 산에 쭉 쭉 나 있습니다. 전부 양떼가 한번 지나간 자국입니다. 왜 그럴까요? 목자가 간대로 따라간 것입니다. 한 발자국 한 발자국 따라간 것입니다. 그렇게 300마리가 똑같은 길을 따라가니까 땅이 전부 패이는 것입니다. 그렇게 가는 모습을 보니 참 신기했습니다.

　우리가 짐승을 인도할 때를 떠올려보십시오. 예를 들어 소를 끌고 갈 때는 코를 뚫어 코뚜레를 해가지고 끌고 가고, 말은 입에다 재갈을 물립니다. 개는 목을 맵니다. 그리고 어느 때는 호령하며 채찍을 휘둘러 때리기도 합니다. 이렇게 해서 짐승을 인도하는데, 이 양은 그렇지 않습니다. 코를 꿰었습니까? 재갈을 물렸습니까? 목을 맸습니까? 그야말로 자유입니다. 그리고 한 마리를 딱 인도하고 가면 300마리 전체가 쭉 따라가는 것입니다. 그렇게 한 줄로 따라가는 모습을 보면서 제가 무슨 생각을 했겠습니까. 우리교인들도 이러면 좋겠다— 그대로 따라가는 것입니다. 이것이 양과 목자의 관계입니다. 목자가 먼저 가면 양은 그 뒤를 졸졸 따라갑니다. 성경말씀대로 '사망의 음침한 골짜기로 행할 때에도' 가는 것입니다. 좋은 길로만 가는 것이 아닙니다. '사망의 음침한 골짜기로' 가도 목자가 가는 길에는 반론이 없습니다. 군소리 하지 않고 믿고 목자의 뒤를 따라갑니다. 한 줄로 따라갑니다. 이것이 목자고 이것이 양이라는 말씀입니다.

한데 오늘본문을 보니까 그렇게 좋은 양들인데도 그 가운데서 낙오자가 있더라고요. 그 중에도 딱 한 마리가 대열에서 떨어져나와 그만 낙오되었더라는 말씀입니다. 100마리 가운데 딱 한 마리가 대열에서 낙오된 것입니다. 한데 목자는 무사히 남아 있는 99마리의 양을 들에 두고, 낙오된 그 단 한 마리의 양을 찾아 헤맵니다. '찾도록' 찾습니다. 이것이 오늘본문의 주제입니다. 이것이 예수님의 마음이요, 이것이 하나님의 마음이요, 또 우리가 지녀야 할 마음입니다. 목자의 마음은 잃어버린 양에게 있습니다. '99마리가 여기에 있으니 됐다. 99%면 OK.' 이렇게 생각하지 않습니다. 낙오된 한 마리 양에게 마음이 끌립니다.

헨리 나우언이 쓴 「긍휼」이라는 유명한 책이 있습니다. 이 책에서 그는 현대인을 이렇게 비판합니다. 현대인의 불행이 어디서부터 오느냐? 딱 두 마디입니다. '무관심과 분노다.' 무관심과 분노— 숫자에 연연하지 않습니다. 사람들은 숫자에 매입니다. 그래서 자기중심적입니다. 흔히 말하는 대로 퍼센트에 가치관을 둡니다. 90%면

된 것입니다. 10%는 버려도 괜찮습니다. 게다가 99%면 100점입니다. 하나쯤 잃어버려도 괜찮습니다. 바로 이런 철학 때문에 이 세상이 이렇게 어렵다는 것입니다. 생각하면 기막힌 이야기입니다. 하나에는 관심이 없습니다. 그것을 또한 비판하고 분노해버립니다. 잘못된 것은 끊어버립니다. 비판합니다. 분노합니다. 저 하나 때문에 전체가 불행해진다고 이렇게 불의한 분노를 안고 삽니다. 이것이 바로 현대가 이렇게 불행해지는 이유입니다. 긍휼이 없기 때문입니다. 긍휼은 잃어버린 그 하나에 있는 것입니다. 이것은 수적 개념이 아닙니다. 성경에서 목자는 잃어버린 단 한 마리 양에게 관심이 있습니다. 이것은 재산이 아닙니다. 마음입니다. 양이 아닙니다. 사랑입니다. 물량적인 문제가 아닙니다. 질적인 문제입니다. 그러나 우리는 그만 물질화되고, 물량화되고, 숫자화되고, 경영화돼버렸습니다. 우리 마음들이 다 그렇습니다. 그 소중한 긍휼 하나를 소중히 여기려는 그 마음이 다 없어져서 인간이 비인간화되고 사회가 이렇게 살벌해지고 만다는 것입니다.

오늘 본문에서 목자는 생각합니다. 저 잃어버린 양을 생각합니다. '얼마나 고통스러울까? 바위틈에 끼었나? 아니면 넝쿨에 걸렸나? 아니면 짐승에게 찢겼나? 가시에 찔렸나?' 자꾸 잃어버린 양을 생각하는 것입니다. 불쌍히 여깁니다. 관심을 기울입니다. 집중합니다. 잠을 잘 수 없습니다. 저 양이 저렇게 밖에 나가 있으니 잃어버린 양을 찾기까지는 잠을 잘 수가 없는 것입니다. 그래서 그는 모름지기 밤중에 찾아나가 헤매게 됩니다. 우리는 메마른 세상에서 살고 있습니다. 그러나 오늘 이 애정과 긍휼, 이 깊은 관심, 잠을 자지 못하는 그 마음이 바로 인간입니다. 사실은 그 속에 행복이 있는 것입니다. 이것이 없기에 이 세상이 이렇듯 살기 어려운 세상이 되어버린 것입니다.

특별히 오늘본문을 읽을 때, 읽으면 읽을수록 제 마음을 뜨겁게 하는 부분이 바로 이 점입니다. 그것은 책임을 묻지 않습니다. 이 목자는 왜 그랬느냐고 따지지 않습니다. '그 양 한 마리 까불고 다니더니, 이리 뛰고 저리 뛰고 못되게 놀더니 길을 잃었구나! 잃어버려 싸다! 네 죄를 네가 알렷다.' 이렇게 비판하지 않았습니다. 책임을 묻지 않았습니다. 그냥 방만하게 많은 양들이 다같이 가는데 왜 너 하나만 이 대열에서 빠졌느냐는 것입니다? 할말은 많습니다. 한눈팔다가 길을 잃었느냐? 어쩌다 이렇게 길을 잃었느냐? 99마리는 다 잘 따라오는데, 어째서 하필 이 한 마리만이 낙오를 했느냐고 비판할 수 있습니다. 그러나 목자는 전혀 양에게 책임을 묻지 않았습니다. 정죄하지 않았습니다. 사랑이란 무엇입니까? 사랑이란 이래야 한다, 저래야 한다, 조건을 거는 것이 아닙니다. 있는 그대로를 받아들이는 것입니다. 양은 지금 이유야 어떻든 길을 잃었습니다. 멀리 떠나서 어디선가 고생을 하고 있습니다. 그 사실이 중요합니다. 왜 그랬느냐를 물을 필요가 없습니다. 물어서는 안됩니다. 우리가 가끔 사랑한다 해도 따지는 것이 너무 많습니다. 왜 그랬느냐고? 그래서 되겠느냐고? 앞으로는 이러이러해야 된다고 조건을 걸지 말고 까닭을 묻지 마십시오.

오늘본문인 누가복음 15장 1절에서부터 보면 세리에 대한 이야기가 나옵니다. 세리는 생각하면 참으로 불쌍한 사람들입니다. 로마사람들에게 바치는 세금을 로마사람들 대신 걷어주는 사람이 세리입니다. 어찌어찌 하다보니 이런 직업을 가지게 되었는데, 어쨌든 그래서 많은 사람들로부터 미움을 받습니다. 본인만이 아니고 자식까지도 다 미움을 받습니다. 그래서 세리는 세리끼리만 친합니다. 그리고 다른 사람하고는 상종하지 않습니다. 얼마나 업신여김을 받았던지, 거지도 세리가 주는 돈은 안받았답니다. 돈을 받았다가도 그 돈을 준 자가 세리라는 소리를 듣고나면 그 돈을 도로 내던졌다고 합니다. 굶어죽어도 세리의 돈은 받을 수 없다는 것입니다. 도대체 사람 취급을 안했습니다. 그래서 성경을 자세히 읽어보면 죄인과 세리, 세리와 죄인을 동의어로 사용합니다. 공개적인 죄인입니다.

그러나 예수님께서는 오늘본문에서 성경대로 세리를 영접하셨습니다. 또 세리의 영접을 받으셨습니다. 세리의 집에 가서 식사를 하셨습니다. 세리들과 함께 오찬을 나누셨습니다. 바리새인들이 볼 때는 이것이 못마땅한 것입니다. 사람도 아닌 세리 같은 것, 저 쓰레기 같은 인간들하고 메시야가 자리를 함께하다니, 이것이 어디 말이 되는 일인가. 어찌 같이하는가. 어찌 같이 사귀는가. 이렇게 비판을 하게 됩니다. 그 순간 오늘 예수님께서는 잃은 양의 비유를 말씀하고 계십니다. 이 세리를 향해서 네가 왜 세리냐고 묻겠습니까? 세리의 자식으로 태어났으니 세리요, 어찌 어찌 하다보니 세리가 된 것입니다. 예수님께서는 거기다 대고 왜 세리냐, 언제까지 세리냐, 왜 직업을 못바꾸느냐, 하고 묻지 않으셨습니다. 세리가 세리의 일을 버리고 다른 사람이 된 다음, 깨끗해진 다음에 영접하신 것이 아닙니다. 그냥 세리의 집에 들어가시어 세리와 같이 음식을 잡수셨습니다. 아무것도 묻지 않으셨습니다. 이것이 사랑입니다. 사랑은 전부 있는 그대로를 받아들여야 합니다. 모르면 모르는 대로 알면 아는 대로, 있으면 있는 대로 없으면 없는 대로, 이러해야 한다 저래야 한다, 이래서 해야 할 것이다, 저래서 해야 할 것이다, 하고 묻지 않습니다. 아무것도 묻지 마십시오. 묻는 순간 벌써 이것은 분노요 심판입니다. 사랑이 아닙니다.

가끔 아이들한테 공부 못한다고 말하지 않습니까. "공부해라 이놈아!" 하지만, 공부가 잘 안돼서 못하는 본인도 답답한 것입니다. 공부라는 것이 좀 잘되고 성적도 좀 잘 나와야 점점 더 잘할 마음이 생기는 것입니다. 집중도 안되고, 잘 못했는데, 그것을 놓고 "공부해라 이놈아!" 한다면 그것처럼 무서운 말이 없습니다. 솔직히 요새 아이들이 이런답니다. '조금만 참으세요. 조금 있다 가출할 테니까.' 못살겠다는 것입니다. 그러다가 속으로 이런답니다. '사실 내가 성적표를 떼봤더니 아버지 어머니도 제대로 못했던데!' 그래놓고 우리한테 이렇게 야단을 한다는 것입니다. 그만하십시오. 있는 대로 두십시오. 키가 작으면 작은 대로, 크면 큰 대로, 못생긴 것은 못생긴 대로입니다. 이제 와서 어떡하라는 얘기입니까.

양은 대열에서 떠났습니다. 누가 잘못됐는지, 어떡해서 잘못됐는지 할말이 많습니다. 그러나 목자는 그것을 묻지 않았습니다. 왜 세리냐? 왜 세리 직업에서 못떠나느냐? 그것도 묻지 않았습니다. 저는 무엇보다도 고맙고 귀한 분이 있습니다. 성경에 나오는 탕자의 아버지입니다. 그 아버지는 탕자가 돌아왔을 때 "그러게 내가 집을 나가지 말라고 하지 않더냐?" 하고 과거를 묻지 않았습니다. "그동안 어떻게 지냈느냐? 왜 돌아왔느냐? 거지가 되어가지고." 이렇게 묻지도 않았습니다. 아무것도 묻지 않는 그 자체가 아버지의 마음입니다. 하나님의 마음입니다. 우리 과거를 묻지 않으십니다. 아니, 현재도 묻지 않으십니다. 있는 그대로를 사랑하십니다.

오늘본문에서 예수님 말씀하십니다. "찾도록 찾아 다니지 아니하겠느냐(4절)." 찾도록 찾았다— 실수는 양이 하고, 희생은 목자가 합니다. 잘못은 대상이 했지요. 그러나 그 값은 내가 말없이 치릅니다. 십자가의 고난이 그것을 말하는 것이고, 그리스도의 사랑이 이것을 말하는 것입니다. 문제가 있다면 그것은 내가 값을 치르는 것입니다. 내가 당하는 것입니다. 내가 희생하는 것입니다. 그것이 바로 예수님께서 말씀하시는 하나님의 사랑입니다. 오늘본문의 극치는 목자의 기쁨에 있습니다. 그것은 양 한 마리의 경제적 가치가 아닙니다. 이 양을 찾아가지고 어깨에 메고 돌아옵니다. 돌아와서 그 기뻐하는 모습을 볼 수 있습니다. 온동네 사람들을 모아놓고 잔치를 하겠다는 것입니다. '나와 함께 기뻐하자. 나와 함께 기뻐하자.' 그런데 궁금한 것이 하나 있습니다. 기뻐한다고 잔치했으면 양을 잡아 먹었을 것입니다. 몇 마리나 잡아먹었는지 모르겠는데, 좌우간 이것은 경제적 가치가 아닙니다. 나와 함께 기뻐하자— 잔치하려면 그 사람들은 양밖에 없거든요. 먹는 것이 양인데, 그 기쁨을 무엇으로 평가하겠습니까? 이것은 경제적 가치의 문제가 아닙니다. 목자의 애정입니다. 어쩌면 그 수고한 바 희생에서 온 것입니다.

뉴욕에 가면 특별한 것이 하나 있다고 합니다. 바로 인형병원입니다. 아이들이 인형을 가지고 놀기를 좋아하는데, 그러다가 인형의 팔 다리가 떨어지는 일이 생깁니다. 그러면 어머니 아버지가 고쳐줘야 되는데, 때로는 "집어치워. 새것으로 사줄게" 합니다. 하지만 아이들은 그렇지 않습니다. '얼마나 아플까?' 이렇게 생각합니다. 이것을 가지고 인형병원에 가서 수리를 받는 것입니다. 그 수리비가 생각보다 엄청 비쌉니다. 그래도 수리를 합니다. 왜요? 애정이니까요.

이것은 내가 사랑하는 것이니까요. 여기에 인간의 모습이 있는 것입니다. "집어치워! 더 좋은 것 사줄게." 이것은 안되는 것입니다. 아이들이 거기에 애정을 두었거든요. 그런고로 그것을 수리해주고, 붕대로 감아주어 치료하는 것입니다. 그렇게 해서 애정을 보여주는 것입니다.

동네사람들을 모아놓고 잔치를 벌이는 이 목자의 마음을 생각해보십시오. 잃었다가 얻었노라- 목자는 기뻐합니다. 잔치를 합니다. 함께 기뻐하자는 것입니다. 그래 온동네 사람들 다 모아놓고 잔치를 했다는 것입니다. 잃었다가 다시 얻으면 그것이 얼마나 소중한지 모릅니다. 별것 아닌 것이라도 잃었다가 다시 찾으면 아주 소중해집니다. 지난해 서울시 지하철공사 유실물센터에서 일 년 동안 보관한 유실물이 29,165건입니다. 주로 가방과 휴대폰인데 안찾아간답니다. 지하철공사에 와서 한마디만 하면 그 잃어버린 것들 도로 찾을 수 있는데 안찾아갑니다. 제가 소망교회에서 시무할 때도 보면 여러분이 교회에 왔다가 잊어서 그냥 놓고 가는 돋보기안경이 경비실에 가면 쌓여 있습니다. 안찾아갑니다. '잃어버렸네. 잘됐다. 새것 사면 되지.' 이것이 바로 불행의 원인입니다.

홀로 사는 어느 아주머니가 아이 셋을 데리고 고생을 하는데 살길이 없어서 하숙을 쳤습니다. 지나가는 분들이 잠깐 들렀다가 가는데, 어느날 점잖은 신사가 하루 저녁 와서 쉬면서 아주머니가 아이들 때문에 고생하는 모습을 보았습니다. 일을 다 끝내고 손을 씻는 시간에 "아주머니, 참 고생합니다" 하고 말을 붙입니다. 아주머니가 답합니다. "남편이 먼저 세상을 떠나서 제가 아이들 때문에 하숙을 치면서 이러고 있습니다." "아이들을 몹시 사랑하시네요. 어느 아이를 제일 사랑하십니까?" 이에 어머니는 진지하게 대답합니다. "첫 아이는 내 첫사랑의 열매이기 때문에 사랑하고, 막내는 유복자로 태어나 자기 아버지 얼굴도 못봤기에 그를 사랑합니다. 그러나 제가 제일 사랑하는 아이는 둘째입니다. 그는 소아마비에 걸렸습니다." 부모는 병든 자식을 더 사랑합니다. 고통을 당하면 더 사랑합니다. 약한 자를 더 사랑합니다. 온세상은 다 비판해도 사랑은 그것이 아닙니다. 고난당하는 병든 자를 더 사랑하는 것입니다. 잃어버렸던, 잃어버린 것에 대한 깊은 관심. 찾을 때까지 찾습니다. 그리고 찾아서 기뻐하는 것을 봤습니다. 그 감격이 하나님의 마음이요, 그리스도의 마음이요, 탕자 아버지의 마음입니다. 아니, 우리가 지녀야 할 마음입니다. 여기에 새로운 행복의 길이 있기 때문입니다.   △

성숙한 신앙인의 정체

　사랑은 언제까지든지 떨어지지 아니하나 예언도
폐하고 방언도 그치고 지식도 폐하리라 우리가 부분
적으로 알고 부분적으로 예언하니 온전한 것이 올 때
에는 부분적으로 하던 것이 폐하리라 내가 어렸을 때
에는 말하는 것이 어린아이와 같고 깨닫는 것이 어린
아이와 같고 생각하는 것이 어린아이와 같다가 장성
한 사람이 되어서는 어린아이의 일을 버렸노라 우리
가 이제는 거울로 보는 것 같이 희미하나 그 때에는
얼굴과 얼굴을 대하여 볼 것이요 이제는 내가 부분적
으로 아나 그 때에는 주께서 나를 아신 것같이 내가
온전히 알리라 그런즉 믿음, 소망, 사랑, 이 세 가지
는 항상 있을 것인데 그 중에 제일은 사랑이라
　　　　　　　　　（고린도전서 13 : 8 - 13）

성숙한 신앙인의 정체

어머니가 자기들에게 나누어 주다가 남은 과자를 부엌 높은 곳에 일단 감추어 놓는 것을 어린아이가 뒤에서 보았습니다. 그리고 이 어린아이는 어떤 기회에든지 어머니가 숨겨 놓은 저 과자를 꼭 먹어야만 되겠다고 생각을 했습니다. 아무도 모를 때에 사다리를 만들어 놓고 그 과자를 훔쳐내는 데 성공을 했습니다. 이 사실을 알고 어머니가 어린아이를 지금 나무라고 있습니다. "네가 부엌에서 과자를 훔칠 때 하나님께서 다 지켜보고 계시다는 걸 알고 있었느냐?" 이 어린아이는 "네" 하고 대답합니다. "그분께서 네 행동을 다 보고 계시는 것을 아느냐?" "네." 꼬박꼬박 "네"라고 대답합니다. "그럼 하나님께서 뭐라고 말씀하셨느냐?" 이 어린아이는 이렇게 대답합니다. "하나님께서 이렇게 말씀하셨어요. '이곳에는 너와 나 둘밖에 없구나. 그러니 두 몫을 먹으라.'" 여러분, 어린아이는 어린아이대로 생각이 있습니다. 때로는 엉뚱하고 놀랍기도 하고 혹은 웃음을 자아내기도 합니다. 역시 어린아이입니다.

오늘본문에서 사도 바울은 말씀합니다. '어린아이의 일을 버렸노라.' 몇번이고 다시 음미해봅시다. '어린아이의 일을 버렸노라.' 왜요? 나는 어른이니까, 나는 크니까, 나는 어른된 세계관으로 사니까 유치한 어린아이의 일을 버렸다― 이렇게 선언하고 있습니다. 그것이 무엇을 의미하는가? 두고두고 우리가 마음에 음미해야 될 줄로 압니다. '어린아이의 일을 버렸노라.' 어린아이같은 일이 너무 많습니다. 너무 유치하여 생각하기도 거북할 정도입니다. 언제까지 이 모양으로 살아가나? 여러분 생각해봅시다. 거울을 보듯이 자기자신을 다시 한번 봅시다. '내 나이 얼마인가?' '피터팬 신드롬'이라고 하는 유명한 심리학적 용어가 있습니다. '피터팬 증후군'이라는 말인데 너무나 잘 아는 얘기입니다. 동화에 나오는 피터팬이라는 아이는 영원한 어린아이입니다. 이 어린아이는 생각이 자라지 않습니다. 공상의 섬으로 가서 모험을 하는 영원한 소년의 모습을 그려주는 것이 바로 피터팬입니다. '피터팬 신드롬'이라는 것은 바로 자라나지 않는 정신상태입니다. 몸은 자랐으나 정신은 자라지를 않습니다. 생각은 여전히 어린아이입니다. 거기서 오는 모든 잘못된 일, 부조리와 환상적인 허망한 일들이 바로 우리 세계라고 이렇게 비판하고 있는 것입니다.

그 속에 나오는 이야기입니다. 초등학생들은 무책임증상을 가지고 있습니다. 무슨 일을 하든지 책임질 생각을 안합니다. 책임까지는 생각지도 않습니다. 그냥 해버리고 지나가면 그만이라고 생각합니다. 그것이 바로 어린아이입니다. 말을 하나 행동을 하나 아이들은 책임을 지지 않습니다. 책임질 생각을 애당초 하지 않습니다. 심지어는 지금처럼 이렇게 과자를 훔쳐먹고 그 다음에 어떻게 될 것인가, 생각하지 않습니다. 어리석은 것이지요. 또한 중학생이 되면 불안의 증후군에 빠집니다. 뭔가 이제 책임을 조금씩 지기 시작합니다. 져야 한다고 생각합니다. 불안합니다. 무슨 일이든지 해놓고 걱정이 됩니다. 시험답안지를 써놓고도 불안합니다. 좋은 일을 한다고 해도 그 다음일이 걱정입니다. 그래서 항상 불안에 떱니다. 고등학생쯤 되면 고독의 증상에 빠집니다. 세상걱정을 혼자 다 합니다. '아, 인생은 고독하다'그런 생각들을 합니다. 그래서 거기서 오는 또 엄청난 증후군적 현상이 생깁니다. 청년기가 되면 성 역할 갈등증상에 빠집니다. 이성이라는 것을 생각하기 시작하면서 그 갈등은 엄청납니다. 여기서 또 헤어나지를 못합니다. 30대가 넘으면 사회의 불능성 증상에 빠집니다. 사회를 볼 때 밝은 면으로도 보고 어두운 면으로도 볼 수 있는데 항상 어두운 면만 봅니다. 불가능한 것만 봅니다. 그런고로 아무 일도 할 수 없습니다. 무능하게 되고 무기력하게 되고 때로는 절망하게 됩니다.

본문에서 명시하고 있습니다. 어린이라 하면 육체적으로 어린이도 있고 심리학적으로 어린이도 있고 특별히 영적으로 어린이가 있더란 말입니다. 자라지를 못했습니다. 잘못된 것이 아닙니다. 미숙한 것입니다. 빗나간 것이 아닙니다. 다만 성숙하지를 못했습니다. 아시는대로 어린이는 항상 부분적으로 압니다. 유명한 이야기가 있지 않습니까. 일생을 사는 동안 내가 제일 많이 안다, 나는 모르는 것이 없다고 생각할 때가 언제인지 아십니까? 초등학교 6학년 때입니다. 그때는 모르는 것이 없습니다. 모든 사람이 다 바보이고 나만 확실해요. 그런 때가 초등학교 6학년입니다. 그러나 그게 얼마나 어리석은 것입니까? 부분적으로 압니다. 거기까지 알았다고 다 아는 것이 아닙니다. 뭐까지 할 수 있다고 다 할 수 있는 것이 아닙니다. 전체를 못봅니다. Madeleine L. van HECKE 박사의 유명한 「Blind Spot」라고 하는 책에서도 지적하고 있습니다. 현대인의 모순 중에 가장 큰 것이 뭐냐하면 전체를 보지 못한다는 것입니다. 부분을 보고 전체를 못본다는 것입니다. 다른 사람은 보고 나 자신은 못본다는 것입니다. 우리가 아이들을 대할 때에도 아이들을 봅니다. 그래서 충고도 하고 가르치기도 하고 이래야 한다 저래야 한다 합니다마는 자기를 못봤습니다. 이걸 알아야 합니다.

요새아이들은 똑똑해서 인터넷에 들어가서 아버지 어머니의 중학교, 고등학교 성적표를 다 빼가지고 왔답니다. 손에 들고 다닌답니다. 선생님이 쥐어박으면서 "야 공부 좀 잘해라" 그러면 성적표를 딱 보이면서 "DNA가 이겁니다" 합니다. 여러분, 아이들에게 함부로 이래라 저래라 하지 마세요. 거울 보고 말하세요. 그게 그렇게 되어 있질 않습니다. 딴에는 저를 위해서라 그러지요? 아닙니다. 나 자신을 모르면 남은 더 모르는 것입니다. 알 수가 없는 것입니다. 어린아이는 부분적으로 압니다. 전체를 모릅니다. 큰 그림을 모릅니다. 이게 중요한 것입니다.

며칠 전에 특별한 미술발표회를 갔었습니다. 어느 호텔에서 하는 것인데 세상에서 그런 것은 처음 봤습니다. 그림이라는 것은 어딜 가면 넓은 방에다 쭉 전시해놓고 멀리서 보게 해야 그림답게 보는 것인데 이건 그게 아닙니다. 일본에서 시작한 것인데 한국에서 한번 시도해 보았답니다. 호텔방안에서 하는 것입니다. 호텔방마다 들어가서 보면 들어가는 복도에 그림이 있고 침실에도 그림이 있고 심지어 화장실에도 떡 갖다 걸어놨습니다. 저는 그림에 대해서 잘은 알지 못합니다마는 제가 그 그림을 보고 나오면서 느낀 것은 역시 그림은 멀리서 봐야 한다는 것이었습니다. 가까이서 볼 게 못된다─ 그렇게 생각했습니다. 옛날부터 전해지는 얘기입니다. '사람과 그림은 멀리서 봐야 한다.' 멀리서 본다는 것은 뭡니까? 전체를 본다는 것입니다. 부분을 보는 것이 아니라 전체를 봐야 됩니다. 부분에 집착하는 동안 전체를 잃어버리고 맙니다. 아니, 부분도 바로 볼 수가 없는 것입니다. 전체 속에 있는 부분이니까요. 이걸 우리가 생각해야 됩니다.

또한 어린아이들은 현재만 보고 훗날을 보지 않습니다. 먼 훗날에…… 그런 것은 생각하지 못합니다. 현재만…… 현재 먹고 현재 만지고 현재 즐기고, 그것뿐입니다. 내일도 생각하지 않고 다음 시간도 생각하지 못합니다. 이런 재미있는 얘기가 있습니다. 사춘기의 아이가 하도 말썽을 부려서 아버지가 이렇게 물었습니다. "만약 네가 결혼을 해서 꼭 너같은 아들을 낳았다면 너 어떡할래?" 그랬더니 아이가 한참 생각하더니 "죽여버리고 말지요" 하는 것입니다. 저도 생각은 있어요. '꼭 나같은 아들을 낳았다면 내가 어떡할 거야?' 그걸 생각 못해본 것입니다. 여러분, 우리가 세월이 가면서 어린아이가 어른이 되기도 하고 어린아이가 오늘와서는 부모가 되기도 하고 할아버지, 할머니가 되기도 하지 않습니까? 그 먼 훗날을 생각하면 어른이고 그것 없이 오늘만 생각하는 이게 어린아이입니다. 어린아이들은 물질적이고 가시적입니다. 손에 쥐는 것만 생각하지 내면적 지식에 무식합니다. 그런가하면 자기중심적입니다. 언제나 자기중심입니다. 자기한테 잘하는 사람은 훌륭한 사람이고 저한테 못하는 사람은 나쁜 사람입니다. 다른 판단 기준이 없습니다. 그것뿐입니다. 유치한 것입니다.

사도 바울은 이 편지에서 말씀합니다. 고린도교회를 향한 이 고린도전서에서 뭘 말하고 있느냐? 고린도교회가 분쟁이 있습니다. 오랫동안 분쟁이 있습니다. 파벌이 있고 분쟁이 있는 것을 지적하면서 하는 말씀입니다. '이게 얼마나 유치한 짓인지 아느냐? 어린아이의 일을 버려야지.' 분쟁은 어린아이들의 짓입니다. 싸움은 유치한 것입니다. 저만 생각하고 남을 생각하지 못했고 부분만 생각하고 전체를 생각하지 못했고 현재만 생각하고 먼 미래를 생각하지 못했습니다. 그래서 분쟁이 있고 갈등이 있고 절망이 있는 것이란 말입니다. 유치한 증후군입니다. 그래서 사도 바울은 '어린아이의 일을 버렸노라' 합니다. 말 중에 말이 있습니다. '어린아이의 일을 버려라!' 이제는 좀 성숙한 자로 살아라, 성숙한 세계관, 성숙한 느낌, 성숙한 판단력을 가지라는 것입니다. 여러분, 성장이라는 말과 성숙이라는 말은 엄격히 구별하면 다릅니다. 성장은 몸이 성장하는 것이고 성숙은 내면세계가 성장하는 것입니다. 성숙해야 하겠다는 말씀입니다, 확실하게.

고린도전서 13장은 흔히 말하는대로 사랑 장입니다. '사랑은' 하고 쭉 설명합니다. 이보다 더 좋은 말씀이 없습니다. 사랑은 이렇습니다, 사랑은 이렇습니다…… 그래서 제가 결혼 주례할 때면 어느 성경을 읽을까 하다가 고린도전서 13장을 읽어줍니다. '사랑은 이러합니다.' 결국 사람은 일생동안 사랑을 공부하는 것입니다. 여러분은 지금 어느 수준에 왔습니까? 몇학년에 있다고 생각하십니까? 사랑의 수준이 말입니다. 높은 수준, 더 큰 그림을 볼 줄 아는 사랑, 더 멀리 생각할 수 있는 그런 사랑 말입니다. 성숙해야 합니다. 오늘성경말씀 고린도전서는 처음부터 '사랑' 하고 말씀하지만 이 사랑이 보통 사랑이 아닙니다. 헬라어에서는 에로스, 필레오, 스톨게 그리고 아가페가 있습니다. 어원적으로도 사랑이 다른데 그런데 오늘 이 시간에는 아가페를 말씀합니다. '아가페사랑은'하고 말씀합니다. 아가페사랑의 뿌리는 하나님이십니다. 하나님은 사랑이요 또 십자가로 그 하나님의 사랑을 우리에게 확증해주셨습니다. 여러분, 백번이고 천번이고 십자가를 쳐다보면서 사랑을 느껴야 합니다. 사랑의 이야기를 들을 수 있어야 합니다. 사랑이 무엇인지 보여주고 그로부터 오는 사랑의 능력을 다같이 받아서 세상을 사랑의 눈으로 볼 줄 알고 사랑의 가슴으로 품을 줄 아는 그런 사람이 바로 성숙한 사람인 것입니다. 이걸 잊지 말아야 합니다. 사람은 밥을 먹고 살지 않습니다. 사실은 사랑을 먹고 삽니다. 진정한 사랑을 '아! 이것이다' 하고 딱 한 번만 경험해도 그 사람은 일생동안 인생답게 살 수 있는 것입니다. 사랑은 너무나 소중합니다. 이것이 없어서 절망하는 것입니다. 이 한 번의 경험이 없어서 말입니다.

바울은 말씀합니다. '어린아이의 일을 버렸노라.' 여러분, 언제까지 유치하게 살아야 합니까? 이 얼마나 중요한 얘기입니까? 어제 제가 잠깐 지나가면서 라디오를 들었더니 이런 얘기가 그저 웃는 얘기로 나왔습니다. '남편의 편지' 라고 하는 제목의 하나의 글입니다. 결혼한 지 일 년된 부인이 너무나도 속상해서 내가 이걸 살아야 하나 말아야 하나? 그래가지고 남편에게 편지를 썼어요. 장장 두 장에다가 편지를 썼어요. 이래서 못살겠고 이래서 나쁘고…… 그 속상한 얘기를 눈물을 흘려가면서 밤새껏 썼답니다. 아침에 편지를 남편 주머니에 넣어주었습니다. 남편이 이 편지를 보았습니다. 그리고 아내에게 편지로 회답을 했습니다. 남편의 편지는 딱 한 마디였습니다. '메롱.' 사십이 다된 남편이 '메롱'이 뭡니까. 아내는 기가막혀서 그 편지를 들고 있는데 남편이 전화를 걸었어요. 또다시 "메롱" 하는 것입니다. 뭘 쓸데없는 생각을 하노? 그 말이겠죠? "웃어. 웃어넘겨." 그 편지를 받고 정말 남편을 존경하게 됐다고 합니다. 그냥 '메롱'해 버립시다. 뭘 따져, 뭘 비판해, 뭘 마음에 둬. 유치하게. 유치한 것을 유치하게 대하면 또 유치한 것 아닙니까? 남편은 아내 앞에서 심리학적으로 4살이랍니다. 어린아이인 줄 아세요. 그저 어린아이 하나 더 있거니 생각하세요. 4살하고 싸우면 그것도 4살이지, 적어도 4살하고는 안싸워야 한 수 높은 것 아니겠습니까? 똑같은 것들끼리 똑같이 싸우고 돌아다니고 고민하고 울고 죽고 살고, 이게 뭐하는 짓입니까?

여러분, 사도 바울이 말씀합니다. '어린아이의 일을 버렸노라.' 툭툭 털어버립시다. 이제는 제발 이러지 맙시다. 지금 나이가 얼마요? 또 얼마 남았다고 지금 이렇습니까? 안그렇습니까? 언젠가 한번 칠십이 넘은 두 노인이 제 사무실을 찾아와서 이혼하겠다 하기에 왜 이혼하려 하느냐고 했더니 하는 말을 들어보니 양쪽 다 일리가 있었습니다. 다 듣고나서 "그래야겠습니다. 이혼하시죠."그랬어요. 얘기 들어보니 꼭 이혼해야겠더라고요. 그리고 한마디 했습니다. "이혼하는 건 좋은데 이제 살 날도 얼마 안남았으니 그냥 좀 살다가 가면 안되겠소?" 했더니 그 다음말이 재미있는데요. "얼마 안남았기 때문에 제대로 한번 살아봐야겠어요." 그래서 이혼하겠대요. 하라, 그랬어요. 하되 한 달 후에 하라고 그랬어요. 한 달 후에 다시오라고 그랬더니 이혼하기로 하고 한 달 동안 사는데 그 한 달이 일생 중에 가장 행복했더랍니다. 그래서 같이 점심을 먹으면서 웃었던 일이 있습니다. 나이 70이면 뭘 합니까? 여전히 어린아이같은데······ '어린아이의 일을 버렸노라.'

여러분, 잊지 말아야 합니다. 나 중심에서 하나님 중심으로, 내 유익만 생각하다 모든 사람의 유익으로, 현재만 생각하다 영원을 생각합니다. 영원을 잃어버린 자는 현재도 없습니다. 전체를 잃어버린 자는 나도 없습니다. 그걸 잊지 말아야 합니다. 여러분, 사랑의 시각으로 보면 성공만이 사랑은 아닙니다. 실패도 사랑이고요 하나님께서 베푸신 모든 역사가 사랑 안에서 되어지는 것을 순간순간 이렇게 감지하게 됩니다. 사랑을 더 느낍니다. 사랑을 더 깊이 배웁니다. 사랑을 더 뜨겁게 확증합니다. 우리는 세상 다하는 날까지 사랑을 공부합니다. 사랑의 영역을 넓힙니다. 사랑의 순도를 높입니다. 마지막에 요단 강을 건너갈 때에 '하나님은 사랑이다'— 이 한마디로 간증을 하며 주님 앞에 갈 것 아니겠습니까?

'어린아이의 일을 버렸노라!' △

나를 청종하라

너희 목마른 자들아 물로 나아오라 돈 없는 자도
오라 너희는 와서 사 먹되 돈 없이 값 없이 와서 포도
주와 젖을 사라 너희가 어찌하여 양식 아닌 것을 위
하여 은을 달아 주며 배부르게 못할 것을 위하여 수
고하느냐 나를 청종하라 그리하면 너희가 좋은 것을
먹을 것이며 너희 마음이 기름진 것으로 즐거움을 얻
으리라 너희는 귀를 기울이고 내게 나아와 들으라 그
리하면 너희 영혼이 살리라 내가 너희에게 영원한 언
약을 세우리니 곧 다윗에게 허락한 확실한 은혜니라
내가 그를 만민에게 증거로 세웠고 만민의 인도자와
명령자를 삼았었나니 네가 알지 못하는 나라를 부를
것이며 너를 알지 못하는 나라가 네게 달려올 것은
나 여호와 네 하나님 곧 이스라엘의 거룩한 자를 인
함이니라 내가 너를 영화롭게 하였느니라

(이사야 55 : 1 - 5)

나를 청종하라

　여러분 모두가 다 잘 알고 있는 이야기입니다. 아마 이 이야기를 모르는 분은 하나도 없으리라고 생각합니다. 「팔려가는 당나귀」라는 우화입니다. 동화책에도 있고 교과서에도 나오니, 이 이야기는 모두에게 익숙한 이야기일 것입니다. 니스레딘이라는 사람에게 자기 외모에 대한 심한 콤플렉스가 있어서 집밖으로 나오기 싫어하는 13살난 아들이 있었습니다. 키도 작고 얼굴도 좀 잘 못생겨서 이 아이는 사람 만나는 것을 싫어합니다. 그래서 자폐증에 빠집니다. 아무도 만나기를 싫어하고 도대체 집밖으로 나가는 것을 싫어합니다. 왜요? 얼굴이 못생겨서입니다. 자신이 볼 때도 너무 초라하고 못생긴 자기에 대해서 다른 사람들이 뭐라고 놀릴 것만 같습니다. 집밖에 나가면 모두가 손가락질하면서 "야, 저 애 좀 봐. 저걸 어떡하나?" 그럴 것만 같은 것입니다. 그게 싫어서 그는 두문불출하고 있습니다. 아들에 대해 깊이 생각하던 아버지가 하루는 말합니다. "다른 사람들에게 신경쓰지 마라. 남들이 뭐라고 하면 어떠냐? 그게 뭐 그렇게 중요하냐? 너만 아니면 그만이지. 그리고 사람은 결코 외모가 아니다. 속사람이다. 비록 너의 겉사람은 초라하고 작지만 속사람이 크면 네가 바로 영웅이다. 위대한 사람 중에 키큰 사람 없다. 나폴레옹을 봐라." 이런저런 말로 아들을 위로하고 격려했지만 아들은 영 문밖으로 나서려고 하질 않습니다.

　그래서 궁리 끝에 어느날 "나하고 어디 좀 가자" 하며 아들을 데리고 당나귀 하나를 끌고 시장으로 갔습니다. 그랬더니 모두들 한마디씩 합니다. "저런 바보같은 사람이 있나? 당나귀를 타지 않고 왜 끌고 다니나? 이상한 사람들이구만." 이런 말을 하루종일 듣고나서 주막집에서 하룻밤을 잤습니다. 그 다음날 일어나서 아버지가 당나귀를 타고 아들이 당나귀 고삐를 잡고 시장으로 갑니다. 그리자 또 사람들이 말합니다. "아니, 어쩌자고 어린아이를 걸게 하나? 아버지 참 무정하구만. 저 조그만 아이는 걷고 아버지는 당나귀를 타다니 쯧쯧." 이렇게 모두가 한마디씩 하는 것 아닙니까? 그것도 맞는 얘기라는 생각이 들어, 그날 밤 주막에서 하룻밤을 자고 다음날 아침에는 바꿨습니다. 이번엔 아들이 타고 아버지가 고삐를 잡고 시장을 돌아다녔습니다. 그랬더니 사람들이 하는 말이 "저런 천하에 불효자식이 있나? 아니 그래, 어쩌자고 저는 당나귀를 타고 나이많은 아버지가 고삐를 잡고 다닌단 말인가? 저런 천하에 몹쓸 녀석이 있나" 하는 것입니다. 그래서 다음날은 그 조그마한 당나귀에 아버지와 아들 두 사람이 다 올라탔습니다. 그렇게 두 사람이 당나귀를 떡타고 가자 시장의 모든 사람들이 하는 말입니다. "세상에 저런 모진 사람들 봤나. 아무리 말 못하는 짐승이지만 그래 두 사람이나 올라타다니…… 저 당나귀가 참 불쌍하다." 모두가 한마디씩 합니다. 그러자 그 다음날은 아예 당나귀 발을 묶어서 막대기에 끼어 아버지와 아들이 둘러메고 시장 거리를 다닙니다. 그랬더니 그 광경에 모두가 한마디씩 합니다. "미친 사람들이구만." 그날 저녁, 아버지는 아들을 앞에 놓고 이렇게 얘기합니다. "어떠냐? 사람들이 한 말들이…… 그러니 사람들이 하는 말에 귀를 기울이지 마라. 너는 너대로 나는 나대로 양심을 따라 사는 것이다. 사람의 여론, 사람의 평판에 신경을 꺼라. 그리고 네 길을 가거라." 그렇게 아들을 가르쳤다고 합니다.

여러분, 우리는 여론의 홍수 속에 삽니다. 가끔 보면 그만하면 참 괜찮은 사람들인데 그만 자살을 하곤 합니다. 왜 그럴까요? 한마디로 말하면 이렇습니다. 여론이 사람을 죽인 것입니다. 그런데 정말 여론이 죽였습니까? 아닙니다. 어떤 면에서는 여론에 귀를 기울인 그 사람이 바보입니다. 저는 그런 소식을 접할 때마다 '사람들이 뭐라고 하든 나는 나대로의 양심대로 갔으면 좋았을 걸' 하는 마음입니다. 이 사람 말, 저 사람 말, 그거 다 들을 게 못되거든요. 남이 나더러 천재라 한다고해서 내가 천재가 됩니까? 천재가 아닌 것을 내가 아는데, 남이 할 수 있다고 내가 할 수 있는 것입니까? 어찌하든 사람의 평판에 대해서 신경쓰지 말 것이고, 또한 사람들로부터 좋은 말을 듣는 것도 바라지 말아야 합니다. 기념비도 세우려고 하지 말 것이요 사람들로부터 높은 존경 받기에도 신경 끄십시오. 생각해보세요. 예수님께서도 사람들로부터 좋은 평판, 존경 못받으셨습니다. 그러니 하물며 우리 중에 누가 받을 수 있으리라고 기대하는 겁니까? 사람들로부터 좋은 소리만 들으려고 하지 마시고 아예 그런 것은 잊어버리고 살아야 합니다. 그것이 지혜로운 것입니다.

성공의 비결에 대해서 많은 학자들이 얘기합니다마는 그 중에 가장 권위있는 말이 있습니다. 그것은 바로 '성공하려면 자본이 있어야 하고 지식이 있어야 하고 기술이 있어야 하고 열정이 있어야 한다'는 말입니다. 이것을 소위 성공의 4대 원리라고 합니다. 그러나 이보다 더 중요한 것이 있습니다. 사람의 성공에 있어서 97%를 차지하는 비결은 딱 하나입니다. 그것은 다름 아닌 자세(Attitude)입니다. 성공적인 인생에 중요한 것은 삶의 자세입니다. 삶의 자세가 무엇입니까? 삶의 자세는 자기 자신에게 정직한 것입니다. 그리고 듣는 자세가 있어야 합니다. 듣는 마음이 있어야 합니다. 듣는 자세에 따라 인생이 좌우됩니다.

여러분도 잘 아시지 않습니까? 학교에서 공부할 때 제일 중요한 것은 잘 듣는 것입니다. 요즘 과외공부 한다고 난리를 칩니다마는, 글쎄올시다. 제가 옛날사람이니까 요즘 형편을 잘 몰라서 하는 소리로 들릴지 모르겠습니다만, 수업시간에 잘 듣는 것으로 충분하지 않을까요? 강의실에서 조용하게 듣기만 하면요, 집중적으로 듣기만 하면, 과외공부 안해도 공부 잘합니다. 수업 중에는 모두 장난만 하고 졸고 앉았다가 학원에 가서 공부한다 그럽니다. 그런데 학원에서도 또 떠들고 장난치고…… 그러니 언제 공부하나요? 이게 다 집중력이 없어서 그렇습니다. 도무지 듣지를 않습니다.

여러분 들어야 됩니다. 제가 옛날얘기 하나 해드리겠습니다. 여러분 집에 돌아가서 생각하며 웃을만한 얘기입니다. 제가 옛날에 중학교, 고등학교 다닐 때 수학을 잘했습니다. 그 때엔 수학천재라는 말도 좀 들었어요. 저는 99점도 맞아본 일이 없었습니다. 다 100점 맞았으니까요. 그러니까 그런 소리를 들었지요. 그런데 중요한 것은 제가 수학이라고는 한 번도 따로 공부한 일이 없다는 사실입니다. 수업 중에 들으면 충분한데 뭘 또 공부해요? 그게 저의 비결이었습니다. 얼마나 간단합니까? 여러분, 한번 깊이 생각해보세요.

들을 때 똑바로 들어야 합니다. 지금도 좀 똑바로 들으세요. 눈 뜨고 졸지 말고 똑바로 들으세요! 듣는 중에 기적이 나타나는 것입니다. 듣는 중에 하나님의 역사가 나타나는 것입니다. 이 점을 생각해야 합니다. 도대체 예수믿는 사람이 누구냐고 묻는다면 무엇이라고 대답해야 할까요? 저는 요즘에 와서는 이제 목회를 한 50년 했기 때문에 꽤 알 만큼 압니다. 이 방면에는 제가 도사거든요. 그래서 이 경험으로 가만히 보면, "예수믿는 사람이 누구냐?" 하는 질문에 대답은 분명합니다. 그건 '하나님의 음성을 듣는 사람'입니다. 하나님의 음성이 들려지는 사람입니다. 내가 듣는 것이 아니라 하나님의 음성이 들려오는 것입니다. 기도하는 중에, 설교 듣는 중에, 길가는 중에, 때로는 신문을 볼 때라도 하나님의 음성이 내 마음에 들려오는 것입니다. 하나님의 말씀이 그 마음 속에 고요하게 들려오는 사람, 그 사람이 교인입니다. '하나님과 나 사이에 음성을 듣는 것, 음성이 들려오는 그런 소통이 이루어져야 그게 교인이다.' 이것이 저의 결론입니다.

오늘 본문말씀에 말씀합니다. "나를 청종하라." 아주 근본적인 말씀입니다. '이거 한다 저거 한다며 헛된 수고 하지 마라. 이리저리 몸부림치는 헛된 노력과 수고를 다 버려라. 오직 나를 청종하라'고 합니다. 그러면서 세 가지를 말씀합니다.

첫째, '나와서 들으라' 합니다. 이 말씀에 깊은 의도가 있습니다. 누워서 듣는 것이 아닙니다. 하나님의 말씀이 그냥 들려지기를 바라기만 하지 마세요. 행동이 있어야 됩니다. 하나님께 나아가는 자세가 있어야 됩니다. 적어도 그만큼의 헌신은 있어야 합니다. 움직임이 있어야 합니다. 그래서 말씀드립니다마는, 여러분, 집에서도 성경을 읽을 수 있어요. 그러나 교회 나와서 읽으면 다릅니다. 집에서도 기도할 수 있어요. 그러나 교회 나와서 기도하면 다릅니다. 이걸 알아야 됩니다. 이걸 경험해야 됩니다. 그래서 교회에 나오는 것입니다. 그렇게 하는 사람이 바로 교인입니다. 하나님께 더 가까이 나가는 사람입니다. "나와서 들으라, 나와서 들으라" 하십니다. 우리의 행동이 필요합니다.

하나님께 나아가는 행동에 여러 가지가 있겠지만, 이것이 경건을 생활화하는 것입니다. 영성학자 글렌 힌슨은 현대사람들이 하나님의 음성을 듣지 못하는 데는 두 가지 큰 이유가 있다고 합니다. 하나는 너무 바쁘다는 것입니다. 너무 여러 가지 일에 시달리고 있습니다. 우리 신경이 여러 곳에 분산되고 있습니다. 정보가 홍수입니다. 컴퓨터 들어가서 이럭저럭하다보면 하루종일을 보내는데, 정작 내가 뭘 봤습니까. 뭘 들었습니까? 우리는 너무 많은 사건들 속에서 삽니다. 하나님의 음성을 듣지 못하는 다른 이유는 산만하기 때문입니다. 주위 수많은 것들이 우리 마음을 끕니다. 이리 끌고 저리 끌고, 그래서 마음이 산만해집니다. 바로 여기에 문제가 있습니다. 컴퓨터 속에서 이런 사건 저런 사건 다 봅니다. 보고 들으며 간접 경험을 합니다. 매스미디어를 통해서 수많은 사건들, 일들을 간접경험을 하다보면 어떤 결과가 나타납니까? 간접경험의 수준이 높아지면 어떻게 될까요? 자신이 직접 경험하는 것보다 더 실제적인 것으로 생각합니다. 자기는 그런 일을 해본 적 없는데 컴퓨터에서 하는 간접경험을 통해 그것이 마치 사실인 것처럼 착각을 합니다. 그런 면에서 현대는 간접경험이 직접경험을 능가하는 세상입니다. 이게 바로 현대의 문제입니다. 그렇게 될 때 나는 어디에 있습니까? 나라는 존재를 잃어버리게 됩니다. 그래서 듣는 것이 없습니다. 그러니 그 모든것을 다 버리고 하나님께 나와서 들어야 합니다.

두 번째로, 본문말씀은 '귀를 기울이고 들으라'고 합니다. 집중하라는 것입니다. 다른 생각은 버려야 합니다. 복잡한 생각, 즉, 된다, 안된다, 의심이니, 원망이니, 불평까지도 다 잊어버리고, 싹 지워버리고, 빈 마음으로 귀를 기울이고 들으라는 것입니다. '귀를 기울이고' 들으라는 말씀은 참 중요한 말입니다. 청종해야 됩니다. 여러분, 혹 가정에서 부부싸움을 하십니까? 제가 부부싸움의 원인을 진단해 드릴까요? 듣지 않기 때문입니다. 부부 중에 누가 말하면 조용히 들어야 되잖아요? 그런데 듣지 않아요. 그냥 말하는 도중에 "그만! 나 좀 하자고……" 이러면서 두 사람이 서로 말만 했지 듣는 사람은 하나도 없습니다. 그래서 싸움이 되는 것입니다. 그러면 어떻게 해결해야 할까요? 한 사람이 말할 때 그냥 들으세요. 가능하면 불 다 끄고, 촛불 켜놓고, 성경책 펴놓고, "말씀하세요. 내가 듣겠나이다" 하세요. 그러면 싸움은 끝이 납니다. 듣는 마음이 없기 때문에 다투는 것입니다.

또 말하는 사람도 아예 상대가 안들을 줄 알고 말을 합니다. 그러니 이게 됩니까? 이래서 싸움이 나는 것입니다. 요즘 보면 제가 제일 우습게 생각하는 것이 있습니다. 그냥 공개적으로 말할까요? 그건 다름아닌 국회입니다. 자 보세요. 한 나라의 장관을 앞에 앉혀놓고 질문을 합니다. 그것도 아주 장황하게 질문을 하더군요. 그런데 질문을 했으면 그 장관이 하는 답변을 들어야 하는 것 아닙니까? 그런데 답변을 듣는 사람이 하나도 없습니다. 심지어는 질문한 사람이 답변도 안듣고 딴전입니다. 이게 국회입니다. 도대체가 듣는 마음이 없습니다. 자기 할 말만 할 뿐입니다. 바로 거기서부터 온 국민을 다 망치는 것입니다. 조용히 듣는 마음이 없습니다. 귀를 기울이고 들어야 합니다.

오늘본문에 보면, 세 번째로, '청종하라'고 했습니다. 이 '청종'

의 의미는 큽니다. 이 말의 히브리어의 원천은 '행동으로 듣는 것'입니다. 그 뜻은, 다시 말하면 '순종하겠습니다. 말씀하세요. 말씀하시는대로 하겠습니다. 무슨 말씀이든지 하세요. 그대로 하겠습니다'하는 것입니다. 먼저 순종하고 듣는 것입니다. 청종하는 것, 사실 이게 효도 아닙니까? 부모님의 말씀을 들을 때는 청종해야 합니다. 그냥 한번 들어보는 것이 아닙니다. 듣고 비판하는 것이 아닙니다. 전적으로 순종하기로 하고 듣는 것이 청종이고 그게 효도입니다. 청종하는 것은 "말씀하세요. 듣겠나이다" 하며 순종하는 것입니다. 문제는 자세입니다. 그리스도인은 말씀을 청종해야 합니다.

제가 농아학교에 몇번 가서 설교한 일이 있습니다. 농아들을 보시면 알겠지만, 말이 잘 안되니 얼마나 고생이 많겠습니까? 그런데 농아학교 학원장이 하시는 말씀이 많은 농아들의 90%가 청각장애자라고 합니다. 말을 못하기 때문에 농아가 아닙니다. 그들의 혀나 입의 구조가 완전합니다. 단지 듣지 못해서 말을 못하는 것입니다. 듣지 못하니까 배우지 못하고, 배우지 못하니까 말을 못하는 것입니다. 여러분, 오늘 우리도 바로 듣지 못하기 때문에 기형적 인간이 되는 것입니다. 들어야 할 것을 못듣고, 바로 들어야 할 것을 바로 듣지 못하기 때문에 영혼이 망가지고 병들게 되는 것입니다.

우리가 하나님을 찾아가는 것이 아닙니다. 내가 탐구하는 것이 아닙니다. 내가 비판하는 것이 아닙니다. 하나님의 말씀이 내 마음을 다스리는 것입니다. 하나님께서 나를 다스리시도록 나를 주께 바치는 것입니다. 그래서 오늘 성경말씀은 '내게 청종하라'고 합니다.

며칠전에 제가 참 행복한 시간을 가졌습니다. 현직 사단장인 어떤 분을 제가 얼마 전에 만날 일이 있었습니다. 아주 신앙이 좋은 분입니다. 집사님이신데 제가 목사로서 만날 때 뭐 드릴 것이 있습니까? 그래서 근래에 나온 제 설교집 한 권을 드렸습니다. 그 분이 그 책을 받아가지고 갔습니다. 그리고는 그걸 밤새껏 다 읽었다고 합니다. 그러더니 너무 좋다면서 다른 설교집 10권을 더 샀습니다. 그리고는 그 10권도 다 읽었다고 합니다. 그 말을 듣고 내가 가만히 있을 수 있습니까? 그래서 함께 저녁 먹자고 그랬습니다. 같이 저녁식사를 하는데 제가 너무너무 행복했습니다. 그분이 식사 중에 제게 이런 간증을 합니다. 저의 설교집을 너무 재미있게 읽었는데, 놀라운 것은 읽는 중에 어느 새 자신이 변하고 있는 것을 발견했다는 것입니다. 자기가 딴 사람이 되어 가는 것을 느꼈다는 것입니다. 그분에게서 그 말을 듣는 순간 제가 얼마나 행복했는지 모릅니다.

여러분, 바로 이것입니다. 하나님의 말씀을 청종하면 나도모르게 내가 변화되는 것입니다. 내 소원에 집착하지 말고 하나님 말씀 자체에 집중하는 순간 기적이 나타나는 것입니다. 제가 이제 나이가 좀 있고 하니까 후배 목사님들이나 제가 신학대학에서 40년을 가르쳤으니 제자들이 많이 있지 않습니까? 그런 젊은 목사님들이 모이면 저에게 자꾸 하는 질문이 있습니다. "목사님, 설교하기 힘든데요, 어떡하면 설교를 잘합니까? 어떻게 하면 설교를 목사님처럼 할 수 있을까요?" 사실 이런 질문을 제일 많이 듣습니다. 설교 잘하는 비결을 좀 알려달라고, 간단하게 비결을 알려달라고 하는 그들의 질문에 제가 한마디로 알려줍니다. "하나님 말씀을 들으라. 내가 먼저 들어야 한다. 들리지 않는 것을 말하려니까 어렵지. 내가 먼저 들어야 한다. 성경을 읽을 때 기도할 때 하나님의 음성이 들려와야 한다." 그랬더니 또 질문합니다. "그러면 어떻게 해야 하나님의 음성이 들려오나요?" 그래서 제가 대답합니다. "내가 하나만 가르쳐줄게. 많은 비결 중에 하나만 가르쳐줄게. 그건 바로 바른 자세로 성경을 읽는 것이야. 그걸 잊지 마라. 파자마 바람에 읽지 말고, 누워서 보지 말고, 적어도 성경을 읽을 때는 정장을 하고 넥타이를 매고 무릎을 꿇고 기도하고 읽으라. 잠옷 바람으로 누워 있는 사람에게 하나님의 음성이 들릴 것같으냐! 전화를 받을 때에도 어른의 전화가 오면 자다가도 벌떡 일어나서 받는 것이 아니겠는가? 하물며 하나님의 음성을 듣는 자세가 그게 뭐야? 그러면 안된다. 먼저 자세가 바로돼야 한다. 그러니 누가 보든 안보든, 정장을 하고 정좌를 하고 기도하고 성경을 읽으라!"

그런데 벌써 그걸 경험하고 저한테 전화도 하고 고맙다고 하는 분들이 많습니다. 같은 성경이지만 바른 자세로 청종을 하면서 읽어야 됩니다. 그러면 주님의 음성이 들려옵니다. 내가 먼저 듣고, 들은 것을 가지고 말씀을 전해야 설교가 될 것 아니겠습니까? 성경은 확실하고 단순한 해답을 우리에게 줍니다. '청종하라. 너의 영혼이 살리라. 너의 영혼이 살리라!' 이 얼마나 간단한 말씀입니까? 성도 여러분, 아직도 복잡한 문제에 끝없이 시달리고 있습니까? 잠깐 생각을 멈추고 성경을 읽으세요. 하나님을 향해서 마음을 여세요. 주의 음성이 들리기 전에는 일어서지 마세요. 음성이 들리거든 그대로 행동에 옮기세요. 마음은 하나님께로 향하고 말입니다. 오늘 성경은 우리에게 간단하게 말씀하십니다. "내게 청종하라. 그리하면 살리라" △

원망하지 말라

저희 중에 어떤이들이 원망하다가 멸망시키는 자에게 멸망하였나니 너희는 저희와 같이 원망하지 말라 저희에게 당한 이런 일이 거울이 되고 또한 말세를 만난 우리의 경계로 기록하였느니라 그런즉 선 줄로 생각하는 자는 넘어질까 조심하라 사람이 감당할 시험 밖에는 너희에게 당한 것이 없나니 오직 하나님은 미쁘사 너희가 감당치 못할 시험당함을 허락지 아니하시고 시험당할 즈음에 또한 피할 길을 내사 너희로 능히 감당하게 하시느니라

(고린도전서 10 : 10 - 13)

원망하지 말라

저는 이따금씩 제 비서로부터 이런 질문을 받습니다. "요새 관객 천만 명 이상 동원한 좋은 영화가 있다는데 목사님 보셔야 되지 않겠습니까?" 물론 그렇지요. 어떤 영화를 천만 명 이상이 봤다면 당연히 저도 봐야겠지요. 그러나 저는 비서에게 이렇게 말합니다. "한 가지 문제가 있다. 내 질문에 대답해라. '그 내용이 해피 엔딩(Happy Ending: 결말이 행복하게 끝남)이냐, 아니냐? 해피 엔딩이라면 가고 그렇지 않다면 볼 맘이 없다."

오래전 얘기입니다마는, 이승만 대통령 시절 한국 영화가 막 발전하기 시작할 때, 좋은 영화를 하나 만들었는데 누가 세계적으로도 알려진 영화라고 하면서 대통령 각하에게 권했습니다. "이 영화는 꼭 한번 보시면 좋겠습니다." 그래서 이대통령을 모시고 갔습니다. 그런데 그 분이 영화구경을 하고 나오면서 하시는 말씀이 "그 영화 잘못됐구먼" 하시더랍니다. "왜 그렇습니까?" 물으니, 이대통령께서 이렇게 대답했답니다. "착한 사람이 죽었잖아."

그렇습니다. 그러면 안되지요. 실존주의니 뭐니 하면서 착한 사람 죽여버리는 영화가 많아요. 하지만 저는 그거 맘에 안듭니다. 그래서 제가 좋아하는 영화는 서부활극입니다. 왜 좋으냐? 간단하지요. 해피 엔딩이기 때문입니다. 서부활극은 거의 모두가 해피 엔딩입니다. 아무리 마차가 구르고, 총을 쏘고 난리를 쳐도, 아무 걱정하지 말고 보세요. 결국은 해피 엔딩입니다! 서부활극을 좋아하는 또하나의 이유는 착한 사람이 성공하기 때문입니다. 항상 착한 사람이 이기는 영화라서 좋습니다. 게다가 또 한 가지 중요한 게 있습니다. 주연배우는 절대 안죽습니다. 아무리 총을 쏴도 안죽습니다. 그러니 안심하고 보세요.

여러분, 이 이야기를 한번 잘 정리해보세요. 우리가 세상을 이렇게 볼 수만 있다면 얼마나 좋습니까? 사실 세상은 그렇거든요. 믿음으로 보면 세상은 그렇습니다. 이 역사가 이렇게 혼란한 것같아도, 하나님의 뜻 앞에서, 성경은 말씀합니다. '해피 엔딩이다!' 하나님께서는 의인을 감찰하십니다. 이 사실을 절대 잊지 말아야 합니다. 참새 한 마리도 하나님의 뜻이 아니면 땅에 떨어지지 않습니다. 이것이 바로 우리 믿음이 아닙니까?

아플루엔자(Affluenza)라고 하는 아주 유명한 심리학적 용어가 있습니다. 이 용어는 올리버 제임스가 만든 말인데요, Affluent라고 '풍요롭다'라는 말에다 Influenza(유행성 독감)라고 하는, 우리가 요즘 많이 듣는 말을 합성해서 만든 것입니다. Affluenza, 이 용어가 의미하는 것은 다름아닌, 우리가 추구하는 어려움과 소유와 소비가 우리를 불행하게 만든다는 뜻입니다. 우리는 자꾸 더 많은 번영을 바래요. 성공을 바래요. 그런데 문제는 그 성공이 행복으로 이어지지 않는다는 것입니다.

얼마전에 어느 잡지에 실렸던 얘기입니다. 아주머니들 40명을 모아놓고 "만약 100억짜리 복권이 당첨된다면 어떻게 하겠는가?"라고 물었습니다. 그랬더니 그 가운데 60%가 첫 번째로 할 일이 "이혼하겠다"는 것이었습니다. 여러분, 잘 생각해보세요. '지금 왜 이 사람이(여러분의 남편 혹은 아내) 여기에 사는가?' 대답은, 단지 지금 돈 없어서 사는 것입니다. 조금만 여건이 되면 다 기어나갈 사람들입니다.

여러분, 가난이라는 것에 대해 어떻게 생각하세요? 이 가난이 행복으로 이어진다고 생각하세요? 행복지수라는 말이 있습니다. 우리가 요즘 흔히 접하는 '경제지수'와는 다릅니다. 그런데 놀라운 사실은 행복지수가 제일 높은 나라가 다름 아닌 방글라데시라는 것입니다. 두 번째로 높은 나라가 필리핀입니다. 이걸 놓고 생각해보면, 잘산다고 해서 꼭 행복한 것은 아니라는 것입니다. 인생의 궁극적 목적은 행복에 있는데, 경제적으로 잘살고, 성공하고, 명예를 얻는 것이 결코 행복으로 이어지지 않는다는 것입니다. 바로 이 사실을 Affluenza라는 용어를 만든 올리버 제임스는 강하게 말하고 있습니다.

소유와 외모와 명예가 다 그렇습니다. 물질을 소유하고, 지식을 소유하는 것이 그렇습니다. 또 요즘 외모에 대해서 전보다 훨씬 더 많은 신경을 씁니다. 한마디로 정신이 없습니다. 그리고 사회적인 명예도 마찬가지입니다. 중요한 것은 이러한 가치들은 결코 충족될 수 없는 욕구라는 것입니다. 마치 바닷물같아서 가질수록 더 갈증이 납니다. 마시면 마실수록 더 갈증이 납니다. 이런 것들은 차라리 없을 때가 좋습니다. 있기 시작하면 점점 더 문제가 많아집니다. 고민은 점점 더 커집니다. 그리고 결국엔 마지막에 감당할 수 없는 데까지 이르게 됩니다. 왜냐하면 이것들은 근본적으로 채워질 수 없는 욕구이기 때문입니다.

또한 이런 욕구의 추구는 친밀감과 관계성과 인간성을 말살합니다. 사실이 그렇습니다. 그저 그런대로 좀 가난한 사람들이 그래도 인심이 좋습니다. 조금 돈푼이나 생겨보세요. 인심이 사나워집니다. 인간성이 다 없어집니다. 그게 이상하지 않습니까? 풍요해질수록 넉넉한 사람이 되어야 하는데 그렇지 않습니다. 오히려 반대로 친밀감이나 인간성 등 소중한 것이 다 없어집니다. 그러다가 결국엔 자신을 스스로 상품화하게 되고, 자신을 보상과 상급의 노예로 만들어버립니다. 자기 스스로가 상품화됨으로써 결국 인간이 자신의 정체를 잃어버리게 되는 것입니다.

그래서 오늘 성경말씀은 이렇게 말씀합니다. "원망하지 말라." 이 말씀이 무엇을 말합니까? '원망하지 말라'는 말은 만족하라는 것입니다. 좀 더 나아가서는 '감사하라'는 것입니다. 사람은 만족함이 없을 때 원망하는 것입니다. 그런데 사실 이것은 행동적이라기보다는 마음의 자세요, 말에 그 핵심이 있습니다.

여러분, 원망은 말입니다. 원망을 행동이라고 생각하지는 않습니다. 그래서 보통 원망을 죄로 생각하지 않고, 원망에 대한 심각성도 없습니다. 이걸 깊이 생각해야 합니다. 말 한마디, 생각, 잠깐이라도 원망하는 것, 이것이 죄가 된다는 걸 모르고 있습니다. '원망 좀 하면 어떤가? 불평 좀 하면 어떤가?'라고 쉽게 생각합니다. 그런데 바로 여기서부터 문제가 되는 것입니다. 심각성이 없습니다. 왜냐하면 이건 몸으로 하는 행동이 아니니까 별것 아니라고 생각하는 것입니다. 하지만 아닙니다. 원망을 쉽게 생각하는 여기에 근본적으로 문제가 있습니다.

브라이언 트레이시(Brian Tracy)라는 학자가 「백만불짜리 습관」이라고 하는 유명한 책을 썼습니다. 그 책에서 저자는 이렇게 말합니다. '당신이 생각하고 느끼고 행동하는 그리고 성취하는 모든것의 95%가 습관의 결과다.' 여러분, 모든것이 한 번에 되는 일이 아닙니다. 우리는 잠깐의 실수라고 하거나 순간적인 우연(accident)으로 말하지만 아닙니다. 그것은 오랜 습관의 결과입니다. 여러분이 어쩌다가 한번 화를 냈습니까? 그러나 그게 오늘 처음 난 것이 아닙니다. 마음속에 오랫동안 쌓여 있던 불만이 터진 것입니다. 그걸 잊지 말아야 합니다.

오랜 느낌, 오랜 생각이 계속 이어지면서 습관이 되는 것입니다. 원망은 습관입니다. 똑같은 사건인데도 감사하는 사람이 있고 원망하는 사람이 있습니다. 그것도 습관이 됩니다. 혹시 자녀들 교육하면서 때려봤습니까? 그런데 그거 참 이상하지 않습니까? 사람은 한번 때리기 시작하면 자꾸 때리게 됩니다. 비슷한 이유로, 여러분, 말조심해야 합니다. 함부로 말해 버릇하면 어느 사이에 깜짝 놀랄 정도까지 갑니다. 습관이 되고 맙니다. 원망이 점점 더 상승작용을 합니다. 처음에는 물질을 원망하고, 건강을 원망하고, 혹은 기억력을 원망하고 혹은 누군가를 원망하는 것으로 시작합니다. 그런데 이렇게 원망하고 또 원망을 하다보면 마지막에는 하나님까지 원망하게 됩니다. 우리의 원망의 마지막 포인트는 하나님께로 향하는 것입니다. 이걸 잊지 말아야 됩니다.

바로 이런 까닭에 원망은 습관입니다. 이걸 잊지 말아야 합니다. 원망은 결코 우발적인 사고(accident)가 아닙니다. 잠깐 동안에 된 것이 아닙니다. 오랫동안 그렇게 습관이 되어서 원망하는 것입니다. 바로 이런 까닭에 성경은 중생을 말씀하는 것입니다. 사람은 오랜 타성에 젖어서 원망하는 것입니다.

여러분, 이스라엘 백성에게 출애굽이 왜 그렇게 어려웠습니까? 그들이 물리적으로 애굽에서 나온 것까지는 쉬웠습니다. 하나님의 능력으로 모세의 인도를 따라서 홍해를 건너 60만 무리가 광야로 나왔습니다. 그런데 몸은 나왔는데, 물리적 출애굽은 가능했는데, 지정학적 출애굽은 가능했는데 정신적인 출애굽은 하지 못했습니다. 그들의 마음속에 여전히 원망이 있었습니다. 그들의 원망은 애굽에서 노예생활 할 때의 노예의식입니다. 원망은 노예의식입니다. 그때 원망하던 것이 그대로 쌓여서 여전히 출애굽하지 못하는 것이었습니다. 그래서 성경의 표현대로 하면 그들이 온전히 출애굽하는 데 꼬박 40년이 걸린 것입니다.

사람 하나 바로되는 것도 쉽지 않습니다. 신분을 바꿀 수도 있고 직장을 바꿀 수도 있습니다. 문제는 사람이 바뀌질 않는 것입니다. 성품이 바뀌질 않는 것입니다. 원망하는 사람이 감사하는 사람으로 바뀌기 위해서는 옛사람이 죽어야 합니다. 변화는 옛사람의 연장선에서 되는 것이 아닙니다. 옛사람의 최선에서 새로운 사람이 되는 것이 아닙니다. 옛사람이 개선되어서 되는 것이 아닙니다. 옛사람이 죽어야 합니다. 그래서 예수님께서 말씀하십니다. '내 제자가 되려면 자기를 부인하고 자기 십자가를 지고, 즉 옛사람이 죽고, 나를 따르라.'

여러분, 참 어려운 얘기입니다. 이스라엘 백성이 애굽에서 나와서 사실 얼마나 큰 하나님의 기적을 보았습니까? 애굽에서 나오기 전에 열 가지 재앙이 내리는 것도 보았습니다. 그들은 홍해를 육지같이 건넜습니다. 광야에서 하늘에서 내려오는 떡가루 만나를 먹었습니다. 반석에서 나오는 물을 마셨습니다. 아니, 그런데 어떻게 그런 경험을 하고도 하나님을 원망할 수 있단 말입니까? 조금 불편하다고 해서 그렇게 쉽게 원망이 나올 수 있는 것입니까? 그렇지 않습니까? 그러나 그들은 원망했습니다.

백성들이 원망했습니다. 그뿐 아닙니다. 모세도 하나님을 원망했습니다. 사실 저는 이 문제를 심각하게 생각합니다. 아마도 제 자신이 교역자이기 때문에 더 그런 것같습니다. 모세의 원망으로 그는 가나안 땅에 못들어갔습니다. 모세가 원망한 죄로 가나안에 못 들어갔다는 것을 진지하게 생각해본 적이 있습니까? 사실 어떤 면에서는 다른 사람은 다 못들어가도 모세는 들어가야 하는 것 아닙니까? 그런데 왜 모세가 못들어갑니까? 무엇이 문제가 되었습니까? 한마디로, 모세는 하나님을 원망하는 백성을 원망했습니다. 백성들이 어이없게 하나님을 원망하고 모세를 죽이겠다고 난리를 치니까 그렇게 원망하는 백성을 보면서 모세는 참지 못했던 것입니다. 그래서 백성들을 향해 "이 패역한 놈들아"하고 소리칩니다.

그렇게 그만 원망을 참지 못하고 원망하는 백성을 원망함으로써 결국은 하나님을 원망한 것이 되어버리고 만 것입니다. 이것이 지도자 모세의 실수였습니다. 그래서 시편 106편 33절에서 '모세가 그 입으로 망령되이 말하였다' 그랬습니다. 입으로 한 것입니다. 행동이 아니었습니다. 단지 입으로, 말 한마디 잘못한 것입니다. 그러나 사실 그것은 겨우 말 한마디가 아니었습니다. 그 말로 인한 원망이 모세가 그렇게도 바라던 가나안에 못들어가게 만든 것입니다. 여러분, 원망하지 마세요. 꿈에라도 원망하지 마세요. 잠시라도 원망하지 마세요. 이것이 내 심령을 병들게 하고 습관화되게 합니다. 어느 순간 엄청난 죄를 범하게 합니다.

무엇보다 원망은 교만에서 오는 것입니다. 그 교만은 피조물이 피조물된 자기 정체를 잃어버린 것입니다. 뿐만 아니라 교만은 책임을 남에게 돌리는 것입니다. 가만히 생각하면 모두 내 책임인데, 그럼에도 내 책임을 남에게 전가하는 것입니다. 누구 때문이다, 무엇 때문이다, 환경 때문이다, 라고 책임을 전가하기 시작합니다. 잘못된 것입니다. 회개가 뭡니까? 회개는 내 책임임을 인정하는 것입니다. 이것이 회개입니다. 그런데 남을 원망합니다. 심지어는 자식을 원망하고, 부모를 원망하고, 세상을 원망합니다. 결국엔 하나님까지 원망하게 됩니다. 원망죄, 바로 결정적인 이 죄에 빠진다는 말입니다.

두 번째로, 원망이란 믿음의 문제입니다. 현실의 문제가 아닙니다. 믿음이 없을 때 원망하게 됩니다. 하나님의 능력을 믿지 못할 때 원망합니다. 더 중요한 것은 하나님의 지혜를 믿지 못할 때 우리는 원망합니다. 어떤 일들은 우리 인간의 지혜로써는 불가능합니다. 그러나 하나님의 지혜로써는 가능하거든요. 그런데 우리는 하나님의 능력은 잘 믿습니다. 그러나 문제는 하나님의 지혜는 잘 믿지 못한다는 사실입니다. 또한 하나님의 사랑을 믿지 못할 때 우리는 원망합니다. 하나님의 하시는 일이 때때로 내 마음에 안드는 일이 있겠지요. 나는 건강을 바라는데 병들기도 하고, 나는 성공을 바라는데 실패하기도 하고, 내 사랑하는 사람이 내 곁을 떠나기도 하는 등 여러 가지 시련을 당합니다. 그러나 그것이 하나님의 사랑이라면 어떡하겠습니까? 하나님께서 나를 사랑하시기 때문에 이런 일이 생기는 것이라면, 바로 그 때 하나님의 사랑을 믿는가 하는 것입니다.

또한 하나님의 경륜을 믿어야 됩니다. 그런데 우리는 순간적인 일만 생각합니다. 우리는 현재만 생각하고 가시적인 걸 생각하지만, 하나님께서는 먼 먼 미래, 우리가 하나님 나라에 갈 그때까지 먼 경류 속에서 오늘을 보십니다. 이걸 잊지 말아야 합니다. 자, 이스라엘 백성이 약속의 땅을 향해 지금 나아가고 있습니다. 약속의 땅 가나안, 이건 약속된 것입니다. 이건 이미 '가 놓은' 것입니다. 그리고 그 연결선상에 오늘이 있는 것입니다. 이걸 믿는다면 오늘 우리가 겪는 모든 것은 그 가나안으로 가는 과정입니다. 그러니 그것이 무엇이든 우리에게 필요한 것들입니다. 그런데 그 약속의 땅에 대한 믿음이 흐려질 때마다 우리는 하나님을 원망합니다.

또한 여러분 생각하세요. 그 약속의 땅을 향해 가는 데 있어 생기는 모든 시련 또한 유익한 것입니다. 특별히 오늘 성경본문은 이에 관해 귀한 말씀을 합니다. '우리가 어려운 시험을 당할 때 하나님은 피할 길을 주신다'고 했습니다. 피할 길을 주신다는 말씀입니다. 여러분, 이런 사건을 경험해 보았습니까? 어떨 때 보면 앞길이 꽉 막힌 것같은데 하나님께서 피할 길을 주십니다. 지난 인생을 돌아볼 때도 피할 길을 내주셨습니다. 그래서 이런 생각을 합니다. '기왕 이렇게 될 줄 알았으면 그 때 내가 원망하지 말걸…… 그렇게 하지 말았어야 하는데……' 이처럼 하나님은 모든 일에 미리미리 다 준비해 주셨습니다. 피할 길을 내주십니다. 그래서 우리의 시련을 통해서 더 큰 역사를 이루십니다. 더 큰 유익을 주십니다. 더 큰 영광을 주십니다. 문제는 우리가 이걸 다 믿지 못하기 때문에 하나님을 원망하게 된다는 것입니다. 그러니 자기에게 집착하지 말고 하나님의 큰 은혜에 마음을 두고 그의 큰 경륜을 생각하면서 오늘 나를 봐야 합니다. 여러분, 현실을 보세요. 원망하지 마세요. 지금 원망했다가는 나중에 '이렇게 될 줄 알았으면 원망하지 말 걸' 하며 후회하게 될 것입니다. 그러니 결코 원망하지 말아야 합니다.

또한 세 번째로, 원망이란 자기반성이 없는 자의 것입니다. 자기가 해야 될 책임을 하지 않는 사람들, 자기 일을 하지 않는 사람이 보통 원망이 많습니다. 반면에 일하고 순종하는 사람은 원망이 없습니다. 성경에 보면 그 대표적인 예가 한 달란트 받았던 사람의 얘기입니다. 다섯 달란트 받았던 사람은 다섯 달란트를 남겼습니다. 두 달란트 받았던 사람은 두 달란트를 남겼습니다. 그런데 한 달란트 받았던 사람은 한 달란트 그대로 가지고 와서 주인을 원망합니다. '당신은 굳은 사람입니다. 헤치지 않은 데서 모읍니다. 내가 이거 가지고 가서 돈벌 것 뭐 있습니까? 당신 부자인데 더 벌 것 뭐 있습니까? 그래서 당신이 준 돈을 땅에 묻어놨다가 가져왔습니다.' 이러면서 주인을 원망하며 달려듭니다. 얼마나 무책임합니까?

한번 생각해보세요. 한 달란트는 한 달란트 만큼만 일하면 되지 않습니까? 오히려 쉽지요. 그런데 한 달란트 만큼의 능력을, 재능을 가졌는데도 불구하고 일은 안하고 자신의 사명을 원망으로 바꾸었습니다. 일을 안하는 사람이 원망합니다. 믿음이 무엇입니까? 가능한 것을 가능케 하는 게 믿음입니다. 내게 주신 은사를 따라서 내 할 일을 다하면 되는 것입니다. 그러면 원망이 없습니다. William Pen이라는 작가가 있습니다. 그는 영국 신시대의 개척자인데, 그가 이런 명언을 남겼습니다. '고통 없는 승리는 없다. 근심 없는 권력은 없다. 적이 없는 영광은 없다. 십자가 없는 면류관은 없다.' 이걸 영어로 표현하면 "No pain, No balm. No thorns, No throne. No gall, No glory. No Cross, No crown." 이 말은 틀림없는 진리입니다. 저는 세월이 갈수록 이 말이 사실임을 더욱 통감합니다.

원망의 반대는 감사입니다. 원망하면 심령이 병듭니다. 원망은 우리로 하여금 모든 은사를 잃어버리게 합니다. 주변 사람을 다 어렵게 만듭니다. 자기 자신을 우울증으로 빠져버리게 합니다. 결코 원망하지 말아야 합니다. 믿음을 새롭게 하고 하늘을 보세요. 먼 미래를 보세요. 하나님의 은총의 세계에 깊이 감격하세요. 원망을 감사로 바꾸세요. 불평을 행복으로 바꾸세요.

　제가 어제도 결혼 주례를 했습니다마는, 저는 결혼 주례할 때마다 꼭 그런 얘기를 합니다. "사랑한다는 말 많이 하겠지만, 사랑한다는 말은 안해도 돼. 사랑한다는 이름으로 오히려 상대를 괴롭히는 일이 많거든. 그러니 그건 그만해라. 대신에 내가 한 수 가르쳐줄 테니까 이것만은 꼭 지켜다오! '나는 행복하다. I'm so happy because of you! 나는 너 때문에 행복하다. 네가 내 아내라서 행복하고, 네가 내 남편이라서 행복하고, 아침에 눈뜰 때 너를 볼 수 있으니 행복하고, 네가 내 곁에 있으니 행복하다. 행복하다! 행복하다! 행복하다!' 이 말을 제발 하루에 세 번만 해다오." 저는 결혼식 주례 때마다 늘 이 말을 하며 부탁합니다. 그렇게 하면 반드시 행복해질 것이기 때문입니다. 여러분, 원망하지 맙시다. 제발 우리 마음 어느 구석에서라도 원망하지 맙시다. 원망 대신에 감사, 하나님을 찬양합니다. 그러면 새로운 은혜를 체험하게 될 것입니다.　△

시몬아 네가 복이 있도다

예수께서 가이사랴 빌립보 지방에 이르러 제자들에게 물어 가라사대 사람들이 인자를 누구라 하느냐 가로되 더러는 세례 요한, 더러는 엘리야, 어떤이는 예레미야나 선지자 중의 하나라 하나이다 가라사대 너희는 나를 누구라 하느냐 시몬 베드로가 대답하여 가로되 주는 그리스도시요 살아계신 하나님의 아들이시니이다 예수께서 대답하여 가라사대 바요나 시몬아 네가 복이 있도다 이를 네게 알게 한 이는 혈육이 아니요 하늘에 계신 내 아버지시니라 또 내가 네게 이르노니 너는 베드로라 내가 이 반석 위에 내 교회를 세우리니 음부의 권세가 이기지 못하리라 내가 천국 열쇠를 네게 주리니 네가 땅에서 무엇이든지 매면 하늘에서도 매일 것이요 네가 땅에서 무엇이든지 풀면 하늘에서도 풀리리라 하시고 이에 제자들을 경계하사 자기가 그리스도인 것을 아무에게도 이르지 말라 하시니라

(마태복음 16 : 13 - 20)

시몬아 네가 복이 있도다

　유명한 롤로 메이(Rollo May) 교수는 「The Discovery of Being」
이라고 하는 그의 명저에서 인간의 삶에 대하여 '인간은 언제나 세
가지 세상에 살고 있다'고 말합니다. 첫 번째 우리가 살고 있는 세상
은 Umwelt, 환경세계입니다. 우리가 늘 신경쓰고 있는 환경입니다.
우리가 환경의 산물이냐, 아니면 우리가 환경을 지배하느냐, 하는
문제입니다. 환경문제는 요새 와서는 세계적인 문제가 됐습니다.
'환경이 좋아야 사람이 복될 수 있겠다' 하는 생각을 많이들 합니다.
그러나 문제는 환경에 어떻게 적응하느냐, 하는 것입니다. 자연법칙
에 순응하고 욕구와 충동을 억제하면서 환경에 어떻게 잘 적응해나
갈 수 있느냐? 환경과 바른 관계를 맺고 순응해 살 수 있는가? 요새
보면 환경적 사건에 역행하면서 오히려 자기 몸을, 자기 마음을, 자
기 생명까지도 해치는 사람들을 많이 봅니다. 먹어서는 안되는 줄
알면서도 먹고, 자야 되는 줄 알면서 자지 않고, 이렇게 되면 안된다
는 것을 뻔히 알면서도 죽을 짓만 합니다. 아주 못된 짓만 골라서 하
는 것입니다. 그리고 복받기를 바랍니다. 그리고 건강하기를 바랍니
다. 그것은 근본적으로 잘못된 것입니다. 환경세계에서 낙오자가 됩
니다.

　두 번째는 Mitwelt, 공동세계입니다. 인간관계 속에 삽니다. 태
어날 때부터 우리는 부모와 관계를 맺고 있습니다. 이 관계에서 떠
난 사람은 아무도 없습니다. 부득불 이런 많은 관계들 속에서 삽니
다. 바른 관계, 화목된 관계, 특별히 존경스러운 관계를 유지해야 합

니다. 저는 결혼주례를 많이 하는데, 어제도 두 건의 결혼주례를 했습니다. 제가 신랑신부를 이렇게 봅니다. 한 오십 년 하다 보니 꽤 도사가 됐습니다. 신랑신부 들어올 때부터 벌써 관계에 문제가 있다는 것이 보입니다. 눈짓하는 거나 손짓하는 거나 벌써 부부싸움을 하더라니까요. 결혼주례 하는 그 시간에 벌써 이상한 신경이 왔다갔다합니다. 그래 제가 볼 때 '이것을 어떡하면 좋은가?' 하고 그 원인을 생각해보았습니다. 원인은 간단합니다. 사랑은 있는데 존경이 없는 것입니다. 요새 어느 유명한 영화배우가 결혼을 했다는데 그렇게 한마디 한 것이 마음에 듭니다. "나는 그 사람에 대해서 사랑 이상의 것을 가지고 있습니다." 마음에 듭니다. 사랑 이상의 것이 있어야 되는 것입니다. 사랑만 가지고는 안됩니다. 사랑 이상의 관계, 그것이 바로 respect, 존경입니다. 존경이 있고야 비로소 복된 삶이 되기도 하고 건강할 수도 있겠지요. 건강한 관계가 되는 것입니다.

그 다음이 Eigenwelt, 자아세계입니다. 자기자신의 세계입니다. 인간은 자기성찰적 존재입니다. 남이 뭐라고 하든 나는 나입니다. 내 양심, 내 이성, 내 판단은 나입니다. 나 자신입니다. 누구도 위로하지 못합니다. 다른 어떤 것으로부터 위로받으려고 생각하지 마십시오. 환경이 바뀐다고 달라지지 않습니다. 주위에서 많은 사람들이 '당신을 존경합니다' 한다고 해서 내 마음이 편해질 수 없습니다. 나는 나입니다. 나 자신의 성찰은 나 자신의 내면세계에 있습니다. 자아와의 바른 관계가 아주 중요합니다. 종교개혁자 칼뱅은 그의 저서인 「기독교 강요」에서 이렇게 말합니다. '하나님에 대한 지식이 없이는 자기자신에 대한 지식이 없다.' 다시 말하면 하나님을 알기까지는 내가 나를 알지 못한다는 말씀입니다. 오늘본문으로 돌아가서 다시 한번 생각해보면 이런 말씀입니다. 사람의 가치는 그의 신앙고백 안에 있습니다.

제가 이름을 꼭 대고 싶지마는, 그의 명예를 위해서 이름을 대지는 않겠습니다. 세계적으로 유명한 진화론자가 있습니다. 한평생 진화론을 주장했고 진화론에 대한 책을 많이 썼습니다. 제가 그 책을 볼 때마다 좀 화가 나고 그랬습니다. 아무튼 그런 양반이 나이 칠십이 될 때 가서 확 돌아갔습니다. 예수를 믿었습니다. 하나님을 믿고 새 사람이 됐습니다. 「타임」지에서 그 글을 보고 제가 이런 생각을 했습니다. '좀 진작 그럴 것이지. 그동안에 써놓은 못된 책들은 다 어떡할 것인가. 얼마나 많은 사람들을 타락시켰는데 이제 와서 회개하다니.' 마음이 좀 그렇더라고요. 옆에 있으면 한 대 쥐어박고 싶더라고요. 사람이 왜 그렇게 못됐나 싶습니다. 그가 나중에야 회개하고 하는 소리가 이것입니다. 그동안에는 진화론을 주장하고 나니까 인간의 근본이 뭐냐, 동물이다, 동물의 근본이 유인원이다, 원숭이다, 그 다음에 또 아메바다, 단세포 동물이다, 이렇게 주장을 해나가다가 그때에 진화론 한참 주장할 때는 동물원에 가서 원숭이를 보면 '네가 내 할아버지냐?' 하며 동물원을 한 바퀴 손자들하고 돌 때 영 기분이 좋지 않았답니다. 하지만 이제 하나님을 믿고 "나는 하나님의 자녀다" 하고 보니까 동물 보는 눈이 달라졌습니다. 여러분 그것을 알아야 됩니다. 내 신앙고백만큼의 인간을 사는 것입니다. 이것 꼭 중요한 것입니다. 사람이 무엇입니까? 하나님의 형상이요, 하나님을 믿을 때 하나님을 알 때 나는 하나님의 자녀요, 하나님의 형상으로 창조된 소중한 인간이라는 말입니다.

특별히 오늘본문으로 돌아가 보면 좀더 깊은 말씀입니다. 예수님 말씀하십니다. "너희는 나를 누구라 하느냐(13절)." 예수님을 누구라 하느냐에 따라서 나의 존재가 결정이 됩니다. 예수님께서 메시야가 되시면 나는 그의 백성이 되고요, 메시야께서 만왕의 왕이 되시면 그 순간 그렇게 고백되는 순간에 나는 영광된 존재가 됩니다. 그가 역사를 주관하시는 심판주가 되시는 순간에 순교자의 죽음이 영광이 되는 것입니다. 우리 그리스도인이 어떤 고난을 당한다 하더라도 그리스도를 바로 고백하는 순간 그 모든 의미가 확 달라지는 것입니다. 그런고로 "너희는 나를 누구라 하느냐"가 아주 중요합니다. 내가 예수를 누구라고 생각하느냐, 누구라고 믿느냐에 따라서 내 존재, 내 삶의 의미, 내 운명이 결정되는 것입니다. 그래서 예수님 말씀하십니다. "너희는 나를 누구라 하느냐?" 예컨대 돈을 믿고 사는 사람은 돈과 함께 망합니다. 지식을 믿는 사람은 멍청해지면 끝납니다. 명예를 믿는 사람은 부끄러움과 함께 자살하게 됩니다. 그렇지 않습니까. 명예라는 것이 하찮은 것입니다. 그런고로 주 예수 그리스도를 믿는 순간 그 신앙고백 속에서 나의 인간의 존재가 바로 정립되는 것입니다. 그 고백의 내용이 아주 중요합니다.

오늘본문에서 예수님께서 베드로에게 말씀하십니다. "네가 복이 있도다……(17절)" 네가 복이 있다 – 물론 예수님 말씀이 천국열쇠를 주신다고 하셨습니다. 그런고로 그는 천국에 들어가냈습니다. 그뿐입니까. 천국에 다른 사람을 보낼 권리가 있습니다. 유럽에 다녀보면 석상이나 동상을 많이 볼 수 있습니다. 그것을 보면 성자들의 석상이 있습니다. 많이 있는데 열두 제자도 있고 사방에 상이 많지 않습니까. 로마에 가서 보면 많습니다. 그런데 내가 언제 베드로 만나봤습니까. 그러나 베드로를 알아볼 수 있는 길이 하나 있습니다. 커다란 열쇠 가지고 있는 사람, 그것이 베드로입니다. 커다란 검을 가지고 있는 사람, 말씀의 검, 이것은 바울입니다. 이 두 사람은 알아볼 수 있습니다. 베드로는 천국열쇠를 그리스도께로부터 받았다— 여기서 문제되는 것은 천국입니다. 이것은 신학적인 이야기입니다. 길게 다 할 수는 없습니다마는, 문제는 첫 번째 이 천국, 성경이 말씀하는 이 천국은 심리학적 문제가 아니라는 것입니다. 추상적인 것도 아니고 환상적인 것이 아닙니다. 실제적인 것입니다. 두 번째, 이 천국이라는 것은 누가 천국을 건설한다는 이야기가 아닙니다. 천국을 이룬다, 천국을 세우자, 천국을 확장한다…… 다 거짓말입니다. 성경이 말씀하는 것은 '천국은 임한다'는 것입니다. 하나님의 나라가 임하는 것이지, 우리가 천국을 건설하는 것이 아닙니다. 어떻게 구제 좀 하고, 사랑을 베풀고, 서로 용서하고 그러면 여기에 천국이 이루어지는 줄로 착각하는데, 그것은 천국이 아닙니다. 천국은 하늘로부터 임하는 것이다— 이것이 성경의 핵심입니다. 또 세 번째, 천국에 들어가는 자격은 도덕적 문제가 아닙니다. 깨끗하게 살고, 진실하게 살고…… 성경은 그렇게 말씀하지 않습니다. 오직 예수를 믿으면 구원을 받습니다. 그래서 드라마틱한 이야기가 있지 않습니까. 예수님께서 십자가에 달리셨을 때 그 바로 옆에 있던 강도가 '나라에 임하실 때 저를 기억하소서' 하자 예수님께서 '그래. 네가 오늘 나와 함께 낙원에 있으리라' 하십니다. 숨 넘어 가기 직전에 그 딱 한마디로 그가 천국에 들어갑니다. 그런고로 도덕적 인생은 묻지 않습니다. 천국은 오직 예수와의 관계요, 예수를 믿음으로 그 천국에 들어가는 것이라는 말씀입니다.

그런데 예수님께서 베드로에게 말씀하십니다. "너는 복되다. 너는 천국에 들어갈 것이다. 네가 많은 사람을 천국으로 인도할 것이다. 그런고로 천국열쇠를 주노라." 그러나 잊지 마십시오. 바로 말씀하십니다. 십자가를 져야 하겠다고, 그리고 순교하겠다고. 이 과정이 있습니다. 베드로는 복됩니다. 그래도 베드로는 복됩니다. 왜요? 부름을 받았기 때문입니다. 그는 갈릴리의 어부였습니다. 물고기 잡는 사람이요, 물고기 잡다가 일생을 마칠 사람입니다. 그런데 예수님께서 갈릴리에 나타나셔서 "나를 따르라" 하시자 그는 부모를 내버리고 예수님을 따라서 예수님의 제자가 됐습니다. 부름을 받았다, 주님의 부름을 받았다, 나의 자격과는 관계없이 주님의 calling, 소명을 받았다는 것, 이것이 복입니다. 오늘도 주의 부름을 받았다는 사실을 잊어서는 안됩니다.

두 번째는 그 거룩한 역사에 동참했습니다. 구경거리가 많다고는 하지마는, 예수님께서 하시는 그 굉장한 일들을 한번 따라 다니면서 구경했으면 얼마나 좋을까 싶습니다. 귀신들린 사람더러 나가라 하실 때 그가 깨끗해지고, 장님의 눈을 뜨게 하시고, 죽은 나사로를 나오라 하실 때 그가 무덤에서 걸어나오는 모습을 한번 보고 싶지 않습니까. 그 자리에 내가 있었으면 얼마나 좋겠습니까. 얼마나 희한하겠습니까. 베드로는 예수님의 3년의 전도생활, 그 공생활을 다 경험하고 보고 함께하고 동참했습니다. 그것, 복입니다. 사실 그렇지 않습니까. 누구와 함께한다, 그리고 그와 함께 얼마간 지냈다는 것, 이것이 얼마나 중요합니까. 얼마나 굉장합니까.

우스운 이야기지만, 저는 군대에 있을 때 무얼 좀 잘못해서 영창에 들어간 적이 있습니다. 깜깜한 영창에 있자니 속상하더라고요. 속상해서 훌쩍훌쩍 울었던 것같습니다. 그때 그 깜깜한 데서 누가 말하기를 "그럴 것 없어. 인생이란 그런 거야" 하더라고요. 그도 지금 잘못을 저지르고 거기 잡혀 들어온 사람이었습니다. 그 깜깜한 데서 서로 얼굴도 못보고 둘이서 이렇게 주고받는 얘기가 있었습니다. 그 다음에 그분이 나이많아서 목사님이 됐습니다. 고희진 목사님입니다. 잠깐입니다. 불과 5분밖에 안되는 시간이지만, 그 자리에 함께 있었다는 것, 그 자리에서 주고받은 이야기를 평생 잊을 수가 없습니다.

예수님의 생애에 동참했다, 예수님의 십자가를 쳐다보았다, 예수님의 부활을 만나보았다…… 얼마나 굉장한 일입니까. 이 자체만 가지고도 얼마나 복된 것입니까. 그래서 베드로는 복된 사람입니다. 그러나 가장 중요한 것은 예수님과 함께하면서 예수님을 알아가고 있었다는 것입니다. 몇 사람이나 병을 고쳤나? 어떤 사람의 병을 고쳤나? 어떤 기적이 나타났나? 이런 얘기가 아닙니다. 이 모든 사건을 통해서 예수님이 누구인가를 알기 시작했습니다. 그래서 이적의 사람이요, 능력의 사람이요, 메시야요, 거기다가 오늘성경말씀대로 "주는 그리스도시요 살아계신 하나님의 아들이시니이다" 하고 고백하는 데까지 도달했습니다. 알게 됐습니다. 그리스도를 알아간다는 것, 그리스도를 배워간다는 것, 그리스도를 점점 분명하게 알 수 있었다는 것, 이것이 복입니다.

여러분, 예수를 오래 믿으면서 생각해보십시오. 어디까지 알고 있습니까? 주님을 좀더 가까이, 좀더 온전하게, 좀더 순수하게 그리스도를 깨닫게 되지요. 그 깨달아 가는 것 자체가 큰 복이 아니겠습니까. 그런데 "주는 그리스도시요 살아계신 하나님의 아들이시니이다" 하고 고백했을 때 예수님께서 참 이상한 말씀을 하십니다. "베드로야, 너 3년 동안 따라다니더니 많이 배웠구나!" 이러실 것같은데, 아닙니다. 이렇게 인정점수를 주시지 않고 예수님께서는 "네가 안 것이 아니고, 네 혈육이 안 것이 아니고, 인간으로서의 네가 안 것이 아니라, 하늘 아버지께서 네게 알게 하셨느니라" 하십니다. 그래서 복이 있다고 하십니다. 이 얼마나 중요한 말씀입니까. 가장 복된 사람은 누구입니까? 그리스도를 아는 것입니다. 그리스도를 알게 해 주시는 것입니다.

여러분, 지금 이 시간 하나님의 말씀을 듣고 있지마는, 이 가운데서도 이렇게 듣는 사람 저렇게 듣는 사람 다 있습니다. 그러나 성령께서 임하실 때 이 시간 이 말씀은 내게 주시는 말씀입니다. 하나님께서 내게 주시는 말씀입니다. 그래서 신앙과 그리스도를 확실하게 알게 될 때 그가 복된 사람입니다. 저는 이런 생각을 합니다. '설교 들으면서 하나님의 음성을 들을 수 있는 사람이 제일 행복한 사람이다.' 어떤 사람은 이런 고백도 합니다. 교회에 나와서 오르간 소리만 듣는 순간에 벌써 주님의 음성이 들린다고요. 마음이 평안해진답니다. 복된 사람입니다. 어느 때 어디서 기도를 해도 주님께서 곧 응답하시는 것을 느낍니다. 그 사람, 복된 사람입니다. 하나님께서 알게 하셨고, 믿게 하셨습니다. 그런고로 베드로는 복된 사람입니다. 내가 믿는 것이 아닙니다. 그가 나를 믿게 하신 것입니다.

클래식 음악을 제가 좋아하는 이유가 있습니다. 클래식 음악은 대체로 대부분 다 기독교인들이 작곡했습니다. 작곡가들이 대부분 그리스도인들인데, 아마 그 중에서도 제일 훌륭한 기독교인을 꼽으라면 하이든을 말하게 될 것입니다. 그는 100개가 넘는 심포니를 작곡했고 80개가 넘는 소나타를, 그리고 위대한 오라토리오를 2개 작

곡한 사람으로 알려져 있습니다. '천지창조'를 작곡했습니다. 그는
이렇게 말합니다. "나는 작곡할 때면 음악을 생각하기보다 하나님을
생각합니다. 그리하면 내 마음 가운데 기쁨이 솟아오릅니다. 그러면
내 머릿속에는 음표가 춤을 춥니다. 그걸 악보에 옮기면 작곡이 됩
니다." 어떻습니까? 그는 하늘의 음성을 들으면서, 하늘의 노래를
들으면서 이것을 악보에 옮기는 감격으로 살았습니다. 이것이 바른
음악이요, 바른 신앙관계가 아니겠습니까. 참으로 복된 자는 그리스
도인이 되었다는 것을 감사하는 사람입니다.

　　우스운 이야기입니다마는, 제가 목회할 때 잠실에서 구역예배
를 본 적이 있습니다. 제가 구역예배에 참석을 잘 안하는데, 세 구역
이 함께 모이니 꼭 와야 한다고 그래서 억지로 구역예배에 참석했던
일이 있습니다. 가서 희한한 얘기를 들었습니다. 그 전 주일날 세례
를 베풀었는데, 그때 세례받은 사람이 세례받은 것을 감사해서 사람
들을 초대해 잔치를 벌인 것입니다. 어떻게 된 일이냐 하면, 서로 이
웃관계인 두 집이 있었습니다. 그런데 한 집은 교인이고, 한 집은 믿
지 않는 사람이었습니다. 믿지 않는 집 양반은 툭하면 술먹고 들어
와서 마누라를 때리는 버릇이 있었습니다. 하루는 그날도 그가 잔뜩
술을 먹고 들어와서 마누라를 패는데, 견디다 못한 마누라가 옆집으
로 도망을 갔습니다. 그쯤 되면 멈추어야 되는데, 그는 그 옆집까지
따라 들어가서 마누라를 끌어내려고 한 것입니다. 한데 그 옆집 주
인 되는 남자가 바로 우리교회 집사님이었습니다. 좀 센 사람입니
다. 그래 가서 그 옆집 사람의 손을 꽉 붙잡고 "여보세요, 마누라가
도망갔으면 모르는 척하지, 뭐 도망가는 곳까지 따라다니나? 사내
자식치고 못나기도 했네" 한 것입니다. 그러니까 그 옆집 사람이 "선

생님, 죄송합니다" 하고 정신을 차린 다음 "저 어떡하면 좋겠습니까?" 합니다. "뭘 어떡해? 다음 주일날 나하고 같이 교회 나가야지." 그래서 교회 나왔습니다. 그래가지고 예수를 믿고, 그리고 그 사람이 마침내 세례를 받은 것입니다. 그것을 감사해서 잔치를 베푼 것입니다. 한데 그분 간증으로는 자기가 직장생활 할 때도 예수믿는 친구가 많았지만, 자기 보고 예수믿으라는 사람 하나도 없었다는 것입니다. 자기가 복된 것은 어떻게 예수믿는 집 바로 옆집으로 이사를 왔다는 것입니다. 그것이 복된 것입니다. 그리고 그 마누라가 하필이면 왜 그리로 도망갔느냐, 이것입니다. 그것이 또 복된 것입니다. 이 일련의 사건이 바로 내가 복이 있다는 것입니다. 그래 잔치를 하는 것을 보고 너무나 재미있게 생각했습니다. 여러분, 하나님의 말씀이 함께하고, 하나님의 영이 함께하십니다. 이것이 자아실현의 최고의 가치입니다. 오늘도 복된 사람 바로 주의 영이 함께하시고, 말씀이 함께해서 그리스도를 알게 하시고, 그리스도를 고백케 하십니다. 예수님 말씀하십니다. "시몬아 네가 복이 있도다." 오늘 여러분을 향해서 "네가 복되다" 말씀하십니다. 이 복을 바로 깨닫고 감사하게 될 때 여러분은 세상을 이기는 하나님의 사람이 될 것입니다.
△

교회의 영원한 권세

　이를 인하여 주 예수 안에서 너희 믿음과 모든 성
도를 향한 사랑을 나도 듣고 너희를 인하여 감사하기
를 마지아니하고 내가 기도할 때에 너희를 말하노라
우리 주 예수 그리스도의 하나님, 영광의 아버지께서
지혜와 계시의 정신을 너희에게 주사 하나님을 알게
하시고 너희 마음눈을 밝히사 그의 부르심의 소망이
무엇이며 성도 안에서 그 기업의 영광의 풍성이 무엇
이며 그의 힘의 강력으로 역사하심을 따라 믿는 우리
에게 베푸신 능력의 지극히 크심이 어떤 것을 너희로
알게 하시기를 구하노라 그 능력이 그리스도 안에서
역사하사 죽은 자들 가운데서 다시 살리시고 하늘에
서 자기의 오른편에 앉히사 모든 정사와 권세와 능력
과 주관하는 자와 이 세상 뿐 아니라 오는 세상에 일
컫는 모든 이름 위에 뛰어나게 하시고 또 만물을 그
발 아래 복종하게 하시고 그를 만물 위에 교회의 머
리로 주셨느니라 교회는 그의 몸이니 만물을 충만케
하시는 자의 충만이니라
(에베소서 1 : 15 - 23)

교회의 영원한 권세

어느 교회에 등록교인으로 교회에 다닌 지 10여 년이나 된 교인이 있었는데 언젠가부터 교회에 잘 나오질 않습니다. 교회에 잘 출석하지 않을 뿐 아니라 주변에 있는 사람들에게 이상한 말, 시험되는 말을 하곤 합니다. "꼭 교회에 나가야 할 필요가 있나?"며 교인들의 교회관을 흔들어 버립니다. '교회보다 이 아름다운 넓은 벌판을 바라보며 조용한 호숫가에서 하나님이 창조하신 대자연 속에서 하나님을 만나기가 더 수월할 것이 아니냐'는 둥 '꼭 교회에 나가야 되나, 그래야만 은혜 받고 구원받을 수 있느냐'는 둥의 말로 사람들의 마음을 흔들어놓습니다. 큰일입니다. 목사님은 크게 걱정을 하며 '이 일을 어떻게 하면 좋을까' 많이 생각하던 중에 겨울이 되었습니다. 몹시 추운 어느날 목사님께서 친히 이 고집스러운 교인을 방문하게 됩니다. 교인은 벽난로 옆에 앉아서 불을 쬐며 목사님과 이런저런 얘기를 많이 나누었습니다. 뭐 더이상 할말이 없을 만큼 오랜 대화를 나누었습니다.

그러나 목사님은 교회 출석에 대한 이야기는 민감한 일이라 말씀하지 않았습니다. 그 대신 목사님께서 벽난로 옆에 있는 부젓가락을 집어서 불속에 있는 반쯤 벌겋게 타고 있는 석탄덩어리 하나를 난로 밖으로 꺼냈습니다. 여러분, 무슨 말씀인지 아시겠지요? 그리고는 난로 밖에 있는 불판 위에다가 올려놓았습니다. 그러자 이내 그 석탄에 붙은 불은 꺼져 버리고 석탄은 점점 색이 변해서 회색빛만 남게 됐습니다. 그러나 벽난로 속에 있는 석탄덩어리들은 여전히 활활 타오르고 있었습니다. 이 광경을 지켜보던 교인은 (아주 아이큐가 높은 사람이었습니다) "목사님, 돌아오는 주일날 꼭 교회에 나가겠습니다." 하고 말하는 것입니다. 아이큐 낮은 사람은 못알아듣는 얘기입니다.

여러분, 교회가 무엇입니까? 얼핏 생각하면, 나 혼자 기도하고 나 혼자 성경 보고 그러면 될 것같은데, 그거 다 거짓말입니다. 왜 예수님께서 교회를 세우셨겠습니까? 교회를 통해서 함께 은혜 받는 공동체의식이 아주 중요하기 때문입니다. 기독교는 그런 종교입니다. 기독교는 불교가 아닙니다. 기독교는 공동체입니다. 그리스도의 몸에 연합하는 이 신령한 교회의식이 꼭 필요합니다. 이것이 중요한 교회론의 기초입니다. 종교개혁자 칼뱅은 그의 「교회론」에서 유명한 이야기를 합니다. 그는 교회를 Invisible Church와 Visible Church, 불가시적 교회, 보이지 않는 교회와 가시적 교회, 보이는 교회로 구분합니다. 먼저, 불가시적 교회입니다. 이것은 눈에 보이지 않습니다. 그러나 영적으로 그리스도를 정점으로 해서 그리스도의 몸인 교회입니다. 그리스도는 머리요 교회는 그 몸입니다. 온 우주를 다 덮고 있는 영적인 교회요, 보이지 않는 신령한 교회임을 강조하는 것입니다.

두 번째는 보이는 교회입니다. 이건 바로 우리 예수소망교회 같은 교회입니다. 세상에 있는 조직된 교회, 공동체적 교회, 교인들이 모이는 교회, 서로 사랑하는 교회, 봉사하는 교회를 가리킵니다. 가시적 교회는 이런 조직적 교회를 뜻합니다.

그런데 이것으로만 다가 아닙니다. 세 번째로 중요한 교회가 있습니다. 그것은 앞서 칼뱅이 말한 교회의 두 가지 속성을 하나로 모은 현실적이면서 동시에 신령한 교회인 것입니다. 눈에 보이는 것이 있는가 하면 동시에 보이지 않는 것이 있습니다. 자, 보세요. 여러분이 지금 목사의 얼굴을 쳐다보고 있어요. 그러나 동시에 여러분의 마음속에서는 주님의 얼굴을 바라보고 있는 것입니다. 여러분은 지금 목사의 음성을 듣고 있어요. 그러나 영적으로는 그리스도의 음성을 듣고 있습니다. 그래서 보이는 교회와 보이지 않는 교회가 합해서 신령한 교회가 되는 것입니다.

오늘 성경본문 17절에 보면 "지혜와 계시의 영을 너희에게 주사 하나님을 알게 하시고"라고 말씀합니다. 18절에서는 "너희 마음의 눈을 밝히사 소망과 기업의 어떠한 것을 알게 하시고"라고 합니다. 자, 보세요. 먼저 우리에게 계시의 정신을 주시고 또 마음의 눈을 밝혀주십니다. 그래야 교회를 아는 것입니다. 그래야 교회를 볼 수 있는 것입니다. 여러분, 교회란 단지 건물이 아닙니다. 그러나 동시에 건물이 가지는 중요한 의미가 있습니다. 교회는 사람들이 모이는 곳이 아닙니다. 친교단체가 아닙니다. 그러나 동시에 우리가 함께 모일 때마다 우리는 주님의 몸을 경험할 수가 있습니다. 신령한 은혜에 접할 수가 있습니다. 그렇기 때문에 계시의 정신 그리고 마음의 눈을 밝혀주실 때 이런 신령한 교회의 정체의식을 가질 수 있는 것입니다.

죄송한 말씀이지만, 나이가 먹어가면서 점점 더 교회에 대한 애착을 가지게 되고, 교회의 신령한 의미를 깨닫게 되고 교회가 가지는 영적 권세를 우리가 깨닫게 되는 것입니다. 종교개혁자 칼뱅은 말합니다. '하나님을 아버지라고 고백하는 사람은 교회를 어머니라고 섬겨야 한다.' 바로 이런 신앙을 기초로 해서 교회를 통해 태어나고 교회를 통해 양육 받고 교회를 통해서 성숙하는 것입니다. 그렇게 점점 더 신령해지고 점점 더 영원한 권세 앞에 그 능력을 몸으로 체험하면서 주님 앞에 나가게 되는 것입니다.

바로 이런 면에서 이런 신령한 교회의 정체성을 바로 아는 사람은 교회를 바라보기만 해도 은혜가 됩니다. 저는 비행기를 타고 착륙할 때 특히 저녁에 내려오면 서울에 빨간 십자가 종탑들을 많이 보게 됩니다. 저는 그걸 볼 때마다 큰 은혜가 됩니다. 차를 몰고 이 마을 저 마을 다닐 때 어디에서라도 십자가만 보이면 마음이 거룩해지는 걸 느낄 수 있습니다. 특별히 제가 6·25 전쟁 당시 군인으로 있을 때에 행군을 하다가 이름모를 곳을 지나가다가 교회 종탑을 보면 순간 발이 멈추고 눈물이 팍 쏟아지곤 했습니다. 그 교회를 쳐다보는 순간 벌써 주님의 음성이 제게 들리는 것입니다. 이처럼 신령한 교회에 대한 영적 감각, 이것이 점점 더 발전해 나가야 될 것입니다.

교회는 그리스도의 몸입니다. 그리스도가 주인이시고 교회는 그리스도의 몸이요, 그리스도는 우리의 머리이시고, 우리 교회는 그리스도의 지체가 되는 것입니다. 여러분 한 사람 한 사람이 그리스도의 거룩한 교회에 지체가 되고 있다는 것을 느끼고 체험하고 이로써 생명력을 얻을 때 진정한 교인인 것입니다. 우리가 점점 더 성화되어 나아갈 때 교회의 의미는 점점 더 커지고 덕이 되는 것입니다. 교회를 높이 찬양하게 되고 언젠가는 그 영원한 교회인 하늘나라에 들어가게 되는 것입니다.

여러분, 우리의 교회사랑을 한번 반성해 봅시다. 얼마나 사랑하고 계십니까? 제가 우리 교회를 지을 때에 어떤 장로님께 "오르간 하나 해주시지요?" 그랬더니 그 분이 선뜻 "아, 그러시지요" 하시더군요. 그래서 제가 "그게 좀 비싼데……" 했더니 그 장로님이 "비싸도 상관없습니다. 좋은 것으로 하세요" 합니다. 그래서 좋은 것으로 했습니다. 또 어떤 분이 피아노를 기증하신다기에 제가 "교회 피아노입니다. 그걸 아셔야 됩니다. 설령 일 년에 한 번을 쓴다고 해도 교회 피아노입니다" 했습니다. 그랬더니 그 분이 "어떤 걸 해야 됩니까?" 하길래 제가 "'스타인웨이(Steinway)'여야 됩니다. 세계에서 제일 좋은 것으로……" 여러분, 이 피아노, 제일 좋은 것입니다. 왜 그렇습니까? 교회이기 때문입니다. 돈이 얼마 드느냐가 중요한 것이 아닙니다. 우리 마음과 정성이 중요한 것입니다. 신령한 교회를 향한 우리의 충성이 이렇게 나타나는 것이라는 뜻입니다.

교회에서 응답을 받습니다. 교회에서 말씀을 배웁니다. 교회에서 생명력을 얻습니다. 여러분, 저는 그저 가능한 한 교회를 많이 세우려고 애를 써보았습니다. 그래서 소망교회를 지어서 저만큼 부흥시킨 다음에 은퇴할 때 생각해보았습니다. '내가 마지막으로 할 일이 무엇일까?' 그리고 결심이 섰습니다. '교회 다섯 개를 세우겠다!' 그리고 기도했습니다. "하나님 허락해 주세요." 그렇게 해서 은퇴 후 교회를 세우려고 애를 쓰고 있는 중에 현재 예수소망교회를 세운 것과 마침 오늘 목사 위임식을 가지는 일산에 있는 교회까지 해서 지금까지 두 교회는 세웠습니다. 앞으로 세 개 더 남았는데 그것까지 끝나야 저는 죽습니다.

제가 이렇게 교회를 세우는 일에 남은 생을 바치는 데는 사연이 있습니다. 애기를 들어보세요. 제 개인의 절절한 간증입니다. 제가 어렸을 때 나서 자란 교회가 있습니다. 북한 황해도 장연군 용현면 섭교리 라는 넓은 벌판에 있던 교회였습니다. 그런데 그 교회가 제가 피란길을 떠나 높은 산을 넘어 올라가며 보니 불에 타고 있었습니다. 비행기 폭격을 맞아 벌겋게 불이 붙어 타는 것을 보고는 엉엉 울면서 산을 넘었던 기억이 지금도 새롭습니다. 그 이후 제 마음에 어떻게 하든지 비록 그 자리에는 못가더라도 교회를 세우는 것이 소원이 되었습니다.

사실 그 교회는 제게 특별한 교회였습니다. 제 어머니께서 그 교회에서 십 년 동안을 열악한 환경 속에서 아침저녁으로, 낮에는 하루종일 김매고 일하고 밤중에는 교회 가서 기도하고 또 새벽에 기도하며 사셨습니다. 그리고 그러는 중에 저를 낳았다는 것입니다. 생리적인 말이라 사용하기 죄송스럽습니다마는, 우리 어머니는 제가 무슨 뜻인지도 모를 때부터 자꾸 이 말씀을 하셨습니다. "월경 딱 한 번 하고 너를 낳았다." 그렇게 기도하며 제가 태어났거든요. 바로 그 교회입니다. 제가 이북 고향을 떠나온 다음에 우리 어머니는 이미 불타 없어진 교회 자리, 그 터에서 엎드려 기도하셨다고 합니다. 가마니를 덮어쓰고 밤새도록 기도하셨답니다. 어느날인가 누가 그 근방을 지나가다 보니 눈이 하얗게 왔는데 무언가가 눈을 들치고 일어나더랍니다. 제 어머니께서 눈 속에서, 그 자리에서 기도하셨던 것입니다. 그런 교회였고, 바로 그것이 성도들의 가슴 속에 있는 교회입니다.

제가 20년 전 북한을 방문했을 때 고향에 갔습니다. 물론 교회는 없습니다. 그 터를 다 밀어버리고 농터를 만들었더군요. 대강 어림잡아서 이쯤 되겠다 싶은 곳에 가서 한나절 내내 서 있는데 공산당 위원장이 나와서 그러더군요. "선생님, 우리 어른들이 그러는데, 옛날에 이 근방에 교회가 있었다고 그러더라고요" 하는 게 아닙니까? 그래서 제가 그 사람에게 "교회가 뭔지 아오?" 했더니 그가 "예수 하는 거라고 그럽디다" 합니다. 그래서 제가 "그래요. 바로 그래서 내가 여기 서 있는 겁니다. 내가 여기에 서 있던 교회를 다녔고, 우리 어머니가 기도하던 바로 그 자리에 지금 내가 서 있는 겁니다" 했습니다.

여러분, 그것이 교회입니다. 교회를 바라보며 기도하고, 교회에 가서 기도하고, 교회를 생각하며 기도하고, 교회를 향해서 기도하고, 교회에서 응답을 받고, 교회에서 하나님의 음성을 듣고 살아가는 것이 성도의 삶입니다. 여러분도 버마 아웅산 사건을 아실 겁니다. 아주 오래전 얘기입니다. 그 때 그 사고로 마침 우리 소망교회 교인이 세 사람이나 죽었습니다. 이범석 집사님을 비롯해서 여러 사람이 그 사고로 목숨을 잃었는데, 천만다행으로 죽을 뻔했다가 살게 된 사람이 있습니다. 그가 바로 기아산업회장이었던 김선홍씨입니다. 그가 당시에 대통령을 수행해서 버마를 방문하게 되어 있었습니다. 그래서 꼭 죽게 될 것인데 그가 차를 타고 그 현장으로 가는 도중에 그만 차가 잠깐 고장이 났답니다. 마침 자기가 기술자니까 차의 보닛을 열어서 잠깐 손을 보니까 시동이 걸리더랍니다. 그런데 그렇게 잠깐 차를 고치느라고 시간이 지연이 됐는데, 그렇게 다시 길을 가는데 그만 눈앞에서 꽝! 하고 터지더랍니다. 그 광경을 보고 한국으로 돌아왔습니다.

허겁지겁 돌아오는 길이었으니 무슨 정신이 있었겠습니까? 김포비행장에 내린 시간이 새벽 3시였답니다. 그런 상황이니 일행 중 누구도 말하는 사람도 없고 인사하는 사람도 없이 비행기에서 내리자마자 각자 그냥 흩어졌답니다. 그 분이 홀로 남아서 비행장 앞마

당으로 나와서 어떡할까 하다가 무작정 택시를 탔답니다. 그러자 택시기사가 "어디로 갈까요?"라고 묻는데, 그때 이런 생각이 들었습니다. '내가 이제 어디로 가야 하나? 죽을 사람이 다시 살았는데 내가 지금 어디로 가야 하나?' 그러다가 "교회로 갑시다. 소망교회로 갑시다" 했습니다. 사실 그분은 새벽기도 한 번도 안나와본 사람이었습니다. 그 부인은 교회에 열심히 나와서 권사까지 됐지만 남편은 그저 간신히 집사였습니다. 그렇게 해서 교회로 오니 한 네 시쯤 되었는데, 주머니를 뒤지니 택시비가 없더랍니다. 하기야 대통령 따라가는 사람이 무슨 돈이 필요했겠으며, 그 와중에 누구한테 돈을 빌려 택시를 탔겠습니까? 하는수없이 택시 기사에게 사정을 얘기했답니다. 사실 여차여차해서 내가 죽을 뻔하다가 살아서 여기까지 왔는데, 내가 그냥 집으로 갈 수가 없어서 교회로 왔습니다. 이제 조금만 기다리면 새벽기도 나오는 사람들이 올 테니까 그때 돈을 구해서 줄테니 조금만 기다려주세요. 그랬더니 택시기사가 한 시간을 기다려주더랍니다. 그래서 돈을 꿔서 택시를 보내고 난생처음 새벽기도에 참석했다고 합니다.

저는 그 간증을 참 귀하게 들었습니다. 죽을 뻔하고 다시 살았는데 다시 찾은 생명을 가지고 내가 어디를 가야 합니까? 지금 내가 가야 할 곳이 어딥니까? 저는 목회하는 중에 교회에서 이런 일을 많이 봤습니다. 여러분, 중요한 수술을 받기 위해서 병원을 갈 때 먼저 교회 나와서 기도하고 가세요. 중요한 수술을 받고 퇴원할 때 집으로 바로 가지 말고 교회에 들러 기도하고 가세요. 어떤 분들은 이렇게도 합니다. 운명이 걸린 중요한 사업을 계약할 때 교회 나와서 단 10분이라도 기도하고 계약 장소로 나간답니다. 중요한 결정을 할 때마다 '만민이 기도하는 집, 시은소(施恩所)로 세워진 이 교회' 안에서 하나님 앞에 나와서 기도하고 간다는 것입니다. 그것이 교회입니다.

여러분, 깊이 생각합시다. 우리가 교회와 함께 살고 교회 중심으로 살고 교회를 사랑하며 살고 그래야 할 것이 아니겠습니까. 고향 교회에서 있었던 일입니다. 어느날 새벽기도회를 나갔는데 마침 비가 억수같이 오고 있었습니다. 그런데 교회 문을 열고 누군가 들어서더니 그냥 통곡을 하는 소리가 들렸습니다. 교회에 들어서자마자 그냥 소리를 내서 울기만 하는 것입니다. 그래 누군가 하고 봤더니 박 장로님이라는 분이 예배실 한가운데 무릎을 꿇고 하나님 앞에 기도하는데 "하나님 제가 죽일 놈입니다. 죽어 마땅한 놈입니다" 하면서 울고 있더라고요. 왜 그랬느냐고요? 새벽기도회에 나왔더니 마침 장마철이라 교회에 비가 세고 있었습니다. 그래서 장로님이 비를 막아 보려고 이리저리 하다가 참 어리석은 짓을 했습니다. 그 구멍을 엿으로 틀어막았다는 것 아닙니까? 그러니 그게 몇 분이나 버텼겠습니까? 다 녹아버리고 말지요. 그러자 그릇을 갖다놓고 또 놓아도 금방 넘치고 말자, 다른 그릇을 갖다놓고…… 갖은 방법을 다 했지만 도저히 불가능했습니다. 빗물은 철철 넘쳐 교회 안으로 흘러 들었습니다. 그러자 그 장로님이 엎드려 기도하는 것입니다. "하나님, 제가 죽일 놈입니다. 장마를 앞두고 우리집 지붕은 살폈는데 교회 지붕은 살피지 않았습니다." 그렇게 우는 걸 보았습니다. 나중에 그분 아들이 목사가 됐습니다.

여러분, 교회를 사랑하는 마음은 구체적으로 나타납니다. 신령한 교회에 대한 의식은 현실적으로 나타나게 됩니다. 다시 한 번 예수님의 교회관을 생각해봅시다. 요한복음 4장에서 예수님 친히 말씀하셨습니다. "다 내게 와서 마셔라. 내가 주는 생수는 영원히 목마르지 아니하리라." 예수님께서는 교회를 생수로 비유하셨습니다. 생수가 있는 샘터로 비유하셨습니다. 오아시스로 비유하셨어요. 여기서 생수를 마십니다. 갈증나는 사람이 생수를, 절망하는 사람이 생수를, 죽어가는 사람이 생수를 마시는 것입니다. 여러분, 우리는 교회와 함께 삽니다. 그리고 점점 더 신령한 교회를 향해 살다가 주님 앞에 갈 것입니다. 그 거룩한 은혜를 앞에 놓고 여러분, 주님의 음성을 들어 봅시다. "다 와서 마셔라 내가 주는 물은 영원히 목마르지 아니하리라." 그런 교회에, 그런 교인이 있는 거기에 주의 큰 생명력이 함께하는 것입니다.   △

이 사람의 선택

아브람의 일행 롯도 양과 소와 장막이 있으므로 그
땅이 그들의 동거함을 용납지 못하였으니 곧 그들의
소유가 많아서 동거할 수 없었음이라 그러므로 아브
람의 가축의 목자와 롯의 가축의 목자가 서로 다투고
또 가나안 사람과 브리스 사람도 그 땅에 거하였는지
라 아브람이 롯에게 이르되 우리는 한 골육이라 나나
너나 내 목자나 네 목자나 서로 다투게 말자 네 앞에
온 땅이 있지 아니하냐 나를 떠나라 네가 좌하면 나
는 우하고 네가 우하면 나는 좌하리라 이에 롯이 눈
을 들어 요단 들을 바라본즉 소알까지 온 땅에 물이
넉넉하니 여호와께서 소돔과 고모라를 멸하시기 전
이었는고로 여호와의 동산 같고 애굽 땅과 같았더라
그러므로 롯이 요단 온 들을 택하고 동으로 옮기니
그들이 서로 떠난지라 아브람은 가나안 땅에 거하였
고 롯은 평지 성읍들에 머무르며 그 장막을 옮겨 소
돔까지 이르렀더라 소돔 사람은 악하여 여호와 앞에
큰 죄인이었더라

(창세기 13 : 5 - 13)

이 사람의 선택

목회를 하면서 교인들로부터 제일 많이 받는 질문이 있는데, 바로 이것입니다. "왜 하나님께서 에덴동산에 선악과를 만들었을까요? 그것 안만들었으면 참 좋을 텐데…… 그리고 만드셨어도 주위에 철망을 둘러치든지 해서 아담과 하와가 접근하지 못하게 했으면 좋았을 텐데, 왜 그걸 따먹을 수 있는 가능성을 주어서 아담과 하와로 하여금 그걸 따먹고 범죄해서 이렇게 불행하게 만든 것일까요? 왜 에덴동산에 선악을 알게 하는 나무를 만들어서 우리 인간으로 하여금 불행을 자초하게 했을까요?" 사실 이 질문이 제일 많은 질문이면서 대답하기 제일 어려운 질문이기도 합니다. 여러분, 우리가 하나님의 깊은 뜻을 어찌 다 알겠습니까? 그런 점에서 한 가지 꼭 잊지 말아야 합니다. 우리가 성경을 다 안다고 생각해서는 안됩니다. 우리는 언제나 알 수 있는 부분까지만 알 수 있습니다. 하나님의 그 깊은 의도와 뜻을 어찌 다 알겠습니까마는, 한 가지 분명한 것은 하나님께서 우리 인간에게 선택의 자유를 주셨다는 사실입니다. 어찌 생각하면 선택할 수 있을 때 비로소 인간이 인간입니다. 선택의 능력을 상실했다면 이미 그는 노예상태에 있고, 그는 타락한 것입니다. 그렇기에 선택할 수 있는 맑은 이성, 선택할 수 있는 깨끗한 영혼, 이것이 있을 때 비로소 인간의 존엄성과 인간의 가치가 빛나는 것입니다.

선택에는 두 용어가 있습니다. 하나는 초이스(Choice)라고 하는 말입니다. 이것은 여러 가지 중에 하나를 선택하는 것입니다. 여러

가지 가능성 중에 하나를 선택하는 것입니다. 다른 하나는 디시션 (Decision)이라고 하는 용어입니다. 이것은 하나를 선택하기 위해서 그 외의 모든 것을 과감하게 버리는 것을 의미합니다. 분명한 것은 하나님께서는 우리 인간에게 이렇게 넓은 가능성을 주시고 우리가 하나님의 뜻을 선택해 주기를 바라고 기다리고 계십니다. 이사야 56 장 4절에 이렇게 기록되어 있습니다. "여호와께서 이와같이 말씀하시기를 나의 안식일을 지키며 나를 기뻐하는 일을 선택하며 나의 언약을 굳게 잡는 고자들에게는 내가 내 집에서, 내 성 안에서 아들이나 딸보다 나은 기념물과 이름을 주며 영영한 이름을 주어 끊치지 않게 할 것이며"라고 말씀하십니다. 하나님께서는 기다리십니다. 우리가 하나님을 선택하기를 기다리시고, 우리가 하나님의 뜻을 기뻐하기를 기다리십니다. 여러분은 어떻습니까?

우리 가정에서도 보면 아이들은 무엇이든 자기 마음대로 할 수 있습니다. 갈 수도 있고, 올 수도 있고, 일어날 수도 있고, 잠잘 수도 있습니다. 그러나 부모의 마음은 자신들의 뜻을 자녀들이 선택해 주길 바랍니다. 즐거운 마음으로 말입니다. 억지로가 아니고, 만부득이해서가 아니라, 다른 어떠한 대가를 요구해서가 아니라, 순전히 자원함으로 부모의 뜻을 따라주기를 바라는 마음이 있습니다. 부모가 원하는 것을 선택해 주기를 바라는 것, 그것이 부모님의 마음입니다. 아마도 그렇게 하는 것이 효도가 아니겠습니까?

물론 선택은 내가 합니다. 어디까지나 자신이 하는 것입니다. 그러나 나 자신이 스스로 선택한 후에는 반드시 책임을 져야 합니다. 모든 책임은 선택을 한 내가 져야 합니다. 이것이 인간의 본 위치입니다. 이것이 또한 인간의 본래성이기도 합니다. 하나님의 사람

아브라함은 창세기 12장에서 보면 하나님의 부르심을 받습니다. 하나님의 뜻을 선택하고, 그 부르심에 응답하고 순종합니다. 아브라함은 즐거운 마음으로 순종합니다. 그래서 하나님의 말씀에 따라서 익숙하고 정든 고향과 친척을 떠나서 낯선 곳으로 나그네길을 떠나게 됩니다. 순례자의 길을 떠납니다. 그러나 그 길이 순탄하지만은 않았습니다. 하나님이 말씀하시고 하나님이 인도하신 길이지만 그렇게 순탄하지 않았습니다. 큰 흉년이 들어서 애굽으로 피난을 가야하기도 했고, 창세기 14장에 보면 조카 롯이 소돔사람들의 전쟁 속에 휘말려서 포로되어 가기도 합니다. 그래서 위험을 무릅쓰고 자기 목자들을 데리고 가서 전쟁을 해서 조카 롯을 구출해서 돌아오기도 합니다. 그러나 그렇다고 해서 위험이 완전히 사라진 것은 아닙니다. 지금 잠깐은 이겼지만 앞으로 또 어떠한 일이 있을지 모릅니다. 그래서 몹시 불안하기도 합니다. 아브라함은 하나님의 부르심에 순종하며 살았지만 동시에 이렇게 한 걸음씩 살아가야 했습니다.

하나님을 선택하고 하나님의 뜻을 따라가는 그 길이 그렇게 넉넉하게 순탄했던 것만은 아닙니다. 이것을 잊지 말아야 합니다. 그런데 하나님의 큰 은총 가운데 오늘본문에 보는대로 아브라함과 롯은 풍요하게 되었습니다. 소와 양이 많고, 노비도 많고, 넉넉한 부자가 됐는데 문제는 그렇게 부자가 되어 조카 롯과 함께 살다보니 여러 가지로 어려운 점이 있었습니다. 땅은 좁고 가축은 많아서 땅과 물 때문에 하인들 사이에 갈등이 일어납니다. 그래서 부득불 분가하게 됩니다. 이 분가하는 과정에 중요한 것은 삼촌인 아브라함이 조카에게 양보했다는 점입니다. 여기서 양보한다는 것은 대단히 중요한 것입니다. 이것은 다른 사람에 대한 배려의식이요, 차원 높은 사랑입니다. 내 당연한 권리를 주장하는 것이 아니고 스스로 권리를 포기하는 선택을 의미합니다.

이와 관련해 생각해볼 한 사람이 있습니다. 일본의 유명한 기독 교작가 미우라 아야꼬입니다. 그는 남편이 직장생활을 하고 자신은 집에서 가사일을 했습니다. 그러다보니 너무 무료하고, 남편만 기다 리며 사는 것이 스스로 좀 안됐다 싶어서 남편에게 부탁해서 골목집 이지만 조그마한 구멍가게를 하나 시작합니다. 그 가게에서 성실하 고 진실하게 노력을 했더니 장사가 잘됩니다. 너무 장사가 잘돼서 물자를 트럭으로 실어 날라야 할 만큼 규모가 커졌습니다. 그러다보 니 미우라 아야꼬도 바빴습니다. 아주 바쁘게 하루종일 가게에 시달 리고 있는 어느날 남편이 직장에서 돌아와서는 미우라 아야꼬에게 말합니다. "여보, 장사가 잘되는 건 좋지만 당신이 너무 고생을 하는 것이 안좋네. 그리고 내가 오다 보니까 이 근처에 구멍가게가 몇 개 가 더 있는데 그 집들은 지금 파리를 날리고 있어. 손님들이 다 이쪽 으로만 오니까 지금 저들은 장사를 그만두어야 할 지경이야. 이래서 는 안되지 않겠어?" 남편의 얘기를 들은 그녀는 그래서 이웃 가게를 배려하는 마음으로 양보를 합니다. 그것은 자기 가게에서 취급하는 품목을 몇 가지로만 정하는 것이었습니다. 정한 몇 가지만 팔고 나 머지 품목은 다른 가게에서 취급하도록 했습니다. 그래서 손님이 오 면 "그 물건은 우리집에 없습니다. 저 집에 가면 있습니다. 그 물건 은 저 집에 가면 있습니다" 하며 손님들을 이웃 가게들과 나누게 됩 니다.

그러다보니 바빴던 가게가 한가해지고 여유가 생겼습니다. 그 래서 가게를 지키며 끍적끍적 글을 쓰기 시작합니다. 그 글이 세계적으로 유명한 「빙점」이라는 소설이 됩니다. 저는 일본을 방문하던 중 아야꼬가 살던 집을 가봤습니다. 그 기념관도 가봤습니다. 그곳은 저로 하여금 많은 생각을 하게 했습니다. 여러분, 이만한 생각, 이만한 배려, 이만한 양보, 바로 이 속에 하나님의 뜻이 있고 축복이 있었더란 말입니다.

아브라함은 화목을 선택했습니다. '너의 종들과 내 종들, 너의 목자들과 내 목자들이 다투게 하지 말자. 그래서는 안되지 않느냐.' 이런 마음으로 아브라함은 화목을 선택했고, 조카에게 큰 양보를 하게 됩니다. 그리고 좀더 나아가서는 영적인 통찰력을 가지고 사태를 봅니다. 아브라함으로서는 여기나 저기나 상관없습니다. 그곳이 어디든 하나님만 섬기면 되고 하나님께 예배하면 됩니다. 물질이 중요하지 않고 풍요가 중요하지 않습니다. 아브라함은 이렇게 신령한 세계를 선택합니다. 뿐만 아니라, 미래는 하나님께 맡깁니다. 불확실한 미래를 생각하면 불안할 수도 있습니다. 그러나 옛날이나 오늘이나 모두 하나님의 손에 있는 것이니까 하나님이 미래를 책임져 주실 거라고 생각을 하고, 어차피 우리는 나그네요 인생길은 하나의 순례자의 길이라고 받아들이며 나그네로서 순례자의 길 그 자체에 만족합니다. 그래서 조카 롯에게 말합니다. "네가 우하면 나는 좌하고 네가 좌하면 나는 우하리라." 그렇게 그냥 양보해버립니다.

그런데 롯이라는 조카는 좀 다릅니다. 사실 삼촌 덕에 하란에서 이곳까지 오게 되었고 부자도 된 것입니다. 그런데 일을 처리하는 태도가 좀 무례합니다. 사실 인간적인 상식으로 보면 삼촌께 "삼촌이 먼저 선택하세요. 나머지를 제가 가지겠습니다." 이렇게 해야 되지 않습니까? 그러나 이 못된 조카는 자기가 먼저 선택합니다. 우선

권을 삼촌에게 주질 않고 자기가 먼저 선택을 하는데 오늘본문에 보니 "그가 본 즉"이라고 기록되어 있습니다. 즉 롯은 눈에 보이는대로 선택했습니다. 높은 데 올라가서 보니 푸른 초원이 있고 물이 넉넉하고 오늘 성경에 기록된 대로 '에덴동산 같더라. 여호와의 동산 같더라' 할 만큼 땅이 기름지고 좋았습니다. 이 장면은 소돔과 고모라가 멸망하기 전 당시에 있던 풍경을 말해줍니다. '에덴동산 같은 아름다운 동산'─ 롯은 한눈에 딱 보고 이걸 선택합니다. "내가 여길 갖겠습니다." 그러나 그는 눈에 보이는 대로 판단했습니다. 물질만 보았습니다. 풍요함만 보았습니다. 물질의 풍요함만 보고 현재만 보았습니다.

하지만 롯은 오늘 성경말씀대로 도덕성을 보지 못했습니다. 이 소돔사람들의 도덕성을 보지 못했습니다. 내면세계를 보지 못했습니다. 바로 여기에 롯의 실수가 있었던 것입니다. 제가 인천에서 목회할 때의 일입니다. 3년 동안 주위에 소문날 만큼 열심히 뜨겁게 연애한 젊은이가 있었습니다. 사람들이 모두 '저 사람들은 저렇게 잘 나가다가 결혼할 거야'라고 생각했습니다. 누구나 다 그렇게 알고 있었을 정도로 사랑했던 사람들입니다. 그러던 어느날 그 처녀가 제게 와서 울면서 자기는 그 총각과 결혼 못한다고 말하는 것입니다. 그래서 제가 "왜 그러냐?"고 물었습니다. 그동안 종종 그 비슷한 것을 보긴 했습니다마는 그 사연을 들어보니 이랬습니다. "어제 있던 일인데요. 찻집에 앉아서 차를 마시는데 불쌍한 어린 소녀가 껌을 가지고 와서 껌을 파는 거예요. '우리 생활이 어려운데 껌 하나만 사주세요.' 이러면서 테이블에 앉은 손님들마다 다니면서 부탁을 하는데 자기 남자친구가 그 껌을 안사주더라는 것입니다. 거기까지는 좋은데 한술 더 떠서 그 어린 여자아이에게 얼마나 못된 말을 하고 거친 말을 하는지 결국엔 그 아이가 울면서 나가 버렸어요. 그걸 보고 나니 제 마음에 결혼 못하겠다는 생각이 퍼뜩 들었습니다. 3년 동안을 연애했지만 도저히 안되겠습니다." 그래서 저도 그랬습니다. "그만 둬!"

그 청년의 내면세계가 잘못되었거든요. 다른 모든 외적 조건이 다 좋지만 그 마음에 도덕성이 없습니다. 긍휼히 없습니다. 여러분, 긍휼히 없는 것은 인간이 아닙니다. 의로움과 정결함이 있어야 합니다. 복받을만한 인간성이 있어야 합니다. 그런데 이 롯이라는 사람은 소돔과 고모라 지역을 보며 풍요함은 보았습니다. 잘살고 넉넉한 것은 보았습니다. 그러나 그 백성의 도덕성은 보지 못했습니다. 그들은 죄악에 빠져 있었습니다. 그럼에도 롯은 그 지역을 선택한 후 점점 소돔과 고모라로 옮겨갔습니다. '옮겨갔다'는 표현이 참으로 인상적입니다. 아브라함 링컨의 이런 유명한 말이 있습니다. '불행한 사람의 특징은 불행해질 것을 알면서도 그 쪽으로 계속 가고 있다는 것이다.'

사람은 자신이 잘못된 줄 알아요. 이대로 가면 망하는 것도 알아요. 그러면서도 한 걸음 한 걸음 계속 빠져들어 가고 있는 것입니다. 이게 얼마나 불쌍한 모습입니까? 인간으로서 선택의 자유를 잃어버린 것입니다. 이것이 바로 타락한 심령의 모습입니다. 안다면 절대 그렇게 할 수가 없을 것같은데도 그냥 계속 빠져 들어갑니다. 그래서 John Calvin은 이렇게 말합니다. '롯은 장차 낙원 속에서 살 것이라고 상상했으나 지옥의 심연으로 빠져 들어가고 있었다.' 롯은 점점 소돔과 고모라 쪽으로 가고 있습니다. 죄악의 세상으로 가고 있습니다. 빠져 들어가고 다시 헤어나지 못하게 되고 말았더라는 말입니다. 세상을 변화시키는 존재가 아니라, 세속화되고 믿음을 잃어버리고 변화되고 있었던 것입니다. 변화시키는 것과 자신이 변화되고 있는 것은 다른 것입니다. 롯은 자기가 세상에 의해 변하여 세상 속으로 끌려가고 있었던 것입니다.

여러분, 선택이 얼마나 중요합니까? 이제 우리는 어디까지 왔습니까? 내가 선택한 이 길이 바로된 것입니까? 이대로 가면 괜찮겠습니까? 이대로 내 생애가 마쳐진다고 해도 되겠습니까? 여러분, 지난날의 선택을 다시 한 번 깊이 반성해야 하고 다시 한 번 점검을 해야 합니다. 영국의 대부호 캐리(Carey)라고 하는 사람이 있었습니다. 그에게 아들 둘이 있는데 하나는 조지(George)였고 다른 하나는 윌리엄(William)이었습니다. 두 사람 모두 옥스퍼드대학을 나온 장래가 촉망되는 젊은이였습니다. 그런데 형 조지는 법과대학을 졸업하여 법관이 되었고 나중에 국회의원이 되어 크게 성공을 했습니다. 또한 아버지의 재산까지 관리하면서 인간적으로는 부요하고 크게 성공한 사람이 되었습니다. 그런데 이상하게도 동생 윌리엄은 대학을 마치고 바로 결단을 한 채 인도 선교사로 가버립니다. 그 길을 모두가 말렸습니다마는 누구도 그 결심을 꺾을 수 없었습니다. '이것이 내가 인생을 바르게, 가장 의미 있게 살 수 있는 길'이라고 스스로 선택한 윌리엄은 인도로 갔습니다. 그리고 한평생을 인도에서 살았습니다. 그가 바로 그 유명한 선교사 윌리엄 캐리입니다. 훗날에 영국 대형백과사전인 브리태니커 백과사전에 조지와 윌리엄 캐리 두 형제의 이름이 수록됩니다. 윌리엄 캐리는 그 소개가 한 장 반이나 될 만큼 가득히 기록되어 있습니다. 그러나 형 조지 캐리에 대해

서는 '윌리엄 캐리의 형이다'— 그것으로 끝입니다. 그 이상 아무것
도 쓸 말이 없었습니다.

　여러분, 인생을 어떻게 살아야 하겠습니까? 노예처럼 끌려가며
어쩔수없이 사는 인생을 살아서는 안됩니다. 오늘도 스스로 선택하
고 내가 선택하고 내가 결정하고 내가 책임지고, 그리고 그렇게 선
택한 바를 먼 훗날에 '참 잘했다, 그래 잘한 것이다, 참으로 아름다
웠다'고 결론지을 수 있는 생을 살아가야 한다는 말입니다. 이 사람
롯은 잘못 선택했습니다. 그리고 망가졌습니다. 그러나 아브라함의
선택은 옳았습니다. 그래서 아브라함은 믿음의 조상이 되었습니다.
△

곽선희목사 설교집·강해집·기타

〈강해집〉

(빌립보서 강해) 희락의 복음

(갈라디아서 강해) 은혜의 복음

(고린도전서 사랑장 강해) 진정한 사랑의 의미

(예수님의 이적 강해) 이적으로 계시된 말씀

(사도신경 강해) 사도들의 신앙고백

(야고보서 강해) 참믿음 참경건

(예수님의 잠언 강해) 예수의 잠언

(사도행전 강해)(상) 교회의 권세

(사도행전 강해)(하) 교회의 권세

(로마서 강해) 믿음에서 믿음으로

(고린도전서 강해) 복음의 능력

(고린도후서 강해) 생명에로의 길

(예수님의 비유강해)(상) 하나님의 나라/(중) 이 세대를 보라/(하) 생명
에로의 초대

(에베소서 강해) 내게 주신 은혜의 선물

(골로새서 강해) 위엣것을 찾으라

(데살로니가서 강해) 사도의 정체의식

(디모데서 강해) 네 직무를 다하라

〈기타〉

행복한 가정/참회의 기도/영성신학/종말론의 신학적 이해/생명의 길